国外语言学译丛
经典教材

REGISTER
·
GENRE
·
AND STYLE

语体、语类和风格

〔美〕道格拉斯·比伯 著
    苏珊·康拉德

赵雪 译

商务印书馆
创于1897 The Commercial Press

Register, Genre and Style

CAMBRIDGE UNIVERSITY PRESS
Cambridge, New York, Melbourne, Madrid, Cape Town, Singapore,
São Paulo, Delhi, Dubai, Tokyo

Cambridge University Press
The Edinburgh Building, Cambridge CB2 8RU, UK

Published in the United States of America by Cambridge University Press, New York

© Douglas Biber and Susan Conrad 2009

国外语言学译丛编委会

主　编：
沈家煊（中国社会科学院语言研究所）

编　委：
包智明（新加坡国立大学）
胡建华（中国社会科学院语言研究所）
李　兵（南开大学）
李行德（香港中文大学）
李亚非（美国威斯康星大学）
刘丹青（中国社会科学院语言研究所）
潘海华（香港中文大学）
陶红印（美国加州大学）
王洪君（北京大学）
吴福祥（中国社会科学院语言研究所）
袁毓林（北京大学）
张　敏（香港科技大学）
张洪明（美国威斯康星大学）
朱晓农（香港科技大学）

总　序

商务印书馆要出版一个"国外语言学译丛",把当代主要在西方出版的一些好的语言学论著翻译引介到国内来,这是一件十分有意义的事情。

有人问,我国的语言研究有悠久的历史,有自己并不逊色的传统,为什么还要引介西方的著作呢？其实,世界范围内各种学术传统的碰撞、交流和交融是永恒的,大体而言东方语言学和西方语言学有差别这固然是事实,但是东方西方的语言学都是语言学,都属于人类探求语言本质和语言规律的共同努力,这更是事实。西方的语言学也是在吸收东方语言学家智慧的基础上发展起来的,比如现在新兴的、在国内也备受关注的"认知语言学",其中有很多思想和理念就跟东方的学术传统有千丝万缕的联系。

又有人问,一百余年来,我们从西方借鉴理论和方法一直没有停息,往往是西方流行的一种理论还没有很好掌握,还没来得及运用,人家已经换用新的理论、新的方法了,我们老是在赶潮流,老是跟不上,应该怎样来对待这种处境呢？毋庸讳言,近一二百年来西方语言学确实有大量成果代表了人类语言研究的最高水准,是人类共同的财富。我们需要的是历史发展的眼光、科学进步的观念，加上宽广平和的心态。一时的落后不等于永久的落后，要超过别人，就要先把人家的（其实也是属于全人类的）好的东西学到手，至少学到一个合格的程度。

还有人问，如何才能在借鉴之后有我们自己的创新呢？借鉴毕竟是手段，创新才是目的。近一二百年来西方语言学的视野的确比我们开阔，他们关心的语言数量和种类比我们多得多，但是也不可否认，他们的理论还多多少少带有一些"印欧语中心"的偏向。这虽然是不可完全避免的，但是我们在借鉴的时候必须要有清醒的认识，批判的眼光是不可缺少的。理论总要受事实的检验，我们所熟悉的语言（汉语和少数民族语言）在语言类型上有跟印欧语很不一样的特点。总之，学习人家的理论和方法，既要学进去，还要跳得出，这样才会有自己的创新。

希望广大读者能从这套译丛中得到收益。

沈家煊

2012 年 6 月

作者序

我很荣幸地为《语体、语类和风格》的中文译版作序。本书由苏珊·康拉德教授和我共同完成，并于2009年出版。我要特别感谢中国传媒大学的赵雪教授和她的翻译团队以及商务印书馆的出版团队。《语体、语类和风格》的翻译工作始于2015年6月，2016年9月译著初稿完成。在此后的两年多里，译者数易其稿，得以最终完成。显然，这项翻译工作耗费了译者大量的时间和精力，特别是他们字斟句酌，精益求精，使译著忠实于原著（他们甚至将所有的语篇样本——包括小说、戏剧、报纸以及科研文章的摘录，都翻译成了中文，就连附录也如此）。

《语体、语类和风格》向读者介绍了英语中最重要的几类语篇，以及如何分析这些语篇的方法。本书将语体、语类和风格视为语篇分析的三种方法，并对此做了介绍和比较，同时以大量的语篇样本作为语料，对语篇进行了分析。本书的第一部分介绍了语体、语类、风格的分析框架。第二部分对英语语篇做了详细的描写和分析，包括人际口语体（会话、高校教师答疑时间会话、服务接待会话）、书面语体（报纸、学术散文、小说）以及电子交际语体（电子邮件、网络论坛帖子、手机短信）。第三部分介绍了更为前沿的分析方法，并探讨了一些具有理论深度的问题，诸如语体研究与语言学其他分支学科之间的关系、语体分析的实际应用等。本书每章的末尾都有"思考与复习""分析练习"和"选题建议"三类习题。

我们希望在中译版出版之后，本书介绍的方法能够使语言学专业更多的学者和学生受益，也希望在不久的将来看到他们的研究成果。

道格拉斯·比伯

2017 年 9 月 13 日

The preface

I have great pleasure in writing this preface to the Chinese translation of *Register, Genre and Style*, authored by Professor Susan Conrad and myself, and originally published in 2009. I would especially like to express my personal appreciation to Professor Zhao Xue and her team of scholars from Communication University of China as well as the publishing team at The Commercial Press. Work on the Chinese translation of *Register, Genre and Style* started in June 2015, with the first complete draft completed in September 2016. Over the course of the following year, that draft went through several cycles of revision, resulting in the present translated version of the book. This task obviously required a huge expenditure of time and effort by the translation team, who report weighing every word to try to convey the meanings of the original book. (Even the text samples, including excerpts from fiction, drama, newspapers, and science research articles, as well as all Appendices have been translated into the Chinese language.)

Register, Genre and Style describes the most important kinds of texts in English and introduces the methodological techniques used to analyze them. Three analytical approaches are introduced and compared, describing a wide range of texts from the perspectives of register, genre and style. Part 1 of the book introduces an analytical framework for studying registers, genre conventions and styles. Part 2, then, moves on to a more detailed description of texts in English, including spoken interpersonal varieties (conversation, university office hours, service encounters), general written varieties (newspaper writing, academic prose, fiction), and emerging electronic varieties (e-mail, internet forums, text messages). Finally, Part 3 introduces more advanced analytical approaches and deals with larger theoretical concerns, such as the relationship between register studies and other sub-disciplines of linguistics, and the practical applications of register analysis. Each chapter ends with three types of activities: reflection and review activities, analysis practice activities, and project ideas.

With this Chinese translation of the book, it is our expectation that the insights and methodological techniques provided by our work will be made available to a much wider audience of students and scholars in linguistics. We look forward to seeing the published research results of these scholars over the years ahead.

September 13, 2017

译者序

历经三个寒暑，数易其稿，这部译著终于可以杀青了。个中甘苦，难以言表。

几年前，在我的导师课上，博士生吕东莲向我和我门下的学生，介绍了比伯先生和康拉德教授的《语体、语类和风格》。我们阅读了英文版的原著后，认为该书在理论和方法上都有许多值得我们借鉴的地方。作者从语体、语类和风格三个视角描写语篇，聚焦于语体视角的语篇分析，关注语言特征及其功能分析。作者提出了研究语体、语类和风格的分析框架，并从共时和历时的角度对人际口语体、书面语体、电子交际语体进行了详细的描写。作者提出的多维度分析法，对语体研究的科学化有着重要的意义。

于是，我们决定将其译为中文。我向商务印书馆的编审刘一玲女士汇报了我们的想法。在刘一玲女士的热心帮助下，在商务印书馆的努力下，我们获得了比伯先生的授权，得以将此书译为中文，以飨读者。在此，我向作者比伯先生、商务印书馆及该馆编审刘一玲女士、责任编辑戴文颖女士表示诚挚的谢意！

我和学生们共同承担了这部书的翻译工作。全书由我统稿。参加本书翻译的有吕东莲、路越、胡正艳、宫春辉、丁宁欣。由于译文初稿良莠不齐，我们用了两年多的时间校译全书，有些章节几乎是重新翻译。参加全书校译的除我之外，还有马娟娟、苏婷婷、宫春辉、胡正艳、丁宁欣、路越。此外，鲁瑾芳、王莉、宋寒春也参加了译著的校对工作。在这里，我要向我们团队的各位成员表示衷心的感谢！

此外，我还要感谢中国传媒大学外国语言文化学院的刘颖博士和郭彬彬博士，她们曾为我们的翻译工作提供过帮助。

由于我们水平有限，译著中错漏之处在所难免。不揣浅陋，求教于方家。

是为序。

赵雪

2018年11月6日

目　　录

致谢 ………………………………………………………………… i

1　语体、语类和风格：语言的基本变体 …………………………1
　1.1　日常生活中的语篇变体 ………………………………………1
　1.2　语篇、变体、语体和方言 ……………………………………7
　1.3　语体及语体分析概述 …………………………………………9
　1.4　语篇变体的不同视角：语体、语类和风格 …………………27
　1.5　作为语言普遍性的语体 / 语类变异 ………………………41
　1.6　本书概览 ……………………………………………………43

第一部分　分析框架

2　语体和语类的情景特征的描写 …………………………………51
　2.1　引言 ……………………………………………………………51
　2.2　语体和语类辨识中的问题 ……………………………………52
　2.3　情景分析框架 …………………………………………………59
　2.4　情景分析框架在语体研究中的应用 …………………………73

3 语言特征及其功能分析 ·············· 77
3.1 引言 ················· 77
3.2 语体的语言分析的基本问题 ·········· 78
3.3 定量分析 ··············· 92
3.4 确定所要研究的语言特征 ·········· 99
3.5 功能性解释 ············· 100
3.6 语篇规约：语类视角 ··········· 109
3.7 与功能并无直接关系的普遍的语言特征：
风格视角 ················ 112
3.8 嵌入的语体与语类 ··········· 113
3.9 语料库语言学简介 ··········· 115
3.10 小规模和大规模的语体分析 ········ 116

第二部分 语体、语类和风格的详细描写

4 人际口语体 ················ 133
4.1 引言 ················ 133
4.2 会话 ················ 134
4.3 高校教师答疑时间会话 ·········· 156
4.4 服务接待会话 ············· 169
4.5 结论 ················ 175

5 书面语体、语类与风格 ············ 181
5.1 引言 ················ 181
5.2 报纸体和学术散文体的情景特征 ······ 183

5.3　报纸体和学术散文体的语言特征 ……………187
　　5.4　普遍语体内部的变异 …………………………208
　　5.5　更特殊的下位语体：科研文章的各部分 ……220
　　5.6　语类视角下的科研文章 ………………………224
　　5.7　由风格而产生的小说变异 ……………………225
　　5.8　结论 ……………………………………………242
6　语体、语类和风格的历史变迁 ………………………248
　　6.1　引言 ……………………………………………248
　　6.2　历史变化 I：小说 ……………………………249
　　6.3　历史变化 II：科研文章 ………………………281
　　6.4　语体变异模式的历史变化 ……………………306
7　电子交际语体与语类 …………………………………324
　　7.1　引言：新技术与新语体 ………………………324
　　7.2　私人电子邮件 …………………………………325
　　7.3　网络论坛帖子 …………………………………347
　　7.4　手机短信 ………………………………………365
　　7.5　本章小结 ………………………………………383

第三部分　更重要的理论问题

8　语体变异的多维度模式 ………………………………391
　　8.1　多种语体的对比 ………………………………391
　　8.2　多维度分析介绍 ………………………………407
　　8.3　高校校园口语体和书面语体的多维度分析 …410

  8.4 总结与结论 ··445
9 语境中的语体研究 ···455
  9.1 更开阔的语言学视野下的语体研究 ···············455
  9.2 英语之外的其他语言中的语体变异 ···············460
  9.3 口语和书面语 ·······································464
  9.4 语体变异与社会语言学 ····························471
  9.5 世界语境中的语体研究 ····························475

附录 A 主要的语体 / 语类研究注释，作者费德勒卡·
    巴比里（Federica Barbieri）······················480
附录 B 练习语篇 ···511
参考文献 ···578
索引 ··623

致　　谢

我们不仅用了很长的时间来完成这部书，而且还通过语体和语类课上的教学实践使之进一步完善。尤其值得称道的是，学生们的评议和建议对本书帮助极大，他们曾对北亚利桑那大学 2008 年春季英语 442 和 2008 年秋季英语 618 这两门课进行过评价，提出过建议。在上这两门课时，学生们使用了这部教材的试验版，并完成了课后练习。在此过程中，他们对本书的内容和表达都提出了一些改进意见。此外，我们还要感谢剑桥大学出版社的匿名评审人，他们也曾对本书提出了批评和建议。事实证明，这些批评和建议对本书的内容来说，都是至关重要的。

1 语体、语类和风格：语言的基本变体

1.1 日常生活中的语篇变体

在阅读本书之前，请你先用一点儿时间，想想你一天中所接触的各种语篇。清晨，你也许会跟室友聊一会儿天；吃早饭时，你也许还会收听广播或阅读晨报；接着，你说不定会给朋友或家人打个电话。如果你今天有课，上课前，你可能会校对当天要交的一篇论文，或再查看一遍课后阅读作业。在课堂上，你可能会跟同学讨论、听老师讲课、做课堂笔记。而这仅仅是你一天的开始！

对大多数人而言，会话是最常用的一种口头语言。人们可以听到的口头语言可谓林林总总，例如电视节目、商业广告、广播或电视新闻报道、课堂讲座、政治演讲、宗教布道等等。在人们的日常生活中，书面语言同样也有非常重要的作用。学生通常要写各种东西，例如课堂笔记、书面作业、课程论文以及手机短信和/或电子邮件。然而与口头语言类似的是，大多数人阅读的书面语言比他们所写的要多。实际上，许多人阅读

到的语篇类型也比他们所听到的要多很多：报纸文章、社论、小说、电子邮件、博客、手机短信、邮箱中的信件和广告、杂志中的文章和广告、教材、科研文章、课程大纲以及书面作业或讲义等等，不胜枚举。

本书将研究不同类型语篇（口头的和书面的）中的语言。你将会发现，几乎任何语篇都有自己独特的语言特征（linguistic features）。例如，用下面这句话来结束会话是再平常不过的：

ok, see ya later.①

好的，再见啊。

然而，如果用上面这段话作为教材的结尾，则匪夷所思。反之，像下面这样的语言却经常出现在教材的结尾处：

Processes of producing and understanding discourse are matters of human feeling and human interaction. An understanding of these processes in language will contribute to a rational as well as ethical and humane basis for understanding what it means to be human. [the concluding two sentences from Tannen 2005.]

话语生成和理解的过程关乎人类的情感和互动。而理解语言中的这些过程，将有助于奠定一个合乎理性，且合乎伦理与人道的基础。该基础将使我们理解它对人类意味着什么。[坦嫩（Tannen 2005）的两句结束语。]

以上两例在语言学上有什么差异？为什么会有这样的差异？

---

① 为方便读者更好地理解作者所举的例子，我们附上了英语原文。——译者

1 语体、语类和风格：语言的基本变体

这些问题对于**语体**（registers）、**语类**（genres）、**风格**（styles）视角的语篇变体研究而言，都是非常重要的，而这也正是本书的焦点所在。

我们认为，语体、语类和风格是语篇变体研究的三种不同视角。语体视角的研究是将对某个语篇变体中普遍语言特征的分析与对情景的分析结合在一起的。这种视角的研究隐含着这样一个假设：语篇中核心的语言特征是功能性的，例如代词和动词；因此，语言特征与语篇的交际目的、情景语境之间存在着对应关系。与语体视角的研究相类似，语类视角的研究也包括对语篇的交际目的和情景语境的描写；然而与语体视角不同的是，语类视角的语言分析关注的是用于构建完整语篇的规约结构，例如书信开头和结尾的规约方式。风格视角的研究与语体视角的研究具有相似之处，它们都关注语言特征，关注不同语篇中核心语言特征的使用及其分布情况；而二者最大的区别就在于，从功能上看，风格视角所关注的语言特征并不是由情景语境触发的，它反映的是与特定的作者或时代相关的审美偏好。

本书主要关注语体视角，因为它对所有语篇变体的描写都很重要。也就是说，任何类型的语篇样本都可以从语体视角进行分析，而语类和风格视角的研究则更具专门性。因此，本书对语类和风格并未展开深入的讨论，仅在有助于语篇理解时略有涉及。例如，风格视角适用于小说的研究，语类视角则更适用于学术研究文章的研究。

我们将在 1.4 节中更详细地介绍语篇分析的这三个视角。

下面我们先来探讨语篇变体研究中的一些基本问题及其在语言和社会中的一般作用。

1.1.1 语篇变体分析的重要性

本族语者无须经过专门的学习就能够习得该语言中的许多语篇变体。例如，当你跟最亲密的朋友而非母亲交谈时，或者当你通过手机短信而非口头语言"交谈"时，既没有人对你说明会话规则，也没有人向你解释这些规则是如何变化的。然而，也有许多其他的语篇变体是需要专门学习的。例如，如果你想成为传教士，那么你可能就需要专门学习如何布道；如果你想做记者，那么你就要练习如何为报纸写文章。

正规的学校教育最重要的目标之一，就是教学生学习那些在校外也许无法学到的语篇变体。大多数孩子在上学之前就已经接触过书面故事，也会对故事与一般会话的区别有所了解。入学初期，学生就要学习阅读不同类型的书籍，包括小说、史料记载以及有关自然现象的说明。这些语篇变体具有不同的语言结构和模式，学生必须学习如何辨别和说明它们的区别。同时，他们还必须学习如何撰写其中的某些语篇变体，例如，撰写关于暑假经历的记叙文，或者关于学校餐厅是否应售卖糖果的议论文。尽管对不同语篇变体的显性教学量也许因教师、学校和国家而异，但是无论如何，学生都必须从小学习掌握和理解不同的语篇变体，否则他们将无法完成学校的学习任务。

学生的年级越高，学习语篇的任务就越艰巨。高等教育要求学生具备阅读和理解学术散文（academic prose）的能力，而学术散文与面对面的会话是完全不同的。不仅如此，学生还必须学习撰写学术散文的各种下位变体，例如，大学一年级的新生要撰写议论文、科学实验报告以及期末考试总结。高等教育的主要目标之一就是让学生学习某个特定专业的专门语体，包括电子工程学、化学、社会学、金融学和英语教育等专业的专门语体。学生如果想要掌握这些不同的变体，就需要了解那些与特定的情景和交际目的相关的语言模式。

对非本族语者而言，掌握语体/语类的内部差异则更具挑战性。例如，每年都有成千上万的、母语为非英语的学生选择到通用语言为英语的大学里（如美国、英国、澳大利亚、新西兰、新加坡、印度、中国香港等地）接受教育。按照传统观念，这些学生要学习英语词汇和语法规则，为继续深造做准备。然而，近年来许多应用语言学家开始认识到，对学生来说，掌握这些知识并不能保证他们顺利地完成学业。他们还需要掌握语体、语类的内部差异方面的知识，才能够真正完成大学学业。这种观念推动了学术英语（English for Academic Purposes，简称EAP）的兴起，该领域主要关注与高校语体/语类相关的英语语言技能。同样，专门用途英语（English for Specific Purposes，简称ESP）这个分支领域，主要关注的是某些特殊专业或学科（如生物化学或理疗学）中语体和语类的语言描写，其最终目的是开发教材，帮助学生学习适用于不同情景、不同语篇类型的特定语言模式。对于学生和专业人士来说，仅能够熟练地使用某个专业的语体/语类是远远不够的；有些非本族语者就常常因为说话太"书卷气"而遭到批评。他们还需要熟练掌握会话和会议这类口语体，这同样也是非常重要的。

对于那些对语言有兴趣的学生而言，了解语体、语类和风格的差异是非常重要的。例如，无论是英语专业的学生，还是正在学习日语或西班牙语等其他语言的学生，他们都必须了解所学语言中的各种语篇变体。如果你正在接受教师培训（如中等教育或英语作为第二语言的教师培训），那么你就要教学生掌握适用于不同口语和书面语——不同语体和语类——的词汇和结构。还有一部分学生对文学或新文学的创作感兴趣，该领域与风格视角的关系更密切，因为小说（或诗歌）所具有的区别性的文学效果正是通过语言差异来表现的。尽管许多文学家和作家即使从未接受过语言分析的正规训练，也能极其熟练地运用语言；然而本书所提出的分析方法，将为文学创作的教学提供一种不同以往的视角。

总之，语篇变体及其差异时时刻刻影响着人们的日常生活。无论是对学生来说，还是对各行各业的从业者（如工程师、作家或教师）来说，熟练掌握这些变体都是极为重要的。如果人们能够提高自己解读各种语篇变体的能力，那么他们获取信息的能力也将有所提升；如果人们能够提高自己生成各种语篇变体的能力，那么他们融入各种团体的能力也将得以提升。如果你不具备分析一种新的语篇变体的能力，那么你将无法掌握这种语篇变体，更无法帮助别人去掌握它。而本书所提供的有关语篇变体的基本知识，对分析、理解和讲授不同语篇变体之间的差异是非常有效的。

1.2 语篇、变体、语体和方言

变异性是人类语言固有的特点。人们在不同场合使用不同的语言变体，即使是说同一种语言的人在述说同样的事情时，采用的方式也不尽相同。**语言变异**（linguistic variation）大多是高度系统化的。说话者通常根据各种非语言因素选择语音、形态、词汇和语法等。这些非语言因素包括说话者的交际目的、说话者与听话者之间的关系、语言生成的环境以及说话者的社会角色。

语言变异在最高层次上表现为不同的语言（例如韩语、法语、斯瓦希里语）；在最低层次上则表现为不同说话者之间的差异，或者同一个说话者所生成的两个不同语篇之间的差异。

在本书中，术语**语篇**（text）指用于交际的自然语言，既包括口语，也包括书面语。因此，一篇学术论文是一个语篇，一部小说或一篇报纸文章也是一个语篇；而一场布道或一次面对面的会话，同样也是一个语篇。

从某种程度上讲，这里所说的"语篇"的概念并不太确定。一方面，我们需要区分**完整语篇**（complete text）和**语篇片段**（text excerpt）。完整语篇是可扩展的、有清晰的开头和结尾的语篇，比如一篇科研文章或一场布道。本书所讨论的许多"语篇"实际上都是语篇片段，即从一个较大的完整语篇中节选的片段。因此，我们讨论的可能是从某部小说中节选的两三段文字，也可能是某个会话中的几个话轮。

另一方面，完整语篇本身也是一个相对的概念，而不是固定不变的。我们可以从不同层次对语篇进行分析，既可以将某部书中的某一章看作一个完整语篇，也可以将整部书视为一个完整语篇。同样在口语中，我们既可以将布道中的某个笑话看作一个完整语篇，也可以将整个布道视为一个完整语篇。另外，完整语篇的边界也并不总是明确或清晰的。这一点在口语中表现得十分明显。例如，假设你正在和你的朋友特丽莎（Trisha）说话，这时，她的朋友艾米（Ami）走了过来，加入了你们的会话。稍后你要离开，然而特丽莎和艾米的谈话仍在继续。那么，这个语篇中总共有几个会话？它们的界限在哪里？比如特丽莎和艾米的会话是从什么时候开始的？是从艾米来时开始的，还是从艾米离开时开始的？

在下面的章节中，我们用完整语篇来指边界相对清晰的语篇，例如具有清晰的开头和结尾的、完整的科研文章。而在其他情况下，我们用语篇这个更通用的术语统称口语或书面语中所有的、可扩展的话语片段。

语篇描写要以语境为根据，要考虑说写者的特点以及与语篇相关的情景特点和交际目的。通用术语**变体**（**variety**）指的是具有相同的社会特征或情景特征的某些语篇。例如，英语的民族变体（national variety of English）（如英国英语、澳大利亚英语、印度英语等）指的是居住在特定国家中说英语的人们所生成的语篇。

社会语言学大多关注不同人群（如不同地区、不同社会经济阶层、不同种族以及不同性别的人群等）所使用的语言变体。

社会语言学意义上的变体指的是**方言**(dialects)。

本书从语体、语类和风格的视角讨论在特定情景中产生的语篇变体。我们将在下一节介绍语体的概念以及语体分析的过程,这是本书的重点。我们还将在后面的章节详细讨论社会变体(方言),并从语类和风格的视角探讨语篇变体。

1.3 语体及语体分析概述

如上所述,本书重点关注语体视角的研究,因为它不仅可以用来描写所有变体的语篇片段,而且同样适用于语类和风格视角的研究。本节所阐述的关于语体的理论,既是本书的基础,又将贯穿全书。在1.4节中,我们将通过与语体视角研究的对比,详细介绍语类和风格视角的研究。

1.3.1 语体分析:情景、语言特征、功能

总的来说,**语体**是一种与特定情景(包括特定的交际目的)相联系的变体。语体描写主要由三个部分构成,即情景语境、语言特征以及这两者之间的功能关系(图1.1)。

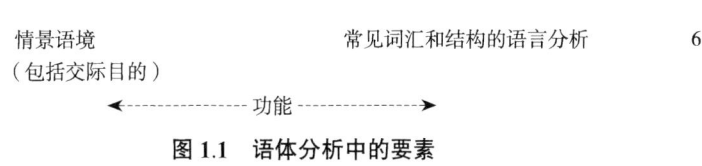

图1.1 语体分析中的要素

语体视角的研究既关注典型的**语言特征**(linguistic features),如典型的词汇和语法特征;也关注**情景语境**(situational context),

如交际媒介是口头的还是书面的；交际双方有没有互动；主要交际目的是什么。本书的核心观点是：从语体视角来看，语言特征总是**功能性**（functional）的。也就是说，某些语言特征之所以倾向于在某种语体中出现，是因为它们特别适合这种语体的交际目的和情景语境。因此在描写语体时，研究者除了要研究情景语境与语言特征之外，还要从功能的角度探究情景语境与语言特征之间的关系。

我们对完整语篇或语篇片段的分析，都可以用来辨识和描述语体。这是因为我们对任何一种语体的语言成分的分析，都需要确定变体中普遍（pervasive）的语言特征：这些语言特征虽然可能出现在任何变体中，然而它们在目标语体[①]中出现得更普遍。这些普遍的语言特征无疑是功能性的，正如下面语篇样本1.1所示。

情景变体也可以通过对完整语篇中语言特征的分析来描写，这就是本书所说的语类视角的研究。语类特征并不具有普遍性，它们可能在某个完整语篇中仅仅出现一次，一般是在语篇的开头或结尾处。它们通常是规约性的，而不是功能性的。我们将在1.4节中详细介绍情景变体研究中语类和语体视角的异同。

下面我们以面对面的会话为例，简要说明语体分析的过程。语体分析的第一步是区别会话与其他语体的情景特征。面对面会话需要至少两名参与者在同一时间和同一地点直接互动，

[①] 目标语体（target register）指所要研究的语体；与之对应的是对照语体（comparison register），即作为参照、用来与目标语体对比的语体。——译者

这两名参与者都必须说话（否则就变成了独白）。虽然人们对会话的主题和目的并没有限制，但是对会话参与者来说，会话比较适合谈论与个人生活相关的事件、思想和观点，或现场语境中的某些内容。

语体分析的第二步是描写会话中典型（普遍）的语言特征。这一步要考察目标语体中的多个语篇，找出这些语篇中经常出现的语言特征（不仅是某一个语篇的语言特征）。以往的研究发现，与其他语体相比，会话中的第一人称代词（*I* 和 *we*）、第二人称代词（*you*）和疑问句出现得更普遍。

语体分析的第三步是从功能的角度解释情景特征与语言特征之间的关系。为了更好地理解什么是功能，我们来看一段典型的会话——语篇样本 1.1。

Text Sample 1.1　Conversation (a group of friends is walking to a restaurant)[①]

Judith:　Yeah I just found out that Rebekah is going to the University of Chicago to get her PhD. I really want to go visit her. Maybe I'll come out and see her.

Eric:　Oh is she?

Judith:　Yeah.

Eric:　Oh good.

Elias:　Here, do you want one? [offering a candy]

---

① 为方便读者了解语篇样本中所示各语言特征，我们附上了英语原文。——译者

> Judith: What kind is it?
>
> Elias: Cinnamon.
>
> Judith: Oh.
>
> Kate: Those are good.
>
> Eric: They're good.
>
> Elias: That's the joy of life.
>
> Kate: Did you guys come through the plaza on your way?
>
> Judith: No.
>
> Kate: You have to go through it on your way home. It probably would be empty.
>
> Elias: We drove through it tonight.
>
> Judith: Yeah we'll do that.
>
> Eric: I don't like the color lights on the tree though.
>
> Kate: Did they put fake ones up in there one year?
>
> Elias: No they're just all around on all the buildings.
>
> Kate: Oh yeah.
>
> Elias: I think it would be kind of dumb to put them on the ground.
>
> [LSWE Corpus]

语篇样本 1.1 会话（一群朋友正向饭馆走去）

朱迪思： 嗯，我刚知道丽贝卡要去芝加哥大学读博。我真想去看她。说不定我会去看她。

埃里克： 哦？是吗？

1 语体、语类和风格：语言的基本变体

朱迪思：　　嗯。
埃里克：　　哦，太好了。
伊莱亚斯：嗨，来一块儿吗？（拿出一块糖）
朱迪思：　　什么味儿的？
伊莱亚斯：肉桂味儿的。
朱迪思：　　哦。
凯特：　　　真好吃。
埃里克：　　真好吃。
伊莱亚斯：这就是生活的乐趣。
凯特：　　　你们谁路过广场了？
朱迪思：　　没有。
凯特：　　　你们回去时得从那儿走，可能没什么人。
伊莱亚斯：我们晚上开车从那儿过。
朱迪思：　　嗯，我们会路过那儿。
埃里克：　　我不喜欢树上的彩灯。
凯特：　　　他们一年到头儿都把装饰灯挂在那儿吗？
伊莱亚斯：不，只是挂在所有的楼上。
凯特：　　　哦。
伊莱亚斯：我觉得把它们放在地上有点儿蠢。

[朗文英语口语和书面语语料库]

这段会话的话题转换得非常突然——这正是会话的典型特征；参与者使用第一人称代词（*I just found out, I really want, I don't like, I think*）谈论自己的想法、态度和行为；使用第二人称代词（*Do you want..., Did you guys...*）称呼对方；疑问句作为参与者直接互动的一部分，经常与第一、第二人称代词一起使用。而这些语言特征之所以在会话中出现得极为频繁，是因为它们与会话的物理语境、一般交际目的这两个情景特征有功能上的联系。

如果将任何两种语体进行对比分析，那么语体的特征就会更加显著。例如，与会话者相比，报纸头版新闻的作者不会在文中直接称呼某个特定的读者，而且读者和作者之间也没有直接互动。此外，作者通常也不会在文章中描写自己的个人情感或生活。由于上述功能方面的原因，在报纸头版新闻中很少出现第一人称代词、第二人称代词和疑问句。这些差异解释了我们在本书中反复强调的一个问题，即语体分析的关键就在于对比，某种语体的特征在与其他语体的对比中才会更加显著。

1.3.2　语体及语体分析详解

上一节介绍了语体的概念：语体是一种与特定情景（包括特定的交际目的）相联系的变体。对语体的描写包括三个重要部分：情景/交际的描写、普遍语言特征的描写以及语言形式与情景语境之间功能关系的分析。

我们将在1.3.2.1—1.3.2.6小节中，对需要进一步说明的几个问题展开讨论。

1.3.2.1　语体的情景特征比语言特征更重要

语体差异既体现在情景特征上，也体现在语言特征上，然而相比较而言，体现在情景特征上的差异更重要。说话者在不同语境中、不同情况下、为不同目的而使用语言。虽然他们的行为模式无法从语言现象中推导出来，但是语体在语言上的差异却可以通过情景差异推导出来，这是因为语言特征是功能性的。

让我们来设想一下，如果是语言特征优先的话，那么将会是怎样的情形：假设你坐在电脑前，一时兴起，想创作一篇包含许多代词（I 和 you）和疑问句的语篇，然后你意识到，这样的语篇必须出现在会话语境中，接着你再到周围找一个人和你交谈。这显然不符合交际行为的顺序。通常，顺序应该是这样的：你先发现自己处于会话情景之中，然后你才会说出符合会话语言特征的话语。这个例子虽然很简单，但是它足以说明语体是由情景特征决定的。我们将在第 2 章介绍语体的情景分析框架（包括文化因素）在界定语体时的作用。

1.3.2.2 语体差异表现在普遍语言特征的分布上，而并不表现为单个出现的个别语言特征

我们将在第 3 章详细介绍如何分析语体的语言特征。需要注意的是，仅仅根据词汇或语法特征是难以确定语体的。重要的是，我们从一开始就要认识到，单一的词法或语法特征只能识别极少数语体。对语体进行语言分析时，如果要确定和识别目标语体中那些普遍的和特别常见的语言特征，就必须考虑语言特征出现的频率。

例如，人们在会话中并非只用代词而不用名词，在报纸文章中也并非只用名词而不用代词。在会话和报纸文章这两种语体中，都是既有名词，又有代词。这两种语体的不同之处是，代词在会话中出现得比较多，名词出现得比较少；而在报纸文

章中，情况却恰恰相反。也就是说，会话和报纸文章这两种语体中的名词和代词在分布上存在很大差异。有些语言特征在某些语体中极为常见和普遍，而在其他语体中则较为罕见，语体的语言分析正是建立在语言特征分布差异的基础之上的。

1.3.2.3 语体分析要求情景分析和语言分析并重，二者交替进行

语体研究首先要清楚地描写情景特征和语言特征，然后在对情景对比和语言对比分析的基础上，从功能的角度加以解释。

语体研究通常要从情景特征分析入手。我们将在第 2 章详细说明情景特征的基本分析对选择合适语篇样本的重要性。在语体分析中，语言分析的结果常常出乎我们的意料：某些语言特征往往比我们所预期的更多（或更少）。这些意料之外的语言模式，常使我们重新考察语体的情景特征，特别是像交际目的这样不太明显的特征。因此，在语体分析过程中，情景分析和语言分析经常需要交替进行。

1.3.2.4 语体变异的功能基础

不同语体的语言差异并不是任意的。例如，虽然在会话中使用第二人称代词和疑问句是人们公认的规约，但是，如果仅从上述特征来概括会话语言，则是远远不够的。语体分析不仅要描写情景语境，而且还要解释特定的语言特征为什么会在这种语境中频繁出现。语体变异研究的核心就是分析语言模式与情景因素之间的功能关系，我们将在第 3 章进一步讨论这个问题。

1.3.2.5 在不同层次上认识语体

一种语体可能是非常普遍的，比如教材。那么，语言学教

材是不是一种语体？研究生所使用的社会语言学教材是不是一种语体？实际上，以上任何一种教材都可以被视为一种语体。

语体的层次是相对的，因为对语体的界定主要取决于研究目的。比如，学术散文语体是一种非常普遍的语体，你也许想要研究它的语言特征，或者你可能对学术散文中更特殊的语体——科研论文感兴趣，抑或你也可能关注医学论文，甚至只关注实验医学论文中的方法部分。我们都可以将其视为语体，它们的区别仅在于层次的不同。一种语体的层次越低，我们就能越精确地确定其情景和语言特征。我们可以从不同层次上研究语体，认识到这一点是很重要的。我们将在第2章对普遍的和个别的语体进行更深入的讨论。

1.3.2.6 语体分析必须以典型语篇样本为依据

语体分析旨在描写语言变体，而不是分析某个特定的语篇或某位作者的风格，因此，必须选择能够充分代表该语体的语篇样本。在本书中的许多地方，我们都以精心挑选的、短小的语篇片段作为例子，阐释、说明某些语体的典型特征。我们在本书的其他地方，间或还会介绍一些小型的案例，教你如何进行语体研究。此外，我们还设计了许多练习，你可以尝试分析少量短小的语篇。当然，我们在这些练习中特地选择了一些能够代表目标语体（在以往研究的基础上）普遍模式的语篇。

小规模的语体分析虽然也可能得出一些很有趣的结论，但是切记如果没有较大规模样本的支撑，那么从少量语篇中得出的结论就不能概括该语体。我们将在第3章详细讨论语篇的典型性以及小规模和大规模的语体分析。

1.3.3　语体与方言

一谈到某种语言的变体，譬如英语的变体，许多人马上就联想到方言。例如，美国东南部英语与威尔士英语就很不一样，而新加坡英语与它们也不相同。

语言学通常将方言分为**地域方言**（geographic dialects）和**社会方言**（social dialects）。前者是居住在特定区域的说话者所使用的变体，后者是某个特定人群（例如不同性别、阶层）所使用的变体。近来的方言研究大多采用对比的方法描写主要城市中心社会集团中的语言变异的模式，如纽约、诺威奇、贝尔法斯特和蒙特利尔等地的语言变异模式。

研究方言时，学者通常关注那些与意义无关的语言特征，比如 *park* 中的"r"是否发音之类的音系差异问题。尽管这种音系变异确实能够表明说话者属于哪个地区或社会集团，但是它们在意义上并没有区别。同样，方言变异研究中所选择的语法和词汇特征也均未反映意义上的区别（如美国黑人英语使用双重否定，而中上层主流英语则使用一般否定；又如近义词"苏打水""汽水""软饮料"的使用）。上述语言差异都不是功能性的。社会语言学家认为，方言差异与意义无关，某种语言形式通常与某个社会集团相联系。

就此而言，方言研究和语体研究中的语言变项是完全不同的：方言研究中的语言变项纯粹是规约性的，而语体研究中的语言变项则是功能性的。语言变项的表现方式在方言和语体中是不同的。方言研究中的语言变项总是在两个语言变体之间进行选择；变项的分值即比例，表明对某个变体选择的倾向。而语体研究中的语言变项的分值则是语言特征出现的频率，频率较高的语言特征可以从与其相联系的功能来解释（语体分析虽然也是在两个语言变体之间进行选择，但是对某个变体的偏好，通常仍要从功能的角度来解释）。

当然，虽然我们也可以调查那些与功能有关的、跨方言的语言变异情况，但是大多数社会语言学家都认为这种可能性并不存在，因为他们的理论／哲学立场是，所有方言在交际功能方面都是相同的。我们将在第9章讨论这个有争议的问题。

1.3.4 语体变异与方言变异的对比

方言之间的语言差异虽然通常为社会语言学所关注，但是实际上语体之间的语言差异更普遍。当说话者在不同语体之间进行转换时，他们是在用语言做不同的事情——为不同的交际目的而使用语言，在不同的环境下生成语言。语体的语言差异与功能、交际目的、情景有关，因此，语体的语言差异往往引人注目。相反，方言差异则主要是规约性的，是某人在某个社会集团中身份的标志。如果不考虑方言上的差异，那么使用同一种语体的人就都有着相同的交际任务；因此，在某个特定的情景中，持不同方言者的典型的语言特征在许多主要方面都是相似的。

为了说明这一点，我们来对比一下下面这两段会话①中的语言：一段是英格兰汉普郡的一对工薪阶层夫妇的会话（语篇

---

① 这两段会话选自英国国家语料库（British National Corpus）。

样本 1.2），另一段是英格兰德文郡的一对中产阶级夫妇的会话（语篇样本 1.3）。

> **Text Sample 1.2 Working-class conversation (Hampshire, England)**
>
> Michael: Well I mean what's the alternative?
>
> Wendy: Why?
>
> Michael: What's the alternative? You know, I mean... she either... gets on with it or gets rid of them don't she?
>
> Wendy: Well no –
>
> Michael: It's simple!
>
> Wendy: She can insulate the house
>
> Michael: Well that don't stop it from... getting on her nerves, does it?
>
> Wendy: Yeah, but it don't get on her nerves, that's the whole point! I mean she's obviously able to throw it off. I mean, she's in there Mick.
>
> Michael: Mm.
>
> Wendy: And when we hear it in here... she's got it worse in there cos she's in there
>
> Michael: Yeah
>
> Wendy: But I mean that yesterday afternoon – you'd have thought the bloody things were in here, wouldn't you?
>
> Michael: Yes
>
> Wendy: That was two of them but –

1 语体、语类和风格:语言的基本变体

> Michael: Yeah
>
> [LSWE Corpus]

语篇样本 1.2　一对工薪阶层夫妇的会话(英格兰汉普郡)

迈克尔：嗯，我的意思是还有没有其他办法？

温迪：　为什么？

迈克尔：其他办法？你知道，我的意思是……她要么忍着，要么把它们处理掉，不是吗？

温迪：　哦，不——

迈克尔：很简单！

温迪：　她可以把房子隔开

迈克尔：可那也没什么用，不是吗？

温迪：　是，但她不再闹心，这才是主要的！我的意思是，很明显她可以处理。米克①，我是说她就在里面。

迈克尔：嗯。

温迪：　听说它在里面……她更闹心了，因为她也在里面

迈克尔：是

温迪：　我是说昨天下午——你已经想到那些讨厌的东西在里面了，不是吗？

迈克尔：是

温迪：　是其中的两个，但——

迈克尔：嗯

[朗文英语口语和书面语语料库]

----

① 迈克尔的昵称。——译者

Text Sample 1.3　Middle-class conversation (Devon, England)

Pauline: See I was thinking this was gonna cost a lot – a lot of money to put the phones in, but it's not, because you just put one line in and then put different bits up the line, don't you?

Bob: No... no they come in, in separate lines

Pauline: But you cut it

Bob: You charge per – you'll charge per... in here, it's not just one line with four connections, they charge you per phone

Pauline: I was talking to Desmond about it and he reckons that once you've got your line you can muck about and put quite a few lines in there

Bob: No – no, doesn't work like that

Pauline: oh...

Bob: You can use the same – you can use the same number – alright?

Pauline: mm

Bob: eh, the same number on four lines, but if were want to go out... if four people were to phone in at the one time

Pauline: oh, of course, yeah

Bob: Do you see what I mean?

Pauline: I see what you mean

1 语体、语类和风格：语言的基本变体

> Bob:　　You've got to have four separate lines
>
> [LSWE Corpus]

语篇样本 1.3　一对中产阶级夫妇的会话（英格兰德文郡）

保利娜：我以为装电话会花很多钱呢，可是没花多少，因为你可以只拉一根线进来，然后在这根线上接分机。对吧？

鲍勃：　不，不，拉进来的不是同一根线

保利娜：但你把它分开了

鲍勃：　每个号儿都得交钱——每个号儿都得交钱，不是一根线接四个分机，是每个号儿都得交钱

保利娜：我和德斯蒙德说了这事儿，他说接一根线就行，剩下的自己鼓捣，多装几个分机

鲍勃：　不，不，不是那样的

保利娜：哦……

鲍勃：　你可以用一个——你可以用一个号儿——对吧？

保利娜：嗯

鲍勃：　嗯，四个分机用一个号儿，可如果四个人都想打电话……如果有电话打进来，谁来接电话

保利娜：哦，当然，嗯

鲍勃：　明白了吗？

保利娜：明白了

鲍勃：　你需要四个号儿

［朗文英语口语和书面语语料库］

上面两段会话中的社会方言和地域方言各不相同。如果亲耳聆听这两段会话,你就会发现说话者的发音可能也很不同。而能够将这两段会话区分开的显著的方言标记,在语法上却只有一个,即在那对工薪阶层夫妇的会话中,第三人称单数主语与 don't 的连用(如 that don't stop it; it don't get on her nerves)。因为这种用法为人诟病,所以这个极为罕见的方言特征可以作为方言差异的重要标记。

然而,从整体上对比这两段会话,最突出的则是它们极为相似。从情景上来看,这两段会话在生成环境、主要目的和互动性方面都很相似。它们都是口头的(而不是书面的);话语是伴随着会话的展开而在现场临时组织的,既没有事前准备的时间,也没有事后编辑的机会。此外,这两段会话都是私人的、直接互动的。会话双方都表达了各自的态度、情感和忧虑,他们彼此互动,共同完成了会话。上述特点都仅与会话语体有关,而与方言无关。

从语言学的视角来看,这两段会话的语境特征非常相似,因此,它们在语言上也极为相似。例如在这两段会话中,因为说话者都是一边说话,一边想着下面即将要说的话,所以这两段会话中的句子都很短,有些话段的结构也不完整(可以设想一下传统意义上合乎语法的句子)。这些不完整的话语既包括简单的回应(如 why?、yeah、no、oh of course),也包括在共享的物理语境中省略了部分信息的话段(如 [it] doesn't work like that)。这两段会话中还有许多缩写形式,如 what's、it's、she's、that's、don't、you'd、you've、'cos、gonna。此外,因为会话参与者对所谈及的人和物理语境都很熟悉,因此他们对会话中所提到的人、物和地点都没有再做说明(如 *she either gets on with it or gets rid of them; put quite a few lines in there*)。会话的交互性使得这两个语篇在语言上有许多相似之处。例如,在这两段会话中多次出现了人称代词"*I*"(说话者)和"*you*"(受话者),同时,还出现了许多疑问句(如 *What's the alternative? Why? does it? wouldn't you? Do you see what I mean? don't you? alright?*),而上述用法并不适用于无特定受话者(*you*)的语体。

我们可以通过与信息型书面语体①的对比,进一步说明这两段不同方言的会话的相似程度。下面的语篇样本 1.4 摘自大学教材。

Text Sample 1.4　Systems analysis textbook

The Method for Information Systems Enquiry, known colloquially as MINSE by the research project team, specifically addresses the problem of structuring the approach to information studies. It uses systems thinking to develop ideas about what information is needed to achieve a defined purpose, ideas that are independent in the first instance of how this information appears in practice. In the process an information model is built up on a computer database which is then used as a framework to explore the situation and identify problems at a number of levels (Fig 11.1).

[T2K-SWAL Corpus]

---

① 以传递信息为主要目的的书面语体。——译者

语篇样本 1.4 信息系统分析教材

　　信息系统查询方法，即研究者俗称的 MINSE，专用于解决构建信息研究的方法问题。这种查询方法运用系统思维形成某些思路，诸如达到某种特定目的需要何种信息，而这些思路起初并不考虑这种信息是如何出现的。在这个过程中，研究者可以在计算机数据库中建立一个信息模型，然后以这个信息模型为框架，在多个层次上探究情景、发现问题（图 11.1）。

[托福 2000 口语和书面语学术语言语料库]

　　在情景特征方面，教材与会话有很大区别。教材是书面的，它经过了精心计划、修改和编辑；教材不具备互动性，它面向广大学生和专业人士，作者和读者之间并没有直接的联系。上面那两段会话的主要目的是人际交流，而这部教材的主要目的则是介绍关于系统分析的知识。

　　由于上述情景因素的影响，教材的语言特征与会话有着显著的区别。教材的句子完整，而且有较多的长句和复杂句。会话中常见的缩写形式、互动的语言特征通常并不出现在教材中。而教材中的许多语言特征也极少出现在会话中。语篇样本 1.4 中的这部教材的语言特征包括被动结构（如 *known colloquially as; is built up; is then used*）和复杂的名词短语结构（如 *the problem of structuring the approach to information studies; a computer database which is then used as a framework to explore the situation and identify problems at a number of levels*）。

　　教材与会话在语言上的差异反映了语体的本质，语体是与生成环境、交际目的、互动性等语境因素有关的变体。而这些

1 语体、语类和风格：语言的基本变体

语境因素在所有方言中都是相同的。因此，如果排除方言的因素，那么所有会话基本上也都是相同的。同样，无论是用英国方言写的学术文章，还是用美国方言写的学术文章，其本质也都是相同的。当然，不同的方言在发音、词汇的选择上会有差异，甚至在语法上可能偶尔也会有差异，然而，结合情景因素来看，这些差异与语体的语言差异相比，实在是微不足道的。

1.4 语篇变体的不同视角：语体、语类和风格

在1.1节中，我们简单区分了语篇分析的不同视角——语体、语类和风格。实际上，以往的研究者在语体、语类和风格这三个术语的使用上并不统一。我们将在1.4.2节和1.4.3节对其中的某些用法进行考察。下面将进一步说明这三个术语在本书中的用法。

1.4.1 本书中的语体、语类和风格视角

如上所述，我们认为语体、语类和风格是分析语篇变体的不同的方法或视角，并不是不同类型的语篇或变体。实际上，我们可以同时从语体、语类和风格的视角对同一个语篇进行分析。

如表1.1所示，语体、语类和风格视角的区别表现在以下四个方面：第一，所分析的"语篇"不同；第二，语言特征不同；第三，语言特征的分布不同；第四，对语言特征分布差异的解释不同。

表 1.1 语体、语类和风格的本质特征

本质特征	语体	语类	风格
语篇样本	语篇片段	完整语篇	语篇片段
语言特征	词汇、语法上的任何特征	特殊的表达方式、篇章结构、程式化	词汇、语法上的任何特征
语言特征的分布	在语篇中频繁、普遍地出现	在语篇中，通常只在特定的位置上出现一次	在语篇中频繁、普遍地出现
对语言特征分布差异的解释	这些特征具有重要的交际作用	这些特征通常与语类相关；通常是程式化的，而不是功能性的	作者偏好使用这些与功能无关的特征，是因为它们具有审美价值

语类视角关注的是用于构建完整语篇的语言特征；语体和风格视角关注的则是典型的语篇片段中普遍的语言特征。正如表 1.1 所总结的那样，语体视角描写的是语篇变体中典型的语言特征，这些特征在功能上与情景语境相联系。因为语体视角关注的是频繁出现和普遍存在的词汇和语法特征，所以语体视角所研究的语篇样本并不一定都是完整语篇，也可以是语篇片段。

语类视角关注的焦点不同于语体视角，它通常关注那些在语篇中只出现一次的语言特征。这些特征在构建特定的语篇变体方面起着关键的作用，它们与构建某种语篇的文化规约有关。正因为如此，语类视角所研究的语篇样本必须是完整语篇。

例如，商业信函的语类研究就需要分析完整信函的语篇规约。这些规约包括如下内容：位于信函顶部的日期，收件人姓名和地址，称呼和职务（"Dear Mr. Jones"），信函的主体部分，表示礼貌的结尾（如"Sincerely"）以及写信人的签名。由此可知，如果要考察信函的组成部分，那么就要分析完整的信函。

语类视角通常关注某种语篇变体的结构，特别是书面语篇变体的结构。例如按照规约，报纸头版新闻的开头一般有简短的标题，标题下面是事件发生的地点。导语只用一两个句子，概括已经发生的主要事件及其意义。主体有多个段落，每个段落分别报道事件的某个方面：事件是如何发生的、主要参与者的背景、直接引语和间接引语、其他参与者如何涉身其中以及事件的结果等等。这些段落通常都很简短，并且各自独立。下面的语篇样本 1.5 说明了该语类的上述特点。

Text Sample 1.5　Newspaper article

Investigators Take Last Look at Subway Wreckage

PHILADELPHIA (AP)

A subway car derailment that killed three people and injured 162 may have been triggered by a dragging motor that hit a track switch, federal investigators said Thursday.

The altered switch may have sent the last three cars in the six-car train onto another set of tracks Wednesday, causing one car to be yanked into steel support beams, said John K. Lauber of the National Transportation Safety Board. Evidence indicated the motor dropped when a nut came loose, Lauber said, adding that investigators were told that subway motors had dropped from their supports three times in the last 15 years, most recently just a month ago.

"That probably resulted in the pivoting of the motor under the car... and that probably was the initiation of the accident," he said.

A 37-block section of west Philadelphia's 12.8-mile subway and elevated train line, a major commuter artery in the nation's fifth-largest city, remained closed Thursday as federal investigators made their final inspection of the wreckage.

Extra buses were pressed into service to handle some of the 100,000 people who typically ride the line twice a day. [...]

[LSWE Corpus]

语篇样本 1.5　报纸文章
联邦调查员最后一次勘查地铁残骸
费城（美联社）

　　联邦调查员星期四表示，这起导致3人死亡、162人受伤的地铁车厢脱轨事故可能是由拖曳电动机撞上了一节轨道的道岔而引起的。

　　国家交通安全局工作人员约翰·K.劳伯认为，星期三，变形的道岔可能将六节车厢中的最后三节引到了另一组道岔上，导致一节车厢突然被拖到了支撑钢梁上。劳伯提到，有证据表明，电动机掉落下来的原因是有一颗螺母松了。他还补充道，调查员们得知，在过去的十五年里，地铁拖曳电动机已经从支架上掉落了三次，最近一次发生在一个月以前。

　　劳伯说："这可能导致了电动机在地铁车厢下面旋转，从而引发了这次事故。"

1 语体、语类和风格：语言的基本变体

　　星期四，联邦调查员对地铁残骸进行了最后的勘查，西费城12.8英里的地铁和高架铁路线的37个闭塞分区、美国第五大城市费城的主要通勤干线仍处于关闭状态。

　　由于该地区每天约有10万人需要乘坐地铁往返，因此有关部门加开了临时公交车，以方便人们出行。

　　[……]

[朗文英语口语和书面语语料库]

　　语体视角研究和语类视角研究的区别，就在于它们所采用的语篇样本是不同的。如果要分析与语类视角相关的语言特征，就要采用完整语篇，因为对语类分析来说，语篇片段尚不足以体现语类的语篇规约（例如某一语篇的开头或结尾的规约方式）。

　　与此不同的是，任何语篇样本都可以从语体视角进行分析，这是因为典型的语言特征与情景语境相关。这些语言特征在某种语体的所有语篇中都会出现，因此，分析语体特点并不需要采用完整语篇。例如，语篇样本1.1—1.4虽然都是语篇片段，但是它们却分别反映了会话、教材语体的普遍特点（如会话中的缩约词、代词和疑问句）。

　　对于完整语篇，我们既可以从语类视角分析，也可以从语体视角研究。例如，语篇样本1.5既体现了新闻报道语类开头部分的规约，又体现了新闻报道语体典型的语言特征。这些语言特征包括动词的过去时态（如 *killed*、*injured*、*said*、*indicated*）、动词的被动语态（如 *been triggered*、*were told*、*were pressed*）以及引语（直接引语和间接引语）。由于这些特征在新闻报道中分布得很普遍，因此，我们在语体研究中采用的语篇样本既可

以是完整语篇，也可以是语篇片段。

与语体视角相同的是，风格视角也需要对语篇样本中典型的语言特征进行考察。而这两个视角的区别就在于它们对语言特征的解释并不相同，即对所观察到的语言模式背后的深层原因的解释是不同的。与语体视角相关的语言模式存在的原因就在于语言变异是功能性的；情景语境决定了语言特征是否频繁出现（正如上文 1.3 节中描写的那样）。反之，与风格相关的语言模式并不是功能性的：它们与审美偏好有关，取决于说话者 / 作者对语言的态度。也就是说，对于什么是"好风格"，说话者或作者通常有自己的态度，他们的语言运用与审美相关。

风格通常用来区分某种语体或语类内部的语篇。最常见的是用风格来描写小说语体 / 语类内部的系统变异。风格的类似用法已被用于研究会话语体的变异，每种亚文化都有自己独特的交际风格或会话风格（参见 Tannen 2005）。也就是说，人们对于如何构建会话（如不同的语速、话轮之间停顿的长度以及话语重叠是否礼貌等等）是有不同的标准的。

小说的特定风格通常与特定的作者有关。例如弗吉尼娅·伍尔夫（Virginia Woolf）和托妮·莫里森（Toni Morrison）的小说，偏好将复杂长句和简短小句混合使用。相反，欧内斯特·海明威（Ernest Hemingway）的小说，则偏好将简单的短句贯穿于全文。风格还与不同的作者群体或不同的历史时期有关。我们将在第 6 章讨论 18 世纪的小说与当代小说的风格差异。而问题的关键就在于这些差异都不是功能性的。例如，所有小说的情景语境基本上都是相同的。风格上的语言差异，反映的则是作者对语言态度的不同，或者作者试图通过语言的运用获得不同的审美效果。

综上所述，我们可以从语体、语类和风格的视角分别考察某个语篇或语篇变体。例如，同样是科研论文，如果从语类视角进行研究，那么我们就要描写整篇论文的规约结构——标题、作者、摘要、引言、方法、结果、讨论/结论和参考文献；如果从语体视角进行研究，那么我们就要找出普遍存在的核心的语言特征（如较长的名词短语、名物化、被动语态），并且还要参照生成环境和典型的交际目的，从功能角度解释作者偏好这些语言特征的原因；如果从风格视角进行研究，那么我们就要辨识与特定作者或历史时期相关的语言特征——在审美上，它们与令人愉悦的"好"作品或"好"文章的观念有关。

1.4.2　文学研究中的语类和风格

从事文学研究的人可能早已熟悉了文学语类（literary genre）这个概念。不同文学语类的语篇规约是不同的。这里的术语体裁与本书中的语类相似，二者都强调语篇规约。在文学语类中，主要有诗歌、戏剧和小说三种样式。请阅读下面的语篇样本1.6—1.8，注意区别不同体裁的语篇规约。

Text Sample 1.6　Poetry
CREDO
　　Goals are funnels

语体、语类和风格

> with walls that narrow
>
> and finally at the neck –
>
> the achievement –
>
> a guillotine.
>
> Better than goals are dreams
>
> that can never be attained,
>
> only lived.
>
> Or dreamed.
>
> [Scott Baxter, 2004. *Imaginary Summits.*]

语篇样本 1.6 诗歌

信条

目标是漏斗

斗壁越来越窄

最后到达出口——

实现目标——

断头台。

比目标更好的

是无法实现的梦想，

只要活过。

或有过梦想。

[斯科特·巴克斯特，2004.《梦想的高峰》]

Text Sample 1.7 Drama

RUTH:　　I'm going down to the school with you.

BEATRICE: Oh, no you're not! You're going to keep company with that corpse in there. If she wakes up and starts gagging just slip her a shot of whiskey. <The taxi horn blows outside.>

Quick! Grab the plants, Matilda – I'll get the big thing.

RUTH: I want to go! I promised Chris Burns I'd meet him.

BEATRICE: Can't you understand English?

RUTH: I've got to go!

BEATRICE: Shut up!

RUTH: <Almost berserk.> I don't care. I'M GOING ANYWAY!

BEATRICE: <Shoving RUTH hard.>WHAT DID YOU SAY?

TILLIE: Mother!

[Paul Zindel, 1970. *The Effect of Gamma Rays on Man in the Moon Marigolds*.]

语篇样本 1.7　戏剧

露丝： 我要和你一起去学校。

比阿特丽斯： 哦，不，你别去！你得和那个僵尸做伴。如果她醒了，开始呕吐，你就给她一杯威士忌。〈外面响起出租车喇叭的声音。〉

快点！拿上这些苗儿，玛蒂尔达——我拿那个大的。

露丝：	我也想去！我答应过克里斯·伯恩斯要见他的。
比阿特丽斯：	你听不懂英语吗？
露丝：	我要去！
比阿特丽斯：	闭嘴！
露丝：	〈几近狂怒。〉我不管。我就是要去！
比阿特丽斯：	〈使劲推了露丝一把。〉你说什么？
蒂莉[①]：	妈！

[保罗·津德尔，1970.《雏凤吟》]

Text Sample 1.8 Fictional Prose

I was living that year in a house on Yucca Avenue in the Laurel Canyon district. It was a small hillside house on a dead-end street with a long flight of redwood steps to the front door and a grove of eucalyptus trees across the way. It was furnished, and it belonged to a woman who had gone to Idaho to live with her widowed daughter for a while.

[Raymond Chandler, 1988. *The Long Good-bye*.]

语篇样本 1.8 小说

那年，我住在月桂谷区亚卡大街的一栋小房子里。这栋房子坐落在山坡上，位于道路的尽头，门前有一段很长的红杉木台阶，对面有个小桉树林。这是一个带家具的房子，房东是一

---

① 玛蒂尔达的昵称。——译者

… 位妇人，她去爱达荷州小住，陪伴孀居的女儿。

[雷蒙德·钱德勒，1988.《漫长的告别》]

上面这三个语篇有什么不同呢？它们最明显的区别可能就在语相①（physical layout on the page）上。按照小说的语篇规约，它是以段落的形式呈现的，每段的开头都要缩进字符，每页都要写满行。通常，小说中的句子完整、标点规范。

而戏剧的语篇规约则不同于小说：因为它是以对话的形式呈现的，所以它的模式是人物先登台亮相，然后这个人物再开口说话。虽然台词是编剧写出来的，但是在表演时，却是由演员说出来的。此外，戏剧语篇还包括舞台提示，用于说明会话中发生的事件（<the taxi horn blows outside>，<shoving RUTH hard>）或注明演员应该采用的表达方式（<almost berserk>）。

与戏剧、小说不同的是，诗歌的语相也是创作效果的一部分。虽然诗歌可以使用完整的句子，但是诗句在语相上的呈现更重要。诗歌中的意义关系通常并不是以完整的句子呈现的，而是通过诗句的语相构建的（例如：*and finally at the neck – the achievement – a guillotine. can never be attained, only lived. Or dreamed.*）。

语言变异在同类文学语类的语篇中普遍存在，这时，风格视角的研究就显得尤为重要，这些与不同作家和时代相关的典型语篇，反映了不同的审美偏好。与语体相同的是，风格视角的研究也可以从语言特征出现的频率和分布的角度切入。例

---

① 语相指语言的书写系统，以及其他与书写的媒介相联系的特征，如标点符号、段落划分、空格等。详见胡壮麟，刘世生（2004：151）。——译者

如，18世纪小说的风格主要表现为偏好使用超长的句子，而20世纪小说的风格则主要表现为频繁使用较短的句子（参见第6章）。不同作家的风格特征并不相同，即使是著名作家也不例外。例如，在18世纪早期，与同时代的小说家相比，笛福（Defoe）的作品以简单、平实的风格著称；而在18世纪后半期，约翰逊（Johnson）的作品则以细腻繁复的语言风格闻名于世。（参见第5章和第6章中关于作家风格的讨论。）

文学风格也可以采用语体分析的方法来研究。然而，风格变异的深层原因与功能无关，并不受交际情景的影响，而与作家的审美偏好及其对语言的态度有关。

本书虽旨在讨论日常口语和书面语，而非文学作品，但我们也将在第5章讨论小说中某些特殊的情景特征和语言特征；我们还将在第6章从语言学的视角分析小说风格的历史变迁。

1.4.3 语体、语类和风格研究回顾

在语篇研究中，语体、语类和风格这三个术语非常关键，然而，从以往的研究来看，人们在这三个术语的使用上并不统一。虽然本书在前人研究的基础上沿用这三个术语，但是它们的意义可能与以往并不完全相同。因此在阅读其他文献时，你要知道，目前人们对语体、语类和风格这三个术语的理解尚未达成共识，可谓见仁见智。

语体和语类都是与特定的情景和交际目的相联系的变体。许多研究都采用了其中的某个术语，而忽视了另一个术语。例如比伯（Biber 1988）、巴蒂亚（Bhatia 2002）、萨摩哈吉

(Samraj 2002a, b)、邦顿（Bunton 2002）、洛夫（Love 2002）和斯韦尔斯（Swales 1990, 2004），他们均采用了语类这个术语。在他们当中，有的关注所有语篇的组织结构（如 Swales 1990），有的则关注普遍存在的语言模式（如 Biber 1988）。而其他的研究则均采用了语体这个术语，如尤尔（Ure 1982）、弗格森（Ferguson 1983）、海姆斯（Hymes 1984）、希思和兰曼（Heath and Langman 1994）、布吕蒂奥（Bruthiaux 1994, 1996）、比伯（Biber 1995）、康拉德（Conrad 2001）以及比伯（Biber 1999）等。有些社会语言学教材［如 Wardhaugh 1986, Trudgill 1974］则用语体这个术语指行业变体，如计算机程序员的话语或汽车技师的话语。

在某些研究领域中，人们同时使用语体和语类这两个术语，并对它们做了理论上的区分，最著名的就是系统功能语言学的研究。系统功能语言学以韩礼德（Halliday 1985）的理论框架为根据，关注人类交际的形式、功能和语境之间的互动。在这个框架内，语类和语体是不同的"符号平面"（Martin 1985）。一方面，语类被看成是一个社会过程，在这个过程中，某种文化的参与者以可预测的序列结构实现一定的交际目的；库特（Couture 1986：80）将语类称为"有组织的语篇规约"。另一方面，语体被描述为语类的"表达平面"（Martin 1985），它更关注不同语类中典型语言特征的选择。这些选择源于系统功能语言学中语境的三个变项：语场、语旨和语式，它们主要指话题/行为，参与者/参与者之间的关系，以及话语的方式/组织。显然，本书所说的语体和语类，与系统功能语言学中的相关概念有许多相同之处：都认为语类视角关注的是某种语类中所有语篇的规约特点，语体视角关注的是语言特征的变异（参见 Ferguson 1994）。在系统功能语言学中，这些概念处于更宽泛的理论框架内（参见 Halliday 1985，1989；Martin 1985，1993，1997，2001；Matthiessen 1993）。

最后，在语类研究上，还有一个被称为"新修辞"（Hyland 2002a）视角的研究。它关注的是不同社会文化语境以及语类的作用，而不是语篇的语言特征。从这个视角来看，对特定社区族群及其所使用和学习的语类的描写（如 Artemeva 2008），要比对语言的描写更有意义。上述研究告诉我们在特定的社会文化语境中如何使用语言，尽管这很有意思，然而它与本书的内容（我们更关注语篇的语言分析）关系不大。

与其他两个术语相比，风格这个术语使用得更宽泛。20世纪60年代，描写语言学家用风格指普遍的情景变体（参见 Joos 1961；Crystal and Davy 1969），这与本书中语体这个术语的用法相似。计量社会语言学中的拉波夫学派用风格指调查访谈时的语言，这是为不同目的而使用的语言；社会语言学所说的风格就是话语的生成环境，即注意力语体，也就是说话者在说话时对话语的关注程度（例如阅读单词表与访谈；参见 Labov 1966，1972）。我们将在本书的结论部分（9.4节），详细讨论社会语言学的风格变异与语体变异的对比这个问题。

一般来说，风格被视为语言运用的独特方式。风格视角常用于文学语言的研究，即通常所说的**语体学（stylistics）**研究；在这个意义上，风格被当作特定体裁、特定时代、特定作者以及特定语篇的特征而加以研究（参见 Leech and Short 1981；Freeborn 1996；P. Simpson 2004）。这样的研究具有文学批评的意义。例如，很多写作手册都提到写作要有个人风格（这暗示着许多人写作时缺乏自己独特的风格）。最后，如上所述，风格已被用于互动性会话的研究中（如 Tannen 2005），因为文化背景不同，会话的风格也不尽相同。

许多论著都介绍了上述术语的用法。对此感兴趣者可参考李（Lee 2001）和海兰（Hyland 2002a：10—22）论著中的概述部分，以及努南（Nunan 2008）在系统功能语言学框架内关于语类和语体概念的介绍。

1.5 作为语言普遍性的语体/语类变异

在不同情景中，不同文化背景的人为了不同的交际目的而使用语言。语体变异关注的是不同情景中语言变异的普遍模式，它们与语言特征所反映的功能相联系。语类变异关注的是构成不同类型的完整语篇的规约方式。总的来说，语体/语类变异是人类语言的重要方面。在任何文化和语言中都存在一系列的语体和语类，人类支配着语体/语类。

以前的许多学者都已经注意到了语体/语类变异的普遍性。例如：

> 语体变异要根据使用的场合来选择语言结构，它普遍存在于人类的语言中
>
> 弗格森（Ferguson 1983：154）

> 没有人自始至终以同样的方式说话……人们至少能够使用或接触到某些语体和风格
>
> 海姆斯（Hymes 1984：44）
>
> 每个语言社区都有自己的语体系统……，它与社区成员通常参与的活动范围相对应
>
> 尤尔（Ure 1982：5）

由于语体/语类变异具有普遍性，因而了解语篇变体中语言特征的模式不仅对特定语言的描写很重要，而且对跨语言理论的发展也很重要。海姆斯认为，语体/语类变异的分析应该成为语言学研究的重点，他将语体/语类变异称为"语库"：

> 通过发展和巩固语库的系统研究，……社会语言学视角……能够率先改变语言研究。
>
> 个人的能力以及社区的综合能力，只有通过"语库"这个核心的科学概念才能被理解，而不是通过"语言"。
>
> 海姆斯（Hymes 1984：44）

尽管在任何社会或语言中都存在着许多语体/语类，然而，它们在不同的社会或语言中并不一定相同。例如，在有些语言/社会中，只有口头语体/语类。在这种情况下，也许个别说话者能够掌握这些语言中所有的语体/语类。然而，因为现代社会存在着口语语篇和书面语篇的许多变体，因此没有哪位说话者/作者能够掌握某种文化中的所有语篇变体。以往的研究已经证明了不同社会或语言在语体/语类上的差异，说明了语言中语篇变体系统的历史变化的重要性。例如：

1 语体、语类和风格：语言的基本变体

> 某种语言的语体范围是反映社会变化最直接的方式。从根本上讲，成熟的和不成熟的语言之间的差别（Ferguson 1968）就体现在语体的范围上，语言接触促进了语言的发展……受特定语体的影响……这不但引起了社会的变化，还导致了语言的变化。
>
> 尤尔（Ure 1982：7）
>
> （目前社会语言学需要关注的两个主要任务是）描写和分析与我们时代社会进程有关的语库的结构和变化……
>
> 海姆斯（Hymes 1984：44—45）

语体/语类的变异是非常普遍的，这是因为不同文化背景的人都需要在不同的情景中为不同的交际目的而使用语言。上文多次提到过，语体视角的研究是最重要的，因为在语体视角的研究中，语言特征是功能性的，它们与情景有着不同程度的联系，因此，任何类型的语篇样本都可以从语体视角来描写。这种语言形式和情景之间的功能关系决定了语体变异的系统模式。本书的主要目的是介绍这些语言模式，帮助读者掌握语体分析的工具。此外，我们还将继续描写语类变异和风格变异的模式，尤其是当这两种视角能够为分析某个特定的语篇变体提供帮助的时候。

1.6 本书概览

此后的章节包括以下两个方面的内容：一是提供分析语篇变体的方法、工具；二是描写英语中几种最重要的语体、语类和风格。正如我们在第一节中所说的那样，我们关注的是语体分析，因为语体视角可以分析任何语篇样本。同时，本书还包括对语类和风格的描写。我们将从语体、语类和风格这三个视角讨论语篇变体的典型特征。

本书第一部分包括第 2 章和第 3 章，我们将在这部分介绍语体研究的分析框架，并说明该框架同样适用于语类和风格研究。正如我们在 1.3 节中所说的那样，语体分析包括情景分析、语言分析和功能分析三个主要部分。第 2 章将讨论情景分析；第 3 章将讨论语言分析和功能分析。

本书第二部分包括第 4 章、第 5 章、第 6 章和第 7 章，我们将在这部分详细描写不同类型的语体、语类和风格。在第 4 章中，我们将讨论会话、高校教师答疑时间会话和服务接待会话这三类人际口语体。在第 5 章中，我们将讨论报纸文章、学术散文和小说这几类普遍的书面语体，说明如何从语体、语类和风格的视角研究上述语篇变体。尽管，第 4 章和第 5 章中的许多案例都是建立在以往大规模样本的语体研究的基础之上的，但是，我们采用了短小的语篇和少量的语言特征来解释，这样做的目的是要向读者表明，任何人都可以轻松地进行自己的研究工作。

在第 6 章中，我们将从历时的角度讨论语篇变体，说明语体、语类和风格是随着时间的推移而发展变化的。在第 7 章中，我们将描写私人电子邮件、网络论坛帖子和手机短信这几种新兴电子语体的特征，并从情景特征、语言特征的角度将新兴电子语体与传统语体进行对比。

1 语体、语类和风格：语言的基本变体

本书第三部分包括第 8 章和第 9 章。我们将在这部分探讨更重要的理论问题和更前沿的分析方法，将其介绍给读者，这也许是他们今后所要探寻的。第 8 章将介绍多维度分析，它是描写某种语言中语体变异普遍模式的分析方法。第 9 章将讨论语体研究中更普遍的问题，如语体研究与语言学其他分支学科之间的关系，除英语之外的其他语言的语体变异的研究情况，口语和书面语（这也许是语体之间最重要的差异）之间的关系，并从理论上对语体变异与方言变异在语言和社会中所起的作用进行对比。

本书的语篇样本主要选自三个语料库：托福 2000 口语和书面语学术语言语料库（TOEFL 2000 Spoken and Written Academic Language Corpus，简称 T2K-SWAL 语料库）、朗文英语口语和书面语语料库（Longman Spoken and Written English Corpus，简称 LSWE 语料库）、英语历史语体代表语料库（A Representative Corpus of Historical English Register，简称 ARCHER 语料库）。T2K-SWAL 语料库由美国教育考试服务中心建立（参见 Biber *et al.* 2002；Biber 2006），该语料库规模较大（270 万个词），收集了高校校园中大量的口语体和书面语体。LSWE 语料库用于分析《朗文英语口语和书面语语法》(*Longman Grammar of Spoken and Written English*)(*LGSWE*；Biber *et al.* 1999)，该语料库规模庞大（约 2000 万个词），包括会话、小说、报纸文章和学术散文（参见 Biber *et al.* 1999：第 1 章）四种主要的口语体和书面语体。ARCHER 语料库是为研究历史语体变异而设计的语料库。该语料库规模较大（约 170 万个词），包括多种口语体和书面语体，如私人信函、小说、报纸新闻报道、学术散文和戏剧。

我们在各章的结尾处都附上了习题。其中的思考与复习（Reflection and Review）要求读者回顾各章中的概念和内容，将其应用于自己的生活和真实世界的其他情景中，并根据这些概念和内容，设计未来的研究。有些习题适合课堂上的小组讨论，有些则更适合用于课后作业。学生做完这些作业后，还可以在课堂上与大家分享。分析练习（Analysis Practice）是基于真实数据的专门练习，其中的语篇和数据源自以往的研究；这个练习还要求你使用一些易于获取的数据（例如你以前写过的论文）。你可以运用各章介绍的方法分析语篇或数据。完成后这些课后习题还可用于课堂小组讨论和复习。选题建议（Project Ideas）是为大规模语体研究提供的建议，它针对的是各章所讨论的语篇或问题。尽管我们提供了一些语篇样本，但是我们同时也要求学生自己收集语篇。

第2章至第8章中的习题包括上述所有三种题型。然而，因为第1章和第9章介绍并总结的主要是一些概念，所以这两章的课后练习只有思考与复习。习题中的所有语篇样本都收录在本书附录中。教师可以用这些语篇样本设计其他习题来满足学生的需求。

我们并未在每章的结尾处列出参考文献，而是在全书的结尾处提供了一个重要的附录。在附录中，我们列出了过去几十年中发表的有关语体研究的最重要的文献，各项研究均按照我们关注的焦点来排列（例如普遍的书面语体研究、口语体研究等等）。如果你想进一步研究某个特定的问题，那么对你来说，这将是一个极有价值的资源。

第1章 练习

思考与复习

1. 请仔细回想一下昨天你接触过的所有语言变体，并将它们列为四组：你说过或写过的语体（口语或书面语），你听过或读过的语体，你说过或写过的方言，你听过的方言。昨天你接触过的语体总共有多少种？是生成的语体多，还是接收的语体多？是接触过的语体多，还是方言多？

2. 请回想你在学习某种新语体（本族语或第二语言）时的情况。你是如何认识该语体的情景特征的？你是如何把握有效的语言特征的？你是否有意识地将它与你所熟悉的其他语体的语言特征进行了区别？你接受过语体的专门训练吗？将你的经验与其他同学进行比较。

3. 请从你的文化中选择两种你所熟悉的语体。采访五个人（非语言学家），问他们一些问题，这些问题要包括这两种语体的本质特征。例如，"'布道'与'学术演讲'的区别是什么？相同之处又是什么？"

说明这两种语体的本质特征是什么？这五个人的回答一样吗？这些答案符合你的预期吗？

4. 请选择你所熟悉的一种变体，拟定一个从语体、语类和风格视角研究这种变体的大纲。大纲要包括以下内容：
- 可用于各个视角研究的语篇样本
- 把你认为对语篇变体的语体分析至关重要的情景特征做个简单总结
- 语类研究所关注的语篇的特定部分（也就是说，你是否期望某些语篇与特定的规约结构相一致？你期望这些规约结构出现在哪里？）
- 对风格视角的特别关注（你是否希望关注某些名人的语言变异，有效语篇与无效语篇的语言变异，不同历史时期的语言变异，或其他的风格因素？）
- 对可能发现的重要语言特征的预测。这些特征包括：（a）语体的语言特征；（b）从语类视角发现的语篇规约；（c）从风格视角发现的语言特征。该预测要建立在以往你对变体的经验和观察的基础之上（在后面的各章中，你可以展开分析，以验证你的预测是否准确）。

可选择的变体包括应用或理论语言学中的论文以及小说、儿童文学、书评、政治演讲、报纸新闻评论，或者你所熟悉的其他语篇变体。

第一部分　分析框架

2 语体和语类的情景特征的描写

2.1 引言

在第 1 章中，我们将语体定义为"与特定的情景和普遍的语言特征相关的语言变体，这些普遍的语言特征在特定情景中起着重要的作用"。本章我们关注"情景"，讨论如何描写与情景相关的特征，即所谓的**情景特征**（situational characteristics）。这些特征既包括交际时间和地点等物理语境，也包括其他许多因素。例如，面对面会话的情景特征包括两名或更多的参与者，他们用口语进行交谈，并在同一时空直接互动；而报纸文章的情景特征与之不同，它通常只有一位作者，以书面的方式，与处于不同时空的广大读者交流。

对语类视角和语体视角的研究来说，情景特征的分析至关重要。本章所讨论的许多问题都与这两种视角的研究有关。相比之下，风格变异与情景语境无关，因此本章对风格视角不予讨论。

首先，本章探讨与识别语体、语类有关的两个问题——一是如何在不同层次上描写语篇变体；二是语体/语类的文化差异。其次，我们再提出情景特征分析框架，该框架可以用来作为语体/语类分析的固定模式。最后，第3章将在该框架的基础上，描述这个分析过程之后的步骤：语言特征分析，以及语言分析与情景分析的整合。

2.2 语体和语类辨识中的问题

在分析语篇变体的情景特征之前，我们必须首先辨识自己所要研究的语篇变体。这里有两个问题特别重要：一是认识不同的语体、语类的普遍性；二是重视文化在辨识语体、语类过程中的作用。

2.2.1 普遍的和具体的语体与语类

我们在第1章曾介绍过，语体或多或少都具有特殊性。例如，会话是一种普遍的语体，其具体的特征相对较少：有两名或更多的参与者，以口头的方式彼此直接互动。电话会话则比较具体，因为参与者必须通过电话进行交流，他们并不共享同一个物理空间。家庭餐桌会话就更具体，它有着特定的场景、特定的参与者以及特定的、经常讨论的话题。演讲（或公众演讲）也是一种普遍的口语体，它有许多更具体的下位语体（如布道、政治演讲、学术讲座等等）。

书面语体同样可以分为普遍的语体和具体的语体。例如，学术散文是一种普遍的书面语体，它是由作者认真撰写、编辑精心加工之后，呈现给处于不同时空中的广大读者的，其主要交际目的是提供关于某个话题的信息。

2 语体和语类的情景特征的描写

书面语体中还有许多具体的学术语体。教材与学术著作的区别，主要表现为目标读者（学生/专业人士）不同及交际目的更具体（介绍或展望某个学术领域/推出一项新的研究成果）。科研文章的目标读者虽然也是专业人士，这一点与学术著作相类似，但是它关注的是某项具体研究的成果。不同学科语篇之间同样也存在着重要的语体差异。例如，心理学科研文章有别于化学科研文章，而它们又都不同于史学科研文章。

实际上，某些学科的科研文章还可以划分出更具体的下位语体。例如，化学科研文章通常包括引言、方法、结果和讨论四个部分。方法部分与引言、讨论部分完全不同：方法部分着重介绍研究的步骤和材料，而引言和讨论部分主要介绍以往的研究成果、说明更广泛的研究动因和研究意义。我们在第5章中将看到，具体的交际因素的改变，也会导致系统性的语体差异，这种差异主要表现为一系列不同的语言特征。

语体分析可以在各个层次上进行，认识到这一点非常重要。而且，无论是普遍的语体，还是具体的语体，我们都可以对其情景特征和语言特征进行分析。最初，某项研究可能是要探讨某种普遍的语体，然后，也许会转而分析该语体中更具体的下位语体。与具体的语体相比，语言变异在普遍的语体中更常见，因此，对普遍的语体的语言分析需要以大量的语篇样本为基础。

在分析语体的情景时，具体的语体具有更多的可以确定的情景特征，而普遍的语体的情景特征则更具有可变性。因此，虽然我们很难说出"会话"这种普遍的语体的特定交际目的或参与者的具体特征，但是我们能够十分清晰地描写工作场所同事的会话或家庭餐桌会话的情景特征。然而，正如第 4 章至第 9 章所示，当语体处于任何普遍层次时，它又是具体的，它的语言差异与情境特征具有功能上的联系。

我们可以将语体差异视为一个变异的连续统，而语类差异则是离散的。我们很难在普遍层次上分析语类。例如，对科研文章进行语类分析是可行的，我们可以找出其用于组织语篇的语言规约。然而，对学术著作这种更普遍的语类进行描写则意义不大，因为并没有一种普遍的语篇规约能够构建该语类中的所有语篇。同样，我们虽然可以从语类视角对路德教派布道这种具体的口语变体进行描写，但是并非所有类型的布道都使用同一种普遍的语类规约。此外，对于公众演讲这种具有普遍性的语篇类型，我们也无法从语类视角进行研究。

同时，某种语类有可能嵌入在更大的语类中。例如，科研文章的引言部分具有自己的规约结构，可以作为独立的语类来分析（参见第 5 章）。从这个视角来看，整个引言部分就可被视为一个完整语篇。它代表了"引言"这种语类，具有预期的规约结构（首先回顾以往的研究；其次找出以往研究中的"空白"；最后说明该研究将如何填补这些空白）。同时，引言又嵌入在科研文章这种更大的语类中，而科研文章也有自己的规约结构（如摘要、引言、方法、结果、讨论等等）。

2.2.2 从文化角度认识语体/语类的差别

在很多情况下，普遍的语体/语类的名称都很简短，具体

2 语体和语类的情景特征的描写

的语篇变体的名称则更长、更复杂。例如,"会话"有许多具体的下位变体,它们的名称都较长,如"电话会话""同事闲谈"等等。

然而,说话者有时也采用简短的名称指称某些具体的语篇变体。例如,"大纲"是一种只在学校语境中使用的特定的变体,用于介绍课程内容,说明对学生的期待和要求。"契约"是一种法律文件,用于赋予财产或特权。这些具体的语篇变体都有简单的名称,说明它们在英语文化中起着重要的作用,是公认的不同变体。

在某种文化中,语类的名称通常很简单,然而语体的名称却不一定如此。也就是说,语类是由特定规约支配的,它们通常被某种文化中的成员所认可,是在特定的文化中被命名的。虽然,同样的变体也可以从语体视角来分析,我们也使用同样的名称,但是,并非所有语体都有简单的名称。例如,"同事闲谈"是一种发生在特定情景中的语篇变体,其语言特征在功能上与特定情景相对应。即使这种语篇变体并不能完全代表某种语类,我们也可以从语体视角来分析。

然而,并非所有名称简单的语篇变体皆可被视为语类。例如,我们既可以将布道和讲座视为"演讲"的特定的下位语体,也可以将其视为"公众演讲"这一普遍的语体。我们所要考察的是可以从语类视角分析的、特定类型的布道(例如,罗马天主教牧师与美南浸信会牧师的布道,它们的语类规约就不同)。同样,虽然"会话"是一种普遍的语体,但是许多会话都是由不同的语类规约构建的。

有时，在某个非常具体的领域内，虽然有许多语类/语体为该领域的专家所熟知，但是它们并不为公众所了解。例如，法律领域的语类/语体包括"口供""证词"和"诉状"等；司法和行政领域的语类/语体包括"协议""规章""法令"和"条例"等；宗教领域的语类/语体包括"祷文""祝词"和"颂词"等。这里的语类/语体的名称都非常简单，说明这些变体虽然也许并不被外行所知，然而因为它们具有不同的特点，因此得到该亚文化成员的广泛认可。

某种文化所区分的语类/语体，在其他文化中也许并没有什么区别。例如，杜兰蒂（Duranti 1981，1994）曾描写过西萨摩亚"福诺（*fono*）"中的各种话语。说英语的人也许都将其理解为乡村集会上讨论政治和司法问题的话语，而不认为它们是包含许多演讲的不同语体。而对西萨摩亚人来说，"福诺"中的话语则是几种不同的语类/语体，包括：

  捞噶（*lāuga*）：主要仪式上的话语

  塔利（*tali*）：回应

  塔拉诺噶（*talanoaga*）：讨论

35 此外，在"捞噶"中还有几种不同的语类，包括"弗拉萨嘎[*folasaga*（介绍）]"和"法阿非泰[*fa'afetai*（感恩）]"。

用来说明文化在辨识语类/语体中的重要性的第二个例子是巴索（Basso 1990：114 及以下诸页）描写美洲西阿帕切族口头叙事的故事，他把故事区分为四种不同类型：

  创世记故事（*godiyihgo nagoldi'e*）：巫医所讲的创世记故事，告诉人们宇宙是如何形成的；

2 语体和语类的情景特征的描写

历史教化故事（*'agodzaahi*）：很久以前（欧洲人到来之前）的历史教化故事，旨在强调弃恶扬善；

近几十年来的故事（*nłt'eego nagoldi'e*）：由近几十年来发生的事件改编的故事，旨在娱悦听众；

近期的故事（*ch'idii*"八卦"）：由现在居住在美洲的西阿帕切族人的近期事件改编的故事。

在来自英美国家的英语文化成员看来，上述案例中的所有语篇变体，都可被视为"故事"。虽然他们也能够大致区分上述故事的主要差别，但是这些差别在英语文化中并不是很重要（"八卦"除外，因为它是一种公认的与众不同的故事类型）。因此，大多数英美文化成员将上述四类故事视为一种或两种语类/语体（仅仅是"故事"，或者"故事"和"八卦"）。然而，美洲西阿帕切族文化成员则将它们看作四种不同的语类/语体。

在通常情况下，同一种文化的成员主要通过交际目的来区分不同的语体。就物理语境而言，他们与外部观察者看到的情况几乎是一样的。例如，在外部观察者看来，阿拉伯语中的"塔夫色（*tafsiir*）"和"沃德（*waᶜd*）"都是"布道"。作为宗教仪式的一部分，它们都是独白体，由族长在清真寺里完成。然而，它们的主要交际目的并不相同。"塔夫色"更具信息性和解释力，主要介绍古兰经和穆罕默德言行录，并阐释其意义；而"沃德"则更具说服力和告诫性，鼓励信众虔诚，遵守戒律。这两种语体通常按照先后顺序出现：族长先引用古兰经或穆罕默德言行录中的一段话，接着便通过"塔夫色"解释这段话的意思，最后是"沃德"，即族长说明这段话的现实意义，并鼓励人们付诸行动。虽然,说英语的人通常认为"塔夫色"和"沃德"都是"布道",但是,在阿拉伯文化中它们被视为不同的语体。

以上三例说明,语类/语体的差异是特定文化的产物。即使在两种文化中存在近似的语类/语体,但是由于交际目的不同,实际上它们也并不一样。例如,在美国英语和索马里语的文化中都有属于私人交际的书面语类/语体——私人信函,它们都是通过邮寄的方式由一个人寄给另一个人的。美国英语称其为"私人信函(personal letter)",索马里语称其为"沃卡德(*warqad*)"。这种语篇直至最近在美国的英语文化和索马里语文化中都比较常见。(近年来,在美国英语文化中,信函已被电子邮件所取代;而在索马里语文化中,由于中央政府和邮政系统的崩溃,"沃卡德"也很少使用。)

虽然"私人信函"和"沃卡德"这两种语类/语体在许多方面都很相似,但是它们的典型交际目的并不相同。在美国英语文化中,"私人信函"的交际目的通常是一般的人际交往,写信人为与收信人保持联系,而把自己的近况告诉收信人。而在索马里语文化中,"沃卡德"的交际目的通常是写信人想要请收信人帮忙。这种差异反映在语言上,表现为"沃卡德"中有许多"指令语",用祈使句和"祈愿"小句(表达愿望),告诉收信人应该做什么;而"私人信函"用许多疑问句询问收信人的情况,并以第一人称告诉收信人自己的情况。

总之,不同文化具有划分不同语言活动范围的方法。有的文化能够发现某些语篇交际目的上的细微差异,因此将其视为不同的语体和/或语类；有的文化则将其视为同一个语类/语体。也就是说，两种文化中"相同"的语类/语体，实际上是可以通过交际目的或其他情景特征的重要差异来区分的。所以，语类/语体分析的第一步就是确定和描写情景特征。

2.3 情景分析框架

有效的语体分析总是对比性的。如果不将某种语体与其他语体对比，我们就无法了解这种语体的特征。例如，凯珀和哈戈（Kuiper and Haggo 1984）描写牲畜拍卖语体的特征时，就将其与歌谣、会话这两种普遍的语体做了对比。有些研究只关注某一种语体，如弗格森（Ferguson 1983）对体育广播员话语的研究、布吕蒂奥（Bruthiaux 1996）对分类广告的研究。在这些研究中，研究者凭借直觉和以往对其他语体的研究经验确定目标语体的典型特征。但是，这种做法不值得提倡，因为直觉通常是靠不住的。因此，本书语体特征（情景特征和语言特征）的分析重在对比两种或更多的语体。

某一个情景特征的重要程度，取决于与之对比的语体。例如，会话和电子邮件在许多方面都相似：二者都是一个人与另一个人的交流，通常涉及私人/社会话题，并且都是互动的，第二个人要对第一个人所说的话做出回应。这两种语体的主要差异就在于物理方式的不同：会话是说出来的，而电子邮件是写下来、通过电子媒介传播的。

相比之下，会话和布道的对比则需要关注其他不同的特征。虽然二者都采用口头的方式，但是它们在互动性上并不相同：会话有两名或更多的参与者，互动性很强；布道则只有一名说话者，没有互动。当然，在区分这两种语体时，话题和交际目的也是主要的因素。会话可以谈论任何话题，参与者的交际目的常常不断转换，例如表达自己的情感和态度、叙述过去的事件以及试图说服听话者。布道的话题和交际目的则受到更多的限制，话题一般与宗教、经文和生活方式有关，交际目的通常是信息性和/或劝说性的。

在下一小节中，我们将介绍情景分析的方法，并推荐一些可用于情景分析的信息资源。在 2.3.2 小节中，我们将介绍一种综合分析框架，辨识一系列可能有助于语体分析的情景特征。正如前面所说的那样，该框架可用于分析任何语篇变体的情景特征，无论研究的终极目标是语类视角，还是语体视角。

2.3.1 语体情景特征的描写方法

大量的信息资源可以帮助你描写某种语体的情景特征。以下每种资源的重要性将取决于你与承认这种语体的文化群体有多大关系以及你对这种语体有多少经验。此外，虽然根据经验你也可以轻而易举地分析某些特征，但是其他特征的分析需要更多的研究。例如，即使你毫无经验，你也可以根据自己的观察分辨出某种语体到底是口语体，还是书面语体；然而，识别某种语体的交际目的，则需要更多的研究。

2.3.1.1 你的经验和观察

如果你自己就是使用某种语体的文化群体的成员，并且具有生成这种语体的成功经验，那么你自己的知识就可以作为情景分析的一个主要信息来源。然而，即使在这种情况下，你仍然需要思考，需要与本文化群体中的其他成员讨论，这样才能对你的解释更有信心。

例如，因为你对朋友间会话这种语体已经很熟悉，所以你无需参考任何资料就能列举出其情景特征。同样，在阅读过许多教材的基础上，你能够大致描写出教材的情景特征，包括它们在交际目的上的差别（是娱乐性的，还是知识性的）。

但是，某一个领域的观察者或初学者通常无法对该领域的专家所熟悉的语体进行充分的描写。例如，学术领域的专家能够辨别各种文章的细微差别，如科研文章、述评、书评、评注等等。他们也能够判断出文章发表于何处，如（未）经同行评审过的期刊、简讯、某部书中的某一章等等。然而对于观察者或初学者而言，上述语体都只是"文章"而已。因此，我们在进行情景分析时，除了依赖自己的经验和观察之外，还需要更多的信息。

2.3.1.2　权威受访者

对于自己不甚了解的语体，我们可以请权威受访者帮助我们确定这种语体的情景特征。我们仍以学术论文为例，当你描写这种语体的特征时，如果能够向大学教授请教，那么你一定受益匪浅。当然，每个人的看法可能不尽相同，因此多找几位受访者总是有益的。

如果要研究自己本土文化之外的某些语体，那么权威受访者就更重要了。因为作为观察者，你会自然而然地受到自身文化的影响，因而你并不能完全理解交际事件的文化意义。在这种情况下，请当地权威受访者提供信息，对你认识目标文化中的语体差异将大有裨益。

2.3.1.3 以往的研究

有关你所感兴趣的语体的以往的研究成果，也是一个有助于情景特征分析的潜在的资源。修辞学视角的研究可以帮助你理解某种语体在文化语境中的使用情况。例如，在科研文章的研究中，对科研文章作者的个案研究可以帮助我们了解该语体的目的和受众（如 Bazerman 1988 以及 Latour and Woolgar 1986 的早期研究）。

2.3.1.4 语体的语篇分析

建立在经验的或者专业知识的，抑或以往研究成果的基础之上的语体描写，它们都仅仅代表某些理念或看法，而非实证调查的结果。这样的描写并不一定精确。例如，常常有这样的情况，有些情景特征并未被语体使用者所认识。因此，通过观察语篇本身来识别情景特征是非常必要的。

语篇分析在确定情景特征时有两个作用。第一，在最初的情景分析中，语篇分析有助于辨识语体的典型的交际目的。例如，在第 7 章手机短信案例的研究中，作为本书作者的我们，都不使用手机短信，也不了解其他人使用手机短信的原因。因此，除了参考以往关于手机短信的研究和询问短信使用者之外，我们还考察了大量的短信语篇，用来分析其交际目的。这些交际目的在短信语篇中表现得非常明显。

第二，在语言特征分析之后，语篇分析仍有助于情景分析。换言之，我们可能在分析了语篇的语言特征之后，发现一些出乎意料的语言模式，并意识到这些模式应该与以前未曾注意到的一些情景特征有关。例如，在第 3 章课堂教学话语的研究中，有些情景特征在语言特征分析之后，就非常显著。然而在此之前，尽管许多研究者（包括本书的两位作者）已从事多年课堂教学，但是均未能预测出。这说明只有把语言特征与其功能相联系，才能更深入、更准确地理解语篇的情景特征。因此，语体分析通常还包括语言分析之后的细致的情景分析。

尽管，语体的语言分析和情景分析常常循环往复、交替进行，但是，语体分析通常始自语体情景特征的辨识和描写。我们将在下一小节介绍语体情景特征的分析框架。

2.3.2 情景分析框架

既然我们可以从情景特征的角度对语篇变体进行对比，那么构建一个适用于所有情景分析（无论是语体视角的，还是语类视角的）的总体框架，就是非常有意义的。虽然在某些研究中，有些特征无须对比，但是该框架还是可以帮助我们全面思考需要考察的各种情景特征。

表 2.1 列出了与描写、对照语体、语类相关的主要情景特征。这些特征是根据以往语体研究的理论框架（如 Biber 1988, 1994; Crystal and Davy 1969; Halliday 1978; Hymes 1974; Basso 1974）整理出来的。在下面几小节中，我们将依次介绍这些情景特征。

表 2.1　语体和语类的情景特征

I. 参与者
　A. 发话者（说话者或作者）
　　1. 一个 / 多个 / 机构性的 / 身份不明的
　　2. 社会特征：年龄、教育程度、职业等
　B. 受话者
　　1. 一个 / 多个 / 数量无法确定
　　2. 自己 / 他人
　C. 有无旁观者？
II. 参与者之间的关系
　A. 互动性
　B. 社会角色：相对的社会地位或权势关系
　C. 人际关系：如朋友、同事、陌生人
　D. 共享知识：私人的和专业的
III. 渠道
　A. 方式：口语 / 书面语 / 手语
　B. 特定媒介
　　可长期留存的：录音 / 笔录 / 纸媒 / 手写的稿子 / 电子邮件等等
　　瞬时性的：面对面会话 / 电话 / 广播 / 电视等等
IV. 生成环境：即时的 / 有计划的 / 有稿的 / 修改和编辑过的
V. 场景
　A. 参与者是否共享交际时空？
　B. 交际地点
　　1. 私密的 / 公开的
　　2. 特定场景
　C. 交际时间：当代的，历史时期的
VI. 交际目的
　A. 普遍目的：叙述 / 报告，描写，说明 / 告知 / 解释，劝说，操作指南 / 步骤，娱乐，启发，展示自我
　B. 特定目的：如从大量资源中筛选的信息，介绍方法，展示新的研究成果，通过人物故事宣讲道德
　C. 真实性：真实的，观点的，推测的，想象的
　D. 立场的表达：认知的，表明态度的，无明显立场的

续表

VII. 话题
  A. 普遍的话题"范围":如家庭,日常活动,商务/职场,科学,教育/学术,行政/司法/政治,宗教,体育,艺术/娱乐等
  B. 特定的话题
  C. 被谈论者的社会地位

2.3.2.1 参与者

参与者:生成语篇的人和接收语篇的人。每个语篇都是由**发话者**(**addressor**)生成的。大多数口语语篇的发话者都极易识别,而书面语篇的发话者却不明显。例如,本书是由两位作者合写的,实际上书中所有的句子可能都是由两个人共同撰写/修改/编辑的。还有些书面语篇不属于任何个人,发话者是"机构性"的,虽然它们属于某个机构,但是我们并不知道具体的作者。例如,社论代表的是媒体的观点,而没有注明作者。与此类似的是,高校招生手册是由校方提供的学校介绍,内容包括学校的服务及招生要求,它也没有注明作者。更有甚者,有些未署名的书面语篇甚至并不属于哪一个机构,如某些指示牌或广告。

发话者的社会特征对其所生成语篇的语言有着重要的影响。例如,说话者的年龄、性别、教育程度、职业和社会阶层等特征,都是语言变异的重要的决定性因素。这些特征属于社会方言变异所研究的范围(参见第1章)。虽然本书很少涉及社会方言变异,但是,因为发话者的社会特征是情景语境的一部分,所以我们对此还是应该予以考虑的。

交际活动除了发话者，还有**受话者**（addressee）：预期的听话者或读者。在许多情况下，受话者可以只有一个人，例如和朋友面对面的谈话。私人信函和电子邮件通常也是写给某个人的。然而，上述大多数语篇也可以有多个受话者。例如，餐桌会话的参与者可以是一群人，大家讨论同一个话题；发话者之外的每个人都是受话者。大学课堂的听众更多，会议讲座的听众甚至有几千人。在上述情况下，虽然受话者很多，但是我们仍然可以确定他们的人数和身份。而有些语体的受话者人数则是无法确定的。例如，我们无法确定听广播或看电视的具体人数（概数除外）。已出版的书面语体的例子更有说服力，例如，小说可以流传几十年甚至几百年，而我们很难统计这段时间内读者的人数。

最后，某些语体的情景语境还包括**旁观者**（on-lookers）。他们仅仅是观察者，而不是直接受话者。例如，戏剧演员在舞台上的对白，是说给作为旁观者的观众听的。同样，在辩论或法庭证言中，尽管只有会话双方的互动，但是他们都知道旁观者的存在。实际上，这时旁观者的作用可能比直接受话者更重要。例如，在法庭证言中，证人虽然直接与律师交谈，但是交谈的主要交际目的是劝说旁观者，即陪审团。在这种情况下，我们很难区分直接受话者和旁观者。情景分析最重要的一点，就是要认识到直接受话者和旁观者的作用是不同的。

2.3.2.2 参与者之间的关系

研究者在确定了参与者之后，下一步要做的就是描写参与者之间的关系，其中最重要的是**互动性**（interactiveness）：

2 语体和语类的情景特征的描写

参与者在何种程度上直接相互作用？例如，会话的互动性很强，所有的参与者都在现场，能够直接互动；而高校招生目录的互动性就很弱，读者很难确定语篇的作者，更不可能与他们交谈。

多数语体的互动性都处于中间状态。例如，虽然电子邮件的参与者彼此往复、直接回应互动，但是这种互动可能滞后几天或几周。虽然高校课堂教学话语通常也具有互动性，但是对参与者来说，这种互动的机会并不均等；教师通常掌握较多的话语权，并控制学生的参与程度。报刊文章的互动程度更低，因为作者很难回应反馈；然而，读者还是可以通过"读者来信"与编辑进行有限的互动的。

在互动程度中，我们还要考虑参与者的**社会角色**（social roles）和**人际关系**（personal relationships），这也是很重要的。参与者的社会角色有时是平等的，如会话中的两名同学；有时则可能存在较大的社会差异。例如，权势差异影响着语言的选择，如果你正和你的老师或老板说话，那么即便在闲谈中，你所使用的语言也可能不同于朋友之间的会话。参与者**共享的背景知识**（shared background knowledge）也影响着语言的选择。例如，你可以设想一下自己如何跟室友（他认识你的很多朋友，知道你喜欢去哪些地方）描述自己上周末的活动，又如何向陌生人描述这些活动，你将这两种情况做一个对比。参与者共享的"专业背景知识"同样也影响着语言的选择。再设想一下你怎样跟同学探讨语言分析的问题，又如何将同样的内容讲给父母，并将这两种情况也做一个对比。参与者专业知识的共享程度，对书面语篇也会产生一定的影响，例如，学术研究期刊的目标读者是该领域的专家，而入门教材的目标读者则是该领域的初学者。

2.3.2.3 渠道

语体之间最明显的差异之一就在于物理**渠道**（channel）或**方式**（mode）：口头与书面[①]。这种差异总是与其他情景特征交织在一起的。例如，口语体几乎总有一个特定的发话者，通常还有特定的受话者；而书面语体则可以有一个机构性发话者和数量无法确定的受话者。口语体通常是互动的；书面语体则几乎没有互动。口语体和书面语体的典型生成环境，甚至典型交际目的（参见下文）通常也不相同。因此，口头和书面之间的差异是对语体进行语言描写时最重要的情景参项（我们将在后几章讨论这个问题）。

当然，并非所有语体都可以用口头或书面来划分，有些语体采用了特殊的交际方式。手语就是一种非常完善的交际方式。此外，还有许多在使用上更有限的交际方式，例如击鼓传声和烟雾信号。不过，本书仅描写口语体和书面语体。

我们还可以进一步区分**特定交际媒介**（specific mediums of communication）中的口语或书面语，例如电话或广播中的口语；手写的稿子、电子文稿（例如，电子邮件）与纸质文稿中的书面语。这些特定的交际媒介对说话者所采用的语言形式也有一定的影响（参见第 7 章对电子交际语体的讨论）。

---

① 口头（形式）和书面（形式）是根据渠道划分的，口语和书面语、口语体和书面语体是从语体的角度来划分的。——译者

2.3.2.4 生成环境

如上所述，对口语体或书面语体的选择直接影响着话语的生成。在通常的会话中，人们在说话的同时就要思考接下来说什么，一般没有时间仔细思考所要说的话；如果思考的时间太长，那么受话者就可能开始说话，或者会话就可能因交流不畅而结束。说话者无法编辑或删除已经说出的话；如果说了原本不想说的话，那么就必须重新说。

与口语体相比，书面语体的作者通常有足够的时间构思，他可以对所写的内容进行修改/编辑/删除，甚至还可以增加某些内容，直到所选择的语言准确地表达了他的意图为止。因此，读者最终看到的书面语篇也许与作者的初稿相去甚远，而读者通常也并不了解语篇的修改程度。（虽然口语语篇在某种程度上也会被编辑，例如广播录音采访，但是在这种情况下，编辑只能删除某些内容，而无法更改已经说过的话。）

同样，受话者接收口语和书面语的环境也不相同。在口语中，听话者只能在说话者说话的同时倾听并理解，而无法控制信息的速度或顺序（除了告诉说话者要放慢语速以外！）。相比之下，读者完全可以控制书面语篇的阅读过程。读者可以仔细研读，也可以快速浏览，甚至可以跳读，例如，先读结论部分，再读引言部分。（当然，不同读者的接收过程很不一样，这取决于他们已有的背景知识和阅读目的。）

2.3.2.5 场景

场景指交际的物理语境——**时间**（time）和**地点**（place）。参与者是否**共享**时空是物理语境中的一个重要因素。在许多口语体中，由于参与者共享物理语境，所以他们可以直接指称时间或地点（如 *yesterday* 或 *here*）。而对大多数书面语体来说，这种依赖于情景的指称并不适用，因为书面语体的参与者并不共享时空。不过，有的书面语篇却假定读者知道作品的生成时间（有时是地点）。例如，报纸上的故事可能提及一周中的某天（如 *Monday* 或者 *yesterday*），这是因为作者假定读者会在报纸发行的当天读到此文。电子邮件和手机短信的发送者通常也假定接收者知道语篇生成的时间和地点。

另外，场景的普遍特征也很重要。例如，**交际地点**（**place of communication**）是私密的（如日常会话、私人信函），还是公开的（如课堂教学话语、教材）？在任何特定场景中，私密的和公开的交际都有可能发生；在职场上，我们既可能与朋友进行私密的会话，也可能与客户进行公开的会话。当某个书面语篇包含在另一个书面语篇之中时，则可能具有特定的场景，例如某部书中的某一章。而且，**交际时间**（**time of the communication**）是当代，还是处于某个历史时期，这也是一个相对的概念。

2.3.2.6 交际目的

上述情景特征都是语境中的显著因素，如参与者是谁、他们在哪里、采用何种物理交际方式、生成环境如何等等。然而，同样重要的是要考虑"为什么"而交际：交际目的。我们可以在不同层次上描写交际目的。通常我们可以确定某个语体的**普遍目的**（**general purposes**），诸如叙述或报道过去的事件，描写事件的状态，解释或说明，辩论或劝说，提供执行某些任务的程序性信息，消遣娱乐以及表达个人情感或态度等等。

2 语体和语类的情景特征的描写

许多语体兼有多个交际目的。例如，教材通常兼有描写和解释的目的。工程学教材还包括程序性信息，而人文学科教材则通常还包括讨论和叙事。

交际目的在交际过程中是可以转换的。例如，当你跟朋友谈论有关政坛候选人的话题时，你可能要描述某位候选人所倡导的政策，并试图说服你的朋友支持这位候选人。在这种情况下，你既要描述事件当前的状态，又要表明自己的态度，还要试图使受话者认同你的观点。然而，你也能轻而易举地转换交际目的，例如，转而讲述你上次投票时发生的事、你排了多长时间的队以及某人在排队时的行为举止等等。交际目的的转换可视为下位语体的转换，是从一种会话转向另一种会话。在后面几章中我们将说明，无论会话的交际目的是什么，我们都可以找出其普遍的语言特征，而且还可以找出与特定交际目的相关的、特定会话的语言特征。

与口语一样，书面语的交际目的也是可以转换的。有时，这种转换在语篇中具有明显的标记，这样，分析者就能够辨识**特定目的**（specific purposes），进而区分不同的下位语体。如 2.2.1 小节所述，典型的科研文章由四个部分组成：引言、方法、结果和讨论。我们可以把这四个部分视为不同的下位语体，它们的主要差别就在于交际目的的不同。引言部分描写该领域的研究现状，主要包括对过去事件的概述、对某些概念的解释以及对以往研究成果的介绍；方法部分的交际目的是程序性的，主要描写此项研究是如何进行的；结果部分通常是描写性的，说明研究中的新发现；而讨论部分通常更具有说明性、解释力和说服力。虽然，一篇科研文章中各部分的物理语境都是相同的，如作者、读者以及生成环境等，但是各部分之间存在着重要的语言差异，这些差异与交际目的的转换有关。

46　　与交际目的相关的另一个参项是**真实性**（factuality）：发话者想要传达的内容可能是真实信息，也可能是个人观点或推测，还可能是虚构／想象的。它们并不是孤立的，因为说话者经常将事实与想象混杂在一起。而且，任何个人的话语都不是完全"真实"的。尽管如此，对于区分语体的交际目的来说，真实性这个参项也是很重要的，例如小说（虚构的）与传记（真实的），或社论（观点的）与新闻（真实的）。

　　交际目的的最后一个参项是**立场的表达**（expression of stance）。这个参项既包括个人态度的表达，也包括认知立场的表达（例如，信息的确切度与可推测度，或者是为了说明信息的来源）。例如，报纸上不同类型文章表达立场的程度是不同的。典型的新闻报道很少明确地表达立场，仅仅是陈述新近发生的事件。虽然新闻报道也可用于意识形态的传播，但是其表达立场的显性标记，通常为表明信息来源的话语，例如 *according to analysts...* 等。而科学版的报告更关注认知立场的表达，尤其是要表明信息究竟是确凿的，还是推测的。我们已司空见惯的 *it is **possible** that...* 或 *the findings **suggest**...* 或 ***in general**...* 等表达方式，都是表明认知立场的语言标记。报纸上的科学报道反映的是，科学界的某个论断在多大程度上是可证实或可推测的。再如，在美食点评和娱乐评论中，个人态度非常重要；实际上，其交际目的就是要通过态度鲜明的评论性话语来明确地表达个人态度，例如 the flavor was **wonderful** 或 **unfortunately, the one thing lacking was...** 等。

2.3.2.7 话题

最后一个情景特征是话题，它是一个可以从不同层次描写的、开放的情景特征。虽然我们可以区分语篇普遍的话题范围，如科学、宗教、政治和体育等等，但是任何语篇都有自己**特定的话题**（specific topics）。话题是影响词汇选择的最重要的情景因素，语篇中所使用的词汇在很大程度上是由语篇的话题决定的。无论是普遍的话题范围（如科学论文和商业新闻），还是特定的话题范围（如生物基因的研究论文），都是这样。

在像日语这样的语言中，话题的某个特殊方面直接影响语言的选择：被谈论者的社会地位。在这种情况下，人们必须使用特定的敬语小品词。

然而，一般来说，话题对语法差异的研究没有影响。语体的普遍语法特征主要是由物理语境和交际目的决定的。虽然有些语法差异起初可能与话题相关，例如，动词被动语态在科学和工程教材中比在人文教材中更常见，但是，这种差异并不仅仅受话题的影响，主要还是与各学科不同的交际目的有关。（我们将在第 5 章中讨论这些差异。）

2.4 情景分析框架在语体研究中的应用

在第 1 章中，我们介绍了语体分析的三个主要方面：（1）描写语体的情景特征；（2）分析语体的典型语言特征；（3）从功能的角度，解释某些语言特征倾向于与某些情景特征相关联的原因。在语体分析时，首先对情景特征进行全面的描写，这在某些方面对你是有益的。例如，当你研究某个陌生的文化群体的语体时，你可以通过情景分析正确地区分该文化群体中的语体种类，不至于因为文化差异而发生无意的混淆。同样，当你在研究某种普遍的语体时，你也可以通过情景分析避免忽略其中的某些下位语体。即使对自己非常熟悉的语体，如果参照表2.1中的情景特征进行分析，那么也能保证你不会忽略某些重要的情景特征，而这些特征对于解释语言模式可能是至关重要的。

通常，描写语体分析（包括本书后几章中的案例研究）的报告或学术论文并不讨论每个目标语体的所有情景特征。它们也许只介绍那些能够区分语体的主要情景特征，或者只关注那些对解释语言特征来说非常重要的情景特征。无论如何，研究者在分析过程中还是要考虑所有的情景特征，这一点尤为重要；至于哪些特征最有影响力，我们不能妄下结论。在你所研究的极为特殊的语体中，你也许会发现更加特殊的情景特征，而它们对于区分语体来说同样也是举足轻重的。

第 2 章 练习

思考与复习

1. 请思考下列口语语篇的情景特征。它们都采用口头形式直接互动，说话者很少有时间考虑要说什么。此外，它们的其

2 语体和语类的情景特征的描写

他情景特征也并不相同。请找出下列口语语篇在交际目的、参与者之间的社会关系以及其他情景特征等方面最重要的差异。

a. 课后与教师交谈，请教师解释一个较难的概念；

b. 在高校教师答疑时间与指导教授商量下学期的课程计划；

c. 下课后，你先与同学商定下次一起学习的时间，然后赶赴另一场约会；

d. 与最好的朋友谈论你上周末做的事；

e. 与五位朋友在饭馆里商量点菜；

f. 与妈妈在电话里谈论她最近的旅行。

2. 请考察本土文化外的、另一种你所熟悉的文化或亚文化（或者选定以后，可以参考描写该文化的民族志研究）。描写1—3种不同于本土文化的语体/语类。哪些情景特征可以区分这些语体/语类？

或者分析两种语言中"相同的"语体/语类的样本，找出二者的情景差异。

分析练习

3. 虽然"菜谱"和"杂志美食点评"的话题是相似的，但是其他情景特征并不相同。尽可能详尽地列出上述两种语体的情景特征（表2.1），注意它们的异同。填表时，你可以参考所需要的任何信息资源。将你的答案与其他同学进行对比，并解决存在的分歧。

4. 报纸体是非常普遍的语体。请找出报纸体中更具体的下位语体，并描写那些能够将它们区分开的情景特征。为避免遗漏，请多参考几种报纸（纸质版或网络版）。将你的答案与其他同学进行对比。

5. 收集下周你收到的所有电子邮件或手机短信。描写每条信息的重要情景特征，包括个人背景、你和发送者之间的社会关系、你是否是这条信息的唯一接收者、信息的主要交际目的以及该信息是否经过认真修改和编辑。在下个周末，根据你所收集的信息类型，尝试建立一个下位语体的分类表。

选题建议

6. 以你最喜爱的某项社会活动为关键词，在网络上搜索，如"跑步""打网球"或"看电影"。在搜索结果中选取 20 个网址，这些网址中的内容至少要代表 5 种语体。对比每种语体的重要情景特征，包括作者、"发话者"（如果与作者不同）、目标读者（是一般受众，还是专家）、主要交际目的以及其他显著的情景特征。根据你的描写，建立一个网络语体的初级分类表。

7. 选择一个你感兴趣的专业领域，既可以是你自己工作过的或将要进入的领域，也可以是你的学生将要进入的领域，还可以是你的配偶所在的领域，等等。利用你所需要的任何信息资源（自己的经验、权威受访者、以往的研究、语篇样本），编辑一个该领域所有语体的完整列表。该领域的专家要十分熟悉（接受或生成）表中所列的语体。简要描写每种语体显著的情景特征。

3 语言特征及其功能分析

3.1 引言

语言描写是本书关于语体、语类和风格三个视角的语篇变体分析的核心。语体和风格视角的分析，关注的是普遍变体中词汇-语法特征的识别。这两种视角的主要区别，就在于对所观察到的语言特征分布差异的解释是不同的：在语体视角的分析中，分布差异在功能上与情景语境相关；在风格视角的分析中，分布差异则与特定作者或说话者所要获得的审美效果相关。语类视角的分析不同于以上两种视角，它关注的是语言分析本身，即描写用于构建某个变体的规约结构。

由于语体分析的应用范围最广泛，所以我们主要关注语体分析的方法。前两章已经介绍了语体分析的三个主要步骤：第一步，描写语体的情景特征，包括语境和交际目的等；第二步，识别该语体独特的语言特征；第三步，通过对语言特征功能的解释，说明情景特征与语言特征之间的关系。在第2章中，我们介绍了情景分析框架。本章我们将介绍语言分析和功能分析的方法。

本章将讨论的主要问题是如何确定所要分析的语言特征。

我们首先讨论语体分析的几个基本问题,即对比法、定量分析法和抽样法的必要性。在有了这样的背景知识后,我们再详细地介绍如何进行定量分析、如何选择所要分析的语言特征,以及如何从功能的角度对语言特征与情景特征之间的关系进行解释。

在本章的后半部分,我们将从语类和风格视角对语篇进行语言分析。虽然语类视角的情景分析的基本参项与语体视角相同,但是语类视角的语言分析的关注点不同于语体视角(参见3.2.2 小节和 3.6 节)。与之相比,在风格视角的研究中,情景分析并不重要,因为作者或说话者是出于审美的需要调整语言形式的,他们并不考虑实际的情景语境。在这种情况下,尽管风格视角的语言分析与语体视角十分相似,然而在风格视角的分析中,审美效果的分析取代了直接交际功能的情景分析(参见 3.7 节)。

3.2 语体的语言分析的基本问题

一般来说,语言分析的目的是识别目标语体中典型的或独特的语言特征。因此,如何确定特定语体中某个语言特征是否具有典型性,这是语体的语言分析的基本问题。

我们以语篇样本 3.1 为例来讨论这个问题,该样本摘自地质学教材。请阅读下面的语篇样本,尝试列出教材体中所有典型的语言特征(词汇特征或语法特征):

3 语言特征及其功能分析

> **Text Sample 3.1　Geology textbook**
>
> The rocks of the Jura are fossiliferous limestones. They are famous for fossils of extinct sea creatures called ammonites that lived in coiled shells resembling the modern coiled nautilus. In the early nineteenth century, when European geologists started to arrange fossils in the sequence in which they had lived, fossils in the Jura were selected as the types characterizing certain ammonites, and rocks containing ammonites were selected as the examples of Jurassic sedimentary rocks, named after the Jura hills.
>
> [T2K-SWAL Corpus]

语篇样本 3.1　地质学教材

　　侏罗山脉的岩石是含有化石的石灰岩。它们以远古海洋生物菊石的化石而闻名，这些生物曾生长在螺旋形的壳中，类似于现代的鹦鹉螺。19 世纪早期，欧洲地质学家开始按照化石的年代顺序为它们排序，侏罗山脉的化石被选为菊石类的代表，而含有菊石的岩石也被选为侏罗系沉积岩的代表，它因侏罗山脉而得名。

　　　　　　　　　　　　　［托福 2000 口语和书面语学术语言语料库］

　　该语篇最引人注目的特征也许就是许多较长的单词；如果你的专业不是地质学的话，那么许多术语（如 *fossiliferous*、*ammonites*、*Jurassic*、*sedimentary*）你也许会看不懂。此外，你可能还注意到在这个短短的段落中只有三个句子，第三个句子

79

很长（共有50个词），因此，长句也许就是教材体的第二个语言特征。

然而就教材体而言，你如何判断这些特征是否"典型"呢？也许可以根据你的阅读经验来推测，如果你曾经阅读过大量教材和其他类型的文章的话。然而，你怎么保证其他分析者认同你呢？你有没有忽略更多的语言特征？你如何研究自己并不熟悉的语体呢？

在语体分析中，确定语体的典型性与我们对这三种主要方法论的思考有关：

第一，对比法的必要性；

第二，定量分析法的必要性；

第三，抽样法的必要性。

我们下面就来讨论关于这些问题的思考。

3.2.1 对比法的必要性

如果你注意到语篇样本3.1中较长的专业术语，并推测出这类词语就是教材的典型词语，这说明你可以在以往你对各种语体经验的基础上进行对比研究。具体来说，由于你以前几乎没见过（即使见过，也并不多）这类词语，因而你能够确定它们是罕见的专业词语。因为上面这个短小的段落中多次出现了这类词语，所以使用较长的专业术语是教材体的普遍语言特征之一的假设是合理的。

但是，其他语言特征呢？例如，你怎么知道有50个词的句子就是"长句"？根据我们以往对报纸和小说这类常见语体的认识来看，这个句子似乎很长。但是，这种看法非常主观，不同的分析者也许会得出不同的结论。而且，在考察其他更基本的语言特征时，这个问题还会更突出。又如，语篇样本 3.1 中名词或代词的用法有什么特征？它们是不是教材体的典型特征？你怎么知道呢？你能提供证据支持这些结论吗？

实证对比法至关重要，它为解决上述问题奠定了坚实的基础。也就是说，我们需要将目标语体与其他语体进行对比，才能确定目标语体的典型语言特征。举例来说，我们可以将语篇样本 3.1 与语篇样本 3.2 中的语言进行对比。语篇样本 3.2 摘自一部小说，讲述的是主人公 K 开始了火车之旅：

Text Sample 3.2　Fiction

They pulled away from the siding and began to move through the back yards of Worcester, where women hung out washing and children stood on fences to wave, the train gradually picking up speed. K watched the telegraph wires rise and fall, rise and fall.

They passed mile after mile of bare and neglected vineyards circled over by crows; then the engine began to labour as they entered the mountains. K shivered.

He could smell his own sweat through the musty odour of his clothes.

They came to a halt; a guard unlocked the doors; and the moment they stepped out the reason for stopping became clear.

> The train could go no further: the track ahead was covered in a mountain of rocks and red clay that had come pouring down the slope, tearing a wide gash in the hillside. Someone made a remark, and there was a burst of laughter.
>
> [from J. M. Coetzee, *The Life and Times of Michael K* (Penguin, 1988)]

语篇样本 3.2　小说

他们从岔道出发,经过了伍斯特的后院。女人们在院子里晾衣服,孩子们站在围墙上挥手,火车逐渐开始加速。K看着轨道旁的电线起起落落。

他们穿过大片荒芜的葡萄园,有许多乌鸦在那里盘旋;进山了,火车开始爬坡。K随之左右摇晃。

透过发霉的衣服,他闻到了自己身上的汗味。

突然,火车停了下来;乘警打开了门;就在乘客们下车的那一刻,他们就明白了火车无法继续前进的原因。前面的铁轨上堆满了从山坡上滚下来的岩石和红黏土,山腰上有一条很宽的裂缝。不知谁说了什么,引来了一阵笑声。

[选自J. M. 库切《迈克尔·K的生活和时光》（企鹅出版社,1988）]

首先,对比的结果支持了我们的观点,即教材样本中的单词较长,且多为专业术语。相比之下,小说样本中最长的词（如 *gradually*、*mountains*）并不是专业术语,还有许多其他短小而简单的词（如 *fences*、*wave*、*rise*、*fall*）。此外,虽然小说样本中有超过 30 个词的句子，但是并没有出现教材样本中的接近 50 个词的长句。

其次，这两个语篇样本中的名词和代词的用法也很不同。在教材样本中，代词 *they* 出现了两次——一次指的是 *the rocks of the Jura*，另一次指的是 *fossils*。而名词 *rocks* 和 *fossils* 则反复出现。相比较而言，小说样本中代词 *they* 反复出现，用来回指（有时比较模糊）火车上的乘客；*he* 和所有格限定词 *his* 均指主人公 K。这些差异普遍存在于大规模语篇样本的教材和小说的研究中：教材语篇中的代词较少，名词较多；而小说语篇中的代词较多。

大多数人都不会注意到名词和代词这样的普遍的语言特征，因为它们实在太平常了，甚至连说话者都会忽略它们的存在。然而，这类语言差异恰恰是语体分析的核心。虽然从某种程度上来说，这些特征几乎可以出现在任何语体中，但是在某些特定语体中，它们出现得特别频繁，因此成为"典型"的语言特征。为辨识这类语言特征，我们在使用对比法的同时，有必要采用定量分析法（将在 3.3 节讨论）。

3.2.2 语体特征、语体标记、语类标记、风格特征

语体的语言分析建立在**语体特征**（register features）的基础上：词汇和语法特征。（1）语体特征是普遍的——它们分布于该语体的整个语篇中；（2）语体特征是频繁的——与对照语体相比，它们在目标语体中出现得更频繁。需要特别注意的是，它们并不受限于目标语体。例如，动词的被动语态（如 *was* based on）被视为学术文章的语体特征，虽然它几乎可以出现在任何语体中，但是在学术文章中更常见。

此外，有些语体所特有的语言结构并不出现在其他语体中，这就是**语体标记**（register markers）。例如，"the count is three and two"（或"it's three and two"）和"sliding into second"是棒球比赛转播中特有的表达方式。前者描述的是投掷情况，后者描述的是运动员迅速跑向二垒的情况。因为这些表达方式固定不变，所以任何熟悉棒球的人只要听到它们，就能识别出这种语体（参见 Ferguson 1983，本书中第 290 页[1]的描述）。其他类型的体育转播使用的则是不同的表达方式。例如，美式橄榄球比赛的转播，常用诸如"it's third and four"之类的表达方式，意思是"第三次进攻，还差四码，还有一次进攻机会"。虽然美式橄榄球比赛的形式与棒球比赛类似，但是前者在转播时从不用"the count"，而且第一个数字也从不用基数，而用序数（你在美式橄榄球比赛转播中从未听过"it's three and four"）。因此，即使是在体育转播中，作为语体标记的表达方式也是有区别的。

与语体特征相类似，语体标记在目标语体中也是常见的和普遍的。二者的不同之处就在于，目标语体的语体标记一般不会出现在其他语体中。如果说话者在另一个情境中使用了某种语体标记，那么通常是借用了相关语体。例如，假如你的朋友在会话中忽然说"the count is 'o' and two"，那么他可能是通过借用棒球比赛的场景，暗示你已经犯了两次错误，在"出局"

---

[1] 原书页码见中文版的边码。——译者

前还有一次机会。

语类标记（genre markers）既不同于语体特征，也不同于语体标记。语类标记是一种独特的表达方式和手段，用于构建特定语类中的语篇。语类标记并不普遍，它们通常在语篇中只出现一次。同样，语类标记也不会频繁出现。语类标记的独特之处就在于程式化，它们只出现在特定语篇的特定位置上（通常在开头或结尾）。例如，商务信函通常以 *Dear Sir* 这样的语类标记开头。又如，宗教演讲也是一种高度程式化的语类，基督教徒的祷告以语类标记 *Heavenly Father* 开头，以语类标记 *Amen* 结尾。法庭审判语类也是高度程式化的，其下位语类的开头和结尾都有固定的语类标记（如 *All rise*、*Have you reached a verdict?*、*We find the defendant...*）。

虽然其他类型语篇程式化的程度不及上述语篇，但是它们通常也有自己的语类标记。例如，电子邮件可以使用各种语类标记（如 *Dear Dr. Conrad* 或 *Hi Susan*）来开头，这取决于发件人和收件人的关系。同样，电子邮件也有一些用于结尾的语类标记，例如 *Best wishes*、*Sincerely*、*Talk to you later*。（由于电子邮件与信函在交际目的和其他情景因素上有千丝万缕的联系，所以这两种语类共享上述语类标记。）课堂教学话语的结构虽然并不很严格，但是它们也可以使用类似 *Ok, let's get started* 这样的语类标记开头，使用类似 *Ok, see you on Wednesday* 这样的语类标记结尾。

最后，与语体特征类似的是，**风格特征**（style features）也是普遍的——它分布于代表该风格的整个语篇中，并且也是频繁的——和对照语体相比，它们在该风格的语篇中更常见。

我们在第 1 章曾介绍过语体特征与风格特征的区别，前者是功能性的，而后者则优先考虑审美因素（参见下文 3.7 节）。

语体特征、语体标记、语类标记和风格特征的重要差异，与第 1 章所描写的语体、语类和风格分析视角的差异相对应。表 3.1 将语体特征、语体标记、语类标记和风格特征的差异总结如下：

表 3.1　语体特征、语体标记、语类标记和风格特征的定义

语言特征的类型	分析的是完整语篇，还是语篇样本？	特征分布	与其他变体相比，特定变体中特征的频率	语言特征在其他变体中的使用情况	语言特征是功能性的，还是随意的/规约的？
语体特征	语篇样本（或短小的完整语篇）	普遍	更频繁	虽可出现在其他变体中，但不很常见	功能性的
语体标记	语篇样本（或短小的完整语篇）	普遍	更频繁	不出现在其他变体中	程式化和随意的/规约的（通常不是功能性的）
语类标记	完整语篇	通常只在语篇特定位置上出现一次	通常只出现一次，不很普遍	通常不出现在其他语篇变体中（可能出现在关系密切的语类中）	程式化和随意的/规约的（通常不是功能性的）
风格特征	语篇样本（或短小的完整语篇）	普遍	更频繁	虽可出现在其他变体中，但不很常见	首选审美价值（通常不是功能性的）

3.2.3 定量分析法的必要性

假如所有语体都有语体标记，那么辨识语体就是一项简单的任务了；你只要简单地找出那些独特的标记就可以了。然而遗憾的是，语体标记是罕见的。大多数语体都没有借以辨识的独特的语体标记。于是，分析者就必须凭借**语体特征**——普遍而频繁的特征辨识语体。

语体特征的分析需要考虑语言结构使用的程度。语体特征可以出现在任何层次上，包括词、词汇、词类和句法结构等等。而语体特征分析的关键，就在于它关注的是语言结构使用的**程度**。也就是说，虽然我们讨论的语言特征几乎可以出现在大多数（也许是全部）语体中，但值得注意的是，它只在某些语体中出现得极为频繁，而在其他语体中较为罕见。正是这种分布上的差异，使得词汇或语法结构成为语体特征。

如 3.2.1 小节所述，确定某个语言特征究竟是频繁的，还是罕见的，需要采用对比法：分析者只有发现某个语言特征在其他语体中使用得不频繁时，才能确定它在目标语体中是频繁的。此外，我们还需要采用定量的方法：因为分析者只有统计了某个语言特征在目标语体和对照语体中的出现频率，才能够确定它是否在目标语体中使用得更频繁。既然大多数人更容易注意到罕见的语言特征，而忽视寻常的语言特征，那么简单地依赖于你对某种语体的观察来研究语体，这并不是确定语体特征的可靠方法。

对比和定量方法的另一个优势是能够考察到那些可能被忽

略的语言特征，如 3.2.1 小节中的名词和代词。为进一步说明这两类词，请比较语篇样本 3.3 和 3.4（语篇样本 3.3 即前文中出现的语篇样本 3.1，摘自地质学教材，语篇样本 3.4 摘自研究生修辞课的课堂教学话语）。<u>名词用下划线标出</u>，***代词用斜体加粗标出***。

Text Sample 3.3　Geology textbook

The <u>rocks</u> of the <u>Jura</u> are fossiliferous <u>limestones</u>. ***They*** are famous for <u>fossils</u> of extinct <u>sea creatures</u> called <u>ammonites</u> that lived in coiled <u>shells</u> resembling the modern coiled <u>nautilus</u>. In the early nineteenth <u>century</u>, when European <u>geologists</u> started to arrange <u>fossils</u> in the <u>sequence</u> in which ***they*** had lived, <u>fossils</u> in the <u>Jura</u> were selected as the <u>types</u> characterizing certain <u>ammonites</u>, and <u>rocks</u> containing <u>ammonites</u> were selected as the <u>examples</u> of Jurassic sedimentary <u>rocks</u>, named after the <u>Jura</u> <u>hills</u>.

[T2K-SWAL Corpus]

语篇样本 3.3　地质学教材

侏罗山脉的岩石是含有化石的石灰岩。它们以远古海洋生物菊石的化石而闻名，这些生物曾生长在螺旋形的壳中，类似于现代的鹦鹉螺。19 世纪早期，欧洲地质学家开始按照化石的年代顺序为它们排序，侏罗山脉的化石被选为菊石类的代表，而含有菊石的岩石也被选为侏罗系沉积岩的代表，它因侏罗山脉而得名。

[托福 2000 口语和书面语学术语言语料库]

Text Sample 3.4　Graduate-level rhetoric class

Instructor: Alright the um, the other two things that *I* would like to do today, as *I* mentioned, are talk about some themes that have emerged in the class – uh and *I* do want *you* to write a final essay um and *we* can negotiate *that* entirely, but basically what *I* want *you* to do is to connect up some strands – *You* connect up readings and other things that *we*'ve discussed with those strands – um, and *I* thought that *we* might just talk a little bit today about potential things that *you* found useful, or found interesting in what *we*'ve been doing. um and *I*'ve got some possibilities but *I*'d rather have *you* guys uh start us off with *these* – uh, relevant to *that* maybe, um also projects that *you* are working on and *I* would like to get a quick read before *we* leave so the others here will have a feel for where *you*'re headed. Cos *we* do have two new projects going.

[T2K-SWAL Corpus]

语篇样本 3.4　研究生修辞课的课堂教学话语

教师：好，嗯，我今天还有两件事儿要做。我说过，一件呢，是讨论一下我们课堂上提到过的话题——呃，我想让你们写一篇期末论文，嗯，当然我们可以商量怎么写，但我主要想让你们做的是找一些线索——把阅读和我们讨论过的内容联系起来——另一件呢，嗯，我想今天我们可以讨论一下，看看我们一直在做的事情中有没有你们可能觉得有用或有趣的东西。

嗯，我已经有了一些想法，但我还是希望，呃，你们可以自己做——呃，它们可能与下面要说的有关，嗯，也与你们正在做的项目有关。嗯，我们下课前我想听听你们的想法，也让其他同学对此有所了解。因为我们确实正在做两个新项目。

[托福2000口语和书面语学术语言语料库]

几乎没有哪位读者会将名词作为一种语体特征，因为所有语篇都在一定程度上使用了名词。然而，正如语篇样本3.3和3.4所示，这两种语体中的名词和代词在分布上有一个显著的差异。在教材样本中，名词比代词更常见（23个名词，2个代词）；而在课堂教学语篇中，代词比名词更常见（17个名词，24个代词）。实际上，这个差异似乎比我们看到的更大，因为教材样本比课堂教学样本短很多，所以它使用名词的机会也比较少。我们将在后面的3.3节中再讨论这个问题，并说明如何计算语言特征的频率。

3.2.4 抽样法的必要性

最后，确定一种语体"典型"的语言特征，代表性的语篇样本是必不可少的。为理解这个问题，请你考虑一个极端的例子，即如果没有典型样本会怎样：假如你着手分析小说语体，而你只有《海底沉船》(*Watership Down*)这一部小说，这是关于一群兔子的故事。当你考察词汇时就会发现，这部小说中频繁出现的是 *rabbit* 和 *rabbits* 以及一个叫作 *Great Burrow* 的地名。然而，我们并不能据此而断言，小说的语体特征就是 *rabbit* 这个词和 *great burrow* 这个高频出现的短语。虽然语篇的语法特征通常比词汇特征少很多，但是以上例子仍适用于所有的语体分析：在语体分析中，某个（或少数几个）语篇的语言特征并不能代表整个语体。

代表性语篇样本能够反映某个语体中语言变异的范围，该语体中大多数语篇都具有这种典型的语言特征。在选取代表性样本时，有几点很重要：作者/说话者的多样化是必要的，它可以避免个人风格对结果的过多影响（除非你正在研究某位作者的文学风格）。如果你所分析的语体有许多特殊的下位语体，那么样本就要包括这些下位语体的语篇。例如，如果你要描写报纸语言，那么你不但要关注新闻报道，而且还要关注社论、体育专栏、评论等等。如果某种语体的语篇很短（如电子邮件），那么你可以选取整个语篇；如果目标语体的语篇很长（如小说），那么你也可以从整个语篇中节选样本。也就是说，语篇样本必须足够长，才能提供足够多的可靠的特征。此外，如果一个较长语篇的各个部分具有不同的交际目的（如科研文章中的各部分），那么你的样本必须包括其中的每个部分。

那么，究竟需要选取多少不同的语篇样本才能满足研究的需要？究竟需要选取多长的样本呢？遗憾的是，这些问题并没有明确的答案。对语篇中极为常见而普遍的语言特征，如名词、动词和代词，你可以从较短的几个语篇中获取它们的可靠数据（即使仅有100个词的语篇样本）。而对并不太常见的其他语言特征，如关系小句，如果你想发现这些语言特征在某种语体中的分布情况，那么你就要考察更长、更多的语篇样本。（参见

Biber 1990，1993 对这些问题的详细讨论。）

从某种语体中选择代表性的语篇样本是一项艰巨的任务，而对大规模语篇样本中数不胜数的语言特征进行分析，则是一项更艰巨的任务。实际上，没有计算机的帮助，综合性的语体分析是无法实现的。本书中许多大规模的语体研究都采用了**语料库语言学（corpus linguistics）**的方法。这种方法论涉及使用一个存储在计算机中具有特定规则的语篇集合（即语料库），并采用计算机辅助技术对其进行分析的问题。我们将在 3.8 节中详细地介绍这种方法。

了解到代表性样本对语体描写的重要性之后，你也许还想知道对少量语篇的分析是否还有意义。我们的答案是肯定的。实际上，本书的练习也要求读者做一些小的案例分析。本书既有小型的语体分析，也有大型的语体分析，本章的最后一节将对这方面内容做更多的介绍。然而，永远要记住最重要的一点：无论如何，以少量语篇为基础的语体分析的结果并不具有代表性。

3.3 定量分析

其实，定量的语体分析只需要分析者统计某个语言特征在语篇中出现的次数，因此，主要困难并不在于统计，而在于统计的先决条件：按照一致的标准对所有语言特征进行分类。也就是说，在统计之前，我们有必要按照一致的标准，精确地识别每一个语言特征。

3 语言特征及其功能分析

3.3.1 以规则性和一致性的方式划分语言特征

具有规则性的、一致性的语言特征的划分是一项异常艰巨的任务。大多数人都是通过教材中简单、清晰的例子学习语法的。然而在不同语体的自然语篇中，几乎总有一些语言形式与教材不符。在这种情况下，语体分析者应该注意这些语言形式，并按照某种规则对它们进行分类，然后将这种规则系统地应用于所有相似的案例中。

这一点很重要。有时，语体分析者耗费时日去决定如何对一个结构进行分类，直到他们找到"正确"的答案为止。可是，当他们遇到有细微差别的语言结构时，就会再次陷入困惑中。因为在许多情况下，并没有唯一"正确"的分析，所以你只需选择一种可证明的、合理的分类标准，然后将其系统地应用于其他所有相关的案例中就可以了。如果以往的研究已经讨论过某个语言特征，你就可以参考它们的结论，并将其作为分析的论据。无论如何，关键的问题是，你要用充分的理由证明你的标准是合理的，然后，将这个标准一以贯之地应用于所有的语篇分析中。

语篇样本 3.3 和 3.4 是两个短小的语篇片段，它们提供了几个有趣的、具有规则性的例子。其中一例分析了名词中心语的前置词，其作用是作名词修饰语，如 *big dog*。有些传统语法书将其视为"形容词"。前面的语篇样本提供了前置形容词修饰中心名词的几个例子，如：

<u>fossiliferous</u> limestones, <u>extinct</u> creatures, <u>a little</u> bit
含有化石的石灰岩，　远古生物，　　一小会儿

将这些词分析为形容词，有两个主要原因：

1. 它们既可以出现在名词前，也可以出现在 BE 动词后；
   （例如 *the rock is fossiliferous*、*they are extinct*、*it was little*）
   （岩石是含有化石的，它们是已经灭绝了的，它是少量的）
2. 它们处于某个意义的"等级"中，而且能受副词的修饰。
   （例如 *highly fossiliferous*、*completely extinct*、*very little*）
   （化石含量高的，完全灭绝的，很少）

虽然在这两个语篇样本的其他地方也有前置词修饰名词中心语的现象，但是这类前置词的作用与一般的形容词不同，例如 *sea creatures*。这类前置词不符合上述形容词的标准：它们既不能出现在 BE 动词之后（例如 *the view was sea），又不能受程度副词的修饰（例如 *very sea）。然而，它们可以作名词短语的前置词，并可以受形容词的修饰，如：

the deep blue sea
蓝色的深海

基于上述因素，我们将 *sea* 看作名词，并区分了修饰名词中心语的形容词（*extinct creatures*）和修饰名词中心语的名词（*sea creature*）。因此，在语篇样本 3.3 中，尽管 *sea* 和 *Jura* 都作为名词中心语的前置修饰语而出现，但是我们仍将其视为名词，并用下划线标出。

第二个例子是 *get a quick read* 和 *have a feel for…* 这两个短语中的 *read* 和 *feel*（在语篇样本 3.4 的结尾处）。你最初可能认为 *read* 和 *feel* 是动词，然而英语中的许多词都既可以作动词，也可以作名词短语的中心语（如 *need*、*desire*、*hope*、*use*、 *work*、*play*、*run*、*walk*、*catch*)。因为它们可以作名词短语的中心语，可以加限定词（*a* 或 *the*），并且可以被形容词修饰，而不是被副词修饰，因此，在这样的语法背景下，我们将其视为名词，而不是动词。

录音转写的分析通常涉及其他复杂的方法。例如，假设你打算对比语篇样本 3.3 和 3.4 中句子的长度。语篇样本 3.4 中的标点是转写者添加的。说话者用语调、停顿以及迟疑标记 *um* 和 *uh* 把语篇分成更小的单位，转写者添加了破折号、逗号和句号表示这些停顿和降调。但是，哪些单位与书面语篇中的"句子"相对应却并不清楚。例如，语篇样本 3.4 中的第一个"–"可理解为把两个句子分隔开来：

... themes that have emerged in the class – uh and I do want...

……课堂上提到过的话题——呃，我想……

与此相反的是，在语篇样本中，当说话者要增加澄清信息的短语时，也使用"–"，这显然不是要开始一个新的"句子"：

... but I'd rather have you guys uh start us off with these – uh, relevant to that maybe...

……但我还是希望，呃，你们可以自己做——呃，它们可能与下面要说的有关……

同样在书面语中，句号有时也可用于分隔不完整的句子：

... so the others here will have a feel for where you're headed. Cos we do have two new projects going.

……也让其他同学对此有所了解。因为我们确实正在做两个新项目。

实际上,"句子"的概念在口语中是非常有争议的。你也许无法找到一个有意义的标准来对比口头语篇和书面语篇中句子的长度。在这种方法论问题上,你可以把焦点从句子(基于标点)转移到小句(基于语法结构)。你可以采用具有规则性的、合理的、一致性的标准识别小句,并解释语篇样本之间的重要差异。例如,小句的连接方式在上述两个语篇样本中就存在显著差异,我们将在3.5节中讨论这个问题。

也许,你认为对于语言特征分类的争议并不常见。实际上,当你每次对语篇进行定量分析时,你都要制定具有可操作性的标准。

在进行语体分析之前,记住以下两点是非常有益的。第一,不能避开语法分析,即使是像统计语篇中名词的数量这样简单的任务也不例外。因此,许多语体分析者发现,一套综合的参考语法有助于他们的分析。第二,有时并没有唯一的、"正确的"语法分析。你需要考虑各种可供选择的分析,并从中选择一种在你看来是最合适、最有力的分析。需要考虑的最关键的因素是,你要制定出明确的标准,并能够证明它是合理的,然后将其贯穿于所有相关的案例中。

3.3.2 计算发生率(频数计数)

本节(3.3)的重点是介绍定量分析方法,然而直到现在我们甚至尚未提及实际计数,这是因为假如没有细致的语言分析,数据的统计就是没有意义的。定量分析方法是促使分析者明确地、全面地理解语言学的方法。因此,在语体研究论文中,通

3 语言特征及其功能分析

常要有独立的"方法"部分或附录,提供详细的语言分析,并交代问题是如何解决的。

然而,现在我们已经准备谈谈计数本身了。让我们再来看看语篇样本 3.3 和 3.4 中名词和代词的分布情况。频数计数如表 3.2 所示:

表 3.2　语篇样本 3.3 和 3.4 中名词和代词的统计

	名词(每100个词)	代词(每100个词)
语篇样本 3.3:教材	23	2
语篇样本 3.4:课堂教学话语	17	24

浏览上表后,我们发现,虽然教材中名词的出现频数高于课堂教学话语,但是二者的差异并不大。相比较而言,课堂教学话语中代词的出现频数比教材高,而且二者的差异也很大。

不过,以上计数存在着方法论上的问题,即这两个语篇的长度并不相同。教材样本比课堂教学话语样本短很多(教材样本 79 个词,课堂教学话语样本 157 个词)。这样计算的结果是,某种语言特征有更多的机会出现在课堂教学话语样本中,计数也就可能更高,而这仅仅是因为其篇幅较长。

解决这个问题的重要方法,就是计算语言特征出现的"归一化"频率("normed" rates)——一个语言特征出现在语篇规定量中的比率。下面是一个简单的转换公式:

Normed rate = (raw count / total word count) *
the fixed amount of text

归一化频率 =(原始计数 / 总词数)* 语篇规定量

例如,上述名词和代词的原始计数可以转换为它们在每 100 个词的语篇中出现的频率。上例教材样本中名词的算法如下：

教材样本每100个词中名词的归一化频率：

（名词23/总词数79）*词100＝名词29.1（每100个词）

该公式可将所有语言特征的统计"归一化"：

课堂教学话语样本每100个词中名词的归一化频率：

（名词17/总词数157）*词100＝名词10.8（每100个词）

教材样本每100个词中代词的归一化频率：

（代词2/总词数79）*词100＝代词2.5（每100个词）

课堂教学话语样本每100个词中代词的归一化频率：

（代词24/总词数157）*词100＝代词15.3（每100个词）

通过语言特征归一化频率的对比，我们可以研究语言特征使用的实际程度，它通常可以揭示出不同于分析者原先建立在原始计数基础上所预期的模式。例如，表3.3中的模式和表3.2中的原始计数的对比。我们最初的观察结果是这两个语篇中名词的数量相差无几；然而，从归一化频率来看，教材中的名词明显多于课堂教学话语——实际上，它几乎是课堂教学话语的3倍。相比之下，代词在这两个语篇中显而易见的差异有所减弱，然而该特征的归一化频率仍表现出显著的差异。

表3.3 语篇样本3.3和3.4中名词和代词的归一化频率

	名词（每100个词）	代词（每100个词）
语篇样本3.3：教材	29.1	2.5
语篇样本3.4：课堂教学话语	10.8	15.3

也许你已经注意到，到目前为止我们还忽略了一个方法论上的问题：在统计语篇的总词数时，如何确定什么是"词"。

3 语言特征及其功能分析

在对比口头语篇和书面语篇时，这个问题尤为重要。例如，缩约（如 we've、I'm、that's）是一个词，还是两个词？应该把填声停顿[①]（如 um、uh）看作是词，还是不将它计入总词数之内？在本项研究中，我们决定以拼写为标准，将缩约形式看作一个词，而不是两个词。填声停顿不计入总词数之内，因为它们既没有词汇意义，也没有语法功能。与上一小节类似的是，在制定标准时要考虑的首要因素是你能够证明它们是合理的，并将其贯穿于所有语篇分析中。

3.4 确定所要研究的语言特征

对语体分析而言，事先确定所要研究的语言特征并非易事，因为任何语言特征都与那些有助于区分语体的功能相联系。本节将提供一个供你参考的语言特征列表。

基于语料库的参考语法有助于语言特征的确定（如语言特征的分析）。我们（因为显而易见的原因）最熟悉的是《朗文英语口语和书面语语法》（*Longman Grammar of Spoken and Written English*，简称 LGSWE；Biber *et al.* 1999）。与传统语法一样，LGSWE 详细描写了英语的语法范畴和结构。而且，LGSWE 还在实证分析的基础上，介绍了四种语体（会话、小说、报纸文章和学术散文）的语法特征。了解这四种普遍语体的语法特

[①] 填声停顿（filled pause）：停顿的一种类型。指在言语过程中因为犹豫、思考或保持话轮等需要而出现的"嗯""啊"之类的话语或非言语声。（《语言学名词》，商务印书馆，2011）——译者

征，可以帮助你确定其他语体研究中的语言特征。此外，还有大量探索不同语体中语言特征使用的研究（参见附录A）。

你可以利用这样一种方法，即重点关注你所分析的语体中语言使用的某个特定方面，并且对此进行跨语体对比。例如，你可以关注指称表达，计算所有用于指称实体的语言特征（名词、人称代词、指示代词等等）。你会发现在不同语体中，用于指称事物的语言资源是不同的。

另一种较为常见的方法是同时考察几种不同的语言特征。在本章末尾的附录中，我们提供了一份语言特征列表，这些语言特征都是在以往研究中被证明有意义的语体特征。尽管这份清单并不详尽，但是在你的语体特征分析中，它应该能够为你提供一些思路。

你所要分析的语言特征的数量，取决于你的思考和研究重点。手工计数和计算机辅助计数不可同日而语，如果你采用前者，就不可能计算出采用后者所统计的那么多的语言特征。而且，用手工计数来计算某个高频出现的语言特征或众多语篇中的大量语言特征，都是非常耗费时间的。学生在做小规模的语体分析时，我们一般要求他们统计几个语篇中10—15个语言特征。在后几章中，你将读到基于语料库的几百个语篇中的100多个语言特征的分析。

3.5 功能性解释

语体分析的最后一步——功能性解释——从描写转至解释

3 语言特征及其功能分析

这些模式存在的原因。我们从两个方面来描写事实——情景和语言——我们已经清楚地论证过了：一方面通过与其他语体的对比来描写目标语体独特的情景特征；另一方面描写其独特的语言特征。现在的任务是将二者结合起来，解释语言特征与情景特征相对应的原因。这一步是解释性的；你必须用令人信服的例证来解释，为什么这些语言特征在这种情景语境中特别常见。

举一个具体的例子，请再思考本章前面讨论过的教材样本和课堂教学话语样本。从情景的角度来看，这两个样本在几个重要的方面都存在着差异，表 3.4 对此做了总结。

表 3.4 教材和课堂教学话语情景特征的重要差异

	教材	课堂教学话语
参与者	一位面对众多读者独白的作者	一位面对少数学生演讲的教师
参与者之间的关系	没有互动 作者有更多的知识 所有参与者都有一定的专业知识 无私人关系	可能有互动 教师有更多的知识 所有参与者都有一定的专业知识 教师认识学生
渠道	书面	口头
生成环境	经过认真计划、修改和编辑	虽有计划，但不能修改或编辑
场景	未知	发话者和受话者共处同一教室中
交际目的	传递信息 解释概念或方法	传递信息 解释概念或方法 表达个人态度 指令性——告诉学生该做什么

表 3.5 提供了对这两个语篇样本中几个语言特征的对比分析。(当然,仅从这两个语篇样本概括这两种语体并不恰当。然而,我们之所以选择这两个特定的语篇样本,是因为它们代表了以往大规模语体分析中所发现的语言模式。)

表 3.5　语篇样本 3.3 和 3.4 中所选语言特征的归一化频率(每 100 个词)

语言特征	语篇 3.3:教材	语篇 3.4:课堂教学话语
代词	2.5	15.3
名词	29.1	10.8
心理/愿望动词(如 feel、want、believe)	0.0	4.5
以 and/but 开头的小句	1.3	4.5
定式关系小句	2.5	3.2
非定式关系小句	6.3	0.0

表 3.4 和表 3.5 中的相关资料,使得我们对语言差异的功能性解释成为可能。例如,代词虽然有几个特定的功能,但是它通常用于指代听话者熟悉的事物。在许多情况下,代词指代的是存在于交际情景中的事物:说话者自己、受话者、其他人或物等。对课堂教学话语而言,人和物存在于课堂教学的情景语境中,而教材并非如此(至少,教材的作者和读者无法同时看到同一事物)。虽然代词 you、I 和 we 也可以用在教材中指代作者和读者,但是它们在课堂教学话语中出现的频率更高,这反映了课堂教学话语的互动性,例如:

> **I** thought that **we** might just talk a little bit today about potential things that **you** found useful, or found interesting in

3 语言特征及其功能分析

what **we've** been doing...

我想今天我们可以讨论一下，看看我们一直在做的事情中有没有你们有可能觉得有用的或有趣的东西……

在其他例子中，说话者在课堂教学话语中使用代词，是因为他们假定听话者知道他们说的是什么；而听话者又总是可以要求澄清事实。例如，在语篇样本3.4中，教师在讨论期末论文时用了 that，而这个 that 的所指可能并不明确：

– uh and I do want you to write a final essay um and we can negotiate **that** entirely, but basically what I want you to do is to connect up some strands...

呃，我想让你们写一篇期末论文，嗯，当然我们可以商量怎么写，但我主要想让你们做的是找一些线索……

这篇论文是可以商量的吗？如何连接各个部分？哪些部分需要连接？如果学生不清楚这些问题，就可以询问教师。然而，我们在阅读教材时并没有机会去问作者。因此，为明确起见，教材的作者会使用更多完整的名词短语。

我们上面提到过，课堂上教师的交际目的有以下几种：信息的（解释概念）、个人的（表达他们自己的观点和态度）和指令性的（告诉学生应该做什么）。这一特征在课堂教学话语中表现为频繁地使用心理动词和愿望动词。这些动词通常与第一或第二人称代词一起使用，表达教师的个人态度和愿望，例如：

... the other two things that **I would like** to do today...

……我今天还有两件事儿要做……

... what **I want** you to do is...

……我想让你们做的是……

... **I thought** that we might just talk a little bit today about...

……我想今天我们可以讨论一下……

教师以表达个人意愿作为指令（如"what I want you to do"），并组织当天的教学内容（如介绍话题）。因为这种互动发生在面对面的交互场景中，所以教师能够使用包含其个人态度的形式。而教材更关注信息的传递，因此这些结构很少出现。

正如第 2 章所述，在我们及我们研究成员的一项大型研究中，最初我们进行情景分析时，并没有充分地认识到，个人立场的表达实际上就是课堂教学话语的一个情景特征。起初，我们将"传递信息"作为课堂教学话语的主要交际目的，将"表达个人态度"作为不太重要的、次要的交际目的。随后，我们对一个大型语料库中课堂教学话语的语言进行了分析，该语料库包括几百个语篇。我们发现教师使用了大量的词汇和语法手段来表达自己的"立场"：个人态度、观点和明确的评价。实际上，这些手段的使用程度与面对面会话基本相同。在这种情况下，语言分析迫使我们不得不重新考虑情景分析，我们意识到对教师来说，表达个人立场与传递信息同样重要，而且事实上，表达个人立场经常与传递信息或发出指令交织在一起。

我们在第 2 章中虽然讨论过这个重要的方法论问题，但是在这里还是有必要再次强调这一点。在语言分析的过程中，修正你的情景分析是很正常的。仔细阅读某种语体的语篇（语言分析所必需的），发现出乎意料的语言模式，这可以让你重新

3 语言特征及其功能分析

审视你的情景分析。对作者和说话者来说，情景语境是首要的——界定语体；但是对语体分析者来说，在语言描写之前，不一定要考虑最终的情景描写。

现在让我们回到对表 3.5 的功能性解释上。在语篇样本 3.3 和 3.4 中，同样需要重点关注的是，几个与构建、连接小句的方式有关的特征。课堂教学话语中的小句相对较短，句法结构也相对松散。而采用的方法之一就是 and/but 开头的小句高频出现，并且通常与 uh 和 um 之类的填充项共现。例如：

uh and I do want you to write a final essay /**um and** we can negotiate that entirely, /**but** basically what I want you to do is...

呃，我想让你们写一篇期末论文，嗯，当然我们可以商量怎么写，但我主要想让你们做的是找一些线索……

相比之下，教材样本只用了一个小句连接成分——并列连词 and 将两个小句连接起来：

fossils in the Jura were selected as the types characterizing certain ammonites, **and** rocks containing ammonites were selected...

侏罗山脉的化石被选为菊石类的代表，而含有菊石的岩石也被选为……

该教材样本用了一个很长的句子，而不是一系列简短的小句，它主要是靠逻辑来推进的，而不是靠并列连词来连接小句和句子的。

我们可以将上述语言差异与这两种语体不同的生成环境联系起来。由于课堂教学话语是即时生成的，所以教师没有时间组织复杂的结构，于是就以简单的形式连接思想和小句。在许多情况下，正如上面的例子，将课堂教学话语视为由连接词连接的一系列话语更有意义。相比之下，教材的作者有大量的时间组织复杂的长句。

人们在写作中有字斟句酌的机会，因此导致了许多复杂的结构出现在书面语中，例如复杂名词短语。其表现之一就是，频繁地使用过去分词小句和现在分词小句修饰名词短语。与定式关系小句相比，这些小句虽使用了较少的词，却赋予名词短语更多的信息，例如：

> sea creatures called ammonites
> 名为菊石的海洋生物
>
> coiled shells resembling the modern coiled nautilus
> 与现代鹦鹉螺类似的螺旋壳
>
> the types characterizing certain ammonites
> 具有菊石的特征类型
>
> rocks containing ammonites
> 含有菊石的岩石
>
> examples of Jurassic sedimentary rocks, named after the Jura hills
> 侏罗系沉积岩的代表，因侏罗山脉而得名

尽管，这些复杂的句法结构很难在即时情景中产生，但是，它们非常符合教材的交际目的——重在传递信息。因此，与课堂教学话语相比，这些特征在教材中更常见。

对于许多学生来说，功能性解释是语体分析中最困难的部

3 语言特征及其功能分析

分。你在以往的研究中获得的知识越多，对新语篇的功能性解释也就越容易。然而，即便如此，要对正在研究的语体做出最佳的功能性解释，也并无诀窍。第 4 章—第 6 章将用许多例子来说明语言形式与功能之间的关系。表 3.6 列出了几个特定的情景特征与特定的语言特征在功能上的联系。在以往的一些研究中，人们也描写过功能联系（参见附录 A 的文献注释）。这些知识以及你曾阅读过的其他任何有关功能分析的背景知识，都为你进行功能性解释奠定了基础。然而，最重要的是分析你的数据；对你所研究的语篇中语言特征的功能进行解释，把它们与你认为在语体上重要的情景特征联系起来，并提供例证支持你的解释。

表 3.6　在功能上与特定语言特征相关的特定情景特征

情景特征	在功能上与情景特征相关的语言特征
互动性	疑问句、第一和第二人称代词
个人立场	可能性副词、人称代词 + 心理或愿望动词（如 *I think that...*）
指代交际的时间和地点	*here*、*there*、*yesterday*、*last week*、指示代词
指代共享的私人信息	代词、朋友名字、虚指（如 *thing*）
指代共享的专业知识	专业词语、引用参考文献
一般交际目的	
叙述	过去时动词、地点和时间副词、第三人称代词
描写	形容词、副词、静态动词（如 *be*、*seem*、*appear*、*look*）
指令	祈使句、义务情态动词（如 *should*、*have to*）、表愿望的动词与 *you* 连用（如 *I want you to...*）

续表

情景特征	在功能上与情景特征相关的语言特征
步骤("操作指南")	序数词(如 first、second)、祈使句
解释/说明	名词、关系小句、作定语的形容词
信息呈现方式	
详尽说明信息	状语小句、关系小句
压缩信息	名词–名词序列、介词短语(而不是从属小句)、过去和现在分词小句(而不是完整的关系小句)
表明逻辑关系	连接状语(如 for example、however、thus)、定式状语小句(如 because、if、although)
生成环境	
即时	模糊名词(如 thing)、模糊限制语(如 sort of)、代词、缩约、省略、修正、不完整话语
字斟句酌并修改	复杂名词短语、完整句

总而言之，本节介绍了如何进行功能性解释，我们大致可以归纳如下：一旦完成了情景分析和语言分析，就要进行功能分析，功能分析主要是将二者的特征结合起来。几个语言特征通常有一个共同的功能性解释，认识到这一点很重要。同样，几个不同的情景特征也可以与同一个语言特征相联系。不要期待语言特征与情景特征一一对应。

最后，关于语体分析的最终书面报告，还有一点需要补充。这是非常有用的，要把它牢记在心：在你的分析中，不可能讨论所有的情景特征和语言特征。受篇幅及读者注意力持续时间的限制，你可能要放弃讨论一些不太有趣的问题。如同所有的文章一样，我们建议你首先论述最重大的问题，然后再讨论次要问题。

3.6　语篇规约：语类视角

正如第 1 章和 3.2.2 小节所描述的那样，语类视角下语篇变异的研究是不同于语体视角的，它关注的是完整语篇以及某种语类可预期的语篇规约。语篇中的语体特征频繁而普遍；而与语类视角相联系的语篇规约却并不普遍。实际上，由于语篇规约通常在语篇中仅出现一次，因此我们只有对完整语篇进行考察，才能确定它们是否存在。

虽然语体和语类视角所分析的是不同类型的语言特征，但是为了更全面地描写语篇变体，在进行语体分析时，增加语类特征的分析通常是有益的。例如第 1 章所举的商业信函的例子，商业信函通常以一系列语篇规约开头：日期、收件人的姓名和地址、开头的称呼语（*Dear xx*）。这些信函也用礼貌措辞结尾（如 *sincerely* 或 *best wishes*），紧随其后的是写信人的姓名和签名。这些特征并不是普遍的语言特征，也就是说，它们不是语体特征。然而，它们是这类语篇清晰的标记和信函的主体框架。要深入分析商业信函，就不能忽略这些语言特征。相反，商业信函是定义清晰的语类，具有独特的、规约性的语类标记，并且它是可以从语体视角描写的语篇变体。任何单一视角的研究都是不"正确的"，全面的语篇分析应该包括以上两种视角的分析，同时仍然要对语类标记的语言特征和语体特征的语言特征加以明确区分。

与口头语篇变体相比,语类视角通常更容易应用于书面语篇变体,因为书面语篇的开头和结尾的语篇规约很容易识别。例如,报纸文章开头的语篇规约:先是大号字体的标题,有时下面会有较小字号的副标题,下一行是作者署名(可选择),再下一行是记者的名字。在某些情况下,从语类视角来看,语篇规约除了出现在开头和结尾之外,还出现在语篇的主体部分。例如第5章所讨论的科研文章是最具规约性的语篇类型之一,其语篇规约中的各部分都以固定的顺序出现(如标题和作者、摘要、引言、方法、结果、讨论、参考文献)。

有些口头语篇变体也可以从语类视角来分析。例如,某些类型的祷告和布道可以作为完整语篇来分析,在某种特定的宗教传统中,祷告和布道的开头和结尾通常都有固定的规约。电视新闻播报的开头和结尾也常常有特定的规约,还有些规约用于故事之间的过渡。甚至连电话会话也有一些语类规约。例如,给朋友打电话时(用英语),打电话的人一般要先自报家门(*hi, this is Sally*),最后以道别结束(*ok, bye* 或 *ok, talk to you later*)。

然而,从语类视角描写语篇变体并非易事。甚至在某些书面语篇中,识别变体之间语篇规约的作用并不很重要。例如,几乎所有的英文书籍都共享以标题页和目录表开头的规约,几乎所有的学术著作都以索引和参考文献结尾。然而除此之外,能够区分不同类型书籍(小说、小说之外的畅销书、学术著作等等)独特的语篇规约并不多。

以语篇规约描写口头语篇变体就更非易事。日常会话也许

3 语言特征及其功能分析

就是一个最典型的例子。在人们的印象里，说话者认为会话应该以规约性的寒暄开头（*Hi Sam, How are you doing?*），以道别结束（*see you later*）。然而，出乎意料的是，许多日常会话甚至连这些最简单的规约都不用，尤其是当我们与一天中多次见面的人会话时。实际上，人们通常很难确定会话是从哪里开始或结束的。会话是动态的，是由多个参与者组成的互动。人们甚至很难确定完整语篇是由哪些部分构成的。

在语篇分析中，你有必要确定语类标记的分析是否有意义，这既取决于该变体能否从语类视角来描写，也取决于有没有可使用的完整语篇。如果这两个条件都符合，那么语类标记就可以通过以下两个方式中的任何一个来识别。一个是只要简单地观察几个完整语篇，你就可以发现共同的语篇规约。如果你熟悉某种语篇变体，那么你对其语类标记的出现及其形式就会有一定的预期（但你也要不断地通过真实语篇检验你的预期）；另一个是在分析语体的语言特征时，语类标记也许会变得明显起来。正如信函中的 *dear* 一样，虽然你可能发现某个语言特征在整个语篇中并不普遍，但是它却出现在这类所有语篇的特定位置上。因此在你的分析中，你要将发现的语言特征视为语类标记，而不是语体特征。

在确定语类标记之后，你还必须区分它们是纯规约性的，还是功能性的。有些语篇规约是为重要的功能服务的。例如，新闻报道的标题有助于阅读理解，尤其是对那些浏览新闻报道的读者。其他的语篇规约则是任意的——纯规约性的——虽然它们体现了某一个特定语类视角下人们公认的语篇构成方式，但是并没有功能性的作用。然而,还有许多语类标记既是功能性的,又是规约性的。例如,学术语篇中的夹注是功能性的,它们为作者的观点提供了依据,并告诉读者这些依据的出处,然而,准确的参考文献的形式——无论是基于美国心理学会、现代语言学会还是其他相关系统的——都是纯规约性的。①

3.7 与功能并无直接关系的普遍的语言特征:风格视角

最后,风格视角的语言分析与语体视角一样,都是针对核心词汇和语法特征所进行的较全面、系统的分析(参见本章附录),它采用定量的方法描写某个语言特征的使用程度。然而,风格视角对比的基础不同于语体和语类视角,它通常用于对比某个单一类型的语类/语体内部的语篇,例如对不同作者或不同历史时期小说的对比。在这种情况下,语言差异在功能上与情景语境无关,因为这些语篇都是在相似的情景中生成的。对语言差异的解释,必须从文学角度或以不同风格创作而产生的审美效果的角度来分析。

例如,有几个主要的风格参项可以区分不同类型的小说。在叙事视角上,小说作者可以选择其中某个人物以第一人称视

---

① "对比修辞"的分支,关注"同一种"语类在不同的语言/文化中的各种实现方式(参见 Connor, Nagelhout, and Rozycki 2008)。例如,许多文化中都有信函、新闻报道和学术论文这样的语类,粗略地观察一下,它们似乎具有可比性。然而,更进一步的分析表明,这些语篇在不同文化中有着不同的语类规约,如用于开头和结尾的不同修辞结构或不同规约。

角叙事，也可以选择以第三人称视角叙事（通常这个人不是故事中的人物，却能够观察到所发生的一切）。有时主要通过对事件和场所的散文式描写来讲故事；而在其他情况下，大多通过主要人物的对话讲故事。有时第三人称叙述者真实地告诉我们故事中人物的所思所感；而在其他情况下，他像任何正常人一样只能观察到人物的身体行为和事件。对语篇中典型语言特征的使用而言，这样的选择具有重要意义；对读者而言，这些语言特征又对语篇的审美效果有重要影响。我们将在第 5 章和第 6 章详细讨论这些模式。从方法论的角度来看，虽然风格视角的语言分析与语体视角基本相同，但是风格视角的解释还包括对文学或审美的思考，而在功能上与情景语境并没有直接联系，这一点很重要。

3.8　嵌入的语体与语类

在许多情况下，我们可以认为情景和语言形式的关系是一种定向关系：情景决定语体，说话者使用在功能上符合情景要求的语言形式。然而，作者和说话者也可以将一种语体嵌入另一种语体中，或者通过故意违反某个情景的预期而创造出一种语体。例如，会话语体经常被嵌入新闻报道或小说中，因为作者需要引用人们所说的话。

某种语类的语篇也可以嵌入另一种语类的语篇中。例如，在小说中可以嵌入信函；在会话中可以嵌入笑话和个人叙事。如 2.2.1 小节所述，方法部分可嵌入科研文章中。分析这些案例时,将嵌入的单位视为一个独立而完整的语篇,它被嵌入在一个更大的语篇中,这是很有必要的。因此,这些嵌入的语篇——一封信、一个笑话、个人叙事以及方法部分——都是完整的,它们有清晰的语类标记,例如规约性的开头或结尾,或规约性的修辞结构。同时,较大的语篇通常可以被分析为另一种不同的语类实例,它们有自己的规约性语类标记。

语体嵌入与语类嵌入不同,它伴随着语体的转换而出现,通常发生在会话中,从某种意义上来说,当说话者切换到不同语体时,他是通过唤起所采用的语体的情景特征来创造新情景的。这通常是为了获得幽默的效果。在这种情况下,语言形式是首要的。也就是说,语言形式的选择是经过深思熟虑的,因为它与某种特定的情景语境相关,而不是与实际的互动语境相关。这样,语言唤起了该特定情景语境的其他方面。

例如,在下面两个学生的互动中,亚当通过模仿他的老师在讲座中的语言,将会话转换为课堂教学语体的语言:

> Roger: You know it was like I was going yeah hey that's really too much, you know.
>
> Adam: Yeah – [switching to a deeper tone of voice] in a sense it doesn't change the facts of the matter, which is the point you're getting at, which is quite correct. On the other hand, if I think I'm prepped in some deterministic mechanism, I have in effect degraded the notion of aliveness.
>
> Roger: Yeah, what's that supposed to mean?

> 罗杰：你知道这就像我要，呃，实在是太过分了，你知道。
>
> 亚当：是啊——[转为深沉的语调]从某种意义上来说，这并没有改变这个事实，你想要达到的目标非常正确。另一方面，如果我想我准备了某项确定性机制，实际上我已经降低了活力的概念。
>
> 罗杰：哦，那是什么意思？

在这类案例中，虽然物理情景并没有改变，但是说话者（或作者）转换了语言，借用了其他情景和语体中的语言。描写这些嵌入或创造的语体的交际效果，为语体分析增添了趣味性。

3.9 语料库语言学简介

本章多次提到如何使用"语料库语言学"的方法进行语体分析。有几部导论性教材（如 Biber, Conrad, and Reppen 1998；McEnery, Xiao, and Tono 2006）都介绍了语言学的这个分支领域。如果你要做更深入的语体分析，那么以上几部教材非常有用。

比伯、康拉德和瑞潘（Biber, Conrad, and Reppen 1998：4）认为，基于语料库分析的基本特征是：

- 它以观察或实验为根据，分析自然语篇的实际使用模式；
- 它以庞大的、具有特定规则的自然语篇集合——"语料库"——作为分析基础；
- 它利用自动和交互技术，广泛使用计算机进行分析；
- 它依赖于定量和定性分析技术。

基于语料库方法的优势都源于计算机的应用。计算机可处理的语篇集合的规模比人工的要大很多,这使得识别和分析语言的复杂模式成为可能。而且,计算机保证了分析的一致性和可靠性——在某个语体分析过程中,它们不会改变想法或感到疲倦。综上所述,基于语料库的方法使得研究范围扩大、语体分析可靠,这是其他方法无可比拟的。

然而,需要重点强调的是,在语体研究中,定量和语料库分析的计算方法并不会削弱功能解释的必要性。相反,基于语料库的分析必然超越对语言特征的简单计数。定性分析是必要的,对基于语料库的语体分析中所发现的定量模式要进行功能性解释。在这一点上,所有的语体研究都要遵循相同的方法和步骤,无论是否是基于语料库的研究。

3.10 小规模和大规模的语体分析

第2章和第3章叙述的分析步骤是所有语体分析的核心。无论研究规模之大小,语体分析都必须遵照同样的基本分析步骤:描写情景特征,统计语言特征,解释情景特征与语言特征之间的功能联系,并通过两种或多种语体的对比,确定其特征产生的原因。

小规模的语体分析建立在某种语体少量语篇样本的基础之上,其语言分析通常无须借助计算机。本书每章结尾处的许多练习都是为小规模研究而设计的。你只需使用本书介绍的分析技术就能够完成这些调查。

3 语言特征及其功能分析

相比之下，大规模的综合语体分析则需要采用语料库语言学技术。它需要采用能够代表目标语体的、具有特定规则的语料库，需要采用大量不同的语篇，以及能够真实反映某种语体中语篇多样性和相似性的较长的样本（参见 3.3.2 小节）。这种分析通常包含大量的语言特征，在多数情况下需要对比两种以上的语体。

此外，大规模语体分析常常采用统计技术描写语言变异的模式。例如，典型语言特征的描写关注每一种语体的**集中趋势**（central tendencies）（通常报告平均分值）。综合语体分析还要对比某种语体内部语言特征的多样性，描写该语体的语篇与集中趋势的关系。这方面讨论的内容最可能通过**标准差**（standard deviations）（围绕均值紧密程度的度量）来体现。两种或多种语体中语言特征分布对比的统计报告表明，语体差异的存在并不是偶然的。虽然本书没有介绍统计分析在语体研究中的应用，但是如果以后你选择的目标是大规模语体分析，那么你就要精通这些技术。

小规模和大规模的语体分析都是有益的。在本书的后几章，你将看到这两种类型的语体分析。你将读到一些小规模的按照语体分析步骤所做的研究案例（例如第 7 章电子交际语体的案例研究），同时，你还将看到几个大规模的语体分析的研究结果（例如第 8 章）。

本书在很多地方描写了一个或少量语篇中的语体特征。在这些情况下，我们选择了该语体典型的、建立在以往大规模语体分析结果基础上的语篇样本。同样，基于我们以往大规模的语体分析的知识，我们为本章练习选择了特定的语篇，它们代表各自的语体。

不过，对于从小规模语体分析得出的结论，包括从每章练习中所得出的结论，你都应持谨慎的态度。当你将语体描写建立在少量的、短小的语篇样本上时，要记住一点：这仅仅是初步结果。而进一步的、基于更具代表性的大型语篇语料库的语体研究，在一定程度上，会为你精准地描写语言增强信心。

第3章 练习

思考与复习

1. 找出至少一个在本书中从未提及的语体标记和语类标记，将其告诉至少两个人，看看他们能否准确地辨识出你所预期的变体。

2. 表3.7列出了两个语篇样本中三个语言特征的原始计数。请你将这些原始计数转换为归一化频率（每1000个词），根据转换的结果，做一个与表3.7对应的归一化频率表（包括标题）。与另一名学生的转换结果进行比较，你们的答案应该是一致的。

表3.7 两种语体中语言特征的原始计数

	语体1 会话样本	语体2 学术散文样本
样本中的总词数	5580	8750
名词	1060	2538
代词	837	184
形容词	123	744

3 语言特征及其功能分析

3. 在 3.3.1 小节中,我们讨论了具有特定规则的语言分析的重要性,将其作为语体定量描写的基础;并对语篇样本 3.3 和 3.4 中的名词做了分析。请再观察这两个语篇样本,尝试验证我们对"代词"的语法分析。我们遵循了什么规则?你能为我们的观点提供理由吗?请参照科研论文方法部分的写作规范,写出你的解释。

4. 假如你要设计一个具有特定规则的大型语料库,来研究大学生作文的语体变异,那么你先要概括叙述语料库的初步设计,通过情景特征寻找下位语体及其变异;然后简要说明你将如何收集信息完成语料库的设计。(你需要搜集哪些信息?为确保你所设计的语料库具有代表性,你该怎样获得这些信息?)

分析练习

[提示:所有的练习语篇样本均在本书附录 B 中]

5. 请分别统计练习样本 5 和 15(新闻报道和私人信函)中代词的原始计数。你遵循什么规则辨识代词?具体来说,你需要为练习 3 而修改定义标准吗?请参照科研论文方法部分的写作规范,写出你的解释。

6. 图 3.1 和 3.2 显示了五个语言特征的计数(Biber *et al.* 1999),它们来自报纸和小说的大规模语料库研究。请对这些研究结果做出功能性解释,说明这些语言差异是如何与情景特征相对应的。采用附录 B 中的报纸和当代小说语篇样本,或者用你手头的这两种语体的其他典型语篇,分析这些语言特征的功能,并举例说明你的解释。

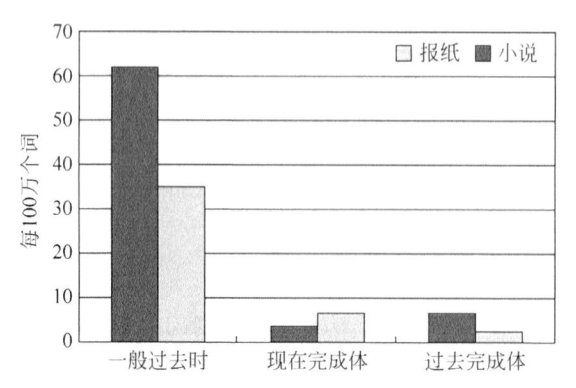

图 3.1　报纸和小说中动词的时、体的频率（归一化每 100 万个词）

（根据 Biber *et al.* 1999：第 6 章的研究结果）

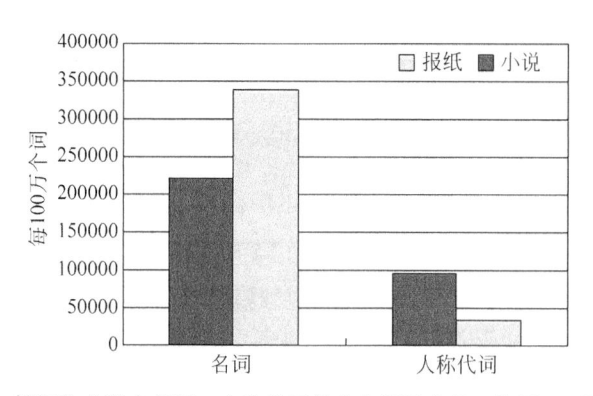

图 3.2　报纸和小说中名词、人称代词的分布情况（归一化每 100 万个词）

（根据 Biber *et al.* 1999：第 4 章的研究结果）

选题建议

7. 找寻出自同一个人的书面或口头的两个语篇，这两个语篇分别代表不同的语体 / 语类。例如，你可以采用斯蒂芬·

3 语言特征及其功能分析

J. 古尔德（Stephen J. Gould）的科普文章和专业论文，或者巴拉克·奥巴马（Barak Obama）的演讲和自传性文章。按照语体或语类分析的步骤分析所选语篇。首先分析语篇变体的情景特征。如果是从语体视角出发的研究，就按照特定规则（说明你的规则）统计这两个语篇中 8—10 个语言特征。用功能术语解释你的研究结果，从语体的情景差异方面，对你的研究结果中关于语言差异的解释加以讨论。如果是从语类视角出发的研究，就要识别不同语篇独特的语类标记，并对代表各自语类规约标记的约定程度加以讨论。

8. 根据练习语篇样本 1—6（当代小说样本 3 个，新闻报道样本 3 个）的分析，对新闻报道和小说做一个小规模的对比。除上述练习 6 中的五个特征以外，请再从语篇样本 1—6 中找出其他七至十个特征。请按照所有步骤完成语体分析，包括分析情景特征、按照特定的规则来计数（说明你所用的证据），并做出功能性解释。记住对每个文本进行计数，并按照语篇规定量为 100 个词来计算其归一化频率，然后再计算每种语体的平均值。

以下特征有可能包含在你的分析中：平均段落长度、进行体动词、形容词、用作名词前置修饰语的名词、关系小句、介词短语做状语及名词修饰语、被动动词短语（定式的和非定式的）。

附录　语体分析中可能研究的语言特征

1. 词汇特征
- 某一特定多功能词的使用（例如 *have*、*make*）
- 不同语体中的常用词列表
- 专业词汇（例如法律术语）
- 词汇分布
  - 型/例比（一般统计前 100 或 1000 个词中的不同词汇的数量/总数）
  - 平均词长
  - 只出现一次的词的数量

2. 实词类
- 名词（例如 *salary*、*institution*）
- 动词（例如 *emerge*、*eat*）
- 形容词（例如 *external*、*clear*）
- 副词（例如 *quickly*、*fast*）

3. 虚词类
- 限定词
  - 冠词（*a*、*the*）
  - 指示代词（*this*、*that*、*these*、*those*）
- 代词（参见下面第 6 项中的内容）
- 代动词 *do*
- 情态动词（例如 *might*、*could*、*can*、*will*）

3 语言特征及其功能分析

- 介词（参见下面第 8 项中的内容）
- 并列连词（例如 and、or、but）
- 话语标记（例如 well、ok、alright）
- 称呼语和提示语（例如 hey、Karen、honey）
- 詈骂语（例如 damn）

4. 派生词

- 名物化（例如 realization、development）
- 派生动词（例如 dislike、simplify、itemize）
- 派生形容词（例如 functional、attractive）
- 派生副词（例如 repeatedly、happily）
- "类转"（例如 walk → a walk）

5. 动词特征

- 动词的价（不及物动词、双宾语动词等）
- 判断动词（例如 be、become、"I got tired." 中的 get）
- 短语动词（例如 look out、turn off）
- 时（现在、过去）
- 体
  - 一般体（例如 he walks）
  - 进行体（例如 he is walking）
  - 完成体（例如 he has walked）
- 态
  - 主动语态（例如 She used a computer.）
  - 被动语态
    - 无施事的被动语态（例如 A computer was used for

the analysis.）
    - 有施事的被动语态（例如 *A computer was used by the research team for the analysis.*）
- 情态动词词类
    - 可能（例如 *can*、*could*、*might*、*may*）
    - 必须（例如 *must*、*should*）
    - 预测（例如 *will*、*would*、*shall*）
    - 半情态动词（例如 *have to*、*ought to*）
- 动词的语义类别
    - 行为（例如 *play*、*meet*、*put*、*show*、*leave*）
    - 交际（例如 *say*、*tell*、*report*、*claim*）
    - 心理（例如 *think*、*guess*、*expect*）
    - 愿望（例如 *want*、*wish*、*need*）
- 有无生命主语的行为动词（例如 *the study demonstrates*）

6. 代词特征
- 人称代词
    - 第一人称：*I*、*we*、*me*、*us*
    - 第二人称：*you*
    - 第三人称：*he*、*she*、*they*、*him*、*her*、*them*
- 代词 *it*
- 指示代词（例如 *this*、*that*、*these*、*those*）
- 不定代词（例如 *anybody*、*nothing*）

7. 缩约形式和非优先结构
- 简缩（例如 *I'm*、*they'll*、*can't*）

- 标句语 *that* 脱落（例如 *I think [0] he went*）
- 关系代词脱落（例如 *The dog [0] I saw at the park.*）
- 其他类型的省略以及不完整的句子（例如 *[0] want more?*）
- 滞留介词（例如 *the place I was thinking of*）

8. 介词短语
- *of-* 短语和其他介词（例如 *of、to、for、with*）
- 做状语（例如 *They stayed in town after the storm.*）
- 做名词修饰语（例如 *The Post Office in town is new.*）

9. 并列
- 独立小句并列（例如 *It was my birthday and I was excited.*）
- 短语并列（例如 *The paper is interesting and innovative.*）

10. 主要的句类
- 陈述句
- 疑问句
  - 是非问句（例如 *Did you shut the door?*）
  - WH- 问句（例如 *Who shut the door?*）
  - 附加疑问句（例如 *You shut the door, didn't you?*）
- 祈使句（例如 *Shut the door.*）
- 小句（或"句子"）的平均长度

11. 名词短语
- 名词的语义范畴
  - 有生名词（例如 *teacher、child、person*）
  - 认知名词（例如 *fact、knowledge*）
  - 具体名词（例如 *rain、dirt、house*）

- 集合/机构名词（例如 *committee*、*congress*）
  - 过程名词（例如 *application*、*meeting*）
- 限定词/冠词
  - 定冠词
  - 不定冠词
  - "零"冠词
  - 指示限定词
- 名词前置修饰语
  - 做定语的形容词（例如 *big house*）
  - 分词（例如 *flashing lights*）
  - 名词（例如 *airport security measures*）
- 名词后置修饰语
  - 限制性和非限制性关系小句
  - *that* 关系小句（例如 *people that we know*）
  - WH 关系小句（例如 *the guy who started the fire*）
  - 过去分词小句（例如 *the results summarized below*）
  - 现在分词小句（例如 *a society consisting of educated people*）
  - *to* 关系小句（例如 *the person to see*）
  - 介词短语（例如 *a school for disabled children*）
  - 做同位语的名词短语（例如 *Mark Olive, appeals attorney for Tafero*）
  - 多个后置修饰语
- 性别指称（例如 *chairperson* vs. *chairman*）

○ 双重性别指称（例如 *he* 或 *she*）
- 名词补语小句
  - *that-* 小句（例如 *the fact that...*）
  - *to-* 小句（例如 *the proposal to...*）
  - *of + ing-* 小句（例如 *risk of failing...*）
  - *of + WH-* 小句（例如 *the problem of how to...*）

12. 状语
- 主要类型
  - 环境状语（例如 *quickly*、*in the afternoon*）
  - 立场（例如 *possibly*、*unfortunately*）
  - 连接（例如 *however*、*so*）
- 句法实现
  - 单个副词（例如 *obviously*）
  - 介词短语（例如 *in the park*）
  - 定式小句（例如 *because he couldn't come*）
  - 非定式小句（例如 *to begin the story*）
- 句法位置
  - 开头，中间，末尾
- 环境状语类型
  - 地点（例如 *over there*、*to the store*）
  - 时间（例如 *then*、*after dinner*）
  - 方式（例如 *quickly*）
  - 范围 / 程度（例如 *just*、*only*）
  - 其他

- 立场状语类型
  - 疑问（例如 *maybe*、*possibly*）
  - 确定（例如 *obviously*、*of course*、*certainly*）
  - 信息来源（例如 *according to...*）
  - 态度（例如 *surprisingly*、*importantly*）
- 状语小句类型
  - 时间（例如 *After she went back to work...*）
  - 原因（例如 *Because he could not be sure...*）
  - 条件（例如 *If they made it back...*）
  - 让步（例如 *Although they tried all night...*）
  - 目的（例如 *They stopped working to have a little rest.*）

13. 补语小句

- 主要类型
  - that- 小句（例如 *I think that he already went*）
  - to- 小句（例如 *I want to go*）
  - WH- 小句（例如 *I don't know why he did that*）
  - ing- 小句（例如 *She doesn't like reading those articles*）
- 句法作用
  - 由动词控制
    - 心理动词（例如 *I think it's Monday.*）
    - 交际动词（例如 *Bob said it's Monday.*）
    - 愿望动词（例如 *I want you to finish it by Monday.*）
    - 其他
  - 由形容词控制（例如 *I was surprised that you could*

finish it.)
- 由名词控制（例如 *The fact that you could finish it...*）

14. 词序选择　　　　　　　　　　　　　　　　　　　　　　82
- 外置（例如 *It is amazing that...*）
- 提升（例如 *They are hard to get*; *Andy seems to know everything*）
- 小品词位置（例如 *You should look that word up*）
- 间接宾语位置（例如 *give the book to Sam* 与 *give Sam the book*）
- 有施动者的被动语态和主动语态（例如 *Sally was shocked by the news* 与 *The news shocked Sally*）
- 分裂和聚焦手段（例如 *It was in April of that year that Seattle had finally awakened to the possibility...*）

15. 会话的特征
- 反馈和最简反馈（*ok*、*mhm*）
- 并列标记（例如 *and stuff*、*and things like that*）
- 一般模糊词语（例如 *thing*、*stuff*）
- 停顿（沉默）和填充项
- 重复
- 寒暄、提示语

第二部分　语体、语类和风格的详细描写

4　人际口语体

4.1　引言

　　口语体与书面语体存在一些基本的差异，其中最明显的差异就是口语体是通过口头方式生成的。因此，说话者很少有机会事先计划所要说的内容，也不可能对所说出的话进行编辑或修改。虽然说话者可以重复自己说过的话，但是不能将其删除。

　　此外，许多口语体的典型交际功能也不同于书面语体。在语言学领域，以往的许多研究都关注语言的**概念**功能（ideational function），即关注说话者如何使用语言来交流思想、传递信息。语言与概念功能紧密相关：如果不使用语言，人们几乎无法交流思想。对语体描写来说，概念功能也很重要。例如，我们在第 5 章介绍的许多书面语体都是以传递新信息为主要目的的。

　　然而，与描写或解释事实性的信息相比，日常会话中的说话者通常更注重情感和态度的表达；而且口语体通常是互动的。我们说话时，大部分时间是使用语言与特定的人——**对话者**（interlocutor）交流——他们也会直接做出反馈。在这种情况下，我们使用语言维持并发展与对话者的关系。语言的这种用途——**人际功能**（interpersonal functions）——在大多数口语体中是最重要的。

在大多数口语体中，说话者就是与某人交谈的人，即使自言自语者也不例外，而受话者通常是在谈话中能够做出反馈的人，甚至在听众云集的讲座中也是如此。因此，可以将许多口语体都视为某种程度上的人际互动。然而，不同的口语体在特定环境和交际目的方面也存在很大差异。本章将描写三种口语体：面对面的日常会话、高校教师答疑时间与学生的会话以及服务接待会话。虽然，这三种语体都具有直接互动性，但是，由于情景语境各不相同，因此也存在重要的语言差异。

4.2 会话

会话是人类语言中最基本的语体。大多数人用在会话上的时间，比其他语体要多很多。会话是自然习得的；所有儿童都要学习如何会话，而且在所有文化和语言中都有会话语体。相比较而言，很少有成年人专门学习过如何撰写报纸社论或法律意见书这类书面语体。实际上，许多成年人从未撰写过任何类型的文章，在某些文化/语言中甚至根本就没有书面语体。

其他口语体的重要性也都不及会话。尽管，说英语的成年人能够轻而易举地区分广播新闻报道、体育转播、政治演讲和课堂教学话语等口语体，但是，实际上几乎没有人需要掌握这些语体的语言。与此不同的是，会话却是非常普遍的，可以说它是人类交际中最基本的语体，所有本族语者都能够理解并经常参与会话。

会话是一个普遍的语体范畴，在它的内部还可以划分出许

4　人际口语体

多不同的下位语体，如电话会话或职场会话。所有会话都有一个基本的特征，即它们都是通过口头方式生成的。因此，会话的参与者可以利用副语言手段来交流，包括响度、音高和音长。例如，请大声朗读下面的句子，朗读时要特别强调 *really* 这个词：

He was **REALLY** smart.

他确实聪明。

现在，请再读一遍这个句子，注意可以用哪些语音特征表示句中强调的 *really* 这个词。其实，这三种副语言手段都可以用来表示强调：增加词语发音的响度，拉长该词的音长，使用夸张的音高或语调。在书面语中，作者可以通过语相表示强调，如黑体字、下划线或大写字母。我们将在第 7 章介绍人际书面语体（如电子邮件）非常有趣的一个特性，即与信息型[①]书面语体（如报纸文章）相比，它们是否更依赖语相。相比较而言，所有的口语体都将响度、音高和音长作为交际手段的一部分。

副语言特征只是会话分析所要研究的一个方面。此外，我们还可以从传统的语体视角描写会话，因为它具有独特的情景特征和语言特征。我们将在以下两小节分别讨论这些问题。

4.2.1　会话的情景特征

请设想这样一个场景：大学同学在餐馆里聚会，相互交谈，也就是说，他们正在进行会话。那么，他们在谈什么？事先是否计划过要谈什么？通过会话，他们要达到什么交际目的？

---

① 以传递信息为主要目的的语体或文章。——译者

下面是上述情景中的一段会话。请大家在阅读时思考以上问题。

Text Sample 4.1　Conversation among friends in a restaurant

Ayesha: This bread is awesome. You know what the honey thing is?

Nadia: What were you just saying – the bread's good.

Ayesha: Oh I was saying you know Tuscan bread would never go down here. No one would ever like it. Probably 'cause it's got no salt in it.

Nadia: Yeah and 'cause it's warm.

Ayesha: But I am – I'm totally stuck on it. Hi Lise.

Nadia: There's different kinds of bread.

Lise: Oh god, the bread is awesome.

Ayesha: < laugh>

Lise: So are you going to go home today, or –

Ayesha: Yeah I have to.

Lise: Why?

Nadia: Go tomorrow Ayesha.

Lise: God I hate you for that.

Ayesha: Well I guess you keep – oh we're ordering it now?

Marcus: I don't know, but do you want anything to drink?

Ayesha: No, that's good enough.

[LSWE Corpus]

4 人际口语体

语篇样本 4.1 朋友们在餐厅里的会话

艾莎： 面包真是棒极了。你知道这个像蜂蜜似的东西是什么吗?

纳迪娅：你刚才说什么——这面包不错。

艾莎： 哦,我是说托斯卡纳面包不会一直在这儿卖下去的。没人喜欢它,可能是因为它不放盐。

纳迪娅：是,因为它是温乎的。

艾莎： 可我喜欢——我彻底迷上它了。嗨,利兹。

纳迪娅：这儿也卖其他面包。

利兹： 哦,天哪,这个面包太好吃了!

艾莎： <笑>

利兹： 你是今天回家,还是……

艾莎： 哦,我得回去。

利兹： 为什么呀?

纳迪娅：艾莎,明天再回吧。

利兹： 你要是回去,我就不跟你好了。

艾莎： 嗯,我猜你们会不停地……我们可以点餐了吗?

马库斯：不知道,你们想要点儿喝的吗?

艾莎： 不用了,这就够了。

[朗文英语口语和书面语语料库]

即使在这样一个简短的片段中,我们也可以看出会话语体的几个显而易见的、重要的情景特征。首先,会话包括两名或更多的**参与者**(participants),他们**直接互动**(directly interact),通过话轮转换构建会话。就场景来说,参与者共享

同一临时语境（same temporary context），并且经常共处于**同一物理空间**（same physical space）（特殊情况除外，如电话会话）。在语篇样本 4.1 中，因为参与者共享场景，所以他们清楚地知道艾莎所说的 "that's good enough" 中 that 的所指。然而，分析者如果不看视频的话，就不知道他们所说的这个 that 指的是什么。

其次，作为面对面的口语体，会话是**即时生成的**（produced in real time）。参与者没有时间提前计划所要说的内容，他们根据对方所说的话立即做出反馈。即使他们对某些已经说出的话不满意，也只能如此：他们无法修改或收回已经说出的话。虽然他们可以换一种说法加以修正，重新陈述自己的观点，但是他们所说过的话作为会话的一部分仍然存在。在上面的例子中，有些话就是说话者换一种说法重新说出来的（例如 But I am – I'm totally stuck on it.）。

最后，从上面这个典型的例子中，我们可以发现这段会话包含不止一个话题，参与者先后谈论了面包、回家以及点饮品等话题。这几个话题极有可能都不是事先设定的，而是随着情景的发展自然出现的。此外，还需注意的是，参与者并不关注解释概念或传递特定的信息，而是更关注自己的感情、态度、愿望以及好恶，也就是我们所说的个人**立场**（stance）的表达。

在下一小节中，我们将重点讨论会话的语言特征，说明会话中典型的语言特征是如何与典型的交际目的、情景语境直接相关的。

4.2.2 会话的语言特征

与书面语言相比，会话语言的特征极为显著。事实上，本族语者即使完全脱离语境，也可以识别出会话语体。例如摘自语篇样本 4.1 中的会话：

But I am – I'm totally stuck on it.

Yeah I have to.

I hate you for that.

可我喜欢——我彻底迷上它了。

哦，我得回去。

你要是回去，我就不跟你好了。

我们无法想象在信息型书面语篇（如教材或商业报告）中出现这样的句子。同样，我们也很难想象它们出现在课堂讲座或电视新闻广播里。虽然某些书面语体中包含直接引语，如小说或报纸文章，它们可能使用这样的句子，但是总体而言，这些语言形式明显属于人际互动语体，而不属于其他类型的口语体或书面语体。

那么，究竟是什么原因使得会话语言如此与众不同呢？原因之一是会话的互动性。参与者**轮流说话**（**take turns**），共同构建会话。话轮通常构成**邻接对**（**adjacency pairs**），即包含两个相邻的话轮。"一问一答"就是一个简单的例子，如：

Lise: So are you going to go home today, or –

Ayesha: Yeah I have to.

利兹： 你是今天回家，还是……

艾莎： 哦，我得回去。

问候语通常也是由邻接对构建的,如下面这个例子——它摘自另一个会话:

> Joseph: Hi Joe, how are you? It's good to see you again. How have you been?
>
> Jack: Oh man pretty busy. How about you?
>
> Joseph: Oh hanging in there.
>
> 约瑟夫:嗨,乔,你好吗?见到你很高兴!你在忙什么?
>
> 杰克: 咳,太忙了。你怎么样?
>
> 约瑟夫:哦,还那样儿。

在这个例子中,约瑟夫以问候和询问(How are you?)发起了第一个邻接对。杰克回应了约瑟夫的问候和询问(Oh man pretty busy.),然后发起了第二个邻接对(How about you?)。约瑟夫的回答,完成了第二个邻接对(Oh hanging in there.)。会话分析的分支学科关注话轮转换以及参与者是如何共建起连贯的互动的。

会话的其他典型的语言特征,是由口语模式、即时生成和共享场景等物理语境决定的。例如语篇样本 4.2,布赖恩(Brian)和拉姆(Ram)的会话(他们正在开车):

> **Text Sample 4.2　Conversation among friends riding in a car**
>
> Brian: On the original *Star Trek* didn't they have, didn't they have little machines where they got their food? I, I was under the impression that it never was very clear how it worked but they –

> Ram: Yeah this is, this is more expansive. It, it uh,
> Brian: It could make not only only but
> Ram: It substantiates the answers or the scenario better by uh, by envisioning the actual technology that could conceivably do it and it gets rid of or it alleviates more of the problems that they aspired to by uh, uh, by having a more extensive scenario. It's not just, it's not just that the robots build the cars, but the robots build all the cars that you could conceive of at, at no cost basically. And everyone uh, and everyone has control over, over it.
> Brian: That means there's no costs because there's no scarcity.
>
> [LSWE Corpus]

语篇样本4.2 朋友开车时的会话

布赖恩：最早的《星际迷航》里，他们不是有，他们不是有能提供食物的小机器？我，在我印象里，我从来就没明白过它们的工作原理，但是他们……

拉姆：嗯，这，这太高端了。它，它，哦，

布赖恩：它不仅，不仅能……而且

拉姆：它更好地证实了答案或剧情，通过，哦，通过想象，现有的技术确实可以；它解决或部分解决了他们要处理的许多问题，通过，哦，哦，通过更丰富的剧情。机器人不仅，不仅造了那些车子，而且它们还可以造出你能想到的任何车子，基本不花钱。

每个人，哦，每个人都可以操控，操控它。

布赖恩：就是因为不稀罕，所以才不值钱。

[朗文英语口语和书面语语料库]

首先，你会发现这个会话中有许多重复（如 I, I; only only）。在某些情况下，这些重复和填声停顿一起出现（如 it, it uh; by uh, uh, by），它们通常出现在说话者不知道要说什么的时候。在大多数情况下，重复会导致**自我修正**（**self-repairs**），这时说话者将重新开始说话，最终顺利地说完自己所要说的话。例如：

didn't they have, didn't they have little machines...

I, I was under the impression...

他们不是有，他们不是有……的小机器

我，在我印象里……

这些语言特征——修正、重复和填声停顿，都与话语的即时生成语境有关。

其次，在某些情况下，当某位说话者无法恰当地表达自己的想法时，其他参与者会帮助他完成话轮，替他表达想法。这说明了会话具有**合作共建**（**co-constructed**）的性质。例如：

Ram:　　It, it uh

Brian:　It could make not only only but

Ram:　　It substantiates the answers...

拉姆：　它，它，哦

布赖恩：它不仅，不仅能……而且

拉姆：　它证实了答案……

实际上，由于参与者共同协作创造了某个会话语篇，因此我们可以从整体上将会话视为合作共建的产物。这可能是因为会话参与者共享同一场景和某些背景知识，而且也与会话的生成环境及会话的互动本质有关。

再次，与会话的即时生成环境相关的另一个特征是，说话者经常简化语言，如频繁使用缩约和其他缩减结构。请阅读下面的会话，看看在音系和结构上有哪些缩减：

Text Sample 4.3　Conversation among friends discussing moving

Margaret: You and Nancy took it out, didn't you? I often wondered how you ever got that out of the house.

Susan: We rented a dolly and we took the legs off and stood it up just, I mean, the guy at this music store told us just how to do it and I went to a music store and said how do you move a grand piano?

Margaret: Yeah, but going down the steps and everything.

Susan: We didn't, we backed the truck up with a ramp

Peter: We're trying to figure out how to move a two thousand pound pool table, next week. My dad's pool table.

Margaret: Oh yeah.

Susan: Won't you come back? < laugh>

Margaret: Can't help you there. Whatcha gonna do?

Peter: My dad bought it from the old Pontchartrain Hotel.

[LSWE Corpus]

语篇样本 4.3　朋友讨论搬家时的会话

玛格丽特：你和南希把它搬出去的，对吧？我真想知道你们是怎么把它搬到屋外的。

苏珊：　　我们租了一辆手推车，然后卸掉钢琴腿儿，把它立起来。我是说，这家乐器行的人告诉我们怎么做的。我去了一家乐器行，问了他们怎么搬钢琴。

玛格丽特：哦，可是还要下台阶什么的。

苏珊：　　我们没有，我们把一个活动梯子接到了货车后面。

彼得：　　我们正琢磨下周怎么搬一个两千磅的台球桌。我爸爸的台球桌。

玛格丽特：哦。

苏珊：　　你不来吗？〈笑〉

玛格丽特：我可帮不上忙。你们想怎么搬？

彼得：　　我爸爸从庞恰特雷恩酒店买的。

[朗文英语口语和书面语语料库]

缩约是发音上的缩减，即两个或两个以上的词的音被缩减为一个词的音。如果没有语音转写，那么分析者只能识别出那些具有标准拼写形式的缩约形式，如 *didn't*、*we're*、*won't*、*can't*、*whatcha*、*gonna*。此外，上面这个片段还表明说话者经常省略结构成分。因为在大多数情况下，人们很容易理解省略掉的成分是什么，所以这种省略并不影响意义的表达。下面的例子同样摘自语篇样本 4.3，我们在方括号内补

4 人际口语体

上了省略掉的成分：

[I] can't help you

[you were] going down the steps

[It is] my dad's pool table

we didn't [go down the steps]

［我］可帮不上忙

［你们］还要下台阶

［它是］我爸爸的台球桌

我们没有［下台阶］

在书面语体中，语言的生成比会话要慢很多，作者有足够的时间修改和编辑语篇。因此，作者并没有必须使用缩约和缩减形式的压力。此外，在多数情况下，人们也非常不赞成在书面语篇中使用缩约形式和省略形式。基于上述原因，缩约形式很少出现在书面语体中。

最后，语篇样本 4.4 还说明了会话的其他典型语言特征，如"提示语"（*hey*）、称呼语（*Tom*）和最简反馈项目（*hmm?*、*okay*）。

Text Sample 4.4   Conversation among friends

Jack: Hey Tom

Tom: Hmm?

Jack: I'm gonna run to Burger King real quick.

Tom: Okay

[LSWE Corpus]

语篇样本 4.4　朋友之间的会话

　　杰克：嗨，汤姆

　　汤姆：嗯？

　　杰克：我很快就到汉堡王了。

　　汤姆：好的

[朗文英语口语和书面语语料库]

因为有多名参与者直接互动，所以上述特征在会话中极为常见。

　　上文所描写的语言特征非常显著：读者之所以在会话的转写文本中注意到这些特征，是因为它们与人们通常在书面语篇中看到的语言形式迥然不同。然而，这些语言特征并不是会话所独有的。例如，教师在课堂教学话语中，也可能使用重复、填声停顿和自我修正，这说明在该情景中，即时生成语言具有一定的挑战性。课堂教学语言也是合作共建的，因为教师与学生共同参与互动，他们甚至会相互完善对方的想法。同样，这些特征也出现在人际书面语体中（如电子邮件或聊天室；参见第7章）。

　　如第3章所述，语体的语言描写通常并不辨识语体之间的绝对差异。反之，某种语体与其他语体的区别体现在所选择的语言特征的分布程度上，即比其他语体选用得更多或更少。因此，上文所描写的语言特征在会话语体中很常见。

　　实际上，在确定会话的语言本质时，还有许多并不显著的语言特征也是很常见、很重要的。这些特征之所以不那么显著，是因为它们是任何语篇都有的核心的语法手段。然而与其他语体相比，这些特征在会话中更常见，这是会话的典型交际目的和情景语境决定的。

例如,第二人称代词直接指称受话者。由于大多数书面语篇面向一般读者,而非某个特定受话者,所以作者并不常用 *you*。而在会话中,由于说话者大多与特定对象进行面对面互动,因此他们经常使用 *you*。

同样,会话中的说话者还经常使用是非问句和 WH 问句。因为疑问句是获取特定信息的手段,它至少要有反馈,因此,只有当面对特定的、能够做出反馈的受话者时,疑问句才有意义。虽然有时在书面语篇中也有**反问句**(rhetorical questions),但是这种问句并不多见,并且它具有特殊的功能:作者只提出问题,并不期待读者回答。相比较而言,直接疑问句在会话中相当普遍,受话者通常需要回答这些问句。因为同样的原因,祈使句在会话中也比较常见,而在大多数书面语体中很少见。

4.2.3 从量化的角度分析会话与其他语体的语言差异

正如第 1 章和第 3 章所述,基于语料库的语体分析是描写不同语体之间语言差异的重要方法。对于定量分析来说,基于语料库的分析方法尤为重要,因为它能够辨识某种语体中普遍的语言模式。研究者通过对某种语体数以百计的语篇中的语言进行研究,就可以确定某些语言特征究竟是常见的,还是罕见的。

例如,在对朗文英语口语和书面语语料库分析的基础上,图 4.1 对比了代词与实义动词在会话和学术散文中的使用模式

（研究结果摘自《朗文英语口语和书面语语法》Biber *et al.* 1999）。

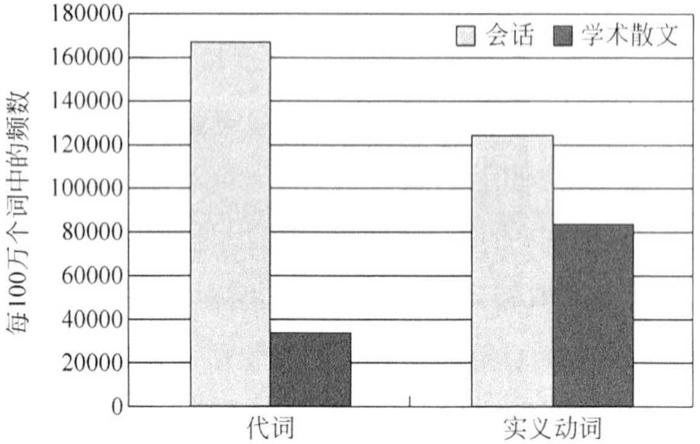

图 4.1　会话和学术散文中代词与实义动词的对比
（根据《朗文英语口语和书面语语法》，图 2.6、图 2.9、图 5.8）

图 4.1 显示的分布情况与我们的预期是一致的，即与学术散文相比，会话中的代词和实义动词更常见。然而，在其他许多情况下，基于语料库的定量分析的结果都是出乎意料的，它们与研究者的预期相龃龉。即使是话语分析学家，他们往往也倾向于关注那些只出现在某种语体中的显著的语体特征，如上述会话中的重复和自我修正。如果没有定量分析，那么研究者往往就会忽略核心语法特征，即使这些特征在某种语体中比在其他语体中更常见，他们也不会注意到。

例如，研究者通常关注会话中的半情态动词，如 *going to (gonna)*、*have to (hafta)*、*got to (gotta)* 和 *better*。因为这些形式几乎从不出现在正式的书面语体中；而在会话的转写文本中，它们却非常显著。例如，语篇样本 4.5 中的情态动词：

Text Sample 4.5 Conversation between a couple waiting for another couple to arrive to meet for breakfast

[very long pause]

Peter: Oh brother.

Gayle: They might not even have left there yet... the hotel.

Peter: Yeah they were just getting organized.

Gayle: Yeah.

Peter: Were Bob and Dorothy up already?

Gayle: Oh yeah they were up. I think we **better** wait. You know we go out to breakfast every Sunday after church. <Laugh> And they'll never, they'll never stay there. I mean they always, Bob's always **gotta** go home for some reason. He's **got to** have his bacon and egg muffin. We took him to breakfast on Sunday, all he did was complain. <Laugh> Of course he gets mad cause he can't smoke cause we always take non-smoking.

Peter: Oh well.

Gayle: See they've got a brand new van and we didn't know what we were **gonna** be doing, you know, if Karen did go into labor. And they wouldn't take their van cause Bob wanted to smoke and uh, Ed said he said he'd stop but he can't smoke in the van. I mean it's all carpeted and everything and you know you can't get that smoke out.

> Peter: Yeah I know.
>
> Gayle: And Dorothy said Bob's getting terrible with, with the smoking. Uh, he's really getting defiant about it because there are so many restaurants where you can't smoke and he just gets really mad and won't go to them.
>
> Peter: That's kind of sad.
>
> Gayle: Yeah well Dorothy told me, she says I always said if he ever quit drinking I wouldn't complain about anything else but she said the smoking bit is really getting to me.
>
> [LSWE Corpus]

语篇样本 4.5　一对夫妇在等待另一对夫妇来吃早餐时的会话

［很长时间的停顿］

彼得：哦，我的老兄。

盖尔：他们可能还没离开那儿……宾馆。

彼得：嗯，他们刚刚收拾好。

盖尔：是的。

彼得：鲍勃和多萝西起床了吗？

盖尔：嗯，起床了。我想我们还是等等吧。你知道我们每个星期天做完礼拜后都出去吃早饭。〈笑〉他们从不，他们从不待在那儿。我是说他们总是，鲍勃总是得找理由回家。他得吃培根和鸡蛋松饼。

我们星期天带他去吃早饭，他总是抱怨。〈笑〉当然，因为不能抽烟，他快要疯了，因为我们总是不许他抽烟。

彼得：是啊。

盖尔：你知道他们刚买了一辆厢式货车，如果卡伦生孩子的话，我们就真不知道该怎么办了。卡伦她们不会坐鲍勃的车，因为鲍勃想要抽烟，呃，埃德说："鲍勃说他不应该在车里抽烟，而且也不能在车里抽烟"。我是说，车里铺了地毯和其他东西，你知道你不能去掉烟味儿。

彼得：是，我知道。

盖尔：多萝西说鲍勃觉得抽烟越来越不容易了。哦，他抽烟受到越来越多的限制，因为很多饭馆都不许抽烟，他快疯了，所以就不去那些饭馆了。

彼得：有点儿悲哀。

盖尔：是啊，多萝西告诉我，她说："我总是说如果他能戒酒，我就没什么可抱怨的了"，但她也说："抽烟确实让我很烦"。

[朗文英语口语和书面语语料库]

图4.2对比了会话与其他三种书面语体（小说、报纸文章、学术散文）中的半情态动词出现的频率：在会话中，每100万个词中大约有6000个半情态动词；而在学术散文中，每100万个词中的半情态动词却不到1000个。你对这种结果也许并不感到意外。

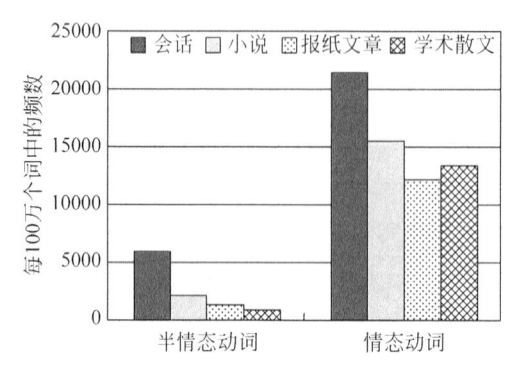

图 4.2 会话与小说、报纸文章、学术散文中的
半情态动词、情态动词的对比

(根据《朗文英语口语和书面语语法》,图 6.9)

然而,令人惊讶的是,图 4.2 表明,在会话中,核心情态动词(例如 can, might, will, would)同样比大多数书面语体中的更常见。你是否注意到语篇样本 4.5 中的情态动词?实际上,该样本中的情态动词非常多:

they **might** not even have left

he **can't** smoke

they **wouldn't** take their van

he **can't** smoke in the van

you **can't** get that smoke out

restaurants where you **can't** smoke

and **won't** go to them

I **wouldn't** complain

他们可能还没离开

他不能抽烟

4 人际口语体

　　她们不会坐他们的车
　　他不能在车里抽烟
　　你不能去掉烟味儿
　　饭馆里都不许抽烟
　　不会去那些饭馆
　　我就没什么可抱怨的了

　　因为情态动词同样经常出现在书面语体中，它们倾向于与语篇内容融为一体，所以人们很容易忽视其作为会话特点的重要性。然而，计量语料库分析表明，情态动词是会话的一个重要特征：实际上，会话中的情态动词比半情态动词更常见，而且会话中的情态动词也比大多数书面语体中的情态动词更常见。（在语篇样本 4.5 的会话中，大多数情态动词与否定动词短语同时出现。然而，基于语料库的语体研究表明，在会话中往往并非如此。它或许与上述会话的特定话题有关系。）

　　会话的许多典型语法特征都反映了会话中简短小句的大量使用。使用简短小句的直接结果就是会话中实义动词、副词和代词的频繁出现（参见图 4.1），因为每个小句都要有一个动词和一个语法主语（通常是一个代词），而且这些小句经常受副词的修饰，因此，话语的会话风格取决于许多简短的小句。其特征表现为动词、副词、代词的频繁使用。上述语篇样本 4.1—4.5 都说明了会话的这些主要特征。（我们将在第 5 章讨论信息型书面语体，相比较而言，它们倾向于依赖较长的主句。这些主句一般只有一个主要动词，以及许多不同的名词短语和介词短语。）

根据上文所讨论的会话特征，你也许认为会话语体只使用最简单的句法结构。然而，事实并非如此。实际上，会话经常使用从属小句，而且与信息型书面语体相比，会话中的某些从属小句更常见。在会话中，许多简短的小句都可以嵌入到更高一级的小句中。下面几个例子说明了我们的观点，以下几例中的主要动词（摘自上面的语篇样本4.5）用粗体标出：

Of course he **gets** mad [cause he can't **smoke**]

I **think** [we better **wait**]

Dorothy **said** [Bob's getting terrible with the smoking]

当然，他快要疯了，因为他不能抽烟

我想我们还是等等吧

多萝西说鲍勃觉得抽烟越来越不容易了

有时，还有多层嵌入的情况，例如：

Dorothy **told** me – she **says** [I always **said** [if he ever **quit** [**drinking**]][I wouldn't **complain** about anything else]]

多萝西告诉我——她说："我总是说如果他能戒酒，我就没什么可抱怨的了"

图4.3表明，由动词控制的 *that* 补语小句（例如 *I think [(that) we better wait]*）和定式状语小句（尤其是原因小句和条件小句）在会话中极为常见。此外，由动词控制的WH补语小句在会话中也很常见（例如 *we didn't know [what we were gonna be doing]*）。（相比较而言，信息型文章主要使用非定式依附小句作名词后修饰语，如关系小句；参见第5章和第6章。）

4 人际口语体

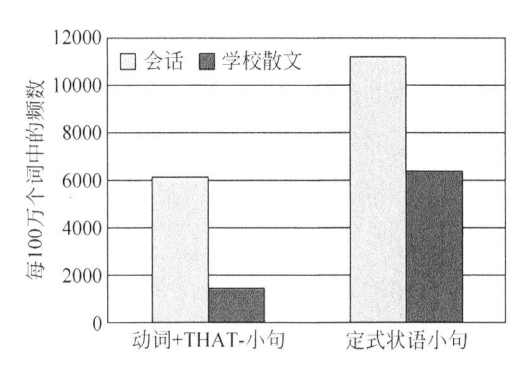

图 4.3　会话与学术散文中从属小句的对比
（根据《朗文英语口语和书面语语法》，图 9.6, 10.20）

在会话中，上述依附小句常用来表达"立场"：控制动词表达个人态度，而补语小句则包含新信息。例如：

I **think** [that the kids will learn to like that].

I **hope** [that uh Kathleen faxed that order].

I **know** [what you're talking about].

我想孩子们会逐渐喜欢的。

我希望呃，凯瑟琳已经把订单的传真发过去了。

我知道你在说什么。

几乎所有会话都反映了补语小句和定式状语小句的使用情况。有意思的是，它们在会话的转写文本中并不显著。因此，许多观察者从未注意到会话的这些显著的语言特征，这个事实也强化了大家普遍认同的一种观点，即会话在句法上是简单的。定量分析有助于揭示某种语体的这类重要的语言特征，否则它们将被忽略。

我们在前几节讨论了如何辨识会话的重要的情景特征和语

言特征。然而，会话可以因目的或语境的不同而不同。在本章的练习部分，你将有机会进一步探讨会话内部的差异。在下一节中，我们将讨论一种特殊的人际口语体：高校教师答疑时间会话。

4.3　高校教师答疑时间会话

许多人际口语体都与会话紧密相关，我们可以将其视为会话的特殊下位语体。虽然它们与会话共享许多情景特征，但是由于它们产生在特定的情景中，因而也有自己的特征。高校教师或指导教授在答疑时间与学生的会话就是其特殊变体中的一种。

与日常会话一样，在高校教师答疑的互动中，也要有面对面交流情景中的参与者，他们共享同一时空，轮流说话。因为具有上述相似之处，所以高校教师答疑时间会话的核心语言特征与日常会话基本相同，后者我们曾在本章第 2 节讨论过。本章的练习 1 要求你找出语篇样本 4.6 中的高校教师答疑时间会话的语言特征，包括邻接对、重复、缩约、半情态动词和情态动词以及各种小句。

> **Text Sample 4.6　Office hour – an advising session about a student's graduation requirements**
>
> 　　Advisor: all right so say again what's the problem
> 　　Student: well I planned on getting out in December
> 　　Advisor: are you going to go to summer school?

Student: yes

Advisor: mhm

Student: and – but Management 435, which I need, is not offered this summer or in the fall

Advisor: you're sure?

Student: I'm – well it's not in the books

Advisor: yeah well then it's not in if if they should happen to offer it then you would pick it up at the time

Student: well my question is is it – I don't know if it's being offered right now but if it is I wanna know why I'm not in it

Advisor: we'll substitute something for Management 435

Student: we can do that

Advisor: I can do it

Student: OK

Advisor: yeah

Student: OK um what I have here for this – BA 340 and 396 I plan on taking it in the fall or in the summer instead of in the fall

Advisor: no no wait a minute I can't follow that

Student: well here

Advisor: just tell me, summer 99, what do you have?

Student: well I have I have it written down here

Advisor: OK

Student: this is first session

Advisor: mhm so 301

Student: 301

Advisor: and 363 – oh one and 360

Student: and three it's it's CIS 360 which I know I I need both of

Advisor: all right and then?

Student: and then also BA 490 and uh

Advisor: History 380

Student: yes

Advisor: OK by the time that second summer session rolls around, will you be all done with these courses above BA 490?

Student: all these are done – let's see – that's done – uh 301 I'm taking this summer

Advisor: OK I I I see that

Student: and 360, yes so everything above 490

Advisor: all right you're done with that OK um

Student: so really I have – I want to take four this summer and then four in the fall is how it's working out

Advisor: all right now here's what you should do if you want me to go over your graduation papers you gotta do it this semester because if you wait until the summer or the fall

> Student: uh huh
>
> Advisor: then you'll have to go through somebody else and it'll just take longer
>
> Student: yeah so I can do that then – and what do I do?
>
> Advisor: go down to Rosemary's office and get the papers
>
> [T2K-SWAL Corpus]

语篇样本 4.6　高校教师答疑时间会话——指导学生选课

指导教授：好吧，再把你的问题说一遍

学生：　　嗯，我打算 12 月毕业

指导教授：你有暑期课程吗？

学生：　　有

指导教授：嗯

学生：　　可是我必须要修的管理 435，夏季学期、秋季学期都没有

指导教授：确定吗？

学生：　　我，嗯，手册里没有

指导教授：嗯，没有提供啊。如果，如果他们正好提供了，那么你就可以在那时候选了

学生：　　嗯，我的问题是，是它——我不知道现在他们是否正在提供，但是如果已经提供的话，我想知道为什么我不在选课范围内

指导教授：我们可以用其他的课代替管理 435

学生：　　我们可以这么做

指导教授：我可以这么做

学生： 好的

指导教授：是的

学生： 好，嗯，我来这儿是为了这个——BA 340 和 396，我打算在秋季学期上这门课，如果秋季学期不行，那就在夏季学期上。

指导教授：不，不，等会儿，我跟不上……

学生： 嗯，这儿

指导教授：告诉我，夏季学期99，你有什么？

学生： 嗯，我把，我把它写这儿了

指导教授：好的

学生： 这是第一学期

指导教授：嗯，301

学生： 301

指导教授：还有363，哦，一门课和360

学生： 三门课，它是，它是 CIS 360，我知道，我，我需要修这两门课

指导教授：好吧，还有……

学生： 还有BA 490 和，呃

指导教授：历史380

学生： 对

指导教授：好的，第二个夏季学期结束时，BA 490 以上的这些课，你都能学完吗？

学生： 这些都能学完，我们看看，能学完，呃，我会在这个夏季学期选301

指导教授：好，我，我，我知道那个了

学生：　　还有360，是的，490以上的每门课

指导教授：好的，那就够了，好，嗯

学生：　　所以我确实有——我，我需要，我想在这个夏季学期选四门课，然后秋季学期选四门课，就这样选

指导教授：好的，如果你想让我修改你的毕业论文的话，你就应该这个学期写，因为如果等到夏季学期或秋季学期

学生：　　嗯？

指导教授：那么你就得通过其他人的审阅，时间就更长了

学生：　　好，我可以写——我做什么呢？

指导教授：到罗斯玛丽的办公室拿论文

[托福2000口语和书面语学术语言语料库]

同时，在高校教师答疑时间会话与日常会话之间也存在着一些重要的差异。即使是并非行家的观察者，他也能发现，高校教师答疑时间会话与日常会话的场景并不相同。前者发生在特定的场合——办公室，参与者坐在办公桌旁。桌上通常有书面文件，参与者在会话中频繁地提及这些文件，它们可以是教材、学生论文、招生目录、登记表或电脑上的记录。

除了场景有这样明显的差异之外，高校教师答疑时间会话与日常会话之间还存在一些其他的差异。一方面，与学生相比，指导教师/指导教授的权威性更强，专业知识也更丰富，又因为会话发生在办公室，所以这种差异也就更加显著。然而，这

类会话的发起者都是学生,他们主动来到办公室(除非会谈是由教师安排的),请求得到某些帮助。另一方面,在高校教师答疑时间会话中,学生的交际目的都比较具体,如课程登记、讨论论文进度,或者要求教师说明课程内容等。而指导教师/指导教授的交际目的,一般都是帮助学生处理他们在学业中遇到的问题。在以上两种情况下,话题范围通常比日常会话受到更多的限制。(当然,在不改变物理场景的前提下,作为面谈的一部分,参与者也可以将会话从特殊的高校教师答疑时间会话转换为一般会话;在某些高校中,这种情况可能比较常见,因为在他们的校园文化中,教师试图与学生建立更亲密的关系。)

高校教师答疑时间会话和闲谈的情景差异,是与其重要的语言差异相对应的。我们再回到语篇样本4.6,看看你能否从中找出一些语言特征,它们比在4.2节所讨论的日常会话中出现的频率更高。需要特别注意的是,参与者如何互相应答,以及他们如何开始新的话轮。

在高校教师答疑时间会话中,话语标记是一个非常普遍的语言特征:*ok*、*well*、*all right*、*so*。在语篇样本4.6的开头部分,近一半的话轮都有一个话语标记,有的话轮甚至有两个话语标记。虽然这些话语标记都没有明确的意义,但是它们参与构建了整个语篇。话语标记在高校教师答疑时间会话中非常重要,因为它参与构建了解决学业问题的师生会话——如在语篇样本4.6中,师生商量如何选课,以便学生能够顺利毕业。话语标记在这类会话中有两个主要功能:一是表明说话者已经理解了前面的话(并且如果需要的话,它还能够提示与其后反馈话语之

4 人际口语体

间的联系）；二是提出新的想法。

话语标记 *ok* 就具有上述两个功能。*ok* 经常作为最简反馈，表明说话者理解并接受了前面的话，例如：

> Advisor: I can do it
> Student: **OK**
> 指导教授：我可以这么做
> 学生：　　好的

在其他情况下，*ok* 表示过渡到下一步，开启一个新的子话题，例如：

> Student: **OK** um what I have here for this...
> Advisor: **OK** by the time that second summer session rolls around...
> 学生：　　好，嗯，我来这儿是为了这个……
> 指导教授：好的，第二个夏季学期结束时……

话语标记 *all right* 虽不如 *ok* 常见，但同样可用于开启新话题，例如语篇样本 4.6 的开头部分：

> Advisor: **all right so** say again what's the problem
> 指导教授：好吧，再把你的问题说一遍

相比较而言，话语标记 *well* 几乎总是用于表示对已说出话语的反馈，而不是开启一个新的子话题。以 *well* 开头的回答，通常表明话语中的信息在某种程度上与已说出话语的预期相反。例如当指导教授问学生是否确定时，学生回答 ***well it's not in the books***，也就是说，虽然她不太确定，但是也没有迹象表明她是错的。

高校教师答疑时间会话的特殊交际目的，直接反映为以书面文件为中心。如果我们能够看到物理场景的话，那么我们就很容易注意到这个问题。这种对书面文件的关注，在语言上直接反映为参与者经常使用**直指词**（**deictics**）直接指称书面文件。在语篇样本 4.6 中，学生和指导教授商量学业计划，在他们设计未来课程时，不断地提及文件中的信息：

  OK um what I have **here**

  well **here**

  well I have I have it written down **here**

  will you be all done with **these courses above** BA 490?

  all these are done

  OK I I I see **that**

  all right you're done with **that**

  好，嗯，我来这儿

  嗯，这儿

  嗯，我把，我把它写这儿了

  BA 490 以上的这些课，你都能学完吗？

  这些都能学完

  好，我，我，我知道那个了

  好的，那就够了

高校教师答疑时间会话的实质是为了解决问题，这表现为状语小句的高频使用，特别是条件小句。例如：

  Advisor: **if** they should happen to offer it then you would
      pick it up at the time

  Student: **if** it is, I wanna know why I'm not in it

Advisor: **if** you want me to go over your graduation papers you gotta do it this semester **because if** you wait until the summer or the fall then you'll have to go through somebody else

指导教授：如果他们正好提供了，那么你就可以在那时候选了

学生： 如果已经提供的话，我想知道为什么我不在选课范围内

指导教授：如果你想让我修改你的毕业论文的话，你就应该这个学期写，因为如果等到夏季学期或秋季学期，那么你就得通过其他人的审阅，时间就更长了

我们在上一节已经注意到，与学术文章相比，会话中的状语小句更常见。图4.4进一步表明，定式状语小句在高校教师答疑时间会话中出现得更频繁，条件小句的频率比日常会话高一倍（原因状语从句的频率也略高于日常会话）。这些小句之所以在高校教师答疑时间会话中很常见，是因为这类会话具有明确的交际目的，即师生一起考虑各种情况，共同解决问题。

除了关注解决问题以外，高校教师答疑时间会话还有一个独特之处，就是两名参与者的交际目的并不相同：学生具有需要解决某些问题或需要满足的需求；指导教授提出解决问题的办法，最后还要告诉学生做什么。因为在高校教师答疑时间会话中，学生常常公开表明自己的需求，所以在这类会话中主要动词 *want* 和 *need* 极为常见，例如：

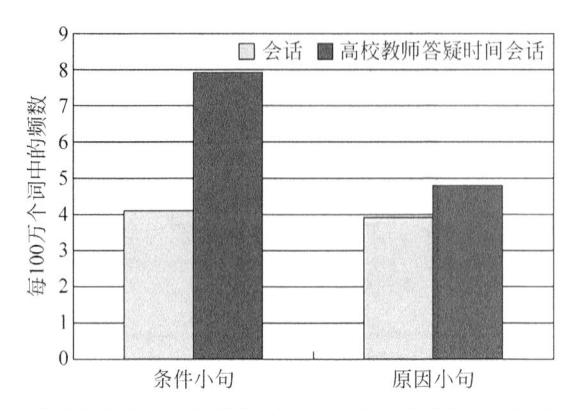

图 4.4 日常会话与高校教师答疑时间会话中条件小句和原因小句的对比
（根据《朗文英语口语和书面语语法》，图 10.20，以及 Biber 2006，图 4.12）

> Student: and – but Management 435, which **I need**, is not offered this summer **I wanna** know why I'm not in it and three it's it's CIS 360 which I know I **I need I want** to take four this summer
>
> 学生：可是我必须要修的管理 435，这个夏季学期没有。我想知道为什么我不在选课范围内。三门，我知道它是，它是 CIS 360。我，我需要，我想在这个夏季学期选四门

指导教授也经常使用这些动词。此外，他们还使用代词 you 指代学生。因此，这些话语的功能都相当于间接指令，指导教授以此告诉学生要做什么：

> Advisor: yeah all right what **I want you to** do is to come back um on Thursday OK so that's what **you need to** work on –

4 人际口语体

指导教授：嗯，好吧，我想让你周四回来。好的，那就是你需要做的……

实际上，指导教授使用了几种不同的语言手段发出指令，甚至连条件小句也具有这种功能。因此，在高校教师答疑时间会话中，近一半的条件小句都以 *if you*... 开始，它们常常用于建议学生做什么，正如以下高校教师答疑时间会话中的例子：

... **if you** do that you'll have no problem graduating...

... **if you** go over to-to registrar, they will, get you going.

... **if you** haven't thought about that I-I'd recommend it

……如果你那么做的话，那么毕业就不成问题了……

……如果你去，去注册处的话，他们会帮你的。

……如果你还没考虑的话，那么我，我建议你考虑一下

在大多数条件句中，话语的引导力是间接的。然而，有些语法形式具有更明确的指令意味。例如，指导教授常常使用情态动词 *should* 和 *have to* 发出指令：

here's what you **should** do

then you'll **have to** go through somebody else

你就应该（……）

那么你就得通过其他人的审阅

虽然祈使句并不常见，但是指导教授有时也用它发出明确的指令：

go down to Rosemary's office and get the papers

到罗斯玛丽的办公室拿论文

综上所述，我们在本节介绍了口头互动是如何随着特定的交际目的而变化的。由于高校教师答疑时间会话与日常会话共

享许多情景特征，因此其结构与随意的日常会话相同（都有话轮、邻接对、重复、问候和道别等），许多核心的语言特征也与日常会话相同（例如第一和第二人称代词的用法、动词的频繁使用以及疑问句的用法等）。然而，与典型的日常会话相比，高校教师答疑时间会话具有更特定的交际目的，它更关注解决问题、满足学生特定的需求或消除学生的疑虑。因为不同的交际目的可以带来重要的语言差异，所以高校教师答疑时间会话的语言在许多方面都不同于日常会话。

针对这些语体中的异同进行分析，同样有助于解释下面这个问题：为什么对美国高校新生来说，高校教师答疑时间会话这种特殊语体具有挑战性。母语为非英语的学生在接受指令时可能都存在问题。如上所述，由于在高校教师答疑时间会话中有许多形式的指令语，其中有些是间接的，所以学生理解困难并不足为奇。而且，话语标记可能也会给学生带来困难。使用话语标记构建会话是一项复杂的技能，将英语作为外语的学生就经常搞不懂话语标记的功能，然而在高校教师答疑时间会话中，它们非常普遍。即使是熟悉美国文化的高校新生，也无法确定高校教师答疑时间会话究竟应该是什么样的：引入某个与课程/建议关系不大的娱乐话题是否合适？高校教师答疑的互动是否必须围绕某个明确的目的？是否可以对指导教授办公室这一共享语境中的某个物品发表评论？他们应该如何直接表达自己的需求或愿望？虽然所有这些因素都因人而异，但是由于高校教师答疑时间会话的情景特征和语言特征，与日常会话既有同也有异，因此，即使从普遍的语体视角来看，也很容易理解为什么这种会话会成为一种令新手感到困惑的新语体。

4.4 服务接待会话

服务接待会话是员工和顾客之间的互动，这是一种比较具体的口头互动。最常见的服务接待会话是买卖活动中的"结账"，即收银员告诉顾客所购商品的价格、顾客付款时的会话。此外，还有许多其他类型的服务接待会话。例如，顾客在杂货店询问某个商品的位置，在书店询问某部新书是否已经上架等会话。在饭馆点菜以及在图书馆咨询处咨询等会话也可视为服务接待会话。

上述各种互动都是通过会话进行的，一般要有两名参与者在面对面情景中相互交流。此外，这种会话与日常会话几乎没有任何相似之处。在服务接待会话中，顾客通常并不认识员工，双方对彼此的私人生活也不感兴趣，他们关注的是如何完成一项交易或获取特定的信息。

这种以目的为中心的交际带来了一个特定的语言现象，就是疑问句 *Can I...?* 的高频出现，顾客常用这种问句来请求对方提供服务。以下各例摘自校园服务接待中的会话：

[at the registrar's office]

Student: Hey. I need to pay for my registration and dorm. **Can** I pay for both here?

[at the front desk of an office]

Student: Hi **can** I get an application?
Service provider: Sure.

Student: Thank you.

[at the front office for a dormitory]

Student: Hi, **can** I get toilet paper?

Service provider: Yeah

Student: **Can** I just take these?

Service provider: Yeah go for it

Student: Thank you

Service provider: You're welcome

［在注册处］

学生： 你好，我要交学费和住宿费。这两个都可以在这儿交吗？

［办公室前台］

学生： 你好，能给我一份儿申请表吗？

提供服务者：当然。

学生： 谢谢。

［宿舍管理办公室前台］

学生： 你好，能给我一点儿卫生纸吗？

提供服务者：好

学生： 我能把这些拿走吗？

提供服务者：好，拿走吧

学生： 谢谢

提供服务者：不客气

  顾客使用 Can I 间接地、礼貌地表达了自己的需求。虽然在服务接待会话中，顾客有时也会比较直接地表达需要，但是

由于这种表达方式不太礼貌,因此并不常见,例如:

[at the copy shop]

Clerk: Hey there.

Customer: Hi.

Clerk: How's it going?

Customer: OK. **I want these, uh, copied**, just as they are.

Clerk: Mhm.

Customer: [2 syllables unclear] and the holes punched and the whole bit.

Clerk: OK. How many copies?

Customer: Tabs, you don't have to worry about the tabs – I'll worry about the tabs. Wait **you need to mark** where the tabs go though.

[在打印店]

职员:你好。

顾客:你好。

职员:最近怎么样?

顾客:还好。我想(让你)把这些,呃,都给复印了,按原尺寸印。

职员:嗯。

顾客:[2个音节不清楚]帮我打孔,然后装订起来。

职员:好的。要多少份儿?

顾客:那些标签,你不用担心标签——我才担心呢。有标签的地方,你得做个记号。

服务接待会话最显著的一个特征就是重复，尤其是对提供服务者来说，因为他们整天都在同一个场所工作，不断重复回答同样的问题。该特点往往导致话语高度程式化。在许多情况下，同样的话语在多个服务接待会话中重复出现，比如员工在提示顾客陈述需求时频繁使用的 *can I*：

  Can I help you?

  Can I help who's next?

  What **can I** do for you?

  我能帮你吗？

  下一位，我能帮你吗？

  我能为你做什么吗？

像 *Can I help you?* 这样的表达，在一个服务接待会话中一般只出现一次，而且大都出现在互动的开头部分（通常在问候之后），我们可以将其视为语类标记。实际上，正因为服务接待会话有这类规约化的结构，所以我们才可以从语类视角对它们进行分析。虽然服务接待会话的结构会因为生成环境的不同而产生一些细微的变化，但是其最基本的结构包括以下几个要素：

  A. 互致问候

  [可选：提供服务者询问顾客需要什么]

  B. 顾客陈述需求——提供服务者回应

  [可选：提供服务者也许重复顾客的需求，顾客回应]

  C. 结束会话

例如，下面这个互动发生在高校财务办公室（学生缴纳学杂费的地方）（语篇样本4.7），它遵循了以上基本结构。首先，第

1—2 行是双方互相打招呼。顾客打完招呼之后，立即陈述其需求（第 2 行, *I need to pay*）。其次，职员用几句话说明要求（等待打印账单，要求顾客签名）以及缴费未成功的原因（这并不是基本语类结构的一部分）。最后，双方以道别结束会话。

Text Sample 4.7　Service encounter – paying a bill at the university

Clerk:　hello.

Student: hi. I need to pay this

Clerk:　OK. [types on keyboard] seven oh eight [...] OK it's going to take just a minute for that to go through

Clerk:　alright

[printer sounds]

Clerk:　OK it declined on that

Student: it declined? oh well then use this

Clerk:　OK... OK try that

[printer sounds]

Student: it's probably too big a withdrawal

Clerk:　well yeah and uh bank cards sometimes they have a limit of like five hundred or whatever so

Student: yeah

[printer sounds]

Clerk:　OK go ahead and sign that for me

[printer sounds]

Clerk:　there you go

> Student: thanks
>
> Clerk: have a good day
>
> Student: you too
>
> [T2K-SWAL Corpus]

语篇样本 4.7　服务接待会话——在高校缴费

职员：你好。

学生：你好。我要缴费

职员：好。[在键盘上打字] 7，哦，8 [……] 嗯，大概得一分钟

职员：好了

[打印机的声音]

职员：嗯，不行

学生：不行？哦，那用这个吧

职员：好……好，试一下

[打印机的声音]

学生：可能数额太大了

职员：嗯，哦，银行卡有时，它们有时有大概 500 元的限额什么的

学生：嗯

[打印机的声音]

职员：好，可以了，请签名

[打印机的声音]

职员：好了

学生：谢谢
职员：祝您愉快
学生：也祝您愉快

[托福 2000 口语和书面语学术语言语料库]

上例中有以下几个语类标记：*hello* 和 *hi* 是典型的问候语（会话中也用）。*There you go* 是服务接待会话结束前的一个典型的语类标记，职员把收据或顾客购买的商品递给顾客时，一般都会说这句话。此外，在美国的服务接待会话中，*thanks*、*have a good day* 也是典型的结束语。

对服务接待会话的分析说明，有些人际口语体也可以从语类视角加以研究。然而，对于包括会话在内的其他许多口语体来说，程式化的开头和结尾往往是从语类视角分析的唯一切入点。而在其他方面，比如千变万化的互动结构以及与之相对应的语言特征，就都不太适合语类分析。

4.5 结论

并非所有口语体都是人际口语体。然而，即使是缺乏直接互动的口语体，在某种程度上也会受到特定会话者的影响。本章练习 6 将请你探讨一种缺乏直接互动的口语体——课堂教学话语，请分析它与会话在语言特征上的相似程度。

在第 5 章和第 6 章中，我们将描写信息型书面语体，其情景特征和语言特征与人际口语体截然不同。但是，也有一些语体处于这二者之间，如私人信函或电子邮件。它们既是书面的，也是人际的，其语言特征反映了融合的情景特征。有意思的是，在这个意义上许多新兴的"电子语体"都是融合的，如博客和手机短信。我们将在第 7 章讨论这类电子语体。

在本书的其他部分，我们将再次谈及会话的特征，并将其作为描写其他语体显著特征的基准。后面的几章将说明，某些语体在你所能想到的每个方面都与会话不同，而另一些语体无论是情景特征，还是语言特征，都与会话更接近。

第 4 章 练习

思考与复习

1. 本章语篇样本 4.6 摘自高校教师答疑时间会话，请阅读并从中找出一个或更多的具有以下语言特征的例子：

    a. 邻接对　　　　f. 情态动词和半情态动词

    b. 重复　　　　　g. 省略 *that* 的 *that* 补语小句

    c. 自我修正　　　h. 句子关系小句

    d. 缩约　　　　　i. WH 补语小句

    e. 疑问句　　　　j. 定式状语小句

2. 请将 4.4 节中服务接待会话所分析的内容写成一份教案，并将其交给中等英语水平、想用英语成功完成服务接待会话的赴美外国游客。他们需要哪些语类信息？你将为他们准备哪些特殊的语类标记和语体特征？你将如何使用这些信息为游客做好准备（你将如何让他们进行实践）？

准备这节课时，你也可以参考自己的经验。例如，如果你拥有许多异国服务接待会话的经验，那么你也可以用这些经验进行有益的对比。

分析练习

3. 优秀电视情景喜剧的标志之一是对白自然流畅，就好像我们把人们的日常会话拍摄下来一样。然而，电视剧对白和自然的面对面会话之间存在系统的语言差异，这与电视情景喜剧更特殊的环境和交际目的有关。

请思考电视情景喜剧的情景特征：典型的场景是什么？参与者是谁？通常需要描写哪些行为和事件？参与者用语言在做什么？

克瓦里欧（Quaglio 2004）研究了电视情景喜剧的语言。他将电视情景喜剧《老友记》中的对白，与面对面会话语料库中的会话进行了对比。图4.5列举了克瓦里欧的发现：问候/道别、最简反馈项目在《老友记》对白和面对面会话中分布上的差异。请描写图4.5的语言模式，并对这些差异进行功能性解释。

4. 会话有许多下位语体，它们与参与者、参与者之间的关系以及交际目的有关。本书附录部分的练习语篇7—9摘自三种不同类型的会话：家庭成员在私家车里的会话（在去学校的路上）、两位朋友在咖啡厅里的会话以及两位同事工作时的会话。首先请描写这三类会话的情景差异，并找出话题，包括它们关注的焦点是过去的事件、未来的计划，还是正在发生的事件，等等。

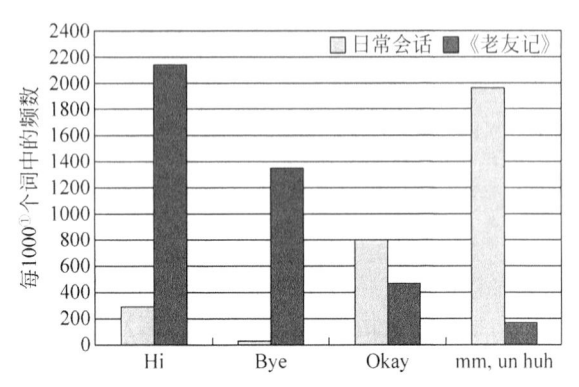

图 4.5 面对面会话与电视情景喜剧《老友记》中常见问候、道别、最简反馈项目的对比

（改编自 Quaglio 2004，图 6.14 和图 7.6）

其次，请对比这三类会话的语言特征，找出每类会话的显著语言特征（例如不完整的话语、话语的长度、最简反馈项目、词语的选择和专业术语的用法、动词的时和体、名词和代词的用法、复杂句法等等）。语言描写要以定量分析为基础。最后，还要参考情景特征对语言模式进行解释。

5. 请留意下周你在至少两个不同地点参与服务接待会话时所使用的语言，包括在杂货店结账、在图书馆还书，或者在饭馆结账。要特别注意那些看起来似乎是固定表达方式的话语（离开服务接待场所后尽快记录这些话语）。这些话语中有没有语体标记或语类标记？请为你的分析提供证据。同时，请对比这些固定表达方式的用法，以便确定哪些表达方式是所有服务

---

① 我们对照 J. 克瓦里欧（Quaglio 2004）中的原图，原图纵坐标轴为"每 100 万个词中的频数"，译文应为"100 万"。——译者

4 人际口语体

接待会话中都有的,哪些是仅用于更具体的服务接待会话中的。

6. 课堂教学话语是人际口语体吗?请通过对本书附录部分的练习语篇 10——一段课堂教学话语片段的分析回答这个问题。该样本摘自美国高校课堂教学话语(大一英语写作课),它完全是独白——只有教师在说话。然而,它揭示了人际口语体的许多情景特征和语言特征。请对比并描写这段课堂教学话语与面对面会话(本章及本书附录部分的练习语篇 7—9 中的会话)中典型的情景特征和语言特征。

选题建议

7. 请仿照前面"分析练习"第 3 题中的研究,对电视剧对白与面对面会话进行对比研究。用网络搜索引擎搜索情景喜剧的转写文本网站。(这样的网站有很多。你可以搜索某部喜剧,如"《欲望都市》转写文本",也可以在某个网站搜索"电视节目转写文本"。)从某个节目中下载 3—4 段转写文本,并进行语言分析,找出其典型的语言特征。(如果你采用语料库分析方法,那么就需要更多的转写文本。)请确定图 4.5 中的语言模式是否适用于这部喜剧,尝试找出互动中其他显著的语言特征。请对观察到的语言模式进行功能性解释。

8. 请使用目前从网上可获得的语料库进行人际口语体研究。以下两个主要的语料库已经开放,并提供了在线研究工具:
- 英国国家语料库(The British National Corpus,简称 BNC):规模为 1 亿词的英国英语口语和书面语体语料库,其中包括一个规模为 500 万词的会话子语料库。在线研究工

具由杨百翰大学的马克·戴维斯（Mark Davies）设计：corpus.byu.edu/bnc

- 当代美国英语语料库（The Corpus of Contemporary American English，简称 COCA）：规模为超过 3.6 亿词的口语和书面语语料库，由杨百翰大学的马克·戴维斯创建。其中的口语部分有电视和广播节目的无稿会话（如《时事纵观》《早安美国》《60 分钟》等），大约有 7600 万词。它是另一种会话，与即时的随意谈话不同，你可以对它进行研究。唯一具有在线研究工具的美国口语大型语料库：www.americancorpus.org。

请分析以上两个语料库中的 2—3 种口语体。计算语言特征的标准化频率，因为不同语体的子语料库规模不同。请解释这些语言特征在分布上的差异。

9. 请将习题 6 中的分析扩展到更具代表性的大学课堂教学语篇样本中，这些样本摘自密歇根学术英语口语语料库（The Michigan Corpus of Academic Spoken English，简称 MICASE）：quod.lib.umich.edu/m/micase/。将你的研究结果与比伯（Biber 2006a）进行对比。

根据你的研究结果，对 2—3 部教材的内容进行评论，这几部教材是英语作为第二语言（ESL）学术讲座听力技能教材。如何将 ESL 教材中实例的语言与课堂教学的真实语言进行对比？教材是否关注那些在课堂教学话语中特别显著的语言特征？作为一名教师，你将为学生提供哪些补充材料或练习？

5　书面语体、语类与风格

5.1　引言

在这一章中，我们将讨论三种常见的普遍的书面语体——报纸体、学术散文体①和小说体。上一章我们讨论了口语体与书面语体，二者的根本区别就在于，后者有时间构思和修改语篇。当然，你也可以选择写一份简短的说明，甚至用很少的时间完成一篇学术论文（你的成绩也许不尽如人意！）。然而与口语不同的是，写作允许你坐下来思考你想说什么，仔细检查并修改文章。正如我们将看到的那样，上述情景特征对书面语体的语言具有重要的影响。而且，作者还可以用构思和修改的时间创造各种类型的语篇，本章还将说明存在于不同书面语体中的某些变异。

许多书面语体共享的主要情景特征就是重在传递信息，而非发展人际关系。当然，因为无可争辩的"事实"极少，所以大多数交际——书面的或口头的——都反映了某些思想观点。而且，书面语体也可以用于人际交往，例如私人信函或电子邮

---

① 散文体指与韵文体相对的无韵文体。——译者

件这类语体就更注重分享个人感情和态度，而非传递信息。然而，许多书面语体——正如本章用于说明的报纸体和学术散文体——对于许多普遍的书面语体来说，读者与作者之间通常并不希望有任何私人关系。实际上，如果某篇新闻报道没有署名，那么你可能永远都不知道它的作者是谁；即便你看到了署名，也不太可能认识作者。同样，作者也不知道你。新闻报道关注的是传递关于这个事件的信息，而非透露作者的个人细节或者读者的个人生活。

在这一章中，我们还将通过对报纸体和学术散文体的分析，进一步说明从不同层次辨识语体的可能性。我们先将报纸体、学术散文体这两种普遍语体与会话体进行对比，然后再讨论它们之间的联系。我们将继续讨论每种语体内部的下位语体的变异——先对比社论和新闻报道，再对比学术研究文章和教材。最后，我们将通过对科研文章内部各部分的交际目的及与之相对应的语言特征差异的考察，在更具体的层次上研究语体差异。

在本章的最后，我们将通过对小说的研究来讨论这种非常独特的语体。与本章所描写的其他书面语体不同，小说的主要目的不是传递信息，而是讲故事；其潜在目的是消遣娱乐或者以娱乐的方式发表对社会的评论。而且，小说体几乎不同于其他所有语体，因为它包含了想象的世界和作者对风格的选择，上述两点比现实世界中的情景特征对小说语言特征的影响更大。因此，我们在研究小说体时，要将风格分析纳入语体分析。

5 书面语体、语类与风格

贯穿本章的所有分析都说明，语体视角有助于解决作者和读者所遇到的理解方面的问题。一方面，信息型书面语体是最重要的、能够帮助师生获取信息并取得成功的语体之一；因此对师生而言，理解书面语体的复杂性是非常重要的。另一方面，对小说的分析，阐释了创造性语篇的语言复杂性，可以提高你在风格目的影响下欣赏语言的水平。

5.2 报纸体和学术散文体的情景特征

在刚开始研究某种语体时，有些显著而重要的情景特征，容易引起我们的关注。然而，正如第 2 章所讨论的那样，语体分析伊始，研究者要尽可能全面地思考情景特征，这将有助于语体研究。为了说明这一点，我们在表 5.1 中归纳了报纸体和学术散文体的主要情景特征，以此说明如何使用第 2 章中的情景分析框架来做最初的情景分析。

当语体的情景特征被全部列出时，语体的某些相似性和差异性通常就变得清晰了。在这里，报纸体和学术散文体的一个显著的相似性就是二者的许多情景特征都是不能确定的。这是因为它们都是普遍的书面语体，许多情景特征的差异出现在更普遍的下位语体中。

例如，请思考报纸体内部下位语体不同的交际目的。社论的交际目的是公开发表观点，并说服读者接受其观点；纯新闻报道不应公开表达观点，而是要尽可能不带偏见地报道事件。

表 5.1　报纸体和学术散文体的情景特征

情景特征	报纸体	学术散文体
I. 参与者		
A. 发话者		
1. 一个 / 多个 / 机构性的 / 身份不明的	可能是一个 / 多个 / 机构性的或身份不明的	通常是一个或多个，有时是机构性的
2. 社会特征	通常是成年记者，但随着下位语体而变化（如任何读者都可以给编辑写信）	通常是经过训练的成年专业人士，但随着下位语体而变化（如可以是学生）
B. 受话者		
1. 一个 / 多个 / 无数	群体（很普遍）	群体（比报业人员更专业，如学术领域的其他专业人士、学生等）
2. 自己 / 他人	他人	他人
C. 旁观者？	不适用	不适用
II. 参与者之间的关系		
A. 互动性	无直接互动	无直接互动
B. 社会角色	多样化	多样化
C. 人际关系	无	无
D. 共享知识	多样化。期待读者了解有关报纸发行地的信息和时事见闻。	多样化
III. 渠道		
A. 方式	书面	书面
B. 特定媒介	纸媒和 / 或在线	纸媒，有些是在线
IV. 生成和理解环境		
A. 生成	有时间构思、修改和编辑（通常有严格的时限），通常有严格的空间限制。	有时间构思、修改和编辑，空间限制程度不同。
B. 理解	取决于读者——仔细阅读或浏览；有机会重新阅读	通常仔细阅读，但也可浏览；有机会重新阅读

续表

情景特征	报纸体	学术散文体
V. 场景		
A. 参与者是否共享时空?	虽没有物理上共享的时空,但期待读者在报纸发行的当天读到	不共享时空
B. 交际地点		
1. 私密的/公开的	公开的(可供他人查看)	公开的(可供他人查看)
2. 特定场景	通常与特定城市有关;也可在更大范围内阅读;某些文章可能发自通讯社,无特定场景	无特定场景
C. 时期	当代的(在本研究中)	当代的(在本研究中)
VI. 交际目的		
A. 普遍目的	信息型——报道事件;某些文章夹带分析	信息型——告知和解释/说明
B. 特定目的	在报道和信息目的上有差异(如新闻报道是告知每日事件,喜闻乐见的故事也许是为了娱乐,社论是为了劝说)	在信息和解释上有差异(如科研文章是为了介绍新成果,教材是为初学者解释信息)
C. 真实性	客观的真实报道	解释事实的论文
D. 立场的表达	多样化,不期待公开表达(除了社论)	多样化,通常不公开表达
VII. 话题		
A. 普遍的话题	在许多领域新近发生的、有新闻价值的事件;因报纸版面不同而不同	多样化
B. 特定的话题	多样化	多样化

虽然科研文章和教材都属于学术散文体,二者有许多相似之处,但是它们的交际目的并不相同,而且,作者和读者之间的关系也不相同。在学术期刊上发表的科研文章必须介绍新的研究成果,并使读者相信其可靠性及对该课题已有的研究的意

义；读者需要具有该研究领域的专业背景，因此他们与作者的地位相对平等。而教材的目的是为某个领域的初学者解释概念，作者拥有更多该领域的背景知识，也比读者更有权威。

此外，某些情景特征还因个人情况的不同而不同。例如，某位读者可能快速浏览报纸或学术文章，而另一位读者读同一篇文章也许就很仔细。作者和编辑都知道有这两类读者存在，语言特征要同时满足这两类读者的需求。

当然，在报纸体和学术散文体这两种普遍的语体中，还有其他情景特征可以确定，表5.1显示了这两种语体在情景特征方面的几个相似之处。例如，报纸体和学术散文体的第一个相似之处是，它们都符合书面语的典型生成环境和理解环境。作者有构思、修改和编辑的时间。新闻报道即使有严格的时限，记者也比会话参与者有更多的时间构思和修改。而读者也有反复阅读他们所关心的、经过反复修改的文章的机会。

报纸体和学术散文体的第二个相似之处是读者和作者之间并没有直接的联系。他们没有人际关系，没有直接互动，不共享同一场景（除了人们在报纸发行的城市阅读当天的报纸外）。

报纸体和学术散文体的第三个重要的相似之处是关注语体的交际目的。报纸体和学术散文体都有传递信息的目的（与之相反的，例如以娱乐为目的的悬疑小说）。内容一般是事实，而非想象，通常也没有对公开表达立场的期待（除上文提到的社论外）。

同时，报纸体和学术散文体这两种普遍的语体，在情景特征上也存在某些显著的差异，其中之一就是特定的交际目的不

5 书面语体、语类与风格

同。报纸上的新闻报道叙述事件,描述发生了什么事情,并不提供解释;而报纸上的分析/解释性文章与新闻报道的区别非常清楚,它们通常是贴有"新闻分析"标签的文章;公开发表意见的社论在报纸上则设有专门的版面。相比较而言,所有的学术书面语体都有进一步阐释的预期,而并不仅仅是叙述事件。它们都需要解释和阐释所介绍的信息——无论是教材,还是科研文章。

报纸体和学术散文体的情景差异还体现在话题领域上。尽管它们的特定话题是多种多样的,但是总的来看,报纸体总是关注新近发生的、有新闻价值的事件。即使是历史事件,也是与该事件的周年纪念日、幸存者或持续影响相联系的。而对于学术书面语体来说,指定某个话题焦点则是不可能的。不同学科——历史、生物、医学、数学等——都有不同的焦点,对当前相关性的关注与否,取决于更具体的语体(如科研文章必须明确其现实意义,而阐释历史发展的教材则不一定)。

5.3 报纸体和学术散文体的语言特征

本节将考察报纸体和学术散文体典型的语言特征,并将其与上一节所讨论的情景特征相联系。我们先将报纸体和学术散文体这两种普遍的书面语体与典型的口语体——会话(第 4 章曾讨论过)进行对比,然后再对比报纸体和学术散文体。

5.3.1 书面语体与会话体的对比

表 5.2 提供了报纸体和学术散文体中 15 个典型的语言特征

的概况。在你自己的研究中，也可以对每种语体中的少量语篇进行频数统计。这里的描写是建立在对这两种语体的大规模语料库分析的基础之上的。当然，我们也可以把许多其他语言特征纳入研究中来。我们以这 15 个语言特征为例，说明一系列不同类型的语言特征。

表 5.2 所选语言特征在报纸体和学术散文体这两种普遍的书面语体中的分布情况[①]

（根据 Biber 1988, Biber et al. 1999, Conrad 1996, Conrad 2001 的研究）

语言特征	报纸体	学术散文体	会话体
1. 名词性特征			
名词	很常见，甚至比学术散文体更常见	很常见	不太常见
名物化	常见	极常见，特别是 -tion	罕见
名词后的介词短语	常见	极常见	不太常见
作定语的形容词	常见	极常见	不太常见
用作名词前置修饰语的名词	极常见	常见	罕见
人称代词	略多于学术散文体，并不常见	罕见	极常见
2. 动词特征			
现在时	比学术散文体少见；略多于过去时	比报纸体常见；比过去时更常见	很常见
过去时	比学术散文体更常见；略多于会话	罕见	不常见

[①] 表 5.2 是报纸体和学术散文体这两种普遍的书面语体与典型的口语体——会话体的对比。——译者

5 书面语体、语类与风格

续表

语言特征	报纸体	学术散文体	会话体
情态动词	不常见；略少于学术散文体；will 和 would 最常见	不常见；略多于报纸体；can 和 may 最常见	比报纸体或学术散文体常见（约占所有定式动词短语的15%）
被动语态	约占所有定式动词的15%	比报纸体更常见，约占所有定式动词短语的25%	罕见
3. 环境状语：时间和地点状语	时间状语最常见；地点状语常见	时间和地点状语都罕见	时间和地点状语都常见
4. 连接状语	罕见	很常见	so 和 then 很常见
5. 其他特征			
句子结构	标准句法	标准句法	许多断裂的小句，不完整的话语等
疑问句	罕见	罕见	很常见
型 – 例比	高于学术散文体	高于会话体	最低

快速浏览表 5.2 后可知，名词性特征是这两种书面语体区别于会话体的最显著的特征之一。所有这些特征都与名词短语有关——名词、名词前置修饰语（即其他名词和作定语的形容词）、名词后置修饰语（如介词短语和过去分词小句）——它们在书面语体中更常见。与书面语体相比，会话体中的人称代词和大多数动词短语（如现在时态和情态动词）

更常见。

语篇样本 5.1 和 5.2 说明了信息型文章中常见的复杂名词短语的类型。语篇样本 5.1 摘自餐饮服务教材，5.2 摘自报纸上的一篇关于啤酒的文章。

Text 5.1　Academic prose – textbook about foodservice
What people expect

　　Diners walking into a commercial facility for the first time bring with them a number of expectations. They expect good, safe food, clean surroundings, and pleasant service. Together these elements make up a pleasant dining experience.

　　It is a challenge to managers of commercial and noncommercial establishments to direct a number of activities at once, including employee training and management; and the purchasing, preparation, and service of food. Foodservice managers generally expect to meet the diners' expectations. Managers *assume* that they are going to provide good, safe food in clean surroundings with friendly service. This assumption, especially regarding safe food and clean surroundings, should be based not only on a foundation of goodwill and good intentions, but on a sound understanding of sanitary policies and procedures.

　　[Educational Foundation of the National Restaurant Foundation, *Applied Food service Sanitation* (4th edn.; Dubuque, IA: Kendall/Hunt Publishing Company, 1995), 3–4]

5　书面语体、语类与风格

语篇 5.1　学术散文体——餐饮服务教材
人们的期望

用餐者第一次走进一家餐馆时，都带着些许期待，他们期待安全可口的食物、卫生的环境和令人愉悦的服务。这些要素共同构成了愉快的就餐体验。

对于营利性和非营利性餐饮公司的管理者来说，同时指导多项活动是一个非常艰巨的任务，包括员工的培训和管理、食材的采购和准备以及餐饮服务。餐饮服务管理者通常希望能够满足用餐者的要求。管理者认为他们将以友好的服务态度提供卫生的就餐环境和美味、安全的食物。这种设想，特别是关于食物安全和环境卫生的理念，不仅建立在声誉和良知的基础上，还建立在对卫生政策和规程的充分理解上。

［国家餐饮协会教育基金会，《应用餐饮服务卫生》(第4版；衣阿华州迪比克：肯达尔/亨特出版公司，1995，3—4)］

Text 5.2　Newspaper – story about harvesting hops
A peak beer experience

It's hop harvest – time to revel in the fleeing season of fresh-hop beer

The 20-foot-tall vines are mostly harvested now, hacked down and denuded during several weeks of 'round-the-clock bustle [...]

Most hops are dried and pressed after pickling so they can be baled for use through the year. Some are frozen; some are processed into dry pellets; some are distilled into essential oils. So fresh-from-the-vine hops are a fleeting thing available only during the hop harvest, and brewers are taking full advantage with a round of beers and parties to celebrate dear old *Humulus lupulin*.

It seems a curious object of veneration, this sticky, weedlike cousin of cannabis that grows inches a day during high summer. Its cones are used for nearly nothing but the preservation of beer and giving it varying degrees of bitterness, tasks for which they are uncannily perfect – far better than the witches' brews of herbs and spices that brewers used in the centuries before hops became the standard. Without hops in the mix, beer would be a sweet grainy gruel where bad bugs would thrive.

[A peak beer experience. *The Oregonian*, September 25, 2007, p. FD1&7.]

语篇 5.2　报纸体 —— 关于收获啤酒花的故事
啤酒花节的狂欢体验

现在是啤酒花丰收的季节——也是陶醉在新鲜啤酒中的短暂时光。

在人们连续几周不分昼夜地收割、剥离之后，20 英尺高的啤酒花藤现在已基本收割完毕 [……]

大多数啤酒花在腌制后，还需要烘干和压制，以便打包，供全年之用。有些啤酒花被冷冻起来；有些被加工成干的颗粒；还有一些被蒸馏成精油。所以新鲜啤酒花是仅在收获季节才有

5 书面语体、语类与风格

的、时令性很强的东西，酿酒人充分利用啤酒季举办聚会来庆祝亲爱而古老的啤酒花苦味素。

这似乎是一种奇特的植物崇拜，啤酒花是大麻的近亲，黏黏的，长得像野草一般。盛夏时一天可以长好几英寸。啤酒花的球果并没有什么用处，只能用于啤酒保鲜，并使啤酒具有不同程度的苦味，它们将这项工作完成得惊人完美——远比在啤酒花的标准做法之前的几个世纪中，女巫用草药和香料酿造的啤酒要好得多。如果没有掺入啤酒花，啤酒就会变成一种大量有害细菌繁殖的粒状甜粥。

[啤酒花节的狂欢体验。《俄勒冈报》，2007年9月25日，第1版和第7版。]

这两个语篇片段中都有长句，它们常常只有一个定式动词，却有许多名词，因此名词的频率比动词高许多。例如，教材样本中的第一个句子共有17个词，其中，有1个主要动词（*bring*）和5个名词（*diners*、*facility*、*time*、*number*、*expectations*）。虽然在报纸文章样本的开头部分，动词出现的频率较高，但是在第三段的第一个句子中，主句和关系小句里都只有1个动词（*seems*和*grows*），而名词却有7个（*object*、*veneration*、*cousin*、*cannabis*、*inches*、*day*、*summer*）。

而且，因为这两个语篇中的名词都倾向于受形容词和介词短语的修饰，因此名词的所指都是特定的。例如，教材样本中的"managers"不是泛指，而是特指 *managers of commercial and noncommercial establishments*。该样本中的"understanding"是指 *a sound understanding of sanitary policies and procedures*。

193

报纸文章样本中提到了 *fresh-from-the-vine* hops, *a curious object of veneration*, *this sticky, weedlike cousin of cannabis*……相比较而言，第 4 章中的分析表明会话参与者频繁地使用代词和其他模糊的表达方式，而这需要依靠物理语境确定具体所指。

显而易见，上述语言特征与信息型文章、会话在交际目的，生成/理解环境，物理场景上的差异有关。报纸体与学术散文体都有普遍的传递信息的目的，而且作者都有充裕的时间构思、修改、编辑语言。向读者传达某个特定的话题需要使用准确的名词短语，充裕的时间使得作者能够构思出名词短语高频出现的语篇，而且他们也知道读者有时间来消化。此外，这些特定的名词短语有助于辨识教材中的精确概念——例如，*employee training and management*; *the purchasing, preparation, and service of food*; *sanitary policies and procedures*。在那篇报纸文章中，名词短语用来指称与该话题（啤酒花）相关的多种事物：*dry pellets*、*essential oils*、*hop harvest*、*brewers*、*cones* 等。相比较而言，会话的生成和理解却是即时的，采用的方式是面对面的人际交流，参与者共享个人信息，用于发展人际关系。会话体中的名词短语较短是因为会话的交际焦点——在 *you* 和 *I*——以及参与者共享同一时空。

其他几个语言特征则与书面语体、口语体的交际目的和生成环境有关。学术散文体和报纸体这两种书面语体都具有较高的"型/例比"：这是一种测量某个语篇中不同类型词语使用情况的方法。该特征表现为：用各种修饰语表现名词短语的精确性、名词短语指称精确的必要性、话题引发的多样性。书面语篇句法完整、规范，这是因为有生成和编辑语篇的时间。

总之，会话和信息型文章的主要语言差异，与其主要的情景差异相关。同时，报纸体和学术散文体这两种信息型书面语体之间也存在一些非常有趣的语言差异。我们将在下一小节讨论这些内容。

5.3.2　报纸体和学术散文体的对比

虽然在与会话体对比时，报纸体和学术散文体看起来非常相似，但是它们之间也存在着一些有趣的语言差异，并且这些差异都与情景差异相联系。报纸体和学术散文体有两大情景差异，即特定的交际目的和话题。我们在 5.2 节中曾说过，报纸体更关注新近发生的、具有新闻价值的事件，重在单纯报道；相反，学术散文体则有分析和解释的预期，而不仅仅是报告。语言特征与这些情景差异清晰的对应关系，鲜明地表现在现在和过去时动词、环境状语以及连接状语的使用上（参见表5.2）。

在学术散文体中，现在时动词用得比过去时动词要多很多；而在报纸体中，这两种时态的动词出现的频率不相上下。至于环境状语，报纸体中的时间状语比其他状语要多，而且地点状语和过程状语也很常见。而在学术散文体中，地点状语和时间状语都不常见。

报纸重在报道新近发生的事件，这显然影响着对动词时态和状语的选择。例如报纸体通常使用过去时动词叙述最近发生的事件。语篇样本 5.3 摘自头条新闻，这是关于一个男人遇到一条响尾蛇的故事，说明过去时可用于叙述系列事件。时间状语进一步说明事件的发生顺序，例如 *in early August*、*three weeks afterward* 和 *a short time later*。因为发行者期待读者在报纸发行的当天（某个周三）读到这篇文章，所以 *Tuesday* 这类时间状语有助于读者对事件的理解。最后，事件的物理场景由 *off the highway near Maupin* 这类地点状语来交代。

Text Sample 5.3　　Newspaper article

In early August, snake collector Matt Wilkinson of Southeast Portland grabbed a 20-inch rattler off the highway near Maupin.

Three weeks afterward, in a show of daring for an ex-girlfriend, Wilkinson stuck the snake in his mouth.

A short time later, he was near death with a tongue swollen to the point it blocked his throat when emergency room and trauma surgeons at OHSU Hospital saved his life.

The 23-year-old became a celebrity of sorts Tuesday when broadcast and cable news all over the country learned about his story. On the phone, still out of sorts with sore muscles and nerves from the venom, he sounded circumspect.

[*The Oregonian*, Wednesday September 19, 2007, p. D1.]

语篇样本 5.3　　报纸文章

八月初，波特兰东南部的捕蛇者曼特·威尔金森在莫平附近的高速路旁捕到了一条 20 英寸的响尾蛇。

三周之后，为了向前女友示勇，威尔金森将蛇放到了嘴里。

很快，他濒临死亡，当俄勒冈卫生科技大学医院急诊室和

5 书面语体、语类与风格

创伤外科的医生抢救他时,肿胀的舌头已堵住了他的喉咙。

周二,全国广播和有线新闻报道了威尔金森的故事,23 岁的他成了明星。在电话里,他很谨慎,因毒液引起的肌肉酸疼和神经的不适仍未消失。

[《俄勒冈报》,2007 年 9 月 19 日星期三,D1 版]

很容易明白的是,为什么语篇样本 5.3 在复述事件时没有使用连接状语。事件的先后顺序可以使读者推断出因果关系。读者可以理解当捕蛇者把蛇放到嘴里时,他被蛇咬了,并且创伤导致了他的喉咙和舌头肿胀。因此,作者没有必要使用 *consequently*、*therefore* 或 *as a result* 这样的连接状语来表明上下文的关系。

现在时动词在报纸文章中也很常见,因为报纸文章叙述的是新近发生的事件,例如,语篇样本 5.4 讨论了一项鸟类保护计划。在开头的几段中,每个主要动词都用了现在时(*has come up with*、*lays*、*like*、*are*、*wander*、*relies* 等等)。在这个样本中,新闻报道说明了有关鸟类的实际情况,并叙述了当前的计划,然而,该样本在介绍背景信息时使用了过去时(如 *the plover was listed as threatened*)。

Text Sample 5.4 Newspaper – news report about a bird protection program

Education is big part of plover protection

Recovery | Private and government groups will warn beach visitors that nests may be underfoot

---

197

By Patrick O'Neill

The Oregonian

The federal government has come up with a way to protect a tiny beach-dwelling bird that lays its eggs in areas where people like to play Frisbee.

At less than 2 ounces, western snowy plovers are no match for the increasing number of humans who wander through their nesting grounds without ever realizing the nests are there.

The plan, released Monday by the U.S. Fish and Wildlife Service, relies heavily on cooperative efforts between private organizations and government agencies to help the birds. Because the plover shares the beach with people, the plan uses a large public education component.

[...]

Laura Todd, field supervisor for the Newport office of the Fish and Wildlife Service, said the number of plovers has grown from about 50 along the Oregon and Washington coasts in the early 1990s to about 104 plovers in Oregon and 60 in Washington in 2005. The plover was listed as threatened in 1993 under the federal Endangered Species Act.

[*The Oregonian*, Tuesday September 25, 2007, p. B1]

5 书面语体、语类与风格

语篇样本 5.4　报纸体——关于鸟类保护计划的新闻报道
教育是保护雪鸻的一大举措
失而复得：私人和政府团体提醒沙滩游客当心脚下的鸟巢

帕特里克·奥尼尔

《俄勒冈报》

联邦政府提出了一项计划，旨在保护一种极小的生活在海滩的鸟类，它们常常将蛋下在人们喜欢玩飞盘的地方。

体重不足两盎司的西部雪鸻，敌不过越来越多的、穿梭于其筑巢地的人，那些人从未意识到巢穴就在那里。

这项计划，由美国鱼类和野生动物服务机构在周一发布，在很大程度上依赖于私人组织和政府机构的合作来救助鸟类。因为雪鸻与人类共享沙滩，所以该计划采用大型公共教育来实施。

［……］

劳拉·托德是鱼类和野生生物服务机构纽波特办公室的现场主管。她说，20 世纪 90 年代初期，俄勒冈州和华盛顿州沿岸只有 50 只雪鸻，在 2005 年，俄勒冈州的雪鸻已增长至 104 只，华盛顿州增长至 60 只。1993 年，在《联邦濒危物种法案》中，雪鸻被列为濒危动物。

［《俄勒冈报》，2007 年 9 月 25 日星期二，B1 版］

与样本 5.4 中的报纸文章相类似，学术散文体通常关注的也是具有持续相关性的事实。语篇样本 5.5 说明了这一点。它摘自一篇科研文章的引言部分，和样本 5.4 中的报纸文章一样，讨论的也是这种鸟。在语篇样本 5.5 中，所有信息都用现在时（*is widely believed, include* 等）传递，以此告诉读者关于鸟类繁殖的最新知识。

Text Sample 5.5　Academic prose – research article about breeding of birds

Long-distance breeding dispersal of snowy plovers in western North America

Lynne E. Stenzel, Jane C. Warriner, John S. Warriner, Katherine S. Wilson, Frances C. Bidstrup and Gary W. Page

Introduction

Breeding site tenacity is widely believed to be characteristic of most species of birds that depend on relatively stable resources. Potential advantages include intimate familiarity with the food resources and habitat characteristics of a site, the latter possibly beneficial for birds seeking refuge from predators or defending sites in intraspecific conflicts (Hinde 1956; Harvey, Greenwood & Perrins 1979; Greenwood 1980; Horn 1983). Recognized benefits of dispersal, even in stable environments, include increased gene flow, increased access to potential mates, and reduced competition with relatives or conspecific (Hamilton & May 1977; Greenwood 1980). Dispersal theoretically has been shown to be of additional benefit in temporally variable habitats (Roff 1975), as exemplified in the extreme by the movements of nomadic species (Andersson 1980). Sex bias with respect to breeding dispersal is a well recognized phenomenon (reviewed in Greenwood 1980, 1983). [...]

[*Journal of Animal Ecology* 63, 1994: 887–902]

5　书面语体、语类与风格

语篇样本 5.5　学术散文体——关于鸟类繁殖的科研文章

雪鸽在北美西部的长距离繁殖扩散

琳恩·E.斯滕泽尔，简·C.沃里纳，约翰·S.沃里纳，凯瑟琳·S.威尔逊，弗朗西斯·C.比斯特鲁普，加里·W.佩奇

引言

人们普遍认为，大多数具有相对稳定食物来源的鸟类都有固定的繁殖场所。其潜在优势包括对食物来源和栖息地特点的熟悉度，后者有利于鸟类躲避猎食者或在种内冲突时保护繁殖场所（欣德1956；哈维、格林伍德和佩林斯1979；格林伍德1980；霍恩1983）。公认的繁殖扩散的益处包括增加基因流、增加潜在的配偶接触的机会，以及减少亲缘或同种竞争，即便在稳定的环境中亦如是（汉密尔顿和梅1977；格林伍德1980）。理论上已经证明暂时可变的栖息地还有其他益处（罗夫1975），正如流动物种迁徙的极端例子（安德森1980）。繁殖扩散中的性别偏见是一个公认的现象（格林伍德1980，1983中的综述）。[……]

[《动物生态学杂志》第63期，1994：887—902]

摘自餐饮服务教材的样本5.1也使用了现在时，因为作者讨论的是食品卫生的普遍问题，而不是某个具体的案例（如报纸文章中的报道）。

对于学术散文体的普遍（有时是抽象的）模式和概念的讨论，与其不同于报纸体的另一个语言特征有关：学术散文体倾向于名物化的高频出现。例如在样本5.5学术散文的引言部分

讨论了 *breeding site tenacity*、*familiarity* 和 *benefits of dispersal* 之类的概念。如果这些概念没有用名物化表示（即用动词或形容词），那么语篇的焦点就会改变。请思考我们对这篇科研文章开头部分句子的改写：

> Most species of birds that depend on relatively stable resources are tenacious about breeding sites. They may have an advantage when they are familiar with food resources... When the birds disperse, they benefit from increased gene flow...

> 大多数具有相对稳定食物来源的鸟类都有固定的繁殖场所。当它们熟悉了食物来源时，也许就具有了优势……当鸟类扩散时，它们受益于增加的基因流……

在这些改写的句子中，作为语法主语的"birds"成了语篇的话题，引言介绍的不再是普遍概念。与此类似的是，餐饮服务教材语篇样本 5.1 也讨论了概念 *management*、*expectations* 和 *intentions*。然而，整部教材的焦点是 *foodservice sanitation*——一个普遍概念，而不是某个具体行为。

由于人们对学术散文体有着展开论证而非简单地报告事件的期待，所以连接状语在学术散文体中更常见。学术语篇不仅要报告数据，而且要做出解释，并得出结论。例如，语篇样本 5.6 摘自一篇关于动物繁殖的文章，这是一个关于老鼠（加州白足鼠）的案例。该样本摘自其中的讨论部分，作者在这里将自己的研究结果与以往的研究进行了比较。

5 书面语体、语类与风格

> **Text Sample 5.6 Academic prose – research article discussion section**
>
> [linking adverbials in **bold**]
>
> ...**However**, their field data from nine females indicate an average of 1.8 litters per season (McCabe and Blanchard 1950; p. 118). Number of litters per breeding season does not appear to vary considerably among Peromyscus, but **rather** the days between litters correlates positively with length of breeding season (Millar 1989). The primary breeding season in this study was around 8 months long (Fig. 1a and b) and average interbirth interval within a season was 60.3 days. **In contrast**, interbirth intervals for other Peromyscus species range from 25 to 30 days... Data from P. Californicus **thus** agree with the general trend... There was, **however**, considerable variation in interbirth intervals...
>
> [D. O. Ribble, Lifetime reproductive success and its correlates in the monogamous rodent, Peromyscus Californicus. *Journal of Animal Ecology* 61 (1992): 457–468, p. 466]

语篇样本 5.6 学术散文体——科研文章的讨论部分
［英文语篇样本中，连接状语用粗体标出］
……然而，对9只雌鼠的野外调查数据表明，在每个繁殖期，它们平均产下幼崽1.8窝（麦凯布和布兰查德1950；第118页）。白足鼠的产崽数量在每个繁殖期似乎波动不大，而

且每次产崽的间隔时间与繁殖期的长度呈正相关（米勒1989）。本研究中的主要繁殖期长约8个月（图1a和b），平均生育间隔时间为60.3天……相比较而言，其他白足鼠类的生育间隔时间为25至30天……因此，虽然加州白足鼠的数据与一般趋势一致……但在生育间隔时间上存在很大差异……

［D. O. 里布尔，单配啮齿类动物加州白足鼠繁殖有效期的繁殖成效及其相关性。《动物生态学杂志》第61期（1992）：457—468，466页］

作者无论是进行对比（*however*、*rather*、*in contrast*），还是总结综述的重要性（*thus*），都反复使用连接词作为标记。

用于识别信息来源方法的不同是这两种书面语体的另一个区别，这是认知立场的一个方面。科研文章都有参考文献，作者的名字和出版日期也都写在括号内，例如语篇样本5.6中的（*McCabe and Blanchard 1950*）和（*Millar 1989*）。然而，报纸文章的信息来源则可以不必那么精确。虽然有些文章（如语篇样本5.4）提到了某个特定的人，如"劳拉·托德是鱼类和野生生物服务机构纽波特办公室的现场主管，她说……"，但更常见的是，报纸文章使用短语 *according to* 模糊地表示信息来源。报纸文章中的信息可以有多种来源，包括一些文件、组织或不愿意透露姓名的人：

   according to court documents

   according to a government report

   according to a source close to the case

   according to diplomatic sources

according to the Criminal Justice Institute

according to the army

[all from AP wire stories]

据法院文件

据政府报告

据了解该案的人士透露

据外交官说

据刑事司法机构称

据军方透露

[均来自美国联合通讯社有线新闻]

最后，被动语态在学术散文体中的高频使用也是一个很有意思的问题，因为它如此地为人诟病。一些批评家声称，被动语态的使用仅仅是为了看起来客观，并使科学实践与人为因素保持距离（请比较 No significant differences were found 和 We found no significant differences）。而在许多领域中使用被动语态报告研究成果是很常见的，一些功能因素也影响着被动语态的选择。甚至对被动语态某些功能的简要分析也表明，"避免使用被动语态"的普遍建议对学生来说是一种误导。

在许多使用被动语态的案例中，主动语态动词的主语只是一个含糊的研究小组，也许是 The members of our research team who did the statistical analysis found no significant differences. 在这些案例中，被动语态 no significant differences were found 的表达更经济，并且负载的信息也同样丰富。

更重要的是，被动语态允许概念和事物（而非人）作句子的语法主语，使得话题更清晰。这不仅对科研文章很重要，而且对餐饮服务类教材的建议部分也很重要。我们来看摘自餐饮服务教材（语篇样本 5.7）中的一条建议：

> **Text Sample 5.7　Foodservice textbook**
>
> Meats, poultry, and finfish *should be checked* for color, texture, and temperature on delivery. Live molluscan shellfish and crustacea *must be delivered* alive or properly packed fresh or frozen. Produce must be fresh and wholesome. Milk, eggs and other dairy products *must be checked* for temperature and freshness. (p. 114)

语篇样本 5.7　餐饮服务教材

交货付款时，肉类、禽类和鱼类食材的颜色、质感和温度应该检查。活的软体贝类和甲壳类食材一定要运活的，或者有保鲜包装的，或者冷冻的。农产品必须新鲜并合乎卫生要求。牛奶、蛋和其他乳制品的温度和新鲜程度必须检查。（第 114 页）

在这个段落中，每句的开头都是讨论的对象，这样就可以忽略与施事无关的信息。如果使用主动语态，那么上述句子将被改写为：

> Whoever receives a delivery should check meats, poultry and finfish for color, texture and temperature. When someone delivers molluscan shellfish and crustacea, they must be alive...

收货人应该检查肉类、禽类和鱼类食材的颜色、质感和温度。当送货人运送软体贝类和甲壳类动物时,它们必须是活的……

在这种情况下,读者难以快速浏览改写为主动语态的句子,难以通过查看每个句子的主语领会要点。学术文章的作者对被动语态的偏好,往往是因为它使费解的结构变得清晰。

虽然报纸中被动语态出现的频率较低,但是它同样具有与学术散文体相同的功能。在许多情况下,施事是显而易见的、无关的,或者根本不知道的。在下例a中,众所周知,"警察"就是逮捕嫌疑犯的施事;而下例b中,人们根本不知道究竟谁偷了卡车:

a. The suspect *was arrested* after...

b. The truck *was stolen* Monday and still was missing Wednesday.

[AP stories]

a. ……之后,嫌疑犯被逮捕。

b. 周一卡车被盗,周三仍未找到。

[美国联合通讯社报道]

在以上两例中,如果指明施事,那么就会使话语的要点——嫌疑犯和卡车变模糊。

然而,对于将施事及其行为作为报道重点的报纸文章来说,主动语态则是首选。例如,语篇样本5.3中关于被蛇咬伤的报道和语篇样本5.4中关于繁殖期鸟类保护计划的报道,就都没有使用被动语态。因此,从整体上看,被动语态在报纸体中出现的频率低于学术散文体。

5.4 普遍语体内部的变异

我们在 5.2 节中曾说过,在报纸体和学术散文体这两种普遍的书面语体中,还包括几种下位语体。例如报纸体中有"新闻分析"、体育报道、社论、读者来信、影评以及餐厅美食评论等标签的文章。这些下位语体之间的区别就在于特定的交际目的并不相同,由此我们可以预测出与其相对应的语言差异。在下面几个小节中,我们将提供下位语体内部语言变异的两个例子:新闻报道与社论(普遍的报纸体内),科研文章与教材(普遍的学术散文体内)。

5.4.1 新闻报道与社论

在最基本的新闻报道中,可预期的是作者不会公开地陈述对某个问题的看法。然而,社论的特定交际目的是阐明并论证自己的观点。请思考下面摘自社论的语篇样本 5.8:

Text Sample 5.8　Editorials

A. ... something needs to be done. Here's one suggestion.

Gov. Ted Kulongoski should pick up the phone today and offer DHS director Bruce Goldberg a simple reminder...

[*The Oregonian*, October 1, 2007, p. E4]

B. If any good can come from the incident in which U.S. security contractors are alleged to have killed at least eight Iraqi

---

civilians, it's that it focuses attention on a largely unseen facet of the war. While debate in this country has focused on diplomatic initiatives and the role of the military, the largest component of the U.S. presence in Iraq is a privately employed army of cooks, technicians and gun-carrying security guards who, in some cases, operate with minimal insight...

If the United States is truly interested in cultivating what President Bush calls "a free nation that can govern itself, sustain itself and defend itself" in Iraq, it can start by making its contractors accountable. It can take steps to ensure that contractors operate under the same rules of engagement as military forces.

And it can help root out contractors who undo diplomacy by firing their weapons too freely.

[*The Oregonian*, September 19, 2007, p. D6]

C. Beginning soon, though, the bureau's 9-1-1 operators will put callers who don't have true emergencies on hold while screening the next call. In the long term, this change could be lifesaving. In the short term, it may mean that 9-1-1 operators don't sound as polite as usual.

The operators shouldn't use it as an excuse to amp up the rudeness, though. This is still Oregon. There's still room for a little politeness, even when a house is on fire.

[*The Oregonian*, September 19, 2007, p. D6]

语篇样本 5.8 社论

A. ……需要做些什么。这里有一个建议。

今天政府官员特德·库隆戈斯基要拿起电话,给国土安全部的主管布鲁斯·戈德堡一个简单的提示……

[《俄勒冈报》,2007年10月1日,E4版]

B. 如果说这场美国雇佣军涉嫌杀死至少八名伊拉克平民的骚乱有什么意义的话,那就是使人们关注战争不为人注意的一面。美国国内的争论关注的是外交政策和军事作用,而驻伊拉克的美军大多是由厨师、技师和携带枪支的保安组成的私人雇佣军,有时候,他们的行动缺乏洞察力……

如果美国真有兴趣把伊拉克培养成布什总统所说的"一个可以自治、自给和自保的自由国家"的话,那么美国就可以让其雇佣军负责。美国可以采取措施确保雇佣军的行动与正规军一样,受相同行动规则的约束。

而这有助于彻底根除随意开枪、破坏外交规则的雇佣军。

[《俄勒冈报》,2007年9月19日,D6版]

C. 该局911的接线员虽然起初会让并没有真正紧急情况的人等待通话,同时筛选下一个电话;但是从长远来看,这样做却是可以救命的。就眼前来说,这可能意味着911接线员听起来不像平时那么有礼貌。

接线员不应以此为借口而放任粗鲁,然而俄勒冈依旧是这样。其实,即使是在房屋着火时,也还是有表示礼貌的空间的。

[《俄勒冈报》,2007年9月19日,D6版]

5 书面语体、语类与风格

　　以上社论样本都明白无误地陈述观点，评价所发生的事件，并提出建议。作者用特定的语言特征来实现上述功能。例如，与典型的新闻报道相比，社论频繁地使用情态动词。其中许多都是指令语，告诉人们怎样做才最好。如样本 A 和 C 所示，社论常用情态动词 *should*：

　　　Gov. Ted Kulongoski *should* pick up the phone...

　　　The operators *shouldn't* use it as an excuse to amp up the rudeness...

　　　政府官员特德·库隆戈斯基要拿起电话……

　　　接线员不应以此为借口而放任粗鲁……

其他情态动词用来表明所建议的行为，如下面例子中的 *can*：

　　　... it *can* start by making its contractors accountable. It *can* take steps to ensure...

　　　……美国就可以让其雇佣军负责。美国可以采取措施确保……

由于许多社论描写的是未来事件或未来可能出现的结果，因此情态动词也用来表示预测：

　　　Beginning soon, though, the bureau's 9-1-1 operators *will* put callers who don't have true emergencies on hold...

　　　...it *may* mean that 9-1-1 operators don't sound as polite as usual.

　　　该局911的接线员虽然起初会让并没有真正紧急情况的人等待通话……

　　　……这可能意味着911接线员听起来不像平时那么有

礼貌。

社论倾向于高频使用条件句来讨论假设的情形（常与情态动词连用），用于预测事件中的特定行为是否能够实施：

If the FCC were to reimpose the Fairness Doctrine, talk radio *would* no longer be part of the GOP base. [C2007 Los Angeles Times – reprinted *The Oregonian*, October 8, 2007, p. C4. Behind all the talk about talk.]

如果美国联邦通讯委员会再次实行公平原则，那么电台听众热线节目将不再是共和党的大本营。[C2007年《洛杉矶时报》——《俄勒冈报·脱口秀背后的脱口秀》重印版，2007年10月8日，C4版。]

社论公开发表言论，新闻报道则与之相反。请思考语篇样本5.9中的新闻报道（所报道的事件与语篇样本5.8-B相同）：

Text Sample 5.9　Newspaper report

Employees of Blackwater USA have engaged in nearly 200 shootings in Iraq since 2005, in the majority of cases firing their weapons from moving vehicles without stopping to count the dead or assist the wounded, according to a new report from Congress.

In at least two cases, Blackwater paid victims' family members who complained, and they sought to cover up other episodes, the congressional report said.

[*The Oregonian*, October 2, 2007, p. A1]

语篇样本 5.9　新闻报道

据国会最新报告，自 2005 年以来，美国黑水公司的雇佣军在伊拉克已参与了大约 200 次枪击事件，大多数情况下他们在行进的车上扫射，并没有停下来查看死者的人数或者救助伤者。

国会报告称，黑水公司至少赔偿了两例控告他们的受害者家属，该公司试图掩盖其他事件。

[《俄勒冈报》，2007 年 10 月 2 日，A1 版]

这篇新闻报道仅仅叙述了事件，既没有公开表态，也没有为下一步工作提出建议，更没有对假设的情况或未来的可能性加以讨论。与此对应的是，情态动词和条件句并未出现。

虽然社论和新闻报道都刊登在报纸上，都拥有相同的读者，但是它们的交际目的并不相同。尽管本小节只考察了情态动词和条件句这两个语言特征，但是由此我们也很容易看出，在一种普遍语体内部的下位语体中，存在着与交际目的相对应的、系统的语言差异。

5.4.2　科研文章与教材

如上所述，报纸体中包含不同的下位语体，同样，学术散文体中也包含许多不同类型的下位语体，科研文章和教材就是学术散文体内部的两种不同的下位语体。

在高等教育背景下，对比学术散文体内部这两种具体的下位语体具有有趣的影响。高校的许多课程都要求学生阅读教材，教材可能是学生最熟悉的、贯穿学业始终的语体。然而在许多情况下，即使在大学低年级的课程中，也要求学生撰写原创性科研论文，所写论文还要具备科研文章的典型的语体特征。随着年级的升高，还会要求学生阅读更多的科研文章。许多学生发现从教材语篇到科研文章语篇，对他们来说颇具挑战性——对语篇的生成或理解——而语体视角有助于说明其中的原因。

科研文章和教材最显著的情景差异是关注的参与者和交际目的并不相同。科研文章通常是由某个特定领域的专家为其他有经验的专业人士而撰写的。相比之下，教材则是专家为该领域的初学者而撰写的。虽然这两种语体普遍的交际目的都是传递信息，但是它们特定的交际目的则不同。科研文章必须为该领域贡献新知识，并且使其他专家相信这些知识具有科学价值；而教材通常是为了让学生了解某个研究领域中已有的知识。仅就上述情景特征来看，人们很容易理解为什么学生在阅读科研文章时感觉困难：他们并不是文章的目标读者，而且不擅长辨识哪些是已有的知识，哪些是新的知识，也不擅长评估文章的科学价值。学生在写文章时，同样处于尴尬的境地。他们面临的问题是要生成一种新的语体，而且他们还必须使这种语体适应学校的语境（因为这是学生写给指导教师看的文章，不同于专家写给其他专家看的文章）。

教材和专业科研文章的某些语言特征与其情境差异相对应。语篇样本5.10和5.11说明了这两种语体的典型的语言特征。这两个样本都选自生物学语篇，讨论的是一个相同的、普遍的话题：生物体对环境的反应。不过，语篇样本5.10介绍的是一项新的研究成果（摘自学术研究文章），而语篇样本5.11则是为非专家型读者介绍的一般信息（摘自教材），是对以往几项研究成果的总结。

> **Text Sample 5.10   Research article – biology**
>
> There were marked differences in root growth into regrowth cores among the three communities, both in the distribution of roots through the cores and in the response to elevated CO_2. In the Scirpus community, root growth was evenly distributed throughout the 15-cm profile, with no significant differences in root biomass among the 5-cm sampling intervals within a treatment (Fig. 1). Exposure to elevated CO_2 has a pronounced effect on root regrowth...
>
> P. S. Curtis, L. M. Balduman, B. G. Drakeand, D. F. Wigham, Elevated atmospheric CO_2 effects on belowground processes in C3 and C4 estuarine marsh communities, *Ecology* 71 (1990): 2001–2006.

语篇样本 5.10   科研文章——生物学

这三种科属的植物，从根系生长到再生核方面都有显著的差异。这些差异既体现在贯穿核心的根系的分布上，又体现在对二氧化碳浓度升高的反应上。蔗草属植物的根系均匀分布于15厘米的层面上。在抽样间隔为5厘米的对照组中，根系生物量无显著差异（图1）。当植物暴露在高浓度二氧化碳的情况下，根系的再生长会受到显著影响……

P. S. 柯蒂斯，L. M. 包杜曼，B. G. 德瑞克恩德，D. F. 威格姆，大气中二氧化碳含量的升高对河口湿地植物科属碳3和碳4根系生长的影响,《生态学》第 71 期（1990）：2001—2006。

> **Text Sample 5.11 Textbook – biology**
>
> Migration, thus, is not an easy out; but for many bird species there is no alternative. Physical or behavioral adaptations to particular feeding strategies alone may dictate fall flight. The herons, for example, with their stilt-legged manner of fishing for a living in shallow water, have no way of coping with even a thin, temporary cover of ice. They have, in effect, become too specialized. The fly-catchers, as well, once their insect prey have metamorphosed and become sedentary for the winter, must move southward to find food on the wing. And so, too, must the soaring birds of prey...
>
> P. J. Marchand, *Life in the cold: an introduction to winter ecology,* 2nd edn. Hanover, NH: University Press of New England, 1991: 4.

语篇样本 5.11　教材——生物学

因此，迁徙绝非易事；然而许多鸟类物种别无选择。它们的身体或行为要适应特定的捕食习惯，仅此一点也许就决定了其秋天的迁徙。例如，苍鹭虽然能够以高跷腿的方式在浅水中捕鱼，然而却无法应对临时覆盖的薄冰。实际上，它们已经变得过于高度分化了。京燕等鸟类亦如是，一旦它们的猎物变质、冬眠，它们就必须向南迁徙寻找食物。翱翔的猛禽也是一样的……

5 书面语体、语类与风格

P. J. 马钱德，《严寒中的生物：冬季生态学导论》，第 2 版，新罕布什尔州，汉诺威，新英格兰大学出版社，1991：4。

科研文章和教材的重要的语言差异，就表现在复杂名词短语的使用上。在讨论学术散文体这种普遍语体时，我们注意到它在复杂名词短语数量上的优势。然而，科研文章和教材对这些结构的依赖程度并不相同。以上科研文章语篇样本讨论了一个特定的研究话题——从根系生长到再生核，复杂名词短语的使用有助于指称对象的精准识别。因此，该样本使用了许多名词修饰语，包括作定语的形容词、名词前置修饰语和介词短语——*marked differences in root growth into regrowth cores among the three communities*; *no significant differences in root biomass among the 5-cm sampling intervals within a treatment*。

教材样本中的描写更加概括，较少使用复杂名词短语。该样本讨论了一个普遍的概念——迁徙的原因，并举例说明了这个概念——以苍鹭、京燕和猛禽为例。有些是由简单的名词短语构成的简单句，如开头部分的 "Migration, thus, is not an easy out."不过，该样本对许多指称对象做了更多描述，而非仅仅为它们命名。例如描写苍鹭的句子并没有复杂的名词短语："They have, in effect, become too specialized."。因为该样本强调概念的解释和例证，所以复杂名词短语的使用频率较低。

奇怪的是，对于学生来说，复杂名词短语是一把双刃剑。一方面，由于复杂名词短语包含更多、更精确的专业信息，因此更难理解或生成。另一方面，科研文章中名词短语涉及的专业话题很受限制。而对于他们来说，尤其是二语者，科研文章比教材更容易，前者在词汇和话题上都受到限制，后者则有许多种类的指称和习语（如"an easy out"）。

这两种学术语体的另一个有趣的语言差异，表现在被动语态的使用上。与科研文章相比，教材往往倾向于较少使用被动语态。语篇样本 5.12 摘自历史学教材，它说明在教材中经常使用主动语态：

> **Text Sample 5.12   Textbook – history**
>
> They [English colonial planters] *hoped* to reproduce Spanish successes by dispatching to America men who would similarly *exploit* the native peoples for their own and their nation's benefit. In the 1580s a group that *included* Sir Humphrey Gilbert and his younger half-brother Sir Walter Raleigh *promoted* a scheme to establish outposts that could trade with the Indians and *provide* bases for attacks on New Spain. Approving the idea, Queen Elizabeth I *authorized* Raleigh and Gilbert to colonize North America. Gilbert *failed* to plant a colony in Newfoundland, dying in the attempt, and Raleigh was only briefly more successful.
>
> M. Norton, D. Katzman, P. Escott, H. Chudacoff, T. Paterson and W. Tuttle, *A people and a nation*. I. *To 1877*, 3rd edn. Boston: Houghton Mifflin, 1990: 20.

语篇样本 5.12　教材——历史学

他们［英国殖民种植园主］希望通过向美洲派遣人员，重现西班牙式的成功，这些派到美洲的人同样通过剥削当地人谋取自己和国家的利益。16 世纪 80 年代，包括汉弗莱·吉尔伯特爵士和他同母异父的弟弟沃尔特·雷利爵士在内的一批人，推进了贸易站建立计划，这样就可以和印第安人交易，并为攻击新西班牙提供基地。女王伊丽莎白一世批准了这个计划，授权雷利和吉尔伯特将北美洲拓为殖民地。吉尔伯特不仅未能在纽芬兰建立殖民地，而且还在进攻中丧命；雷利略有成效。

M.诺顿，D.卡茨曼，P.埃斯科特，H.楚德考夫，T.佩特森，W.塔特尔，《一个民族和一个国家》第1卷。《致1877》，第3版。波士顿：霍顿·米夫林，1990：20。

由于教材使用了较多主动语态，因而导致很多段落以行为为导向来叙事。相比较而言，科研文章经常使用被动语态关注事物，而非人，例如：

The dimensions of the wild bison resource on the Southern Plains, and the Great Plains in general, *have been much overstated* in popular literature. (Flores 1991: 469)

Runaway ads *were published* in a milieu that took seeing and describing seriously. (Prude 1991: 127)

Most often, however, early maps *are not read* as documents, but *reduced to* decorations. (Nobles 1993: 11)

美国南部平原及大平原上野牛资源的规模，通常在通俗读物中被夸大了。（弗洛里斯1991：469）

通缉告示被张贴在人们看得见并可以仔细描绘的地方。（普鲁德1991：127）

然而在大多数情况下，早期的地图并不被视为文献，而被降为装饰品。（诺布尔斯1993：11）

总之，科研文章较少描写行为，更关注意义以及对事件或文献的解释。当研究者在论证其研究的重要性时（对学生研究者起着关键的作用），强调这一点是必要的；而对学生读者来说，行动导向的教材也许更有吸引力。

5.5 更特殊的下位语体：科研文章的各部分

到目前为止，我们已经涉及了学术散文体中的下位语体，它们在学术散文体这种普遍语体中有着明显的区别。然而，在这些下位语体的内部还可以划分出更具体的语体。

本书前面的一些章节曾描写过一组具体的下位语体，即科研文章的各部分：引言、方法、结果和讨论。这些部分已经成为传统科学写作中根深蒂固的惯例。每部分的交际目的各不相同：

引言——叙述该领域的研究现状并介绍本研究的新成果。

方法——报告本研究中的数据、方法和步骤。

结果——报告分析的结果。

讨论——参考该研究领域以往的成果，解释本研究的结果，并论证其意义。

这四个部分都有助于实现文章的总体交际目的，即为该研究领域提供新信息，并使读者相信这些新信息的重要意义和可靠性。然而，由于每部分都具有不同的特定交际目的，所以也具有其独特的语言特征。

5 书面语体、语类与风格

例如，我们思考一下"引言"和"方法"部分中动词时态的分布情况。语篇样本5.5（上文）摘自一篇关于雪鸻繁殖的科研文章的引言部分。如果你重新看一下这个样本就会发现，该样本只用现在时——如 Breeding site tenacity *is* widely believed... potential advantages *include*... 等等。现在时适用于叙述学科现状。

我们可以对比一下这篇文章方法部分的语言模式：

Text Sample 5.13 Academic prose – research article about breeding of birds – methods section
Materials and methods

We uniquely *color-banded* adult and fledgling snowy plovers, and closely *monitored* their presence, nests and broods at the Monterey Bay focal study area from 1984 to 1989 and at the Point Reyes focal study area from 1986 to 1989. To qualify as a breeder in either focal area, plovers *had to be found* with a clutch of eggs or a brood during the study period. We also *included* in this study observations of qualifying breeders occurring prior to these periods or extending into 1990. Before 1984, some areas... *were checked* only infrequently. At Salmon Creek, plovers *were regularly monitored* only in 1989 and 1990. At both focal study areas, field methods *were similar* to those of Warriner *et al.* (1986)...

[Lynne E. Stenzel, Jane C. Warriner, John S. Warriner, Katherine S. Wilson, Frances C. Bidstrup and Gary W. Page, Long-distance breeding dispersal of snowy plovers in western North America, *Journal of Animal Ecology* 63 (1994): 887–902]

语篇样本 5.13 学术散文体——鸟类繁殖的科研文章——方法部分

材料和方法

我们从 1984 年到 1989 年在蒙特雷湾的重点研究区，从 1986 年到 1989 年在雷伊斯角的重点研究区，给成年和幼年的雪鸻套上了颜色特别的脚环，并严密监测了它们的行踪、巢穴和幼雏。研究期间，我们在这两个重点研究区内发现了合格的雪鸻的一窝蛋或幼雏。本研究还包括这段时间或延伸至 1990 年对合格雪鸻繁殖者的观察。在 1984 年以前，相当多区域极少被监测到。在萨蒙河，雪鸻只在 1989 年和 1990 年被定期监测。在这两个重点研究区，我们采用的是与沃里纳等（1986）相似的调查方法……

［琳恩·E. 斯滕泽尔，简·C. 沃里纳，约翰·S. 沃里纳，凯瑟琳·S. 威尔逊，弗朗西斯·C. 比斯特鲁普，加里·W. 佩奇，雪鸻在北美西部的长距离繁殖扩散，《动物生态学杂志》第 63 期（1994）：887—902］

与引言部分不同，方法部分叙述的是过去的特定事件，所有动词都是过去时。语料库的研究表明，这里所说明的动词时态上的差异通常在引言和方法部分都很典型，引言部分描写的是某项研究的现状（频繁使用现在时动词），方法部分描写的是某项特定的研究（频繁使用过去时动词）。虽然在这里形式和功能之间的关系看起来也许非常明显，但是对于许多学习撰写科研文章的学生来说，恰当地识别和使用这些语体特征却是困难的。

5 书面语体、语类与风格

被动语态的分布为我们提供了关于文章各部分内部语言差异的第二个例子。与其他部分相比，被动语态通常在方法部分出现得更频繁。如语篇样本5.13所示，方法部分的焦点是研究步骤，而非研究步骤的实施者。也就是说，实施者是一个人，还是一个研究团队，这并没有什么区别。关键要了解实验如何实施。因此，在方法部分使用被动语态是符合规范的。

然而，令人惊讶的是，被动语态在讨论部分比在引言或结果部分更常见。讨论部分的内容是陈述归纳研究中的论据、论证其科学意义。这些总结通常是用被动语态写的，例如：

[From a research article about differential survival in male and female wild horses]

The tendency for sex ratios of adults to be skewed towards females, therefore, *can be attributed to* differential survival.

[From a research article about competition between two insects]

Competition for space between these two study insects *was* readily *documented* for two reasons...

［摘自关于雄性和雌性野生马生存率差异的科研文章］

成年性别比例有向雌性倾斜的趋势，因此，可被归因于生存率差异。

［摘自两种昆虫之间竞争的科研文章］

研究两种昆虫对地盘的争夺被证明有两个原因……

我们在5.3.2小节注意到，在学术散文体中使用被动语态，[131]可以使一个抽象概念（本案例中的研究结果）成为语篇的话题。

5.6 语类视角下的科研文章

既然科研文章有规约性的结构，那么对科研文章，我们就不仅可以从语体视角分析，而且还可以从语类视角分析。实际上，传统（实验性）的科研文章是根据语篇规约构建变体的最明显的例子之一。几乎所有的实验性科研文章都有相同的整体结构：以摘要开头，然后是上文描述过的四个主要部分（引言、方法、结果、讨论）。语篇的每个部分都有自己典型的交际目的。这五个部分在语篇中都要出现，而且总是按照同样的顺序出现。本书附录 A 中的几项研究涉及语类视角下的科研文章的分析。

然而，虽然科研文章有其规约结构，但是几乎没有语类标记（第 3 章曾界定过）。我们可以考虑将各个部分（引言、方法等）的标签作为语类标记，因为它们出现在文章结构中可预测的位置上，并且仅出现一次（作为单个的词，它们可以作为文章中其他句子的一部分）。此外，对科研文章各部分使用的语言则要从语体视角来描写。正如 5.5 节所讨论的那样，某些特征在某个部分使用的频率高，是为了满足这部分交际目的的需要。因此，语言的描写需要采用定量以及语体分析对比的方法。

语类视角的科研文章分析还有另外一种更特别的方式：发现科研文章某个部分**语步**（*rhetorical moves*）的规约顺序。例如斯韦尔斯（Swales 1981，1990）认为科研文章的引言部分包括三个主要的语步：

语步1——确立研究领域（提出问题核心、概括论题并回顾以往的研究）；

语步2——研究背景（提出相反的主张，或指出空白，或提出问题，或解释该研究是如何延续传统的）；

语步3——选题目的和创新点及文章结构（概括该研究的目的、并［可选］宣布研究结果以及说明文章的结构）。

在这种情况下，可将科研文章的引言部分视为一个定义明确、按照规约结构开头和结尾的语类。我们在本章的练习部分将进一步探索语类视角的分析。

5.7 由风格而产生的小说变异

许多人阅读小说仅仅是为了娱乐，而文学研究者通常却要分析小说中的人物或情节发展的特点。然而与其他语篇一样，小说语篇同样可以从语言上分析。语言分析可以使我们清晰地了解小说的复杂程度，以及写作技巧娴熟的作者是如何为了不同的目的和效果而巧妙地使用语言的，虽然作者并未意识到他们的语言专长。小说也为我们提供了分析某种普遍语体变异的不同视角。正如下文所阐释的那样，在这种普遍语体中的大量语言变异并非来自具体的下位语体，而是取决于作者讲故事时的慎重选择。因此，小说的分析必须涉及想象世界的特点和风格的选择：这种选择的功能更多地与审美偏好有关，而与这种语体在现实世界中的情景语境关系不大。

从情景角度来看，小说体是最复杂的语体之一。与报纸体、学术散文体的作者相同，小说体的作者也有大量机会构思、修改和编辑语篇。小说体更接近报纸体，它是为大量普通读者而写的，读者既不了解作者的个人信息，也不和作者共享专业知识。作者和读者之间通常没有互动，读者并不了解作者写作的时间和地点等信息。

然而，这些外部情景特征对小说语篇的语言特征几乎没有影响[①]。作者和读者之间互动与否、他们是否认识等因素与小说语篇的语言特征无关。这是因为与小说语篇有关的情景语境是作者在语篇中创造的虚构的世界。因此，即使作者与读者从未有过互动，小说的人物也会在这个虚构的世界里相互影响。而且，尽管作者从不直接表明个人态度，但是小说中的人物经常表明个人思想和态度。在小说语篇中，语言的使用取决于小说虚构世界的构建方式，而不是语篇"真实世界"的情景。

影响小说风格的最重要的因素之一是作者所选择的叙事视角：采用第一人称叙述故事，作者就好似小说中的一个主要人物；而采用第三人称叙述时，作者就好似事件的旁观者。这种差别显然对语言有直接的影响。

例如夏洛克·福尔摩斯（Sherlock Holmes）的故事就是华生医生（Dr. Watson）以第一人称讲述的，华生［而不是阿瑟·柯南·道尔（Arthur Conan Doyle）］就好似作者。

---

① 这里唯一例外的是生成环境：作者需要大量时间构思、修改和编辑小说。

5 书面语体、语类与风格

Text Sample 5.14　Fiction: Arthur Conan Doyle, *The Hound of The Baskervilles*, 1902

An instant afterwards he [i.e. Sherlock Holmes] gave a little cry of satisfaction, and, following the direction of his eager eyes, I saw that a hansom cab with a man inside which had halted on the other side of the street was now walking slowly onwards again.

"There's our man, Watson! Come along! We'll have a good look at him, if we can do no more."

At that instant I was aware of a bushy black beard and a pair of piercing eyes turned upon us through the side window of the cab.

语篇样本 5.14　小说：阿瑟·柯南·道尔，《巴斯克维尔的猎犬》，1902

过了一小会儿之后，他［即福尔摩斯］发出满意的轻声呼喊。顺着他那急切的眼光，我看到一辆双轮马车停在道路对面，里面坐着一个男人。现在，马车又开始缓慢前行。

"那就是我们的目标，华生！快点儿！如果我们不能再做什么了，就好好看看他。"

那一瞬间，我看到了一个长着浓密的黑胡子的人，他那双锐利的眼睛透过车窗看着我们。

显然，在以第一人称叙事的小说中代词 *I* 频繁出现，与第一人称的其他叙述（例如私人信函或会话）话语一样，叙述者是在叙述亲历的事件。此外，以第一人称叙事的小说通常会描写叙述者的感受、思想和态度，例如语篇样本 5.14 中的 *I saw* 和 *I was aware of*。正如第 4 章所阐述的那样，第一人称的使用导致了补语小句（*that* 小句和 *to* 小句）的频繁出现，而主句中的动词或形容词表达的是补语小句中的"个人立场"信息：

That-clauses:

I could not *doubt* **that some grave and deep reason lay behind it**...

I was suddenly *aware* **that I was not the only witness of their interview**.

It *seemed to me* **that she was straining away from him**...

It *seemed to me* **that Stapleton was abusing Sir Henry**

That 小句

我无法怀疑它背后的重要的深层的原因……

我突然意识到我并不是他们面谈的唯一目击者。

在我看来她与他渐行渐远……

在我看来斯特普尔顿在虐待亨利爵士

To-clauses:

I was *surprised* **to observe that by the gate there stood two soldierly men**

But I was *eager* **to get back to my charge**.

I was *astounded* **to see Miss Stapleton sitting upon a rock**...

I was deeply *ashamed* **to have witnessed so intimate a scene**...

To 小句

我惊奇地发现大门口站着两个威武的男人

5 书面语体、语类与风格

但我渴望收回我的费用。

我吃惊地发现斯特普尔顿小姐坐在一块岩石上……

我很难为情地目睹了如此亲密的一幕……

相比较而言,第三人称叙事是从旁观者的角度来讲述故事。在这种情况下,书中的叙述者可以是一位普通的观察者,他能观察到的物理现象与我们并无二致;他还可以是一个无所不知的观察者,知道人物内心的思想和情感。前者对事件的描写相对"客观",在某些方面与新闻报道的语言相似,如频繁使用第三人称代词、过去时、交际动词等等。语篇样本 5.15 摘自厄普顿·辛克莱(Upton Sinclair)的小说《屠场》,它说明了这种文体的风格。叙述者虽然描写了人物脸上的痛苦和明显的情绪,但无法直接洞察她内心真实的思想和情感:

Text Sample 5.15 Fiction: Upton Sinclair, *The Jungle*, 1906

She stood in the doorway, shepherded by Cousin Marija, breathless from pushing through the crowd, and in her happiness painful to look upon. There was a light of wonder in her eyes and her lids trembled, and her otherwise wan little face was flushed. She wore a muslin dress, conspicuously white, and a stiff little veil coming to her shoulders. There were five pink paper roses twisted in the veil, and eleven bright green rose leaves. There were new white cotton gloves upon her hands, and as she stood staring about her she twisted them together feverishly. It was almost too much for her – you could see the pain of too great emotion in her face, and all the tremor of her form.

语篇样本 5.15　小说：厄普顿·辛克莱，《屠场》，1906

她站在门口，表姐玛丽娅带着她，气喘吁吁地穿过人群，她幸福而又痛苦地凝视着。她的眼中流露出奇妙的光芒，眼睑微微发抖，她那苍白、娇小的面庞透着红晕。她穿着一件白纱礼服，白得扎眼，一块僵硬的小面纱落在她的肩上。五朵粉红色的纸玫瑰别在面纱上，还有十一片鲜艳的绿色叶子。她手上戴着一副崭新的白色棉纱手套，目不转睛地站在那里，兴奋得双手攥在一起。对她来说这太沉重了——在她的脸上你可以看到情感的苦痛，她浑身颤抖。

相比较而言，一个全知的第三人称叙述者能够描写人物的内心思想和情感，例如摘自《蝇王》的语篇样本 5.16：

> **Text Sample 5.16　Fiction: William Golding, *Lord of the Flies*, 1954**
>
> Piggy and the parody were so funny that the hunters began to laugh. Jack felt encouraged. He went on scrambling and the laughter rose to a gale of hysteria. Unwillingly Ralph felt his lips twitch, he was angry with himself for giving way.

语篇样本 5.16　小说：威廉·戈尔丁，《蝇王》，1954

杰克模仿小猪的样子做出的怪相太滑稽了，猎手们都笑了起来。杰克受到了鼓舞。他继续快速爬行，人们的笑声变成了歇斯底里的嚎叫。拉尔夫却很不高兴，他感到自己的嘴唇在抽搐；他为自己的让步而愤怒。

因为一个无所不知的叙述者了解人物内心的态度和情感，所以由他描写的虚构世界包括大量的立场表达。这个特点反映在语言上就是频繁使用能够控制补语小句的心理动词，这与第

5 书面语体、语类与风格

一人称的叙事风格相类似。如摘自《蝇王》的例子：

Ralph... *decided* **that the shadows on his body were really green**.

He... *decided* **that a toothbrush would come in handy too**.

... for a moment they *felt* **that the boat was moving steadily astern**.

Startled, Ralph *realized* **that the boys were falling still**

He *noticed* **that he still held the knife aloft**

拉尔夫……判定他身上的影子真是绿色的。

他……确定一只牙刷也会派上用场。

……片刻他们感到船正在持续后退着。

拉尔夫吃惊地意识到孩子们仍在坠落

他注意到自己仍高举着刀

小说变异的第二个主要参项是，人物对话的比重是由作者决定的。例如《巴斯克维尔的猎犬》，大部分故事是通过人物对话而非叙述来讲述的。在这部小说中，虽然华生是第一人称叙述者，但是大部分故事都通过他与夏洛克·福尔摩斯的对话展现。读者看到福尔摩斯解开一个谜团，他们通过听福尔摩斯谈论各种可能性来理解所发生的事情（语篇样本 5.17）：

Text Sample 5.17　Fiction: Arthur Conan Doyle, *The Hound of The Baskervilles*, 1902

　　[Holmes said] "I think we have drawn as much as we can from this curious letter; and now, Sir Henry, has anything else of interest happened to you since you have been in London?"

"Why, no, Mr Holmes. I think not."

"You have not observed anyone follow or watch you?"

"I seem to have walked right into the thick of a dime novel," said our visitor. "Why in thunder should anyone follow or watch me?"

"We are coming to that. You have nothing else to report to us before we go into this matter?"

"Well, it depends upon what you think worth reporting."

"I think anything out of the ordinary routine of life well worth reporting."

Sir Henry smiled. "I don't know much of British life yet, for I have spent nearly all my time in the States and in Canada. But I hope that to lose one of your boots is not part of the ordinary routine of life over here."

"You have lost one of your boots?"

"My dear sir," cried Dr Mortimer, "it is only mislaid. You will find it when you return to the hotel. What is the use of troubling Mr Holmes with trifles of this kind?"

"Well, he asked me for anything outside the ordinary routine."

"Exactly," said Holmes, "however foolish the incident may seem. You have lost one of your boots, you say?"

语篇样本 5.17 小说：阿瑟·柯南·道尔，《巴斯克维尔的猎犬》，**1902**

[福尔摩斯说]"我想我们已经从这封稀奇古怪的信中找到

5 书面语体、语类与风格

了尽可能多的线索。现在，亨利爵士，您到伦敦后还发生了什么有趣的事儿？"

"为什么，不，福尔摩斯先生。我想没有。"

"您没有看到有人跟踪或者监视您吗？"

"我好像在看一本故事感人但毫无文学价值的小说，"我们的客人说。"到底为什么有人跟踪或者监视我？"

"我们马上就说这个。在说这件事之前，您有别的事情要向我们报告吗？"

"嗯，这取决于你们认为值得报告的都是什么事儿。"

"我认为任何非同寻常的日常生活中的事情都值得报告。"

亨利爵士笑了。"我对英国的生活还不太了解，因为我所有的时间几乎都是在美国和加拿大度过的。但是我希望丢了一只靴子不是这里寻常生活的一部分。"

"您丢了一只靴子？"

"我亲爱的先生，"莫蒂默医生喊道，"只是记不清它放哪儿了，回到旅馆就会找到它了。用这种琐事麻烦福尔摩斯先生有什么意义呢！"

"好，他问的是任何非同寻常的日常生活中的事情。"

"确实如此，"福尔摩斯说，"尽管这看似愚蠢。您丢了一只靴子，您说？"

这种风格小说的许多语法特征，在面对面的会话中都很常见，如第二人称代词（除第一人称代词外）、现在时动词、疑问句、缩约和省略。（我们将在第 6 章说明作者虚构对话的历史变化，在过去的三个世纪中，它们变得与面对面的会话越来越相似。）

其他风格的小说很少包含对话。例如第一人称叙事只简单描写主要人物所观察到的、过去的事件和地点，而省略了相互交流的对话。这种风格的小说与其他类型的反思性第一人称的作品，在语言的某些方面相类似，如日记。这些语言特征包括高频使用第一和第三人称代词（而非第二人称代词）、过去时动词（而非现在时动词）、时间状语、个人立场标记等等。语篇样本5.18为这种风格提供了一个例子，它摘自一部推理小说，其中的典型特征用斜体标出：

> **Text Sample 5.18 Fiction: Sue Grafton, *'C' Is for Corpse*, 1986**
>
> *I met* Bobby Callahan *on Monday of that week. By Thursday, he was* dead. *He was* convinced someone *was* trying to kill *him* and it *turned* out to be true, but none of us *figured* it out in time to save *him*. *I*'ve never worked for a dead man before and I hope I won't have to do it again. This report is for *him*, for whatever it's worth.
>
> [...]
>
> It *was August* and I'*d* been working out at Santa Teresa Fitness, trying to remedy the residual effects of a broken left arm. The days *were* hot, *filled* with relentless sunshine and clear skies. I *was feeling cranky and bored*, doing push-downs and curls and wrist rolls. *I'd just* worked two cases back-to-back and *I'd* sustained more damage than a fractured humerus. I *was feeling emotionally battered* and *I needed* a rest.

语篇样本 5.18　小说：休·格拉夫顿,《"C"：尸体》, 1986

　　星期一我遇见过博比·卡拉汉。星期四, 他死了。他坚信有人要杀他, 而这竟变成了事实, 但是我们都没及时解决问题, 去挽救他。我从前没有为死人工作过, 我希望我以后也不必这样做。这份报告是为他做的, 无论是否有价值。

　　[......]

　　那是在八月份, 我一直在圣特雷莎健身中心锻炼, 试图恢复受伤的左臂。那些日子都是高温天气, 阳光灿烂, 晴空万里。我感到烦躁和无聊, 做着下推、弯曲和转腕的动作。我刚刚连续结了两个案子, 我持续受到的伤害甚于上臂的骨折, 我感到我的感情受到打击, 我需要休息。

　　第三人称叙事也有同样的特点。例如《赛穆勒先生的行星》(语篇样本 5.19)关注的就是主要人物内心的思想和情感, 以及叙述主要人物感知的过去事件。因为在这种风格的小说中对话很少, 所以面对面的会话的典型语言特征也很少出现在这种风格的小说中。

Text Sample 5.19　Fiction: Saul Bellow, *Mr. Sammler's Planet*, 1970

But *now he wondered* whether he *had not* drawn too close, whether *he had* also been seen seeing. *He wore* smoked glasses, *at all times* protecting *his* vision, but *he* couldn't be taken for a blind man. *He did*n't have the white cane, only a furled umbrella, British-style. Moreover, *he did*n't have the look of blindness. The pick-pocket *himself wore* dark shades. *He was* a powerful Negro in a camels-hair coat, *dressed* with extraordinary elegance, as if by Mr. Fish of the West End, or Turnbull and Asser of Jermyn Street. (Mr. Sammler *knew* his London.) The Negro's perfect circles of gentian violet banded with lovely gold *turned* toward Sammler, but the face *showed* the effrontery of a big animal. Sammler *was* not timid, but *he had* had as much trouble in life as *he wanted*. A good deal of this, waiting for assimilation, would never be accommodated. *He suspected* the criminal was aware that a tall old white man (passing as blind?) *had* observed, *had* seen the minutest details of *his* crimes.

语篇样本 5.19 小说：索尔·贝洛，《赛穆勒先生的行星》，1970

但现在他怀疑自己是否离得太近了，是否让人看见自己正注视着什么呢？虽然他戴着烟灰色眼镜，这样可以随时保护他的视力，但是他不可能被当作盲人。他没有那种白色的手杖，只有一把收拢的雨伞，他颇具英伦风度。他并没有盲人的样子。扒手戴着墨镜。他是一个穿着骆驼绒外套的强壮的黑人，衣着异乎寻常地雅致，仿佛出自伦敦西区的菲什先生之手，或者杰明街的特恩布尔和阿赛尔公司（赛穆勒先生对伦敦很熟悉）。黑人脸上那精致的、金边龙胆紫色的圆眼镜朝赛穆勒先生转过来，然而脸上却流露出巨兽般的厚颜无耻。虽然赛穆勒先生并不胆怯，但是在他想要的生活中已经有太多的麻烦了，还有一大堆可能永远也应付不了的麻烦在等着他呢。他怀疑这个罪犯意识到有这么一个高个儿白人老头儿（像个路过的瞎子？）已察觉到他,并看到他作案的细节了。

相比较而言,像《蝇王》(语篇样本 5.20)这样的小说整合了全谱信息:事件的叙述、人物个人情感的描写以及人物之间的大量对话。例如:

Text Sample 5.20　Fiction: William Golding, *Lord of the Flies*, 1954

The fair boy began to pick his way as casually as possible towards the water. He tried to be offhand and not too obviously uninterested, but the fat boy hurried after him.

"Aren't there any grown-ups at all?"

"I don't think so."

The fair boy said this solemnly; but then the delight of a realized ambition overcame him. In the middle of the scar he stood on his head and grinned at the reversed fat boy.

"No grown-ups!"

The fat boy thought for a moment.

"That pilot."

The fair boy allowed his feet to come down and sat on the steamy earth.

"He must have flown off after he dropped us. He couldn't land here. Not in a plane with wheels."

"We was attacked!"

"He'll be back all right."

The fat boy shook his head.

语篇样本 5.20 小说：威廉·戈尔丁,《蝇王》, 1954

金发少年开始漫不经心地向海边走去。他尽量使自己表现出一副不感兴趣的样子，而同时又不显得过于无动于衷，然而那胖男孩儿紧随其后。

"难道这儿没有大人吗？"

"我不这么认为。"

金发少年一本正经地说；可随后实现理想的喜悦征服了他。他在断崖中间做了个倒立，朝着颠倒了的胖男儿孩笑。

"没有大人啦！"

胖男孩儿想了想。

"那个飞行员。"

金发少年把腿放下来，坐在潮湿的地上。

"他把咱们投下来后必须飞走。他没办法在这儿降落，有轮子的飞机没办法降落。"

"我们被袭击了！"

"他会平安回来的。"

胖男孩儿摇了摇头。

这个样本说明，这种风格的小说既有会话特征，又有叙事特征。例如，现在时、情态动词、缩约、省略和疑问句频繁出现——这都是会话的典型语言特征——同时，过去时动词和第三人称代词也频繁出现，这又都是叙事的典型语言特征。

除了上文所描述的那种风格之外，还有另一种叙述故事的风格，就像口头讲述和写给特定受话者的私人信函。例如摘自《第五号屠宰场》的语篇样本 5.21：

5 书面语体、语类与风格

> **Text Sample 5.21　Fiction: Kurt Vonnegut, *Slaughterhouse Five*, 1969**
>
> I would hate to tell you what this lousy little book cost me in money and anxiety and time. When I got home from the Second World War twenty-three years ago, I thought it would be easy for me to write about the destruction of Dresden, since all I would have to do would be to report what I had seen. And I thought, too, that it would be a masterpiece or at least make me a lot of money, since the subject was so big.

语篇样本 5.21　小说：库尔特·冯内古特，《第五号屠宰场》，1969

我真不想告诉你们这本讨厌的小册子花了我多少金钱、心思和时间。二十三年前第二次世界大战结束后，我回到了家，我想对我来说，写德累斯顿的毁灭是一件很容易的事儿，我只需报道我亲眼看见的一切；而且我还认为它将成为杰作，或者至少让我赚一大笔钱，因为这个题目是如此之大。

虽然在这个语篇样本中几乎没有对话，但有会话的许多语言特征，因为故事好似口头讲述的个人事件、情感以及叙述者的态度。由于故事是以第一人称叙述者的视角讲述的，所以第一人称代词很常见。受话者被直接称为"you"，就如同叙述者正坐在我们的客厅里给我们讲故事一样。叙述者频繁使用情态动词、补语小句和立场状语等，告诉我们他的个人情感和态度。整个样本都使用过去时，因为重在叙述过去的事件。

小说变异的最后一个参项——是讲述过去的事件，还是描述正在发生的事件。正如以上所有语篇片段那样，常见的风格是讲述过去的事件。然而在少数情况下，故事好像是叙述者描述正在发生的实时事件。这样的语篇风格导致诸如现在时动词和时间状语等语言特征的频繁出现，用以描写现在正在发生的事件，例如摘自《中间人》的语篇样本5.22：

Text Sample 5.22　Fiction: Bharati Mukherjee, *The Middleman*, 1988

All day I *sit* by the lime green swimming pool, sun-screened so I *won't* turn black, going through my routine of isometrics while Ransome's indios *hack* away the virgin forests. Their hate *is* intoxicating. They *hate* gringos – from which my darkness *exempts* me – even more than Gutierrez. They *hate* in order to keep up their intensity.

I *hear* a litany of presidents' names, Hollywood names, Detroit names – Carter, chop, Reagan, slash, Buick, thump – *bounce* off the vines as machetes *clear* the jungle greenness.

We spoke a form of Spanish in my old Baghdad home. I always *understand* more than I *let* on.

Meanwhile, Ransome *rubs* Cutter over his face and neck. They*'re* supposed to go deep-sea fishing today, though it *looks* to me as if he*'s* dressed for the jungle. A wetted-down towel *is* tucked firmly under the back of his baseball cap. He*'s* a Braves man.

5 书面语体、语类与风格

语篇样本 5.22　小说：卜哈拉蒂·穆克基，《中间人》，1988

我一整天都坐在淡绿色的泳池旁，因为抹了防晒霜，所以我不会变黑。我在做例行的肌肉锻炼，兰塞姆的土著在原始森林中伐木。他们的仇恨是令人兴奋的。他们讨厌外国佬——我因皮肤黝黑而免遭憎恨——甚于古铁雷斯。他们用憎恨来保持感情的强烈。

我听到了一连串总统的名字、好莱坞明星的名字、底特律汽车的名字——卡特，剁，里根，砍，别克，猛击——当大砍刀清除丛林里的杂草时，它们从藤蔓中蹦出。

我们在巴格达的老家说西班牙语。我能听懂的总是比我能说的要多。

同时，兰塞姆摸着卡特的脖子和脸。他们今天应该去深海捕鱼，虽然在我看来兰塞姆的装扮像是要去森林。他的棒球帽后边紧紧塞着一条湿毛巾。他是亚特兰大勇士队的队员。

与典型的过去时叙事相比，这种风格有助于创造更多的即时感和参与感。

总之，小说是从语体视角分析的最复杂的语篇变体之一，因为作者必须创造一个虚构的世界，并且可以选择从不同的、可能的视角描写这个世界。在本小节中，我们能够描写的只是小说体的几种变异：第一或第三人称叙事视角的选择；普通的或无所不知的第三人称叙述者的选择；作者对对话比重的处理，事件的叙述，人物和地点的描写，或对内心思想和人物态度的描写；以及对过去时或现在时叙述的选择。上述选择都是风格上的选择。也就是说，它们与作者、读者现实生活中的情景语境无关,而是与作者如何讲故事的偏好有关。正如本章语篇样本所示,虽然小说的语言特征确实具有某些功能,但是小说变异关注的是风格,而不是语体。

5.8 结论

本章探讨了三种普遍的书面语体——报纸体、学术散文体和小说体,并说明了其下位语体的特异性。在一般层面上,报纸体与学术散文体这两种信息型书面语体共享的情景特征和语言特征,使之远离会话体。同时,这两种普遍语体的特定话题和交际目的各不相同,这些情景差异所反映的语言差异包括动词时态、语态、时间和地点状语以及情态动词在使用上的差异。

我们在更具体的层面上,描写了上述两种普遍语体中特定的下位语体的相应变异。例如社论与新闻报道的不同,以及不同于教材的科研文章。这些下位语体内部还可以划分出更具体的下位语体,如科研文章中的各个部分,研究者可以根据语言使用模式加以区别。

最后,对小说的分析说明影响小说语言变异的是风格的选择,而非决定语体差异的常规因素。在下一章中,我们将说明研究者如何从语体、语类和风格视角研究书面变体的历史变迁。

第 5 章 练习

思考与复习

1. 练习语篇 11 是大学生的科研论文，请通读该语篇，并确认文中含有下列语言特征的第一个实例：

a. 做定语的形容词

b. 名物化

c. 介词短语 + 名词

d. 两个介词短语修饰语 + 名词短语

e. 被动语态（作主要动词）

f. 过去时动词

g. 现在时动词

2. 人们对典型口语体的普遍印象是它在很大程度上关注人际互动，并且是无备的。相比较而言，典型的书面语体则关注信息的传递，包括精心的构思和修改语言。你能够想出不同于这些典型样本的语体吗（本书已提到的除外）？你能够想出除典型的面对面的会话、报纸和学术散文之外的语体吗？

3. 请选择一种普遍的书面语体——例如杂志文章、信函、戏剧、连环漫画、儿童读物，或者一些其他语体。请将这种语体的所有情景特征填写在表格里。你能明确指出哪些语言特征是由普遍语体中更具体的下位语体的变异而产生的吗？

分析练习

4. 表 5.3 是对学生科研论文片段（附录 B 中的练习语篇

11）和学术散文定量对比分析的结果。观察练习语篇中语言特征及其使用情况，写一篇简短的研究结果总结。通常学生科研论文和学术散文有哪些异同？建议从功能来解释差异（将其与学生科研论文的特定情景特征相联系）。你认为这些差异只是学生个人风格的表现，还是缺乏学术写作经验的表现？

表 5.3　学术散文和学生科研论文中所选语言特征的统计情况（标准化每 1000 个词）

［对学术散文统计的根据是《朗文英语口语和书面语语法》；对介词统计的根据是比伯的研究（1988：附录 III）。］

语言特征	学术散文	学生科研论文
名词	290	253
介词	140	120
做定语的形容词	71	50
人称代词	21	66
现在时动词	61	67
过去时动词	18	42
定式被动动词的百分比	25	10
连接状语	7	10

5. 请分析本书任意三页中 3—5 个语言特征的使用情况。你的分析与学术散文以往的研究成果及本书对教材的描写一致吗？为什么一致，或为什么不一致？

6. 在 5.6 节我们曾介绍过斯韦尔斯（Swales 1990）对科研文章引言部分的语类分析，其中的语步 2 如下所示：

语步 2——研究背景（提出相反的主张，或指出空白，或提出问题，或解释该研究是如何继承传统的）。

虽然不能识别这个语步的"语类标记",但是这种特定的修辞功能很可能与语言使用的差异性相对应。

下例摘自生物科研文章"语步2"。请找出与"研究背景"有关的所有语言特征——包括提出相反的主张、或指出空白、或提出问题。为什么这些语言特征有助于实现"语步2"的修辞功能?

Records of long-distance within a breeding season are rare... The paucity of long-distance records is undoubtedly in part due to a lack of opportunity... [Lynne E. Stenzel *et al*., Long-distance breeding dispersal of snowy plovers in western North America, *Journal of Animal Ecology* 63 (1994): 888]

No study to date has measured the variance in lifetime reproductive success in a monogamous mammal. [D. O. Ribble, Lifetime reproductive success and its correlates in the monogamous rodent, Peromyscus Californicus. *Journal of Animal Ecology* 61 (1992): 458]

Perhaps because of this lack of baseline information, little attention has also been given to the climatic controls of tree growth in tropical moist or wet forests. [D. A. Clark and D. B. Clark, Climate-introduced annual variation in canopy tree growth in a Costa Rican tropical rain forest. *Journal of Ecology* 82 (1994): 866]

... we still do not have a sense of how reproductive investment is regulated among shoots within individual plants, and how similar the two morphs are in this respect. [L. F. Delph, factors affecting intraplant variation in flowering and fruiting in the gynodioecious species of Aebe subalpina. *Journal of Ecology* 81 (1993): 288]

The microhabitat of these two species has not previously been described quantitatively, nor have root distribution and shoot morphology been related to physiological responses. [P. S. Nobel, M. E. Loik, and R. W. Meyer, Microhabitat and diel tissue acidity changes for two sympatric cactus species differing in growth habit. *Journal of Ecology* 79 (1991): 168]

对繁殖季节中长距离繁殖扩散的记录极为罕见……这类记录罕见的原因之一显然是缺乏机会……［琳恩·E. 斯滕泽尔等, 雪鸻在北美西部的长距离繁殖扩散。《动物生态学杂志》第 63 期（1994）: 888］

目前尚无一项测量单配哺乳动物终身繁殖成效变化的研究。［D. O. 里布尔, 单配啮齿类动物加州白足鼠繁殖有效期的繁殖成效及其相关性。《动物生态学杂志》第 61 期（1992）: 458］

也许是因为缺乏基准信息, 人们很少关注气候对热带潮湿森林里树木生长的影响。［D. A. 克拉克, D. B. 克拉克, 气候对哥斯达黎加热带雨林中冠层树生长年度变化的影响。《生态学杂志》第 82 期（1994）: 866］

……我们仍未掌握如何控制单株植物幼苗的繁殖投入情况, 以及这两个变种在这方面的相似性。［L. F. 德尔夫,

雌全异株亚高山长阶花的开花和结果期影响植物内部变化的因素。《生态学杂志》第81期（1993）：288］

这两个种属仙人掌的小环境从未被人们定量描写过，人们也从未将它们的根系分布和嫩芽形态与生理响应相联系。[P. S. 诺贝尔，M. E. 劳埃克，R. W. 迈耶，两个同域种属不同生长习性仙人掌的小环境和电解质组织酸度的变化。《生态学杂志》第79期（1991）：168］

选题建议

7. 请选择报纸体中一种具体的下位语体（除新闻报道或社论之外），并将这种下位语体的语言特征与本章所描写的语言特征的使用情况进行对比。请从至少两种报纸中收集语篇样本，分析10—12个语言特征，并根据下位语体的情景特征解释你的研究结果。

8. 请将同一主题的科普文章（来自报纸或通俗杂志的）与学术研究期刊的文章进行对比。请对比8—10个语言特征的使用情况，包括动词时态和语态。语言特征使用上的异同与情景特征是如何对应的？

9. 请分析三篇你的学术论文，并将语言特征的使用情况与一般学术散文体的研究结果进行对比。在解释差异时，弄清楚其中哪些差异是由你所使用的特定的下位语体决定的，哪些则更可能是与风格的差异或你的学术写作经验有关的。

或者，如果你写短篇小说的话，请分析三篇你的小说。请将这些小说的风格特征与5.7节讨论的那些特征进行对比。

6 语体、语类和风格的历史变迁

6.1 引言

前几章从共时的角度探讨了语体分析,思考了现代语体变体的情景特征和语言特征。这些方法同样适用于研究较早历史时期的语体。许多案例分析都表明,语体的某些典型语言特征随着时间的推移而发生变化。这些变化反映了这种语体的情景语境的变化,例如交际目的的变化,目标受众的变换,或者甚至人们关于好风格观念的改变。有时候,这些变化如此巨大,以至于我们有理由怀疑早期的变体和现在的变体是否真的属于同一种语体。

本章将以个案研究来说明各种变化。首先,我们讨论小说,说明人们为何将四个世纪以来的所有小说皆视为同一种普遍语体,同时,我们还要说明用于区分 18 世纪典型小说和现代小说的显著的语言变化。

其次,第二个案例研究考察了科研文章的变化。与第一个案例相比,第二个案例中的科研文章在语言和交际表达上的变化如此巨大,以至于人们有可能将其视为一种新的语体——尽管这仅仅是基于发表在一家学术期刊(《英国皇家学会哲学会刊》(*The Philosophical Transactions of the Royal Society of London*)

6　语体、语类和风格的历史变迁

上的科研文章的研究。

最后，我们要讨论的话题是，语体因素对特定语言功能使用的历史变化的影响。我们先来阐述语体差异对名词短语复杂性方面的语法变化的影响，语体随着时间的推移而逐渐演变，语体之间的差别也变得更加突出。然后，我们再来讨论立场的表达，并说明语体之间关系的历史变化。

本章所讨论的语言模式均来自关于英语历史语体代表语料库的研究（共1037个语篇，约170万词）。这是一个专为研究语体的历史变异而设计的大型语料库（Biber and Finegan 1989a, 1997）。语料库采用系统抽样的方法收集了三个半世纪以来的语篇，尽可能广泛地反映一系列的语体变化。语料库包括以下几种书面语体：私人交际风格体（如日志/日记和私人信函）、小说散文体、以新闻报道为代表的通俗叙述体、以法律意见书为代表的专业说明体、医学散文体、科学散文体。语料库同样包括以口语为基础的不同类型的语体：既有戏剧和小说中的对话——模拟了面对面的随意会话，也有具备独白风格的布道。本章虽然主要关注小说和科研文章的历史变化（6.2节和6.3节），但是也将对医学研究文章、新闻报道、戏剧和私人信函（6.4节）甚至广告的历史变化进行描写（课后练习11）。

6.2　历史变化 I：小说

你可能已经在其他课程中学习过较早历史时期的英国文学，如莎士比亚的戏剧或笛福的小说。从语类视角来看，这些变体与现代语体一样，都是由许多相同的语篇规约来界定的；然而从语体和风格视角来看，这些语篇的典型语言特征在几个世纪以来却已经发生了巨大的变化。本节先描写三个世纪以来小说语言发生的一些主要变化，然后再讨论引起这些变化的情景语境。

6.2.1　语类视角下三个世纪以来的历史小说

三个世纪以来的绝大多数小说都属于同一种普遍的语类，因为它们具有相同的主要语篇规约和组成部分。如第一章所说，文学语类的**语篇规约**（***textual convention***）的概念，与我们前几章所讨论的非文学语类的语篇规约并不完全相同。虽然文学语类通常没有程式化的开头或结尾，但是每种特定的语类都有可预测的用于构建语篇的规约。例如，小说的规约结构一般包括主角和反派、故事的冲突、高潮、结局以及为适应不同交际目的而变换的话语（如叙述、对话、对主要人物内心世界的描写、背景描写）。

下面这个样本摘自亨利·菲尔丁（Henry Fielding）1751年的《阿梅莉亚》（*Amelia*）（语篇样本6.1），我们以此说明小说语篇的几个组成部分。样本先叙述了一位主人公布思（Booth）卷入的一系列事件（A）。再过渡到布思与法警之间的一段很长的对话（B）。随后的段落专门描写了布思的心境和他的内心想法（C），而后面一段（D）则描写了布思等待时所处的房间。虽然这个样本写于250多年前，但是因为使用了与现代小说相同的主要语篇规约，所以我们很容易辨认它摘自小说。

Text Sample 6.1　Henry Fielding, *Amelia* (Chapter 1 of the 8th Book), 1751

[A]

When Amelia went out in the morning, she left her children to the care of her husband. In this amiable office he had been engaged near an hour; and was at that very time lying along on the floor, and his little things crawling and playing about him, when a most violent knock was heard at the door; and immediately a footman running up stairs, acquainted him, that his lady was taken violently ill, and carried into Mrs. Chenevix's toy-shop.

Booth no sooner heard this account, which was delivered with great appearance of haste and earnestness, than he leapt suddenly from the floor; and leaving his children roaring at the news of their mother's illness, in strict charge with his maid, he ran as fast as his legs could carry him to the place; or towards the place rather: for, before he arrived at the shop, a gentleman stopt him full butt, crying,

[B]

"captain, whither so fast?" – Booth answered eagerly, "whoever you are, friend, don't ask me any questions now." – "You must pardon me, captain," answered the gentleman; "but I have a little business with your honour – In short, captain, I have a small warrant here in my pocket against your honour, at the suit of one Dr. Harrison." "You are a bailiff then," says Booth. "I am an officer, sir," answered the other. – "Well, sir, it is in vain to contend," cries Booth; "but let me beg you will permit me only to step to Mrs. Chenevix's – I will attend you, upon my honour, wherever you please; but my wife lies violently ill there."

[...]
[C]

Notwithstanding the pleasantry which Booth endeavoured to preserve, he in reality envied every labourer whom he saw pass by him in his way. The charms of liberty against his will rushed on his mind; and he could not avoid suggesting to himself, how much more happy was the poorest wretch who without control could repair to his homely habitation, and to his family; compared to him, who was thus violently, and yet lawfully torn away from the company of his wife and children. And their condition, especially that of his Amelia, gave his heart many a severe and bitter pang.

[D]

At length he arrived at the bailiff's mansion, and was ushered into a room; in which were several persons. Booth desired to be alone, upon which the bailiff waited on him up stairs, into an apartment, the windows of which were well fortified with iron bars; but the walls had not the least outwork raised before them; they were, indeed, what is generally called naked, the bricks having been only covered with a thin plaister, which in many places was mouldered away.

6 语体、语类和风格的历史变迁

语篇样本 6.1　亨利·菲尔丁,《阿梅莉亚》(第八卷第一章),1751
[A]

阿梅莉亚早上出门的时候,把孩子们交给丈夫照料。在这个温馨的地方,他忙了将近一个钟头;他躺在地板上,他的小家伙们爬着,和他玩耍着,这时他听到了极为猛烈的敲门声;一个男仆立即跑上楼来告诉他,他的夫人得了重病,被抬到切尼维克斯太太的玩具店里了。

男仆报告这个消息时,表露出十分急切和真挚的神情;布思一听到这个消息,立刻从地板上跳了起来;孩子们听到母亲得病的消息,都号啕大哭起来;布思把他们交给女仆悉心照料,然后拔腿飞快地跑向那个地方,或者更准确地说,是朝着那个地方跑去:因为在他到达那个店铺之前,有位先生和他迎面相撞,拦住了他,大声喊道:

[B]

"上尉,您跑这么快干吗?"布思急切地答道:"不论您是谁,朋友,现在都不要问我任何问题。""上尉,您一定得原谅我,"那位先生答道,"我跟阁下有一点小事儿要处理一下。简言之,上尉,我兜儿里有一张逮捕阁下的拘票,有一位名叫哈里森的博士起诉了您。""那么,您是法警吗?"布思问。"先生,我是警察。"那位先生答道。"唔,先生,跟您争论没有用,"布思喊道,"不过还请您允许我,我只到切尼维克斯太太的店里去一下。我以我的名誉发誓,无论您到哪儿去,我都会跟您去的;但是我的妻子得了重病,躺在那儿。"

[……]

[C]

虽然布思努力使自己保持礼仪,但是实际上他还是很羡慕那些映入眼帘的从他身旁走过的每一位工人。对自由的渴望不由自主地涌上心头,他不禁想到,那些最穷的可怜人能够自由地回到自己的陋室跟家人团聚,多么幸福;而他却被如此粗暴却又合法地带走,被迫离开妻儿;想到妻儿的处境,特别是阿梅莉亚的处境,他心中阵阵剧痛。

[D]

终于到了法警大楼,他被领进了一个房间,房间里面已经有几个人了。布思要求独自一个人待着,法警就把他领上了楼,走进一个窗子上装有铁栅栏的房间;然而墙壁却没有起码的外垒,确如人们通常所说的那样光秃秃的;砖上只涂了一层薄薄的灰泥,许多地方已经腐烂脱落了。

18世纪小说的语篇规约与现代小说的明显区别表现在作者与读者的关系上。在大多数现代小说中,作者是隐匿的。如第5章所述,许多现代小说是由作品中的一位主要人物以第一人称视角写的;其他现代小说虽然是以全知的第三人称叙述者的视角写的,但是并没有暗示叙述者是谁。然而,这两条规约在18世纪小说和现代小说中的情况并不相同:虽然有些18世纪小说是以第三人称叙述者的视角写的,但是作者明确地将本人作为叙述者。其结果是作者直接指称"读者"和他/她自己(通常用 we)。在这一点上,菲尔丁的小说堪称典范。在《阿梅莉亚》第八卷第一章(即前面的语篇样本6.1所在的那章)的后半部分,我们找到了如下片段:

Text sample 6.1 (cont.) *Amelia*

The serjeant, however, *as the reader hath seen,* brought himself the first account of the arrest. Indeed, the other messenger did not arrive till a full hour afterwards. [...]

Here the reader may be apt to conclude, that the bailiff, instead of being a friend, was really an enemy to poor Booth; but in fact, he was not so. His desire was no more than to accumulate bail bonds: for the bailiff was reckoned an honest and good sort of man in his way, and had no more malice against the bodies in his custody, than a butcher hath to those in his; and as the latter when he takes his knife in hand, hath no idea but of the joints into which he is to cut the carcase; so the former when he handles his writ, hath no other design but to cut out the body into as many bail bonds as possible. As to the life of the animal, or the liberty of the man, they are thoughts which never obtrude themselves on either.

CHAPTER 2. Containing an account of Mr. Booth's fellow sufferers

BEFORE we return to Amelia, we must detain our reader a little longer with Mr. Booth, in the custody of Mr. Bondum the bailiff, who now informed his prisoner, that he was welcome to the liberty of the house with the other gentlemen.

语篇样本 6.1（续）《阿梅莉亚》

然而，正如读者所看到的那样，中士最先给自己带来了逮捕令。实际上，另一个信使整整一个小时后才到达。[……]

在这里，读者可能会得出这样的结论，这位警官不是可怜的布思的朋友，而是他的敌人；但是实际上并非如此。他只不过是想要多捞保释金罢了：因为人们从这位警官待人处世的方式来看，认为他是个老实善良的好人，并且与屠夫对待其所看管的牲口相比，他对犯人并没有更大的恶意；当屠夫手里拿着刀时，除了想着从哪个关节下手外，并没有其他的念头；所以警官拿着拘票时，除了想从犯人那里尽量多捞一些保释金外，同样也没有其他的打算。至于动物的生命或人的自由，他们从未想过。

第二章　布思先生难友的叙述

在我们回到阿梅莉亚那里之前，我们必须让我们的读者跟布思在一起多待一会儿，布思在警官邦达姆的看管之下，现在警官告诉他的犯人，他可以随意跟屋里另一位先生自由交谈。

当 18 世纪和 19 世纪小说的作者对读者直接说话时，他们还可以自由地发表公开的社会评论。在语篇样本 6.1（续）中，菲尔丁论述了屠夫和法警在工作上的相似之处，他们都仅仅是在做本职工作，并未考虑由此可能给别人带来的伤害。而现代小说的作者几乎从不直接和读者说话，并且任何社会评论都是通过人物的话语和行为来表达的，而不是在叙述之外另做公开的陈述。

总而言之，英语小说沿用了三个多世纪以来许多同样的语篇规约。当然在其他方面，有些现代小说逐渐形成了早期小说

6　语体、语类和风格的历史变迁

所没有的文学手法和风格（如以现在时叙述正在发生的事件，或者不明确区分所说和所思）。然而就大部分小说而言，即使最早的小说也被认为和现代小说同属于一个普遍的语类。

6.2.2　18世纪小说和20世纪小说特殊的风格特征

从风格视角来看，18世纪小说也有许多与现代小说相似的典型的词汇和语法特征。要说明什么是"典型"的现代小说并不是一件容易的事，因为已经有了大量的语言风格方面的实验。下面的片段说明了其中的一些风格，它们分别摘自当代三位著名作家——库尔特·冯内古特（Kurt Vonnegut）、托妮·莫里森（Toni Morrison）和罗伯特·勒德拉姆（Robert Ludlum）的小说。冯内古特（语篇样本6.2）的风格非常口语化，他的小说以第一人称叙事，就好像叙述者本人在给我们讲故事。相比较而言，莫里森（语篇样本6.3）则采用全知的第三人称叙事，"他"了解主要人物的内心世界。勒德拉姆（语篇样本6.4）虽然也采用第三人称叙事，但是故事的主线更关注行为，而非角色的发展。

> **Text Sample 6.2　Kurt Vonnegut, *Slaughterhouse-Five*, 1969**
>
> I have this disease late at night sometimes, involving alcohol and the telephone. I get drunk, and I drive my wife away with a breath like mustard gas and roses. And then, speaking gravely and elegantly into the telephone, I ask the telephone operators to connect me with this friend or that one, from whom I have not heard in years.
>
> [...]

And I let the dog out, or I let him in, and we talk some. I let him know I like him, and he lets me know he likes me. He doesn't mind the smell of mustard gas and roses.

"You're all right, Sandy," I'll say to the dog. "You know that, Sandy? You're O.K."

Sometimes I'll turn on the radio and listen to a talk program from Boston or New York. I can't stand recorded music if I've been drinking a good deal.

Sooner or later I go to bed, and my wife asks me what time it is. She always had to know the time. Sometimes I don't know, and I say, "Search me."

I think about my education sometimes. I went to the University of Chicago for a while after the Second World War. I was a student in the Department of Anthropology. At that time, they were teaching that there was absolutely no difference between anybody. They may be teaching that still.

Another thing they taught was that nobody was ridiculous or bad or disgusting. Shortly before my father died, he said to me, "You know – you never wrote a story with a villain in it."

I told him that was one of the things I learned in college after the war.

While I was studying to be an anthropologist, I was also working as a police reporter for the famous Chicago City News Bureau for twenty-eight dollars a week. One time they switched

6 语体、语类和风格的历史变迁

> me from the night shift to the day shift, so I worked sixteen hours straight. We were supported by all the newspapers in town, and the AP and the UP and all that. And we would cover the courts and the police stations and the Fire Department and the Coast Guard out on Lake Michigan and all that.

语篇样本 6.2　库尔特·冯内古特,《第五号屠宰场》，1969

有时候，我深夜犯病，要喝酒、打电话。我喝醉酒，用类似芥子气和玫瑰花的气味把妻子赶走。然后我就庄重而文雅地打电话，请接线员帮我接通多年不见的这位或那位朋友的电话。

［……］

于是我把狗放出去，或者把它放进来，我们聊上几句。我让它知道我喜欢它，它也让我知道它喜欢我。它对芥子气和玫瑰花的气味并不介意。

"你没事儿，桑迪，"我想对狗说，"你知道，桑迪？你还好。"

有时候，我打开收音机收听波士顿或纽约的谈话节目。如果我喝得太多，我就无法忍受那些音乐。

无论早晚，只要我一上床，妻子就问我几点了。她老是想知道钟点。有时候，我不知道，我就说"我可不知道"。

有时候，我也会想起我所受的教育。二战后我在芝加哥大学待了一段时间。我是人类学系的学生。那时他们教育我们，人与人之间并没有绝对的差别。他们现在教的也许还是那一套。

他们还教导说，没有愚蠢的，或者坏的，或者可怕的人。我父亲在弥留之际对我说："你知道——你从未写过反派小说。"

语体、语类和风格

我告诉他，这是战后我从大学里学到的东西之一。

在学习人类学的时候，为了每周28美元的报酬，我担任了著名的芝加哥市新闻局的法制新闻记者。有一次，他们把我从夜班调到白班，因此我连续工作了十六个小时。我们得到了城里所有报纸以及美联社、合众社等的支持。我们采访了法院、警察局、消防局、密歇根湖沿岸警卫队等部门。

Text Sample 6.3　Toni Morrison, *Beloved*, 1988

"We could move," she suggested once to her mother-in-law.

"What'd be the point?" asked Baby Suggs. "Not a house in the country ain't packed to its rafters with some dead Negro's grief. We lucky this ghost is a baby. My husband's spirit was to come back in here? or yours? Don't talk to me. You lucky. You got three left.

Three pulling at your skirts and just one raising hell from the other side. Be thankful, why don't you? I had eight. Every one of them gone away from me. Four taken, four chased, and all, I expect, worrying somebody's house into evil." Baby Suggs rubbed her eye-brows. "My first-born. All I can remember of her is how she loved the burned bottom of bread. Can you beat that? Eight children and that's all I remember."

"That's all you let yourself remember," Sethe had told her, but she was down to one herself – one alive, that is – the boys chased off by the dead one, and her memory of Buglar was fading fast. Howard at least had a head shape nobody could forget. As for the rest, she worked hard to remember as close to nothing as was safe.

Unfortunately her brain was devious. She might be hurrying across a field, running practically, to get to the pump quickly and rinse the chamomile sap from her legs. Nothing else would be in her mind. The picture of the men coming to nurse her was as lifeless as the nerves in her back where the skin buckled like a washboard. Nor was there the faintest scent of ink or the cherry gum and oak bark from which it was made. Nothing. Just the breeze cooling her face as she rushed toward water. And then sopping the chamomile away with pump water and rags, her mind fixed on getting every last bit of sap off – on her carelessness in taking a shortcut across the field just to save a half mile, and not noticing how high the weeds had grown until the itching was all the way to her knees. Then something. The plash of water, the sight of her shoes and stockings awry on the path where she had flung them; or Here Boy lapping in the puddle near her feet, and suddenly there was Sweet Home rolling, rolling, rolling out before her eyes, and although there was not a leaf on that farm that did not make her want to scream, it rolled itself out before her in shameless beauty. It never looked as terrible as it was and it made her wonder if hell was a pretty place too. Fire and brimstone all right, but hidden in lacy groves. Boys hanging from the most beautiful sycamores in the world. It shamed her – remembering the wonderful soughing trees rather than the boys. Try as she might to make it otherwise, the sycamores beat out the children every time and she could not forgive her memory for that.

语篇样本 6.3　托妮·莫里森,《宠儿》, 1988

"我们可以搬家。"她向婆婆提建议。

"有什么意义吗?"芭比·萨格斯问。"在这个国度里,没有哪座房子不是从地板到房梁都充满了黑人死鬼的悲伤。我们还算幸运,死了的不过是个孩子。到底是我丈夫的魂儿能回来,还是你丈夫的魂儿能回来? 别跟我说这个。你够幸运的了。你还剩下了三个孩子呢。

剩下的三个牵着你的裙子,只有一个从阴间上来闹腾。感恩吧,为什么不呢? 我有过八个孩子。每个都离开了我。四个孩子被带走了,四个被追捕了,全部,我估计他们都在谁家闹鬼呢。"芭比·萨格斯揉了揉眉毛。"我的第一个孩子,我只记得她多么爱吃烤面包上的嘎巴儿。你受得了吗? 八个孩子,可我只记得这么点儿。"

"你只让自己记得这么点儿。"塞丝这样回答她,然而她独自一人——一个活着的人——儿子们让死鬼赶跑了,而她对巴格勒的记忆正迅速消失着。霍华德好歹还有一个谁也忘不了的头形呢。至于后来,她努力工作,记住没有什么是安全的。遗憾的是,她的想法飘忽不定。她正匆匆穿过一片田地,她几乎是在狂奔,赶到压水井那里,洗掉腿上的甘菊汁。她脑子里没有任何别的东西。那两个家伙来吃她奶水时的景象,已经像她后背上的神经一样了无生气,她背上的皮肤像搓衣板似的起伏不平。没有淡淡的墨水味儿或用来造墨水的樱桃树胶和橡树皮的味道。什么也没有。只有她奔向水井时吹凉了她脸庞的微风。然后她用破布和从水井里压出的水,浸湿甘菊,她全神贯注地把最后一滴汁液洗掉——由于粗心大意，仅仅为了少走半英里路，她抄近道穿过田野，直到膝盖刺痒，她才注意到野草已经长得这么高了。然后，她想起些什么。也许是水花飞溅的声音，她扔在路上七扭八歪的鞋袜，或者浸在脚边的水洼里的"嗨，小鬼"；接着，猛然间，"可爱的家"滚啊，滚啊，滚到她的眼前，尽管那个农庄里的一草一木无不令她失声尖叫，它仍然在她面前展现出无耻之美。它看上去从来不像实际那样恐怖，这使她怀疑，地狱是否也是个美丽的地方。地狱的磨难当然有，藏在花边状的树林里。孩子们吊死在世上最美丽的梧桐树上。这令她羞愧——她记住的是那些美妙的飒飒作响的树，而不是孩子们。她试图再做努力，但是梧桐树每次都击败了孩子们。她因而不能原谅自己的记忆。

> **Text Sample 6.4 Robert Ludlum, *The Icarus Agenda*, 1989**
>
> Kendrick felt a third presence but, turning in the chair, saw no one else on the deck of the pleasure yacht. Then he raised his eyes to the aft railing of the bridge. A figure stepped back into the shadows but not quickly enough. It was the excessively tall, deeply tanned contributor from Bollinger's library, and from what could be seen of his face, it was contorted in hatred.
>
> "Are all of the Vice President's guests on board?" he asked, seeing that the Mafioso had followed his gaze.
>
> "What guests?"
>
> "You're cute, Luigi."

"There's a captain and one crew. I've never seen either of them before."

"Where are we going?"

"On a cruise."

The boat slowed down as the beam of a powerful searchlight shot out from the bridge. The Mafia soldier unstrapped himself and got up; he walked across the deck and down into the lower cabin. Evan could hear him on an intercom, but with the wind and the slapping waves was unable to make out the words. Moments later the man returned; in his hand was a gun, a standard issue Colt .45 automatic.

语篇样本 6.4　罗伯特·勒德拉姆,《伊卡洛斯日程表》,1989

肯德里克感觉到又有一个人出现了,他转动椅子环顾四周,寻欢作乐的游艇的甲板上却空无一人。他抬眼向船尾附近桥梁的围栏望去。一个身影退回到阴影处,但动作并不快。那个身影就是布林图书馆的捐赠者,个子很高,皮肤深棕色,脸上露出仇恨。

"副总统的所有客人都在甲板上吗?"他问道。他发现有一个黑手党追随着他的目光。

"什么客人?"

"你真可爱,路易吉。"

"有一位船长和一位船员。我以前从来没见过他们。"

"我们去哪儿?"

6 语体、语类和风格的历史变迁

"巡航。"

当一束探照灯的强光从桥上照射过来的时候,船渐渐慢了下来。那个黑手党士兵解开安全带站了起来;他穿过甲板,走到下面的客舱。埃文能够听到他在对讲机里的声音,但是风声和海浪拍打船舷的声音,使他听不清楚内容。过了一会儿,那个士兵回来了,他手里拿了一把枪,一把标准的柯尔特.45自动手枪。

从语言学角度来看,这三位20世纪作家的作品在风格上存在一些有趣的差异。冯内古特模糊了叙事和谈话的界限,他的叙事性故事中有口语特征。例如,上面的语篇样本6.2就有典型的会话特征:

- 判断动词 *get*:

    ***I get** drunk*

    我喝醉酒

- 由并列连词连接的简单句:

    ***And** I let the dog out, **or** I let him in, **and** we talk some.*

    于是我把狗放出去,或者把它放进来,我们聊上几句。

- 以 *And* 开头的句子:

    ***And** then, speaking gravely...;* ***And** I let the dog out...,*

    然后我就庄重地说……;于是我把狗放出去……,

- 并列标记:

    *And we would cover the courts **and** the police stations **and** the Fire Department **and** the Coast Guard out on Lake Michigan **and** all that.*

我们采访了法院、警察局、消防局、密歇根湖沿岸警卫队等部门。

相比较而言，莫里森在小说的某个片段中会使用各种风格的句子。她写的对话是口语化的，表现了非裔美国黑人英语白话的许多特征；例如：

- *ain't*：

  Not a house in the country **ain't** packed to its rafters with some dead Negro's grief.

  在这个国度里，没有哪座房子不是从地板到房梁都充满了黑人死鬼的悲伤。

- 判断动词 *be* 的省略：

  We [0] lucky this ghost is a baby.... You [0] lucky.

  我们还算幸运，死了的不过是个孩子……你够幸运的了。

莫里森作品的叙述部分通常描写一个思维过程，而非一系列事件。她在这些片段中使用了许多短小的、包含一个小句的句子，通常很少或者不加任何修饰；例如：

Unfortunately her brain was devious. [...] Nothing else would be in her mind.

遗憾的是，她的想法飘忽不定。……她脑子里没有任何别的东西。

实际上，莫里森小说中的许多句子都是由没有主要动词的短语构成的：

Just the breeze cooling her face as she rushed toward water.

6 语体、语类和风格的历史变迁

> 只有她奔向水井时吹凉了她脸庞的微风。

有些句子甚至仅由一个或两个词(如 *Nothing. Then something.*)构成。不过,有时这些句子直接连接有多重小句的长复句。例如:

> Then something. The plash of water, the sight of her shoes and stockings awry on the path where she had flung them; or Here Boy lapping in the puddle near her feet, and suddenly there was Sweet Home rolling, rolling, rolling out before her eyes, and although there was not a leaf on that farm that did not make her want to scream, it rolled itself out before her in shameless beauty.
>
> 然后,她想起些什么。也许是水花飞溅的声音,她扔在路上七扭八歪的鞋袜,或者浸在脚边的水洼里的"嗨,小鬼";接着,猛然间,"可爱的家"滚啊,滚啊,滚到她的眼前,尽管那个农庄里的一草一木无不令她失声尖叫,它仍然在她面前展现出无耻之美。

最后,勒德拉姆小说的叙述部分通常由带有行为动词的小句组成,例如:

> he raised his eyes... A figure stepped back... The boat slowed down... The Mafia soldier unstrapped himself and got up; he walked across the deck...
>
> 他抬眼……一个身影退回……船渐渐慢了下来……那个黑手党士兵解开安全带站了起来;他穿过甲板……

然而无论如何,因为各个历史时期小说的主要交际目的都是叙

267

语体、语类和风格

述故事，因此，大多数小说中都频繁地出现叙述语言的特征，包括过去时动词、第三人称代词、专有名词、时间和地点状语、引语动词（如 *say*、*tell*、*ask*、*suggest*、*answer*）以及直接引语和间接引语等等。这些特征在现代小说和18世纪小说中都能找到。对比下面两个分别摘自《阿梅莉亚》和《伊卡洛斯日程表》的片段，叙述和对话的语言特征用下划线标出：

Text Sample 6.5　Comparison of eighteenth- and twentieth-century passages

[with "narrative" linguistic features underlined]

Amelia

When Amelia went out in the morning, she left her children to the care of her husband. In this amiable office he had been engaged near an hour; and was at that very time lying along on the floor, and his little things crawling and playing about him, when a most violent knock was heard at the door...

For, before he arrived at the shop, a gentleman stopt him full butt, crying, "captain, whither so fast?" – Booth answered eagerly, "whoever you are, friend, don't ask me any questions now." – "You must pardon me, captain," answered the gentleman...

The Icarus Agenda

Kendrick felt a third presence but, turning in the chair, saw no one else on the deck of the pleasure yacht. Then he raised his

6 语体、语类和风格的历史变迁

> eyes to the aft railing of the bridge. A figure stepped back into the shadows but not quickly enough. It was the excessively tall, deeply tanned contributor from Bollinger's library, and from what could be seen of his face, it was contorted in hatred.
>
> "Are all of the Vice President's guests on board?" he asked, seeing that the Mafioso had followed his gaze...

151

语篇样本 6.5　18 世纪小说和 20 世纪小说的片段对比

[英文语篇样本中, "叙述"的语言特征用下划线标出]

《阿梅莉亚》

　　阿梅莉亚早上出门的时候, 把孩子们交给丈夫照料。在这个温馨的地方, 他忙了将近一个钟头; 他躺在地板上, 他的小家伙们爬着, 和他玩耍着, 这时他听到了极为猛烈的敲门声……

　　因为在他到达那个店铺之前, 有位先生和他迎面相撞, 拦住了他, 大声喊道: "上尉, 您跑这么快干嘛?" 布思急切地答道: "不论您是谁, 朋友, 现在都不要问我任何问题。""上尉, 您一定得原谅我," 那位先生答道……

《伊卡洛斯日程表》

　　肯德里克感觉到又有一个人出现了, 他转动椅子环顾四周, 寻欢作乐的游艇的甲板上却空无一人。他抬眼向船尾附近桥梁的围栏望去。一个身影退回到阴影处, 但动作并不快。那个身影就是布林图书馆的捐赠者, 个子很高, 皮肤深棕色, 脸上露出仇恨。

"副总统的所有客人都在甲板上吗？"他问道，他发现有一个黑手党追随着他的目光。

因此，尽管这些语篇的风格不同，但是它们都属于普遍的小说体，具有相同的普遍的交际目的以及与之相对应的许多语言特征。

6.2.3　18世纪小说与现代小说普遍的风格差异

在前面的章节中，我们区别了语体和风格。语体特征是具有一定功能的、普遍的语言特征；也就是说，语体特征之所以频繁出现，是因为它们符合该语体中语篇的情景语境和交际目的。风格特征虽然与普遍的语言特征很相似，但是它们与功能并无直接的关系，更确切地说，反映的是作者对语言的态度、审美或艺术偏好。因此，尽管同一语体的语篇具有相同的情景语境和交际目的，但是我们还是可以从它们的语言风格来区分的。

小说是区分语体和风格的最好例证。从语体视角来看，大多数小说都有"叙述"的语言特征（如过去时动词、完成体、第三人称代词、时间状语），这与小说讲述过去发生的事件的交际目的有直接的功能联系。同时，小说中还有大量的风格变异，正如第5章和6.2.2小节所描述的那样，出于审美或态度的原因，不同的作者偏好使用某些特定的语言特征。

我们还可以对不同历史时期小说的典型语言风格进行对比。也就是说，某些语言特征之所以在不同历史时期成为人们的偏好，并不是因为这种语体的交际目的发生了变化，而是因为那些语言特征更符合当时人们对"好"风格的普遍看法。

6　语体、语类和风格的历史变迁

18世纪小说和20世纪小说最显著的差异主要体现在拼写和对词语的选择上。这个差异实际上是英语语言变化的结果，而不是风格偏好的变化。例如，菲尔丁小说片段中（前面的语篇样本6.1）就有一些现在已不再使用的语言形式，如用 *stopt* 而不用 *stopped*；用 *a footman **acquainted him that**...* 而不用 *told* 或 *informed him*；提问用 ***whither** so fast?* 而不用 *where are you going so fast?*

然而，这两个时期的小说在典型的语言特征上还存在一些更普遍的差异。这种普遍差异反映的不是语言系统本身的变化，而是作者对语言系统所提供资源的使用方式的变化。典型的18世纪小说与现代小说最重要的差异也许就在于句法的复杂性。句子长度就是一个差异度量。表6.1对比了语篇样本6.1—6.4叙事部分的句长。

表6.1　语篇样本6.1—6.4叙事部分句子长度的对比情况

小说	平均句长	最长的句子	最短的句子
18世纪：菲尔丁	42	95	12
20世纪：冯内古特	15	25	6
20世纪：莫里森	20	70	1
20世纪：勒德拉姆	18	25	11

菲尔丁是一位18世纪的作家，他在小说中使用了比现代小说更长的句子。菲尔丁小说中最长的句子有95个词，而这绝不是非典型的：语篇样本6.1中的其他5个句子也都超过了60个词。冯内古特则是另一个极端的代表，他的小说平均句长仅为15个词。这种模式体现了他的口语化叙事风格，如同叙述者

在讲口头故事。其他两部20世纪小说的句子长度同样也都比菲尔丁的小说短。勒德拉姆小说的平均句长为18个词，而且句长的变化相对较小。莫里森小说的风格则完全不同，有的句子有70个词，其他句子则只有1—2个词。实际上，她喜欢交替使用不同长度的句子。例如，语篇样本6.3里的那个长段落（第三段），其中各句的长度如下：

句序	句长（词）	句序	句长（词）
1	33	10	11
2	10	11	57
3	16	12	2
4	5	13	70
5	23	14	20
6	7	15	10
7	25	16	10[①]
8	20	17	12
9	1	18	25

因为有这种长短交替的变化，所以莫里森小说的平均句长与冯内古特、勒德拉姆大致相同；相比之下，菲尔丁小说的平均句长则要长很多。

句长上的这种差异并不是这三位作者所独有的特点，而是18世纪和20世纪小说典型的语言风格差异的反映。因此，跟踪探讨几十年来语言风格从一端到另一端的渐次演变是可能的。表6.2列出了这个时期一些小说的平均句长。可以看出，虽然

---

① 原著遗漏了原句长中的数字"10"。现已更正。——译者

6 语体、语类和风格的历史变迁

在任何特定的历史时期，小说的平均句长都会有一些变化，但是从笛福的超长句子到冯内古特和贝洛的短句，进展还是非常稳定的。

表 6.2　不同历史时期小说叙事话语句长的对比
（基于每部小说叙事话语大约 500 个词的样本）

时间	作者	小说	平均句长
1720	丹尼尔·笛福	《聋哑人坎贝尔传》	144
1720	威廉·皮茨（William Pitts）	《牙买加夫人》	44
1736	伊丽莎·海伍德（Eliza Haywood）	《伊沃艾公主历险记》	74
1751	亨利·菲尔丁	《阿梅莉亚》	42
1764	霍勒斯·沃波尔（Horace Walpole）	《奥特兰托城堡》	27
1778	克拉拉·里夫（Clara Reeve）	《英国老男爵》	40
1818	简·奥斯汀（Jane Austen）	《劝导》	28
1828	戴维·莫伊尔（David Moir）	《曼思·沃克传》	24
1850	赫尔曼·梅尔维尔（Herman Melville）	《白外衣》	27
1880	爱德华·贝拉米（Edward Bellamy）	《海顿霍夫医生的疗法》	26
1897	斯蒂芬·克莱恩（Stephen Crane）	《第三朵紫罗兰》	18
1923	P. G. 沃德豪斯（P. G. Wodehouse）	《天下无双的吉夫斯》	25
1969	库尔特·冯内古特	《第五号屠宰场》	15
1970	索尔·贝洛	《赛穆勒先生的行星》	13
1977	P. D. 詹姆斯（P. D. James）	《专业证人之死》	16
1988	托妮·莫里森	《宠儿》	20
1989	罗伯特·勒德拉姆	《伊卡洛斯日程表》	18

在很大程度上，18世纪小说和20世纪小说之间的差异反映了标点符号用法的不断变化——尤其是冒号和分号在较早历史时期的广泛使用。例如，在1720年笛福的小说中，下面这样的句子非常普遍：

> **Text Sample 6.6 Daniel Defoe, *The Life and Adventures of Duncan Campbell*, 1720**
>
> One day, I remember, when he was about nine years of age, going early to the house where he and his mother lived, and it being before his mother was stirring, I went into little Duncan Campbell's room to divert myself with him, I found him sitting up in his bed with his eyes broad open, if it had not been for a lively beautiful colour which the little pretty fair silver-haired boy always had in his cheeks, as if he had been quite dead; he did not seem so much as to breathe; the eyelids of him were so fixed and immoveable, that the eyelashes did not so much as once shake, which the least motion imaginable must agitate; not to say that he was like a person in an ecstacy, he was at least in what we commonly call a brown study, to the highest degree, and for the largest space of time I ever knew.

语篇样本 6.6　丹尼尔·笛福,《聋哑人坎贝尔传》, 1720

在邓肯·坎贝尔大约九岁时，记得有一天，我早早地去了他和他妈妈住的地方，在他妈妈开始忙碌之前，我走进小邓肯·坎贝尔的房间，和他一起玩儿，我看见他睁大眼睛坐在床上，如果不是因为这个美丽的银发小男孩儿双颊上活泼美丽的肤色，我还以为他死了呢；他看起来呼吸微弱；眼睑固定不动，睫毛也一动不动，连这个能想到的最小的动作都没有；这并不是说他像一个沉湎于幻想中的人，但至少是一个被我们通常称为发呆的人，我从未见过发呆程度如此之深的人。

在这个语篇样本中，标点符号的使用方法与现代小说完全不同。分号通常出现在现代小说作家使用句末标点的地方；简单的逗号用于分隔那些表达不同意义的、完整的独立小句（例如 *I went into little Duncan Campbell's room to divert myself with him, I found him sitting up in his bed*）；而这些小句在现代小说中均被视为单独的句子。在18世纪的小说中，句点（.）几乎像是一个段落的标记，而不是一个句子的标记。笛福小说的这个片段与语篇样本6.1中菲尔丁的小说类似，经常自由地使用分号构建很长的句子。

然而，18世纪小说句法的复杂性超出了标点符号的用法。它与现代小说最重要的差异是名词短语的句法复杂性。在18世纪小说中，名词短语倾向于有许多修饰语，特别是关系小句。在这种风格的小说中，作者在名词短语中嵌入描述性细节作为名词修饰语，而不使用单独的小句。例如，我们仍以菲尔丁的小说《阿梅莉亚》（语篇样本6.1 C和D）为例来说明这一点，所有关系小句用下划线标出。

Notwithstanding the pleasantry <u>which Booth endeavoured to preserve</u>, he in reality envied every labourer <u>whom he saw pass by him in his way</u>. The charms of liberty against his will rushed on his mind; and he could not avoid suggesting to himself, how much more happy was the poorest wretch <u>who without control could repair to his homely habitation, and to his family</u>; compared to him, <u>who was thus violently, and yet lawfully torn away from the company of his wife and children.</u> And their condition, especially that of his Amelia, gave his heart many a severe and bitter pang.

At length he arrived at the bailiff's mansion, and was ushered into a room; <u>in which were several persons</u>. Booth desired to be alone, upon which the bailiff waited on him up stairs, into an apartment, the windows <u>of which were well fortified with iron bars</u>; but the walls had not the least outwork raised before them; they were, indeed, what is generally called naked, the bricks having been only covered with a thin plaister, <u>which in many places was mouldered away</u>.

虽然布思努力使自己保持礼仪，但是实际上他还是很羡慕那些映入眼帘的从他身旁走过的每一位工人。对自由的渴望不由自主地涌上心头，他不禁想到，那些最穷的可怜人能够自由地回到自己的陋室跟家人团聚，多么幸福；而他却被如此粗暴却又合法地带走，被迫离开妻儿；想到妻儿的处境，特别是阿梅莉亚的处境，他心中阵阵剧痛。

终于到了法警大楼，他被领进了一个房间，房间里面已经有几个人了。布思要求独自一个人待着，法警就

6 语体、语类和风格的历史变迁

把他领上了楼,走进一个窗子上装有铁栅栏的房间;然而墙壁却没有起码的外垒,确实如人们通常所说的那样光秃秃的;砖上只涂了一层薄薄的灰泥,许多地方已经腐烂脱落了。

相比之下,现代小说在很大程度上更依赖于单独的小句,虽然名词短语并没有那么复杂。例如,在上文冯内古特小说的片段(语篇样本 6.2)中,就只有两个带关系小句的名词短语:

I ask the telephone operators to connect me with this friend or that one, from whom I have not heard in years.

I told him that was one of the things I learned in college after the war.

请接线员帮我接通多年不见的这位或那位朋友的电话。

我告诉他,这是战后我从大学里学到的东西之一。

在上文提到的勒德拉姆小说的片段中,没有关系小句,只有一个较复杂的名词短语,这是一个由同位语修饰的名词短语:

in his hand was a gun, a standard issue Colt .45 automatic

他手里拿了一把枪,一把标准的柯尔特 .45 自动手枪

现代小说倾向于使用更简单的句法——更多的动词和简单小句,取代复杂的名词修饰语。描写性细节往往出现在状语中,而不再嵌入在名词短语中。例如,我们以勒德拉姆的小说片段为例来说明这一点,动词用**粗体**标出,状语用下划线标出:

Kendrick **felt** a third presence but, **turning** in the chair, **saw** no one else on the deck of the pleasure yacht. Then he **raised** his eyes to the aft railing of the bridge. A figure **stepped** back into the shadows but not quickly enough.

[...]

The boat **slowed** down as the beam of a powerful searchlight **shot** out from the bridge. The Mafia soldier **unstrapped** himself and **got up**; he **walked** across the deck and down into the lower cabin. Evan could **hear** him on an intercom, but with the wind and the slapping waves **was** unable to **make out** the words. Moments later the man **returned**; in his hand **was** a gun...

肯德里克感觉到又有一个人出现了,他转动椅子环顾四周,寻欢作乐的游艇的甲板上却空无一人。他抬眼向船尾附近桥梁的围栏望去。一个身影退回到阴影处,但动作并不快。

[……]

当一束探照灯的强光从桥上照射过来的时候,船渐渐慢了下来。那个黑手党士兵解开安全带站了起来;他穿过甲板,走到下面的客舱。埃文能够听到他在对讲机里的声音,但是风声和海浪拍打船舷的声音,使他听不清楚内容。过了一会儿,那个士兵回来了,他手里拿了一把枪……

18 世纪小说和现代小说在典型的语言风格上还存在着其他差异。在本章的练习部分,你可以探讨一下这些历史时期的小说在对话语言上的差异。

总之,这部分我们讨论了单一语类和语体内的历史变异和变迁，也就是说，在过去的三个世纪里，小说的语篇规约和交际目的基本保持不变，我们可以将18世纪小说和现代小说看作是同一种普遍的语类。从语体视角来看，在频繁使用与叙事有关的语法手段、间接引语、直接的对话描写（例如过去时动词、第三人称代词、引述句）方面，各个时期的小说都很相似。当然，这个时期小说典型的语言风格还是有显著变化的。下一小节我们将讨论这些语言变化的社会语境。

6.2.4　18世纪小说和现代小说的社会语境

上文论证了我们可以将18世纪小说和现代小说视为同一种普遍语类和语体，然而同时这些不同时期小说典型的语言风格也已经发生了系统的变化。例如，18世纪小说的语言风格精致繁复，使用长句和复杂的名词短语，而20世纪小说的语言风格则改变为通常依赖于动词、简短小句和状语的简约风格。

我们曾在第5章中说过，一位独立的作者为获得特定的文学或艺术效果可以对语言风格进行选择。相比较而言，这里的语言差异指某个时期作者共同采用某种风格而形成的普遍模式。在18世纪的作者中模式泛化更为普遍，作为一个群体，他们更倾向于采用一种比现代作家更为精致繁复的风格（而现代作家偏好的诸多风格，则表现出更大的变异性）。

在这一点上，我们可以提出一个非常明显的问题：这是否只是简单地反映了审美偏好的风格差异，还是在某种程度上反映了由语言之外的语境变化而带来的语体差异？也就是说，在这两个历史时期之间是否存在着与文学风格偏好的变化相对应的社会/情景差异？

  一个可能产生影响的重大变化是目标受众。18 世纪初，只有极少数成年人具有读写能力，主要是上层社会成员或贵族。然而，18 世纪是一个社会剧变的时期，文化普及至中产阶层。因此，到 18 世纪末，50% 以上的英国成年人都具备了基本的读写能力。19 世纪，随着大众教育的兴起，大多数人也都具备了读写能力。因为人口统计学上的这些变化，所以与较早时期相比，19 世纪和 20 世纪的小说是为更广泛的读者而写的。

  然而，更重要的变化是人们对好风格态度的改变。由于新的科学研究方法的出现，这种态度早在 17 世纪就已经发生了改变（参见下文 6.3 节）。例如，1667 年斯普拉特（Sprat）在《英国皇家学会史》(*History of the Royal Society*) 一书中，赞扬了"朴实无华"的散文风格，用"原生纯正的和简短的"方式来介绍信息。相比之下，斯普拉特批评了所有"堆砌、跑题和冗长的风格"，他总结为"雄辩术是一种对和平和礼貌致命的东西，应将其从所有文明社会逐出"。

  虽然这种观念早在 17 世纪末和 18 世纪初就被科学研究人员所接受，但是文学作者则需要更长的时间来改变他们偏好的风格。不过，18 世纪末和 19 世纪初的人们产生了更广泛的自然哲学兴趣和被认为是"自然"的语言风格的普遍偏好。这种偏好也得到了众多评论家的认可。例如，1800 年华兹华斯（Wordsworth）在其颇具影响的《抒情歌谣集》(*Lyrical Ballads*) 的序言中说，他试图用"人们实际使用的语言"，也就是用简单的、不复杂的表达方式来表达感情和思想，而非早期作者所使用的"随意而多变的表达习惯"。同样，黑兹利特（Hazlitt）在1822年写道："相对于华丽或矫揉造作的修辞，根据作者的思想而调整的语言表达更贴近作者的原意……我讨厌任何没用的废话。"

18世纪和20世纪之间小说语言的变化，反映了人们对语言的态度的变化。因此，在这几个时期，小说朝着更简约、更口语化的风格稳步发展。在这个案例中，这些语篇都属于同一种普遍的语类和语体——小说——在语篇规约、交际目的和相关语言特征的基本层次上显示出相似性。当然，18世纪和20世纪小说的典型语言风格已经发生了变化，这种变化与这两个历史时期人们对好风格的态度的差异有关。

下一节我们将讨论历史变化更显著的例子：在基本交际目的和典型语言风格上都有了变化的科研文章。

6.3 历史变化 II：科研文章

如今研究性著作很常见：图书馆里到处都是致力于科学研究的书籍和学术期刊。然而，在17世纪和18世纪，情况则完全不同，当时的科学家很少有发表研究成果的地方。在这个时期，最有影响力的英语科学杂志也许就是伦敦的《英国皇家学会哲学会刊》（Philosophical Transactions of the Royal Society of London，简称PTRS）了。皇家学会成立于1660年，旨在促进"物理–数学学习"。从一开始，学会就关注"体验式学习"，追随弗朗西斯·培根倡导的自然的第一手实证研究，反对那些参照亚里士多德学派的哲学体系，试图从更普遍、更抽象的角度描述自然现象的早期学者。

为传播实证研究的成果，学会于 1665 年开始出版《哲学会刊》(*Philosophical Transactions*，即 PTRS）。如上所述，该刊可以说是 17 世纪和 18 世纪科学研究领域中最具影响力的科学研究档案。然而，对于我们的目的来说，更重要的是该刊从 1665 年至今一直连续出版，并始终保持着它的影响力。

下文所选语篇样本均为发表在《英国皇家学会哲学会刊》上的科研文章。然而，几个世纪以来，这些文章的语篇规约已经发生了很大变化，它们是否还应该被视为同一个语类呢？同样，从语体视角来看，随着交际目的和目标读者的改变，这些科研文章中频繁使用的语言特征也有了显著的变化。以下各小节将在对英语历史语体代表语料库中科研文章分析（参见 Atkinson 1992, 1996, 1999）的基础上，从语类和语体两种视角对这些历史模式进行描写。

6.3.1 科研文章的历史变迁：语类视角

除了发现新的科学情报外，早期的英国皇家学会还提出了一个伟大的主张：实证研究优于一般哲学讨论。因此，《英国皇家学会哲学会刊》上的早期文章大多叙述某个具体的科学事件，或描写特定的科学现象，它们都是研究者通过观察得来的第一手资料。许多文章都是纯粹描述性的，是作者对他们从自然中观察到的自然现象的描写。例如，请看语篇样本 6.7。

Text Sample 6.7 J. Beal, ... *upon Frosts in some parts of Scotland*, 1675

But to return to our Vulgarities, which may chance to have the richest usefulness or pertinence to our inquiries. In the sharpest Frost, that I have known these many years, the ground having been also some daies cover'd with Snow, I saw a small stream (no bigger than might run from the mouth of an ordinary quart Bottle, as now we have them of green Glass,) sliding merrily, and smoking all the way over the lawns: I could not discern, that any Snow had fallen within five or six foot no each side; if it did, none remained there, and so far the Grass at that time, about Christmas, was as green as any Leek, and the Frost (so far) apparently dissolved: Of this I then wrote to our Worthy friend Mr. Evelyn, not for any wonder, (for perhaps there are or may be thousands of such smoking Streams in England,) but only representing, How such a Stream may warm a mansion, and cherish tender evergreens well sheltered from winds, and flowry Gardens, all the hard Winter, and do us better service in an extream hot Summer. I have been perplext in observing myself, an hundred times, the difference of Heat and Cold between two Villages, within a mile of each other, where we could discern no disparity of Hills or Rivers; only the Springs in the one were all shallower, in the other some were deeper. In a large Tract of Land the surface was of so hot a ferment, that at every step I trod up to

> my ankles. I caused it to be examined by the Spade, and found it, as far as I tried here and there, at a foot depth, as thick set with Pibble-stones as if a Causey had been pitcht there...
>
> [ARCHER Corpus]

语篇样本 6.7　J. 比尔,《……关于苏格兰某些地方的霜冻》, 1675

对我们的研究来说, 俗语可能是最具实用性或针对性的。言归正传, 在我所知道的这些年来所经历的最严重的霜冻中, 地面被积雪覆盖, 我看见一条小溪 (它并不比从一个普通的一夸脱的瓶口流出的水流大, 就像现在我们的绿色玻璃瓶口一般大) 欢快地流淌着, 一路冒着水汽穿过草地: 我不太确定, 两边的积雪可能有五六英尺厚; 如果是这样, 那儿应该什么也没有, 可是在那时, 大约圣诞节的时候, 那些草还像韭葱一样翠绿, 霜 (到目前为止) 显然已经融化: 然后我就这个问题给尊敬的朋友伊夫林先生写了封信, 不是因为惊奇 (因为英格兰也许有成千上万条这种冒着水汽的小溪), 而仅仅是为了描绘。这样的小溪可以温暖一座大厦, 保护纤弱的常绿植物免受风害, 在严冬时保护花圃, 在酷暑中为我们带来清凉。我对这两个相距仅有一英里的村庄之间的冷热差异, 无数次地感到困惑; 我们可以看出它们的丘陵或河流并没有差异, 只是一个村庄的泉水比较浅, 另一个的则比较深。大片土地的表面如同经过热发酵般松软, 我每走一步, 脚都会陷入其中。我用铲子给它检查, 到处试试, 它只有一英尺深, 与筑坝的卵石层的厚度差不多。

[英语历史语体代表语料库]

6 语体、语类和风格的历史变迁

在早期的其他研究中,科研人员在做科学实验时,都会有意操控自然现象。在这种情况下,文章就要详细地描述实验程序(语篇样本 6.8)。

Text Sample 6.8 Cristiaan Hugyens and M. Papin, Some Experiments made in the Air Pump upon Plants, 1675

I took one day a small Recipient shaped like that, described formerly, and instead of an Iron wire, I passed into the little hole a sprig of a known Plant, which was Baulme, so as that the Top of the plant was within the Recipient, and the Roots without. Then I closed the rest of the hole with cement, that so I might keep it void a good while: But because I was not willing, that it should embarass the Engin, 'twas necessary to find a means of taking it away when exhausted. For that purpose I used the following method, which is very sure and very commodious, and which hath served me for many other Experiments hereafter to be related.

The method was this: I caused the edges of the side Orifice of my Recipient to be well ground, so as that being applyed, it every where touches the glass-plate, which had also been very smoothly ground to serve for a cover to the same; and I spread a piece of Lambskin wetted over the said plate, and having thus applied it to the Engin, I put my Recipient over it: But in one place there was a Hail-shot of lead, which kept the Receiver from

> being exactly applied to its cover, that so the Air might more freely get out. And having afterwards whelmed another great Receiver over all, I caused the Pump to be plyed. All being well evacuated, I shook the Engin, so as that the little Receiver fell off from the Hail-shot, and stood every where close to the skin, expanded over the cover of the Glass-plate.
>
> [ARCHER Corpus]

语篇样本 6.8　克里斯蒂安·惠更斯和 M. 帕平,《对气泵中植物的实验》, 1675

我用了一天时间做了一个以前描述过的小容器,我把一根众所周知的植物——白壳杨的小枝,而不是铁丝,放进了小孔里,因此它的顶部在容器里,根部在容器外。然后我用胶封闭了小孔的其余部分,所以我能保证它长久地处于真空状态;但是因为我不希望它妨碍发动机工作,因此,当装置耗尽时,有必要想办法把它取走。为到达这个目的,我采用了下面的方法,这种方法既可靠又便利,我在此后的许多相关实验中也采用了这种方法。

这种方法是这样的:我把容器的侧孔边缘打磨光滑,以便使用,这样每一处都能与玻璃板吻合,这个玻璃板也被磨平,用作容器的盖子;我把一块浸湿的羊皮铺在玻璃板上,这样就可以把它用到我的发动机上,我把容器放在发动机上面:但是在某处,有一个铅制弹球能使容器与盖子保持距离,这样空气也许能更自由地出来。然后我在这个容器上面罩上一个更大的容器，让泵工作。在所有的空气都被排空之后，我摇晃发动机，这样小容器就从铅制弹球上掉下来，停留在羊皮附近，散落在玻璃板的盖子上。

[英语历史语体代表语料库]

从语类视角来看，此类文章的许多作者在给《英国皇家学会哲学会刊》写稿时，都采用了信函的语篇规约，即以称呼语"Sir"开头，以程式化结束语收尾（如 *Your humble Servant*）。不过这些规约对语篇主体的影响并不大，文章通常很快就转移到对科学现象的描写。例如，前面的语篇样本 6.7 就是以信函形式开头的，我们将其作为语篇样本 6.9：

Text Sample 6.9　J. Beal, ...*upon Frosts in some parts of Scotland*, 1675

Sir,

　　It may seem, by the curious Remarks sent to you from Scotland that we are yet to seek out the Causes and original Source, as well as the Principles and Nature, of Frosts. I wish, I were able to name all circumstances that may be causative of Frosts, Heats, Winds, and Tempests. I know by experience, that the situation of the place is considerable for some of these; but after much diligence and troublesome researches, I cannot define the proximity or distance, not all the requisites, that ought to be concurrent for all the strange effects I have observ'd in them.

[ARCHER Corpus]

语篇样本 6.9 J. 比尔，《……关于苏格兰某些地方的霜冻》，1675
先生：

从给您的那封寄自苏格兰的充满求知欲的信函可以看出，我们仍在寻找霜冻的原因和原始资料及其原理和本质。我希望能够确定可能引起霜冻、酷暑、狂风和暴雨的所有环境因素。根据我的经验，那个地方的情况值得重视；但是经过不懈努力以及大量烦琐的研究之后，在所有因素中，我仍不能确定的是距离的远近，它应该是和我观察到的奇怪现象同时出现的。

[英语历史语体代表语料库]

同样，语篇样本 6.10 也是信函式文章，它以称呼语开头，但马上转入对特定科学问题的讨论：

Text Sample 6.10 Dr. Nettleton, Observations concerning the height of the barometer, 1725

SIR,

Being curious to learn by Observation, how far the Mercury will descend in the Tube at any given Elevation, for which there is sufficient Opportunity hereabouts, I proposed to take the Altitude of some of our highest Hills; but, when we attempted it, we found our Observation so disturbed by Refractions, that we cou'd come to no Certainty. Having measur'd one Hill of considerable height, in a clear Day, and observed the Mercury at the Bottom and at the Top, we found, according to that Estimation, that about 90 Feet, or upwards, were required to make the Mercury fall one Tenth of an Inch; ...

[ARCHER Corpus]

6 语体、语类和风格的历史变迁

语篇样本 6.10 内特尔顿博士,《关于气压计高度的观察》, 1725
先生:

我想通过观察来了解气压计中的汞柱在特定的海拔高度时将下降多少,在这一带我们有足够的机会,我建议在我们这里海拔最高的山上测量;然而当我们尝试时,发现我们的观察受到折射的干扰,我们无法确定观察结果。在一个晴朗的日子里,我们测量了一座很高的山,分别在山脚和山顶观察了汞柱,我们发现,根据估算,汞柱每下降 1/10 英寸,海拔就上升约 90 英尺或以上。

[英语历史语体代表语料库]

这些信函式文章除了以称呼语开头、以程式化的结束语结尾之外,在题材和语言风格上与《英国皇家学会哲学会刊》其他早期的文章几乎是相同的。

在整个 18 世纪,科研文章都遵循同样的语篇规约,然而到了 19 世纪早期,这种公认的语篇规约有了更大的变化。在 19 世纪早期的《英国皇家学会哲学会刊》中,一些文章继续采用信函的规约,例如样本 6.11:

Text Sample 6.11 Samuel Hunter Christie, On the magnetism developed in copper, 1825

Dear Sir,

[A] As you inform me that you are drawing up an account of your magnetical experiments, I send you a brief account of those which I have made: they may possibly bear upon some of the points which you have had under consideration; and in this case you will not be displeased at being able to compare independent results.

[B] After having made experiments with a thin copper disk suspended over a horse-shoe magnet, similar to those I witnessed at Mr. BABBAGE'S, I made the following.

[C] A disk of drawing paper was suspended by the finest brass wire (no. 37) over the horse-shoe magnet, with a paper screen between. A rapid rotation of the magnet (20 or 30 times per second) caused no rotation in the paper, but it occasionally dipped on the sides, as if attracted by the screen, which might be the effect of electricity excited in the screen by the friction of the air beneath it.

A disk of glass was similarly suspended over the magnet: no effect produced by the rotation.

A disk of mica was similarly suspended: no effect.

The horse-shoe magnet was replaced by two bar magnets, each 7.5 inches long, and weighing 3 oz. 16 dwt. each, placed horizontally parallel to each other, and having their poles of the same name contiguous. These produced quick rotation in a heavy disk of copper 6 inches in diameter, and suspended by a wire, No. 20.

[ARCHER Corpus]

6 语体、语类和风格的历史变迁

语篇样本 6.11 塞缪尔·亨特·克里斯蒂,《论铜的磁性》,1825

亲爱的先生,

[A] 您告诉我说,您正在草拟磁性实验报告,于是我发给您一篇关于我的实验的简短报告:它们可能与您考虑的一些要点有关;在这种情况下,您将乐于比较这些不相干的人提供的结果。

[B] 我做过一个将薄铜盘悬挂于马蹄形磁铁上方的实验,它和我见过的巴比奇先生的实验类似,我做了以下实验:

[C] 用最好的铜丝(37号)将一个用绘图纸做的圆盘悬挂于马蹄形磁铁上方中间隔上纸屏幕。磁铁的快速旋转(20或30次/秒)虽然没有使得圆盘旋转,但是它的两侧偶尔下倾,仿佛被纸屏幕吸引,这可能是由于它下面空气的摩擦在纸屏幕上产生的电击效果。

将一个玻璃圆盘以同样的方式悬挂于磁铁上方:旋转没有产生效果。

将一个云母石圆盘以同样的方式悬挂:无效。

用两根各长7.5英寸,重3盎司16本尼威特的条形磁铁代替马蹄形磁铁,将它们彼此水平平行放置,同极相邻,将一个直径6英寸的铜圆盘用一根20号铜丝悬挂,这样圆盘就会快速旋转。

[英语历史语体代表语料库]

在这篇文章中,实际上作者以直接写给编辑的段落[A]开头,他直接用 *you* 称呼编辑。接着是一个短小的以第一人称叙述的段落[B],说明文中的研究是作者所为,即 *I made the following*。然而，从段落［C］开始，文章风格发生了明显的改变，完全没有再提作者；而是将焦点转向研究对象和发生的事件。从语言学的角度来看，这个焦点的转变是用以下两种方式完成的：

第一，使用无施事的被动句，而非主动句：

  A disk of drawing paper was suspended...
  A disk of glass was similarly suspended...
  The horse-shoe magnet was replaced...
  将一个用绘图纸做的圆盘悬挂于……
  将一个玻璃圆盘以同样的方式悬挂于……
  ……代替马蹄形磁铁

第二，在主动语态小句中常使用无生命主语，而不以人为主语：

  A rapid rotation... caused no rotation
  it [i.e. the "paper"] occasionally dipped on the sides
  These [i.e. the "two bar magnets"] produced quick rotation
  快速旋转……没有使得（圆盘）旋转
  它［即"纸"］的两侧偶尔下倾
  这些［即"两根条形磁铁"］引起了（圆盘的）快速旋转

虽然从19世纪初起，其他文章已不再遵循信函的语篇规约，但是它们却遵守着同样的修辞序列：以第一人称开始叙事，然后转为对研究步骤和结果的客观陈述（如下文的语篇样本6.12）。这些文章为客观呈现信息而使用了两种相同的语言手段(无施事的被动句和无生命主语)。因此,在语篇样本6.12中,我们注意到第一人称叙事在段落[A]和段落[B]之间的突然转换,如 *I shall be able to prove*,而段落[C]的第一句就使用了无生命主语——*This enquiry has...*,二者之间的转换非常突然。段落[D]又进一步转换为使用被动语态,如 *The ova... which have been selected... are found...* 在这一段中,作者还使用了无定人称代词 *we* 泛指实施这些步骤的任何人。

> **Text Sample 6.12 Everard Home, Observation on the changes the ovum of the frog undergoes during the formation of the tadpole, 1825**
>
> [A] In the year 1822, I laid before the Society a series of observations on the progress of the formation of the chick in the egg of the pullet, illustrated by drawings from the pencil of Mr. Bauer, showing that in the ova of hot-blooded animals the first parts formed are the brain and spinal marrow. I have now brought forward a similar series on the progress of organization in the ova of cold-blooded animals, illustrated in the same manner by microscopical drawings made by the same hand.
>
> [B] By comparing together the first rudiments of organization in the ova of these very distinct classes of animals, I shall be able to prove that, in both, the same general principle is employed in the formation of the embryo.

[C] This enquiry has its interest considerably encreased, by the ova not being composed of similar parts.

[D] The ova of the frog, which have been selected for this investigation, are found to have no yelk. If we examine these ova in the ovaria in which they are formed, we find them to consist of small vesicles of a dark colour; when they enter the oviducts they enlarge in size, and acquire a gelatinous covering, which increases in quantity in their course along those tubes; but the ova can neither be said to have acquired their full size, nor to have received their proportion of jelly, till they arrive at a cavity close to the termination of each oviduct, formed by a very considerable enlargement of those tubes, corresponding, in many respects to the cloaca in which the pullet's egg is retained till the shell becomes hard.

[ARCHER Corpus]

语篇样本 6.12 埃弗拉德·霍姆,《对青蛙的卵细胞在发育成蝌蚪过程中变化的观察》,**1825**

[A] 1822年,我提交给学会的是,通过对小鸡在蛋壳中孵化过程的一系列观察,我提出恒温动物在卵中首先形成的是大脑和脊髓,这由鲍尔先生的铅笔画插图呈现出来了。现在我提出一个类似的系列假说——关于冷血动物卵的形成过程,该假说同样通过鲍尔先生显微镜的绘图来说明。

6 语体、语类和风格的历史变迁

[B] 通过对比这些不同种类动物的卵细胞组织的雏形，我将能够证明，这两类动物胚胎形成的普遍原理是相同的。

[C] 调查越来越有趣，因为这两类动物的卵细胞并不是由相似的部分构成的。

[D] 本研究选择青蛙卵作为调查对象，我们发现青蛙卵没有卵黄。如果我们仔细观察在卵巢中形成的卵子，我们就会发现它们由深色的小囊泡组成；当它们进入输卵管后就变大了，并有了一层胶状的覆盖物，这层胶状物在输卵管中大量增加；但是，在它们到达一个临近输卵管末端的腔体之前，我们既不能说卵子已经足够大，也不能说它已经达到了标准的比例。这个腔体是由输卵管扩张形成的，在许多方面相当于鸟类的泄殖腔，鸡蛋在蛋壳变硬之前就一直保留在这个泄殖腔中。

[英语历史语体代表语料库]

到了20世纪后期，科研文章在修辞上出现了另外两个变化。第一个变化是大多数发表在《英国皇家学会哲学会刊》上的文章不再是单纯的实验或描写。更确切地说，大多数最近发表在该会刊上的文章都有了理论上的思考。这种变化反映的是，作为一种综合性的科学期刊，《英国皇家学会哲学会刊》的地位很高，所讨论的问题都具有重要的理论意义。这些理论性文章有着完全不同的语类规约，这已经超出了我们目前描写的范围。

第二个变化涉及实证性和实验性科研文章的语类规约和语体的语言特征：它们直接继承了17世纪至19世纪发表在《英国皇家学会哲学会刊》上的观察性/实验性文章的传统。从语类视角来看，现代实验性科学文章严格遵循的修辞规约包括：摘要、由四个主要部分构成的文章主体（引言、方法、结果、讨论/结论）和参考文献。而且，文章主体的组织结构已经高度规约化，形成了修辞的系列"语步"。我们在第5章中已经详细介绍了这些语篇规约。这些语篇规约最近发生了变化，它基本上是20世纪以来的新生事物。无论如何，我们现在可将实验性科研文章视为英语中规约化程度最高的语类之一。

6.3.2 科研文章的历史变化：语体视角

从语体视角来看，实验性科研文章的典型风格在语言上也有了变化。现代科研文章沿袭了19世纪的规约，几乎不再有第一人称的指称，而无施事的被动句和无生命主语仍然很常见。这两种语言策略的使用也变得更专业化：无生命主语通常用于科研文章的引言和讨论部分，而无施事的被动句则广泛用于方法部分。

虽然引言中的被动语态小句比较少，但有大量无生命主语的主动语态小句；例如：

> **Text Sample 6.13　Genetic identification of Spotted Owls...,** ***Conservation Biology*, 2004**
> Introduction.
> 　　Hybridization between species can severely affect a species status and recovery (Rhymer & Simberloff 1996). Threatened species (and others) may be directly affected by hybridization

and gene flow from invasive species, which can result in reduced fitness or lowered genetic variability (Gilbert *et al.* 1993, Gottelli *et al.* 1994, Wolf *et al.* 2001). In other cases, hybridization may provide increased polymorphisms that allow for rapid evolution to occur (Grant & Grant 1992; Rhymer *et al.* 1994). Species can also be influenced indirectly, because hybridization may affect the conservation status of threatened species and their legal protection (O'Brien & Mayr 1991a, 1991b; Jones *et al.* 1995; Allendorf *et al.* 2001; Schwartz *et al.* 2004; Haig & Allendorf 2005). The Northern Spotted Owl (*Strix occidentalis caurina*) is a threatened subspecies associated with rapidly declining, late-successional forests in western North America (Gutierrez *et al.* 1995). Listing of this subspecies under the U.S. Endangered Species Act (ESA) attracted considerable controversy because of concern that listing would lead to restrictions on timber harvest.

语篇样本 6.13 《斑点猫头鹰的基因鉴定……》,《保护生物学》, 2004

引言

物种之间的杂交可以严重影响某个物种的地位和复原（莱姆和森博洛夫，1996）。受威胁物种（和其他物种）可能受到杂交和外侵物种基因流入的直接影响，这将降低该物种的适应能力或削弱其遗传变异（吉尔伯特等，1993；高特利等，1994；沃尔夫等，2001）。在其他情况下，杂交可增加多态性，而多态性又促使快速进化的发生（格兰特和格兰特，1992；莱姆等，1994）。物种也会受到间接的影响，因为杂交可能对遭受威胁物种的保护地位及其法律保护产生影响（奥布赖恩和迈尔，1991a，1991b；琼斯等，1995；阿伦多夫等，2001；施瓦茨等，2004；黑格和阿伦多夫，2005）。北方斑点猫头鹰（北方斑点鸦）是一种受威胁的亚物种，它们与北美洲西部迅速减少的、后期演替的森林有关（古铁雷斯等，1995）。该亚物种被列入《美国濒危物种法案》，这引起了很大争议，因为它一旦列入其中，将导致木材砍伐受到限制。

现代文章中主动语态小句主语的用法有时与19世纪的文章类似，即用名词短语作主语指称调查研究的物理对象（如 *The Northern Spotted Owl*）。然而在现代文章中，用名词短语作无生命主语指称某个抽象概念的现象更常见。例如：

hybridization between species can severely affect a species status

hybridization may provide increased polymorphisms

listing of this subspecies... attracted considerable controversy

the legal status of hybrids under the ESA is ambiguous

the ability to identify hybrids is the first step

visual and vocal identification of hybrids can be difficult

物种之间的杂交可以严重影响某个物种的地位

杂交可增加多态性

该亚物种被列入……引起了很大争议

在《美国濒危物种法案》中，杂交物种的合法地位是

6 语体、语类和风格的历史变迁

不明确的

识别杂交物种的能力是第一步

从视觉和声音上识别杂交物种很困难

相比较而言,被动语态在方法部分更常见。语篇样本 6.14 就很典型,所有的研究步骤都是用被动语态描写的:

Text Sample 6.14 Extreme sensitivity of biological function to temperature in Antarctic marine species, *Functional Ecology***, 2004**

[passive verbs shown in **bold**]

Methods.

Experimental animals **were collected** by scuba divers from 8 to 15 m depth in Hangar Cove, Rothera Point, Adelaide Island (67 34' 20" S, 68 07' 50" W). Specimens of L. elliptica and N. concinna **were held** for 24 h in aquaria at ambient temperature before **being used** in experiments. Constant low-light levels **were maintained**, to mimic Antarctic summer conditions. In studies at ambient temperature animals **were used** immediately after the 24 h acclimation period. For elevated temperatures animals **were held** in jacketed water baths and temperatures raised at 0.1 ℃ h^{-1}, until required temperatures **were reached**. Video recordings **were made** to determine burrowing or turning rate and times to completion. Data **were collected** using a Panasonic Ag6124hb 24 h time-lapse video recorder, and subsequently **analysed** using a JVCBR-S610E video analysis machine. At each temperature for each species 18–26 animals **were evaluated**.

语篇样本 6.14 《南极海洋物种的生物功能对温度的极度敏感性》,《功能生态学》,2004

[英文语篇样本中,被动语态用粗体标出]

方法

用于实验的动物被潜水员从汉格湾 8—15 米深的水中采集而来,汉格湾位于罗瑟拉站,在阿德莱德岛(南纬 67° 34′ 20″,西经 68° 07′ 50″)。在实验前,南极鸭嘴蛤和南极帽贝样本被保存在 24 小时室温的水族箱里。为模拟南极夏季环境,水族箱一直被保持在低光状态。在经过 24 小时驯化周期后,适应了室温的样本立即被使用。动物由于体温升高而被放置在冷却的水缸中,温度每小时被升高 0.1 摄氏度,直至达到所需温度。实验被制作成录像以便决定挖掘或旋转的频率以及完成的次数。数据通过松下 Ag6124hb 型 24 小时延时录像机被收集,随后被 JVCBR-S610E 录像分析机分析。在设定的温度下,每个物种中有 18—26 种动物被评估。

在第 5 章中,我们确定了现代科研文章中许多其他的典型语体特征。这些语体特征大多是最近出现的,代表了早期典型语言风格的变化。例如,大量引用与主题相关的参考文献就是在 20 世纪才开始使用的语言手段。

此外,科学散文体所使用的名词种类,甚至名词的整体比重也发生了巨大变化。早期的科研文章大多是这样或那样的个人叙述。因此,它们由大量小句构成,动词出现的频率很高,例如语篇样本 6.15 和 6.16。语篇样本 6.15 是语篇样本 6.10 的开头部分(写于 1725 年),语篇样本 6.16 是语篇样本 6.8 的步

6 语体、语类和风格的历史变迁

骤描写部分（写于 1675 年）。6.15 和 6.16 两个语篇样本中的动词均用**粗体**标出。

> **Text Sample 6.15　Dr. Nettleton, 1725**
>
> [with verbs in **bold**]
>
> 　　**Being** curious to **learn** by Observation, how far the Mercury **will descend** in the Tube at any given Elevation, for which there **is** sufficient Opportunity hereabouts, I **proposed** to **take** the Altitude of some of our highest Hills; but, when we **attempted** it, we **found** our Observation so **disturbed** by Refractions, that we **cou'd come** to no Certainty. **Having measur'd** one Hill of considerable height, in a clear Day, and **observed** the Mercury at the Bottom and at the Top, we **found**, according to that Estimation, that about 90 Feet, or upwards, **were required** to **make** the Mercury **fall** one Tenth of an Inch;...
>
> 　　　　　　　　　　　　　　　　　　　[ARCHER Corpus]

语篇样本 6.15　内特尔顿博士，1725

[英文语篇样本中，动词用粗体标出]

　　我想通过观察来了解气压计中的汞柱在特定的海拔高度时将下降多少，在这一带我们有足够的机会，我建议在我们这里海拔最高的山上测量；然而当我们尝试时，发现我们的观察受到折射的干扰，我们无法确定观察结果。在一个晴朗的日子里，我们测量了一座很高的山，分别在山脚和山顶观察了汞柱，我们发现，根据估算，汞柱每下降 1/10 英寸，海拔就上升约

90英尺或以上。

[英语历史语体代表语料库]

Text Sample 6.16 Cristiaan Hugyens and M. Papin, 1675

[with verbs in **bold**]

The method **was** this: I **caused** the edges of the side Orifice of my Recipient to **be** well ground, so as that **being applyed**, it every where **touches** the glass-plate, which **had** also **been** very smoothly ground to **serve** for a cover to the same; and I **spread** a piece of Lambskin **wetted** over the said plate, and **having** thus **applyed** it to the Engin, I **put** my Recipient over it: But in one place there **was** a Hail-shot of lead, which **kept** the Receiver from **being** exactly **applied** to its cover, that so the Air **might** more freely **get out**. And **having** afterwards **whelmed** another great Receiver over all, I **caused** the Pump to **be plyed**. All **being** well **evacuated**, I **shook** the Engin, so as that the little Receiver **fell** off from the Hail-shot, and **stood** every where close to the skin, **expanded** over the cover of the Glass-plate.

[ARCHER Corpus]

语篇样本 6.16 克里斯蒂安·惠更斯和 M. 帕平，1675

[英文语篇样本中，动词用粗体标出]

这种方法是这样的：我把容器的侧孔边缘打磨光滑，以便使用，这样每一处都能与玻璃板吻合，这个玻璃板也被磨平，用作容器的盖子；我把一块浸湿的羊皮铺在玻璃板上，这样就

6 语体、语类和风格的历史变迁

可以把它用到我的发动机上,我把容器放在发动机上面;但是在某处,有一个铅制弹球能使容器与盖子保持距离,这样空气也许能更自由地出来。然后我在这个容器上面罩上一个更大的容器,让泵工作。在所有的空气都被排空之后,我摇晃发动机,这样小容器就从铅制弹球上掉下来,停留在羊皮附近,散落在玻璃板的盖子上。

[英语历史语体代表语料库]

相比之下,现代科研文章却很少使用动词,而是大量使用名词和复杂名词短语。例如,语篇样本 6.13 的小句中只有几个动词,却有许多复杂的名词短语:

[**Hybridization** between **species**] can severely affect [a **species status** and **recovery**]

[Threatened **species** (and others)] may be directly affected [by **hybridization** and **gene flow** from invasive **species**]

[**Hybridization**] may affect [the **conservation status** of threatened **species** and their legal **protection**]

[The **Northern Spotted Owl** (*Strix occidentalis caurina*)] is [a threatened **subspecies** associated with rapidly declining, late-successional **forests** in western **North America**]

物种之间的杂交可以严重影响某个物种的地位和复原

受威胁物种(和其他物种)可能受到杂交和外侵物种基因流入的直接影响

杂交可能对遭受威胁物种的保护地位及其法律保护产生影响

北方斑点猫头鹰（北方斑点鸦）是一种受威胁的亚物种，它们与北美洲西部迅速减少的、后期演替的森林有关

我们在任何现代实验性科研文章中都能找到类似的例子。最能体现这种语言模式的例子是只用 BE 动词连接极其复杂的名词短语或形容词短语的小句，例如：

[The **cranberry fruitworm**, Acrobasis vaccinii Riley], is [a major **pest** of Vaccinium spp. in the eastern **U.S.A.**]

[The overwhelming **cause** of **HIV-1 infection** in **infants**] is [the **transmission** of **infection** from the **mother** during the **course** of **pregnancy** (in utero), **labor** (intrapartum) or through **breast milk** (postpartum)].

Therefore, [**host selection**] is [a critical **decision moment** in the **Lepidoptera**], as [**offspring survival** and **development**] are [dependent on the **recognition** of a suitable **host** by the **adult female**]

蔓越莓夜蛾，即峰斑螟属越橘果虫，是美国东部一种主要的越橘属害虫

婴幼儿感染1型艾滋病毒的主要原因是妊娠（宫内）、生产（分娩）或哺乳（产后）过程中母体感染的传播。

因此，选择寄主对鳞翅目昆虫来说是关键的决策时刻，因为后代的生存和发展依赖于成年雌性昆虫对合适寄主的选择

以上各例有一个值得注意的特征，这就是名词修饰名词现象的频繁出现，例如 *conservation status*、*cranberry fruitworm*、 *host selection*、*decision moment* 和 *offspring survival* 等。而在较早历史时期的语法中，这种名词修饰名词的序列通常很少见。（6.4 节将进一步讨论这个重要的历史变化。）

6.3.3　语类／语体内部的变化 VS 新的语类／语体

我们在前几个小节中，已经论证了四个世纪以来科研文章发生了实质性的变化，既包括语篇规约方面的变化，也包括与作为一种语体的科学论著相关的语言特征方面的变化。这个案例研究提出了这样一个基本问题：研究者如何辨别哪些是语类／语体内部的变化，哪些变化为不同的语类／语体？这个问题非常令人困惑，因为这种变化是渐进的，在任何特定的历史时期内，都有许多的中间状态和大量已证实的变异。

遗憾的是，这个问题并没有明确的答案。如果我们从这个惯例的两端——17 世纪和 20 世纪——来比较，那么我们很容易证明至少有两种不同的语类和语体。这两个时期的科研文章具有明显不同的语篇规约、不同的典型的语言风格以及不同的交际目的：早期的研究文章是个人叙事的研究报告，通常采用私人信函的语篇规约；而近期的研究文章关注的则是研究成果本身及其理论研究的相关性，严格遵守"引言、方法、结果和讨论"的规约模式写作。

然而，与此相反的观点也有其合理性：在过去 350 年的历史中，这些语篇一直都被认为是"科研文章"。从这个角度来看，虽然科研文章的特定交际目的已经改变，对语篇规约的界定也更严密，但是它们传播科学研究成果的基本交际目的一直没有改变。

有意思的是，科研文章语言的历史演变模式与小说不同。我们在上一节已经说明了早期小说倾向于使用繁复的、结构复杂的句子，而这种语言风格逐渐将演变为更简约、更口语化的现代小说的语言风格。而本节讨论的科研文章的变化则与之相反：从早期依赖于简单小句的散文风格，朝着现在的更多地使用复杂名词短语结构的方向发展。下一节我们将讨论语体变异模式的历史变化。

6.4 语体变异模式的历史变化

在上一节的结尾处，我们指出了小说和科研文章的差异在过去三个世纪[①]里变得愈发显著。这些变化表明，语体变异的模式并不是静态的；各种语体可以按照完全不同的路径演变，因此现在这些语体之间的关系可能与几个世纪以前完全不同。

本节将通过两个案例研究来说明语体变异模式的历史变化的路径。首先，我们将关注名词短语的复杂性，更详细地说明上节结尾处提及的小说和科研文章的差异。其次，我们将思考"立场"表达的历史变化——表达作者的肯定性和态度评价的其他语言特征——我们将通过对书面语体与以口语为基础的几种语体的对比来说明这个问题。

---

① 指18世纪至20世纪。——译者

6 语体、语类和风格的历史变迁

6.4.1 名词短语复杂性的语体的历史变化

名词短语结构的变化一直是过去三个世纪中英语最显著的历史变化之一,尽管读者也许并没有注意到这一点。名词短语既可以受前置修饰语(在中心名词**之前**)修饰,也可以被后置修饰语(在中心名词**之后**)修饰。英语中的名词有两种主要的前置修饰语:

做定语的形容词:*a **special** project, an **internal** memo*
　　　　　　　　一个特殊的项目,一个内部的备忘录
做前置修饰语的名词:*the **bus** strike, the **police** report*
　　　　　　　　　公共汽车罢工,警讯

后置修饰语虽然有多种结构类型,但是以下两种尤为重要:

关系小句:

*the penny-pinching circumstances **that surrounded this international event***

　　与这个国际事件紧密相关的锱铢必较的情形

介词短语:

*compensation **for emotional damage***

　　情感损失赔偿金

*this list **of requirements***

　　必需品清单

正如6.2节和6.3节所描述的那样,在过去三个世纪里,信息型书面语体朝着使用更复杂的名词短语的方向稳步发展。与此同时,小说则朝着使用复杂程度较低的小句的方向演变。然而除关系小句之外，小说在使用相对简单的名词短语这一点上基本没有变化。图 6.1 和 6.2 显示了医学研究文章和小说的这些模式的变化。

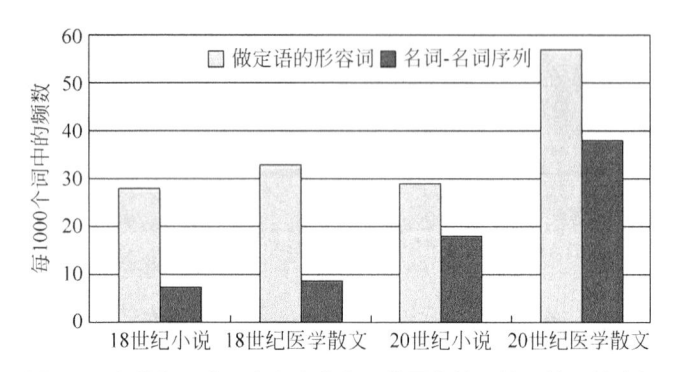

图 6.1 小说和医学研究文章中名词前置修饰语使用情况的变化

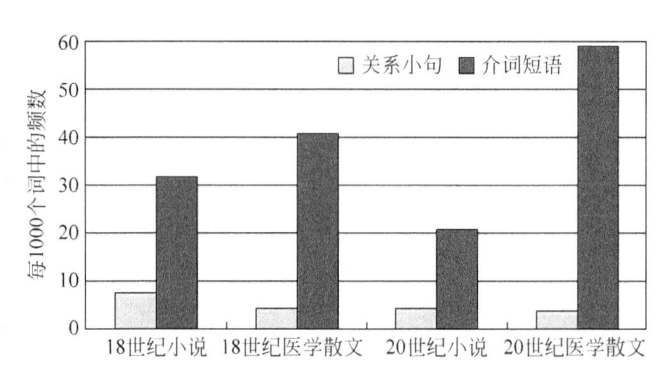

图 6.2 小说和医学研究文章中名词后置修饰语使用情况的变化

图 6.1 显示的是 18 世纪至 20 世纪名词前置修饰语的变化模式。在 18 世纪，小说和医学研究文章的前置修饰语的使用模式非常相似：在这两种语体中，做定语的形容词比较常见，而

6 语体、语类和风格的历史变迁

名词－名词序列比较少见。然而到了 20 世纪，这两种语体有了很大差异：在这期间，做定语的形容词和名词－名词序列在医学研究文章中急剧增加；而它们在小说中的数量基本保持不变（形容词的使用情况）或有一定幅度的上升（名词－名词序列的使用情况）。

名词后置修饰语的变化模式同样引人注目，如图 6.2 所示。此外，这两种语体的语言模式在 18 世纪也基本相同：虽然关系小句在小说中比在医学研究文章中更常见，但是整体上差别不大；在这两种语体中，介词短语比关系小句更常见。在这几个世纪里，关系小句在小说中有所减少，而在医学研究文章中则基本保持稳定。然而，介词短语在这两种语体中的使用情况有极大的差异：在小说中介词短语的使用数量逐渐减少，而在医学研究文章中则大幅增加。这些介词短语大多都是 of- 短语，尤其在较早的历史时期。然而，在近期发表的科研文章中增加的主要是其他介词短语（尤其是 *in*、*with*、*for*、*to*），它们在通俗书面语体中并不常见。语篇样本 6.17 表明了近期发表的科研文章频繁使用复杂名词短语的情况：

Text Sample 6.17　Medical research article. N. Irvine, *et al.*, The results of coronary arteriography... *Scottish Medical Journal*, 1985

[noun-noun sequences underlined; *of* in ***bold italics***; **OTHER PREPOSITIONS** in **BOLD CAPS**]

　　The case records *of* 50 consecutive male patients aged

40 years or under who were investigated by selective coronary arteriography **AFTER** myocardial infarction were reviewed... The features *of* myocardial infarction **ON** the ECG were less marked **IN** the group *of* patients **WITH** normal coronary arteriograms...

Cigarette smoking was very common **IN** the whole group, 86 per cent *of* patients being moderately heavy cigarette smokers. Five *of* the 14 patients **IN** the "non-occlusive" group were non-smokers and only two *of* the 36 patients **IN** the "occlusive" group were non-smokers (P <is less than> 0.01). The fasting serum cholesterol was significantly lower **IN** the "non-occlusive" group than **IN** the "occlusive" group. There was no significant difference **BETWEEN** the two groups regarding blood pressure, family history *of* ischaemic heart disease, obesity or alcohol consumption. There was, however, a high incidence *of* heavy alcohol consumption **AMONGST** patients who subsequently required coronary artery surgery...

The present study was carried out to investigate the pattern *of* coronary artery disease **IN** young men **IN** North East Scotland following myocardial infarction and to determine whether there is any relationship **BETWEEN** the clinical features *of* infarction, risk factors, post-infarction progress and the presence or absence *of* obstructive coronary artery disease.

6 语体、语类和风格的历史变迁

语篇样本 6.17 医学研究文章，N. 欧文等，《冠状动脉造影的结果……》，《苏格兰医学杂志》，1985

[英文语篇样本中，<u>名词-名词序列用下划线标出</u>；***of***用斜体加粗标出；其他介词用大写加粗体标出]

我们复查了50位心肌梗死后做了选择性冠状动脉造影的40岁或40岁以下男性患者的病例……在冠状动脉造影正常的患者群中，心肌梗死的特点在心电图上并不太明显……

在整个患者群中，吸烟很常见，86%的患者为普通重度吸烟者。在"非闭塞组"中，有14位患者，其中有5位不吸烟；在"闭塞组"中，有36位患者，其中的2位不吸烟（P小于0.01）。"非闭塞组"中患者的空腹血清总胆固醇显著低于"闭塞组"中的患者。这两组患者在血压、缺血性心脏病的家族病史、肥胖以及酒精摄入量上并无显著差异。然而，在随后需要接受冠状动脉手术的患者中，酒精摄入量高的概率较大。

本研究的目的是考查年轻男性心肌梗死冠状动脉疾病的模式，并确定任何与心肌梗死的临床特点、危险因素、心肌梗死后的预后以及阻塞性冠状动脉疾病的有无之间的关系，调查范围是苏格兰的东北部。

你可以对比语篇样本6.17和现代小说中的名词短语，就像前面6.2节中的语篇样本6.2、6.3和6.4那样。如上节所述，科研文章中名词短语的一个突出特征就是，尽管它们很长、很复杂，但很少使用动词和小句。语篇样本6.17中的最后一个名词短语——中心名词是*relationship*——就很典型：

any [relationship] **BETWEEN** the clinical features

of infarction, risk factors, post-infarction progress and the presence or absence *of* obstructive coronary artery disease

并确定任何与心肌梗死的临床特点、危险因素、心肌梗死后的预后以及阻塞性冠状动脉疾病的有无之间的关系

总之，本节内容说明了语体变异的程度是随着时间的推移而显著增加的：虽然在18世纪，小说和医学研究文章中的名词短语修饰语的模式比较相似，但是几个世纪以来，它们却在朝着相反的方向演变。因此，现在这两种语体的语言风格——在名词短语复杂性上——存在着显著的差异。

6.4.2 语体在立场表达方面的语言的历史变化

"立场"指人们对命题信息的认知或态度。现代英语语体用于表达"立场"的语法手段很不相同。我们在前几章曾讨论过这些特征。例如，口语体（包括会话体和课堂教学话语）常用多种语法范畴（如情态动词、半情态动词、模糊限制语、强调形式）表达立场。而另一个极端的例子是学术散文体，它立场表达手段相对较少。本节将描述立场表达手段的历史变化，确定这些特征在以口语为基础的语体与书面语体中是否始终存在着显著的差异。我们的讨论建立在这四种语体——戏剧体、私人信函体、报纸新闻报道体和医学研究散文体——对比的基础之上，以上四种语体选自英语历史语体代表语料库。

情态动词（如 *can*、*may*、*must*、*should*）是现代语体中使用最广的表达立场的语言特征，用以表达与可能性/许可/能

6 语体、语类和风格的历史变迁

力、逻辑必然/义务以及预测/意愿相关的意义。第4章（图4.2）曾讨论过会话体中情态动词的使用情况，说明与报纸体或学术散文体这类书面语体相比，情态动词在会话体中更常见。图6.3表明，在17世纪和18世纪，人际语体（戏剧体和信函体）与信息型书面语体之间存在着显著的差异，情态动词在人际语体中很普遍，而在信息型书面语体中则较少见。语篇样本6.18表明了17世纪信函中频繁使用情态动词的情况：

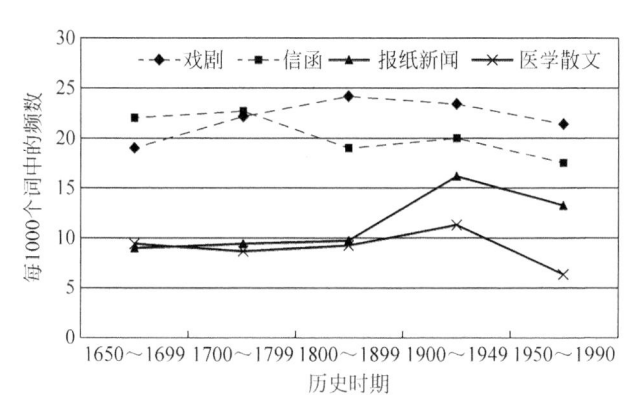

图6.3 情态动词使用情况的历史变化

Text Sample 6.18　Personal letter from Valentine Greatrakes to Sir George Rawdon, 1665

[with modal verbs in **bold**]

Sir

　　I WAS at your lodgings before I left Dublin, but missed the happiness of meeting you there, and my occasions not giving me leave to stay longer, made me depart so abruptly. I went home by the way of the Queen's Country, which caused me to stay so long that your letter was at my house before me, so that I **could** not answer it last post. Sir, I thought fitting to send Dean Rust's letter unto you, which when you have perused, I **shall** desire you to return by the post to your servant, who resolves, by the first vessel, to sail for England: and therefore I **shall** desire you'**ll** take some speedy course for the payment of the £155 which I desire **may** be paid to Sir Thomas Stanley, a Parliament man, now in Dublin, to my use (which I design for the purchasing of the thirds which by the bill I am to lose) and that on receipt he **would** signify so much to me by a line or two; but you need not let him know to what end you pay it, for it's my desire, according to Dean Rust's advice, that nothing in your affair **might** be known. I know it **will** seem strange to all that know me, that I who never received pension or gratuity from any man hitherto, **should** propose any thing of a reward to myself now:

[...]

I **must** desire you to let me know the name of my Lord Conway's house, and nigh what market town it lie, and what course I **must** take from Bristol thither. I **must** beg your pardon for my prolixity,

subscribing myself (Sir)

Your humble servant,

VA. GREATRACKS.

[ARCHER Corpus]

6 语体、语类和风格的历史变迁

语篇样本 6.18 瓦伦丁·格雷特雷克斯写给乔治·罗顿爵士的私人信函，1665

[英文语篇样本中的情态动词用粗体标出]

先生：

　　在离开都柏林之前我曾在您那里寄宿，但我没见到您，我的情况不允许我长时间逗留，我只好突然离去。在回家路上，我途经女王的国度。我在那里停留得太久，以至于您的信比我先到了，因此我未能及时回复您。先生，我觉得我应当把迪安·拉斯特的信转给您。当您细读此信时，我希望您通过邮件帮我一个忙，我决定乘第一班船去英格兰；因此我希望您能替我加急支付 155 英镑给现在在都柏林的一位国会议员——托马斯·斯坦利先生，以备后用（我打算先支付三分之一，这是法院判我赔偿的）。托马斯·斯坦利先生会在收据上写一两行字说明情况。按迪安·拉斯特的建议，我请您不必让他知道您所支付的这些钱的用途，这样您就不大可能卷入其中了。我知道这会让了解我的人觉得有些奇怪，迄今为止，我从来没有从任何人那里领过养老金或酬金，因此，我现在应该给自己一些奖励：

　　[……]

　　请您一定告诉我康韦大人的住所及所在的镇子，还有我从布里斯托尔到那里的必经之路。我必须请求您原谅我的啰唆，

本人签名（先生）

您卑微的仆人，

VA. 格雷特雷克斯

[英语历史语体代表语料库]

在 20 世纪初，情态动词的使用频率略有增加，尤其是在报纸新闻报道体中。然而从 1950 年至 1990 年，情态动词的使用频率在这四种语体中都有所减少。其他研究也表明，在 1990 年后，情态动词使用频率减少的情况更突出。

这里有一个很明显的问题是，其他语言特征使用频率的增加是否与情态动词使用频率的下降有关？半情态动词（如 *have to*、*gotta*、*be going to*）就有这种可能性；半情态动词所表达的许多意义与核心情态动词相同，它在人际口语体中极为常见（参见第 4 章）。图 6.4 表明在过去的 100 年里，半情态动词的使用频率确实有所增长。然而，这种情况主要出现在戏剧体和信函体中。而报纸新闻报道体和学术散文体中情态动词使用频率的减少，与半情态动词使用频率的增加无关。

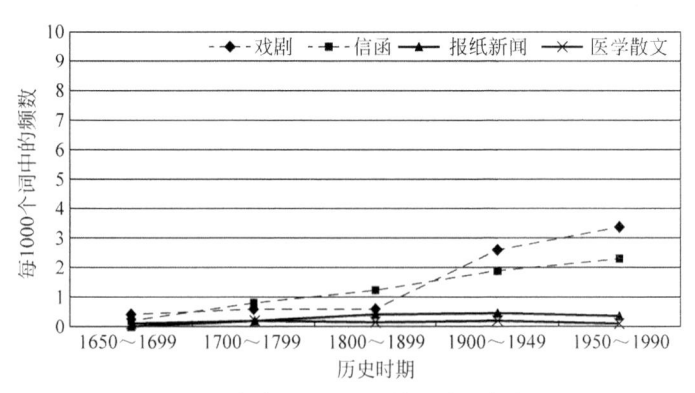

图 6.4　半情态动词使用情况的历史变化

图 6.3 和 6.4 显示了情态动词和半情态动词在这几种不同语体中的历史演变模式，在 17 世纪和 18 世纪，情态动词在人际语体和信息型语体中的使用情况已经有了显著的区别。近来，情态

6 语体、语类和风格的历史变迁

动词的使用频率在所有语体中都有所下降，只不过在戏剧体中下降的幅度较小。相比较而言，在 17 世纪和 18 世纪的所有语体中，半情态动词都极为罕见。在过去的 100 年里，半情态动词的使用频率仅在人际语体中有所增长，它在信息型书面语体中仍很罕见。

在英语中，还有一些其他表达立场的语法手段，因此，信息型书面语体就可以更频繁地改用其他语法手段表达立场。立场状语就是其中之一，它们可以用来表达肯定（如 *undoubtedly*、*obviously*、*certainly*）、可能（如 *evidently*、*roughly*）或其他态度（如 *surprisingly*、*hopefully*）。如图 6.5 所示，在 17 世纪至 20 世纪期间，立场状语的使用频率稳步上升。近来，立场状语的使用频率在戏剧体和私人信函体（增长幅度较小）中持续上升。以下例子选自 1950 年至 1990 年间的戏剧：

> You **never** can be **really** sure what's going on in their heads.
> 你永远不可能真正确定他们的脑子里在想什么。
> So she **actually** talks of me as a drip, does she?
> 所以她真的说我是笨蛋，是吗？
> No. **Matter of fact**... speaking as a professional politician...
> I **kind of** admire what he's doing.
> 不。其实……作为一个职业政治家……我有点儿羡慕他正在做的事情。
> WOOD: It's a **sort of** code, is it?
> 伍德：这可以说是一种规则，是吗？
> SIMON: **No doubt** it seems a rather squalid one, to you.
> [...]

西蒙：对你来说，那无疑是卑劣的。

[……]

SIMON: I also realized that I couldn't **possibly** do her any harm.

西蒙：我也认识到我不可能对她造成任何伤害。

在 19 世纪，与戏剧体和信函体相似的是，报纸新闻报道体和医学研究散文体中立场状语的使用频率也有所上升。然而，图 6.5 却显示出立场状语使用频率的上升趋势在 20 世纪出现了逆转。与其他表达立场的语言特征相同，立场状语的使用情况在 20 世纪出现了分化的现象，在私人的、口语化的语体（戏剧体和信函体）中十分常见，而在信息型书面语体（报纸新闻报道体和医学研究散文体）中则较为罕见。

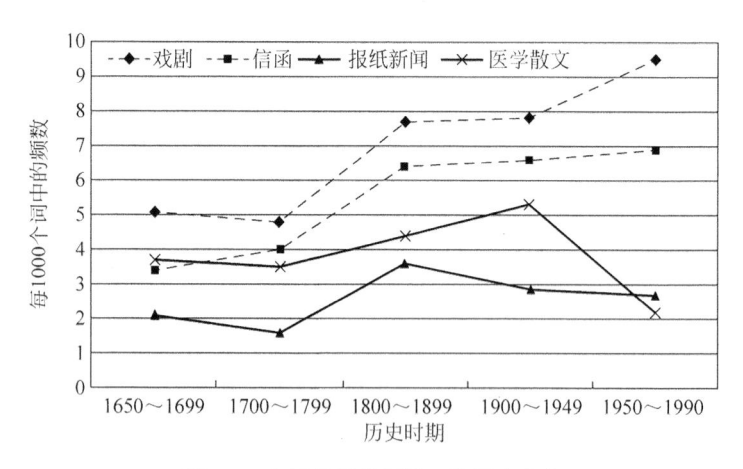

图 6.5　立场状语使用情况的历史变化

6 语体、语类和风格的历史变迁

总之,这个案例研究表明语体中表达立场的语言特征呈现出逐渐增多的变化模式。在这段历史时期中,只有情态动词的使用频率普遍降低,而半情态动词和立场状语的使用频率都有所上升。因此,总体看来,这项研究结果表明人们对立场的表达越来越普遍,表达立场的语言特征在 21 世纪增长得最显著。这些发展变化表明文化模式的普遍转向:与较早历史时期相比,现在的说话者和作者更愿意表达他们的个人态度和评价。

对我们的研究来说,更重要的是这项研究体现出立场标记在语体方面越来越丰富的多样化。这项研究中所包括的通俗语体——戏剧体和私人信函体——其立场标记使用频率的增长遥遥领先。在报纸新闻报道体中,立场表达方式使用频率的增长幅度较小,而在医学研究散文体中始终呈现出减少的态势。总体看来,立场表达的变化模式与名词修饰语类似,它们在现代语体中的差异比 18 世纪大很多。然而,在本研究中,这些表达立场的语言特征在人际语体中有所增长,而在科研文章(和报纸新闻报道体)中则有所减少。

第 6 章 练习

思考与复习

1. 请选择一种在过去三个世纪都存在的英语语篇变体(如戏剧体、私人信函体、报纸新闻报道体)。在 17 世纪和 20 世纪,它属于同一种语体和语类吗?为什么?

2. 请从附录 B 的练习语篇 18—21 中选择一个 20 世纪的小说样本,并按照 18 世纪的风格将其改写。请找出并解释你改写后的语言特征。

3. 从 18 世纪至 20 世纪,表达立场的语言特征在人际语体中普遍增长,而在科研文章和新闻报道中则有所下降,本章并没有充分解释这种现象。这是因为我们无法确定其中的原因,你能解释吗?哪些社会条件或因素可能对其产生影响?

4. 本章所有案例研究都涉及英国/北美文化的英语语体。请选择另一种你所了解的文化/语言,写出一种或多种语体的历史研究纲要。你的研究重点是什么?为什么?你需要什么样的语篇或语料库?哪种语体/语类可能特别有趣?你对研究结果有什么预期吗?

分析练习

5. 戏剧语言可能是在过去历史时期中最能够反映自然会话的语言之一。然而,戏剧话语也受到了作者对理想对话的理解以及需要通过演员的对白来讲故事的影响。

表 6.3 对比了关于两个戏剧片段的小型研究的结果——一个戏剧片段写于 1819 年(练习语篇 12),另一个戏剧片段写于 1975 年(练习语篇 13)。如果这些数据具有代表性,那么这种语体发生了哪些历史变化?根据第 4 章的描写,你认为这两个样本中的语言在多大程度上代表了自然会话?请写一份简短的总结,你的解释和例子要参照这两个文本。

6 语体、语类和风格的历史变迁

表 6.3　1819 年和 1975 年的两个戏剧片段中所选语言特征的频数（标准化每 100 个词）

语言特征	1819 年样本《管家》	1975 年样本《另外有约》
疑问句（用"?"表示升调）	0.8	4.1
缩约	1.3	6.8
情态动词	3.8	0
半情态动词	0	1.4
句长（以句末标点为依据）	15 个词/句	7 个词/句

6. 请分析前面的分析练习 5，对比两个戏剧样本（练习语篇 12 和 13）中 5—10 个或者更多的语言特征，并对该语体的变化（和一致性）展开分析。请记住你统计的数据需要标准化。

7. 私人信函既可能极其口语化，也可能非常书面化。它们用于处理作者的私人关系和感情，是一种直接的互动（尽管不如会话那么直接）。然而，因为它们采用的也是书面形式，所以作者可以认真构思、修改和编辑。这些因素的相对权重并不一定是跨越时期（或跨越作者）的常数。请思考练习语篇 14 和 15 中的两封信——一封是 1716 年玛丽·沃特利·蒙塔古（Mary Wortley Montagu）女士写给她的好友亚历山大·蒲柏（Alexander Pope）的信，另一封是 1989 年一位匿名女性写给她最好的朋友的信。请描写每封信中独特的语言特征，并将其与这些语篇的历史语境的差异联系起来。

8. 在 18 世纪初，报纸的发行量较小。然而到了 20 世纪，报纸已经拥有了大量普通读者。同时，大众传媒使得每天都有更有价值的新闻话题要报道，催生了现代报纸对空间经济的需求。

请对比练习语篇22和23中的两则报纸新闻报道，它们分别写于1744年和1990年。在对比中，既要注意口头的语言特征，也要注意书面的语言特征，包括直接引语和间接引语、缩约形式、表达立场的语言特征、动词的时态以及关系小句、名词–名词序列、同位名词短语的名词短语结构。

选题建议

9. 通过对小说下位语体差异的分析，我们可以更详细地分析小说风格越来越口语化的演变过程。例如，随便翻阅小说就可以想到以下两个变化：一是18世纪的作者较少使用缩约形式；19世纪的作者在小说的对话中使用缩约形式，而在叙事和描写中较少使用这些形式；20世纪的作者在对话、叙事和描写中都可能使用缩约形式（尤其是在第一人称视角的叙述中）。二是20世纪的小说呈现出不同特性的对话（如话语不是由言语—行为动词构建的，也不注明说话者），而较早时期小说中的对话通常都是人物的对话。

请从18世纪至20世纪的小说中选择你最喜欢的5部小说，确定每部小说的对话、叙事和描写段落。然后，通过对这些段落的分析来评价上述概括，并确定小说的每种下位语体其他方面的历史变化。

10. 请在前面的练习5、6、7或8中，任选一题并展开分析：收集能够代表各个历史时期语篇变体的其他语篇，对它们进行

6 语体、语类和风格的历史变迁

分析，确定这些历史模式的概括程度。

11. 几个世纪以来，杂志广告语体发生了很大变化。请从你最喜欢的杂志中收集 8—10 则广告，对它们的交际目的和典型语言特征进行语体分析。然后请将其与练习语篇 24 中的语言特征进行对比，练习语篇 24 摘自 1772 年 4 月 11 日的《审查者》。

7 电子交际语体与语类

7.1 引言：新技术与新语体

20世纪80年代初，大多数人都不知道"电子邮件""即时通讯（Instant Message）""博客""手机""手机短信"这些词语指的是什么。直到20世纪90年代，人们才开始对它们有所了解。现在你可能几乎每天都使用电脑和手机，而在几十年前，只有程序员才使用电脑，电话也是连接在墙上的。后来，随着信息技术的普及，借助电子媒介进行的交际急剧增加。据估算，2007年网民超过了12.4亿人（www.internetworldstats.com，2007）；2000年大约有8亿多人使用电子邮件（Crystal 2001）；2006年美国人每月发送手机短信180多亿条，英国人每月发送35亿条（www.cellsigns.com，2006；移动数据协会，2007）。随着电子通信技术的迅速发展及广泛应用，对语体变异感兴趣的人都想知道在这些新语体中语言的使用情况。

我们在上一章描写了语体的历史变迁以及语体随着时间逐步演变的一些案例。本章将描写的是最近几年伴随计算机、网络和手机技术的发展而勃然兴起的新语体。

本章将描写电子邮件、网络论坛帖子和手机短信这三种语体，它们都是凭借电子媒介传递信息的，不同于口语或传统的书面语。虽然我们所选的新兴电子语体都是个人之间的互动，但是它们在其他具体的情景特征上也存在差异。我们先讨论电子邮件，在上述这三种语体中，它是第一个被广泛使用的电子交际形式。我们将其与会话及学术散文进行对比，与第 4 章和第 5 章中典型的口头及书面形式进行对比。然后，我们再研究网络论坛帖子和手机短信这两种新近产生的电子语体，说明它们与电子邮件及其他传统语体的异同。

7.2　私人电子邮件

电子邮件是一种普遍的语体，它通过计算机将邮件从一个邮件账户发送到另一个邮件账户。与面对面的会话一样，电子邮件可以有一个或多个受话者，其交际目的也是多种多样的。这些交际目的包括大众广告、匿名诈骗、共享机构信息以及朋友之间的社交等。本节只讨论私人电子邮件体，即某人写给另一个特定的人的邮件。所选邮件的话题和交际目的包括商务和社交两种。

我们对电子邮件的语体描写是建立在一个小型案例研究的基础上的，类似于你们自己就可以做的研究。我们参照以下三点来考察电子邮件的情景特征：第一，我们自己作为电子邮件的发送者和接收者的亲身体验；第二，对同事和朋友关于他们使用电子邮件的简短访谈；第三，对我们邮箱中存储的电子邮件特征的分析。我们将本书作者（作者之一）所收到的电子邮件建成一个小型语料库，用来分析电子邮件的语言特征，我们将在 7.2.2 和 7.2.3 小节中做进一步的描写。显然，这种小型案例研究并不能覆盖所有的电子邮件，它存在着一些局限，我们的小型语料库具有明显的学术化倾向，正如盖因斯（Gains 1999）所说，学术邮件比商务邮件有更多的变项（参见附录A）。尽管如此，这项研究对电子邮件语体的研究仍然提供了一些令人兴奋的发现，并为将来更进一步的研究提供了思路。

7.2.1　私人电子邮件的情景特征

在情景特征上，私人电子邮件与会话有同有异。这两种语体最明显的相似之处是都具有互动性。它们都是某人与另一个特定的人的交流。虽然参与者的社会角色可能不尽相同（参见 7.2.3），但是无论参与者是谁，发话者都希望接收者做出回复（至少确认收到信息）。我们可将系列电子邮件视为系列话轮，它们体现了参与者之间的互动性，正如会话中的话轮一样（参见第 4 章）。例如，语篇样本 7.1 显示了三封系列电子邮件：第一封是询问信息，第二封是回复，第三封是确认收到。

Text sample 7.1　A sequence of three e-mail messages

Doug – Joe Silex in the Graduate College would like to know if Donna Smith has met her conditions of admission yet. Please advise and I will let Joe know.

　　Thanks, – FL

It looks to me like this student is still provisional (GPA of around 2.8) – Doug

thanks! – F

---

7 电子交际语体与语类

语篇样本 7.1　三封系列电子邮件

道格，研究生院的乔·西勒克斯想知道唐纳·史密斯是否符合录取的条件。请告诉我，我再告诉乔。

谢谢，–FL

据我所知该生符合"有条件录取"的条件。（平均学分绩点约为 2.8）– 道格

谢谢！–F

私人电子邮件与会话的另一个重要的相似之处是，除了传递特定信息外，通常还表达个人的情感和态度。社交邮件非常适合表达个人立场；而职场邮件中个人立场的表达则要适当考虑工作场景的不同。然而，在我们的小型语料库中，用户认为职场邮件也适合表达个人立场。下面的例子就是来自不同工作场景的相关电子邮件：

It **would be great** to have a lesson on these structures.

I'**d be happy** to have your vote.

Hope you have a **great** trip!

Well, I find our grammar discussions **very interesting** and **would love** to talk about Tom's writing sample...

如果能在课上讲讲这些结构，就太好了。

我很高兴你能投我的票。

祝你旅途愉快！

嗯，我认为我们的语法讨论很有意思，我还想谈一下汤姆的作文……

同时，私人电子邮件与会话也有一些重要的区别。最重

要的差异就是它们在方式和媒介上的不同。会话是口头的，而电子邮件是书面的，并且是借助电子媒介发送的。因此，用电子邮件交流的速度比会话慢，因为在限定的时间内，人们说的要比写的多。然而，由于电子邮件是书面语，因此作者可以更周密地构思、修改和编辑；只要作者愿意，他甚至可以删除整个句子、添加注释或重新写一封邮件。不过，在我们的调查中，很少有人花大量的时间，像修改论文那样修改电子邮件。人们甚至可能发送未经任何构思或编辑的电子邮件。

因为电子邮件是通过程序包发送的，所以它们自动遵循着一定的程序。收件人总是可以看到发件人的电子邮箱、名字、发送日期、传递路径信息及主题（如果发件人填写的话）。有些发件人还在电子邮件中"签名"，写上他们的全名和职务。收件人使用"回复"功能时，原始邮件通常也包括在新邮件中。最后，许多电子邮件系统都可以很容易地保存已发出和接收的邮件，这些职场互动优势为用户所关注。电子邮件的某些情景特征与面对面的会话很相似——例如，都知道谁正在对你说话；而其他情景特征则与典型的书面语篇更相似，例如保存邮件的功能。

会话与电子邮件的另一个显著的差异表现为参与者共享时空的程度不同。通常在面对面的会话中，参与者直接共享时空。因此，说话者可以使用 *right now* 和 *over there* 这类词语，他相信受话者能够理解这些词语的所指。这些"直指"表达可以直接参考语篇生成的物理语境。

而在私人电子邮件中,参与者共享时空的程度相对较低。在某些情况下,如果发件人和收件人同时在线,那么邮件就能够迅速往返。而在其他情况下,发件人显然希望收件人在几小时内阅读邮件,例如有一位发件人提出这样的问题:"你知道我们下午在哪个房间开会吗?"在这种情况下,参与者共享时间的程度就很高。也有在几天或几周内往返的电子邮件,这时收件人就很难理解像"今天下午"这样的具体所指。

由于参与者很少共享物理空间,因此发件人不能不加解释地直接指称物理环境。例如,在面对面的会话中,*That's really obnoxious* 这句话是有意义的,因为说话者望着窗外,看着 50 英里/小时的狂风吹着树木。然而,如果这句话出现在电子邮件中,那么收件人就无法理解这句话,因为他不知道代词(*that*)的所指。

有意思的是,用户注意到的许多优势都与参与者缺乏时空共享的设置有关。因此,世界各地的人们才可以通过电子邮件直接互动。不过,也有用户认为,即使是跟周围(如隔壁办公室)的人交流,电子邮件也有优势,因为它不像面对面会话或电话会话那么突兀。收件人可以在方便的时候阅读和处理电子邮件。缺乏共享的时间也意味着收件人有机会从容地完成任务,无须他人的等待,这对于职场互动尤为有利。还有用户认为电子邮件节省时间,因为在电子邮件中,他们可以忽略人际交往中的繁文缛节,而这正是面对面会话或电话会话必不可少的东西。

总之,用户显然认识到作为一种语体的电子邮件所具有的独特的情景特征。它是互动的，但其直接互动程度比会话要低。人们对它有迅速生成和处理的预期，就像大多数口语那样，然而它又是可以保存起来的，因为它是书面的。它适用于共享个人背景信息，却又不像共享全部情景的交际那样唐突。有意思的是，少数用户还注意到，一旦需要讨论问题或解决分歧时，他们就转而采用电话会话或面对面会话的方式来交流。在这些情况下，他们将电子邮件的缺乏直接互动、无法共享的设置视为劣势。

7.2.2 私人电子邮件的语言特征

为研究电子邮件的语言特征，我们将本书作者之一的电子邮件建成了一个小型语料库。该语料库包括76封邮件，共15840个词。

我们要对电子邮件进行全面的语言分析，就要考虑其所有的词汇和语法特征。然而，我们在这里只关注与上述情景特征相关的几个主要的语言特征：电子邮件的人际互动性（与会话相似，但不是直接的、即时的互动）、生成环境及缺乏共享的物理语境（这使得电子邮件更像典型的书面语体）。

电子邮件有一个有趣的特点，就是它涉及话轮结构。上文指出电子邮件的互动性是显而易见的，因为系列邮件很像会话中的话轮。然而，在会话中，听话者经常使用最简反馈项目，表示他一直在倾听并注意说话者。例如在语篇样本7.2（第4章语篇样本4.5中的一部分）中，盖尔的第一个话轮就是一个最简反馈项目：

7 电子交际语体与语类

> **Text Sample 7.2　Conversation**
> Peter: Yeah they were just getting organized.
> Gayle: **Yeah**.
> Peter: Were Bob and Dorothy up already?

语篇样本 7.2　会话

彼得：嗯，他们刚刚收拾好。

盖尔：嗯。

彼得：鲍勃和多萝西起来了吗？

而在系列电子邮件中，这种最简反馈项目却很罕见。相反，在电子邮件中，交际双方通常在交流中提供等量的信息（我们将在 7.2.3 小节中进一步考察话轮的长度）。在我们的小型电子邮件语料库中，系列电子邮件通常以一封非常简短的、确认收到的邮件作为结束，它经常用来致谢（如语篇样本 7.1 中最后一封邮件的致谢）。甚至这种最简反馈项目也常常被省略。据一些经常使用电子邮件的用户说，当他们认为无须回复邮件时，有时就不再发致谢邮件作为结束，因为他们不希望这种多余的邮件塞满对方的收件箱。因此，尽管最简反馈项目是面对面会话中常见的和被认可的部分，但是在新兴电子语体中很少见，这或许反映了这样一个事实，即电子邮件在直接性和即时性上都不及会话。

电子邮件的特定语言特征也清晰地反映了情景特征。图 7.1 对比了三种基本的语法特征——实义动词、代词和名词——在电子邮件、面对面会话和学术散文中的使用频率。实义动词

182 在电子邮件和会话中的使用频率很相近；电子邮件中代词的使用频率居中，高于学术散文，低于会话；电子邮件中名词的使用频率与学术散文非常接近，电子邮件中的名词也比会话中更常见。

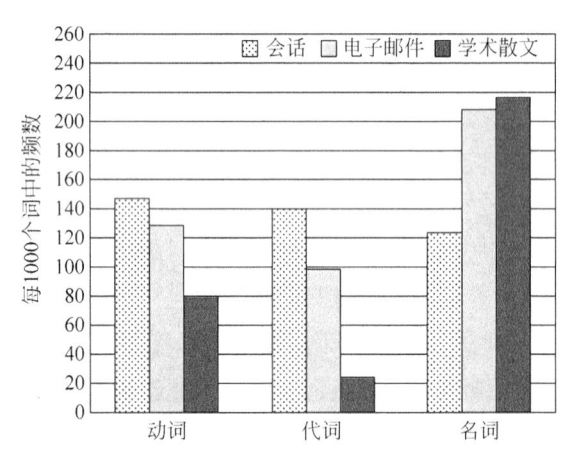

图 7.1　电子邮件主要词类的分布情况及与会话、学术散文的对比

图 7.1 中实义动词的使用频率表明，电子邮件像会话一样频繁使用小句。就生成环境而言，电子邮件与信息型学术散文很相似（都使用复杂名词短语，包括许多做定语的形容词、介词短语和其他名词修饰语，参见第 5 章）。然而，电子邮件很少像学术散文那样关注抽象概念或解释信息、展开论证。相反，电子邮件的焦点通常是人际关系，并且以任务为中心，因此它在小句风格上与会话更类似。例如，对比电子邮件样本 7.3 和教材样本 7.4（即第 5 章的语篇样本 5.1），我们注意到电子邮件样本 7.3 中简短的关系小句和许多实义动词：

7 电子交际语体与语类

> **Text Sample 7.3 E-mail**
> [lexical verbs in **bold**]
> Dr. Biber—
>   I would **love** to **meet** with you in the afternoon on March 10. Anytime is fine. Just **name** the time and **describe** directions to your office. I **appreciate** all of your help in this. I have **emailed** Sandy Jackson to possibly **meet** about teaching placements and have been in contact with Andrea. **See** you in a few weeks!
> –Dora

语篇样本 7.3 电子邮件
［英文语篇样本中，实义动词用粗体标出］
比伯博士—
  我想在 3 月 10 日下午和您见面。几点钟都可以。请确定时间并描述您办公室的位置。非常感谢您的帮助。我已经给桑迪·杰克逊发了邮件，了解可能遇到的有关教学安排的事宜，并和安德烈亚联系过了。期待几周后与您见面！
—多拉

> **Text Sample 7.4 Textbook**
> [lexical verbs in **bold**]
>   It is a challenge to managers of commercial and noncommercial establishments to **direct** a number of activities at once, including employee training and management; and the purchasing, preparation,

> and service of food. Foodservice managers generally **expect** to **meet** the diners' expectations. Managers **assume** that they are going to **provide** good, safe food in clean surroundings with friendly service. This assumption, especially regarding safe food and clean surroundings, should be **based** not only on a foundation of goodwill and good intentions, but on a sound understanding of sanitary policies and procedures.

语篇样本 7.4 教材

[英文语篇样本中，实义动词用粗体标出]

对于营利性和非营利性餐饮公司的管理者来说，同时指导多项活动是一个非常艰巨的任务，包括员工的培训和管理、食材的采购和准备以及餐饮服务。餐饮服务管理者通常希望能够满足用餐者的要求。管理者认为他们将以友好的服务态度提供卫生的就餐环境和美味、安全的食物。这种设想，特别是关于食物安全和环境卫生的理念，不仅建立在声誉和良知的基础上，还建立在对卫生政策和规程的充分理解上。

快速生成及关注行动而非概念，使得电子邮件中的实义动词高频出现。电子邮件中的祈使句（如语篇样本 7.1 中的 *please advise*，语篇样本 7.3 中的 *name the time and describe directions*）和主语省略句（如 *See you...* 而不是 *I will see you*）也有助于实义动词使用频率的增加。

然而在上述研究中，电子邮件中名词和代词的频率却出乎意料。因为电子邮件具有互动性，所以我们推测电子邮件中代

7 电子交际语体与语类

词的使用程度与会话相同。然而结果恰恰相反，我们发现会话中代词更多，而电子邮件中名词更多。

为解释这些模式，我们需要进行更详细的分析。第一步就是分别考察每种人称代词的使用情况：第一、第二和第三人称代词。

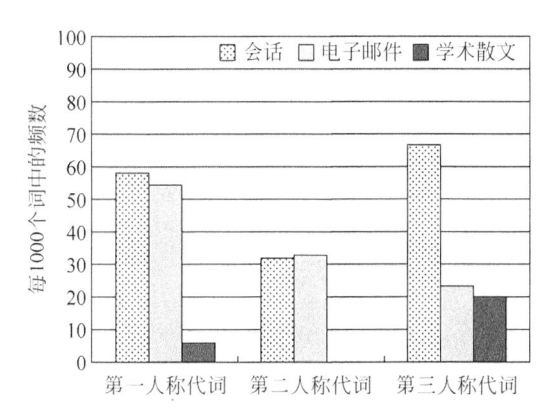

图7.2 电子邮件、会话及学术散文中代词的使用情况

图7.2表明，第一人称代词（I、we）和第二人称代词（you）在会话和电子邮件中都很常见，说明在整体互动性上会话和电子邮件这两种语体很相近。（相比较而言，第一人称代词在学术散文中并不常见，第二人称代词在这种语体中也极为罕见。）然而，第三人称代词的使用情况则完全不同：第三人称代词在会话中很常见，但在电子邮件和学术散文中较少见，电子邮件和学术散文倾向于用名词代替第三人称代词。

语篇样本7.5节选自第4章的会话语篇样本，它表明了第三人称代词在会话中频繁使用的情况：

语体、语类和风格

> **Text Sample 7.5　Conversation between friends in a restaurant**
> [third person pronouns marked in **bold**]
>
> Ayesha:　Oh I was saying you know Tuscan bread would never go down here. No one would ever like **it**. Probably 'cause **it**'s got no salt in **it**.
>
> Nadia:　Yeah and 'cause **it**'s warm.
>
> Ayesha:　But I am – I'm totally stuck on **it**.
>
> [...]
>
> Lise:　So are you going to go home today, or –
>
> Ayesha:　Yeah I have to.
>
> Lise:　Why?
>
> Nadia:　Go tomorrow Ayesha.
>
> Lise:　God I hate you for **that**①.
>
> Ayesha:　Well I guess you keep – oh we're ordering **it** now?
>
> Marcus:　I don't know, but do you want anything to drink?
>
> Ayesha:　No, **that**'s good enough.

语篇样本 7.5　朋友们在餐厅的会话
[英文语篇样本中，第三人称代词用粗体标出]

艾莎：　哦，我是说托斯卡纳面包不会一直在这儿卖下去的。没人喜欢它，可能是因为它不放盐。

纳迪娅：是，因为它是温乎的。

---

① 作者将 this、that 归入了第三人称代词，下同。而在《实用英语语法》（张道真，1992）中，它们是指示代词。——译者

7 电子交际语体与语类

艾莎： 可我喜欢——我彻底迷上它了。

[……]

利兹： 你是今天回家，还是……

艾莎： 哦，我得回去。

利兹： 为什么呀？

纳迪娅：艾莎，明天再回吧。

利兹： 你要是回去，我就不跟你好了。

艾莎： 嗯，我猜你们会不停地……我们可以点餐了吗？

马库斯：不知道，你们想要点儿喝的吗？

艾莎： 不用了，这就够了。

上例中很多第三人称代词都用于**回指**（*anaphoric*）——指代前面所提到的名词短语。例如，语篇样本 7.5 中前四个 *it* 都是回指，指代 *Tuscan bread*。然而，会话中也有许多第三人称代词指称一般情况，或者指称物理语境中的某些实体。当利兹说 *I hate you for that* 时，*that* 指艾莎要回家这件事。当艾莎说 *oh we're ordering it now?* 时，*it* 指所点的餐或其中的某些菜品。当艾莎说 *that's good enough* 时，*that* 指她喝的饮品（可能是一杯水）。

第三人称代词的这些用法在电子邮件中很少见，因为当收件人与发件人不在同一物理空间时，他们很难理解第三人称代词所指代的对象。相反，下面这类电子邮件却很常见：

Text Sample 7.6 E-mail from a researcher in Europe
[third person pronouns marked in ***bold italics***; nouns underlined]

Dear Professor Biber,

Things are moving on for IALCC2004. The Program

337

> Committee met yesterday: we received 140 submissions and we have accepted around 90 papers for oral presentation. There will be also some poster presentations, but I do not know the number yet, because the "call for posters" is still open.
>
> I believe we have not talked about the proceedings yet. We plan to publish as usual two volumes of proceedings before the conference (Proceedings are usually distributed at the conference). ***This*** means that the delay is quite short for the editing work and we will have several people working on ***it***. Of course, we would like to include the text of your talk in this book. Would it be possible for you to send us your text by the end of January? I am sorry I did not mention ***that*** to you earlier. I hope the delay will be ok for you.
>
> <...>

语篇样本 7.6　一位欧洲学者发来的电子邮件

[英文语篇样本中，第三人称代词用斜体加粗标出，名词用下划线标出]

亲爱的比伯教授：

　　IALCC2004 的工作正在进行中。项目组委会昨天召开了会议：我们收到 140 篇论文，大约有 90 篇论文将在大会上宣读。还将有一些展板论文，但是，我还不能确定具体数字，因为海报的征集尚未截止。

　　我想我们还没有跟您说过论文集的事。我们准备像以往一样，在会前出版两卷论文集（论文集通常在会上发给大家）。这意味着编辑工作不会拖延太久，而且我们会有几个人来编辑它。当然，我们希望把您的发言也收在这本书中。您能在一月底之前把稿子发给我们吗？我很抱歉没有早告诉您。希望延期并未给您带来不便。

〈……〉

首先，注意这封电子邮件中有很多第一和第二人称代词，它们直接指称发件人（I）和收件人（you）。其次，第三人称代词的数量很少，仅有的两个第三人称代词直接用于回指，即指称上文中的命题或前面论述中的一个名词短语，未出现第三人称代词虚指一般情况或指称物理语境中某个实体的现象。相反，发件人却用许多名词明确指称某些实体和概念。电子邮件中代词和名词的使用情况，是与其较强的互动性及缺乏共享物理语境等情景特征相对应的。

7.2.3 电子邮件收件人及交际目的的变异

正如前几章所述，一种语体的语言特征是随着特定情景特征而变化的。例如，两位家庭成员之间的会话不同于两位同事之间的会话，即使同样是两位同事之间的会话，私人话题的会话也不同于商务会话。因此，参与者之间的关系和主要交际目的（是私人的/社交的，还是专业的/商务的）影响了会话的语体特征。

我们同样也可以将小型电子邮件语料库中的私人电子邮件划分为不同的类型，并考察各个类型之间的语言变异。为研究电子邮件的下位语体，我们将该小型语料库中的电子邮件分为三类：第一类是来自朋友和家人的非专业话题的邮件；第二类是来自同事的专业话题的邮件；第三类是来自"陌生人"的专业话题的邮件。表 7.1 显示了电子邮件在这些类型上的分化情况。

表 7.1 根据收件人和交际目的分类的小型私人电子邮件语料库的构成情况

类别	邮件数量	总词数	邮件平均长度
写给朋友和家人；私人话题	23	2,852	124 个词
写给同事；专业话题	32	7,360	230 个词
写给陌生人；专业话题	21	5,628	268 个词
总计：	76	15,840	

从表 7.1 我们可以清楚地看到这三类电子邮件明显的不同：长度。写给朋友和家人的私人话题的电子邮件往往比写给同事的专业话题的电子邮件要短很多；写给陌生人的专业话题的电子邮件往往最长。这种差异存在的部分原因是，写给朋友的电子邮件承载了更多的背景知识，无须多做解释。语篇样本 7.7 是一个极端的例子，其中的人物、地点和背景都无须解释。

Text Sample 7.7　Two e-mails from friends planning a social get-together

　　Doug, climbing gym tomorrow night, 6-ish, Scott

　　ok – see you then – Doug

语篇样本 7.7　朋友发来的两封关于聚会的电子邮件

　　道格，明晚 6 点左右攀岩馆见，斯科特

　　好 – 到时候见 – 道格

相比之下，写给陌生人的专业话题的电子邮件往往很长，因为写信人需要介绍自己（或提醒收件人他们是谁）、说明写邮件的原因、提供必要的背景知识，并以礼貌的方式进行讨论。甚至就连一个普通的会议提示，也比朋友之间的交流有更多的上下文（参见语篇样本 7.8）。

> **Text Sample 7.8　E-mail from stranger confirming a meeting**
>
> Dr. Biber,
>
> 　　Just wanted to e-mail and confirm that we were still on for meeting at 2:00 tomorrow. Hope to see you then. I don't know if I had CCd you, but I will be meeting with Dr. Bock at 1:30 and Dr. Edwards at 2:30, so it will be a whirlwind tour of the hallway!
>
> 　　If there are any problems, please call me at (111) 241–1925, as I will not have access to e-mail until then. Thanks and I look forward to meeting with you.
>
> Sincerely,
>
> Donna Johansson

语篇样本 7.8　陌生人发来的确认会议的电子邮件

比伯博士：

　　给您发邮件是确认明天下午 2 点的会议仍然照常举行。希望届时能见到您。我不记得以下信息是否已加密复制转发给您：我将在 1:30 和博克博士见面，在 2:30 和爱德华兹博士见面，这将是走廊里的旋风之旅！

　　由于会前无法接收邮件，所以您有问题的话，可以给我打电话，号码是（111）241-1925。谢谢！期待着与您见面。

真诚地，

唐娜·约翰逊

不足为奇的是，同事之间的职场邮件的长度居中。我们从语篇样本7.1可以看出，过从甚密的同事经常写简短的邮件，他们直奔主题，并共享许多背景信息（如学生如何才能达到录取条件），然而，与朋友之间典型的社交活动安排的电子邮件相比，他们仍然需要做更多的解释。

你也许由此而想到私人电子邮件的一些其他语言特征。例如，朋友之间社交话题的电子邮件相对自由，不受规范的语法和标点符号规则的约束（与会话类似），而陌生人之间的电子邮件更接近于标准的书面文件（与学术散文更相似）。

总之，电子邮件的下位语体的语言变异是一个连续统：连续统的一端是发送给朋友和家人的私人话题的电子邮件，其语言特征更接近于会话；另一端是发送给陌生人的专业话题的电子邮件，它更接近于正式的（学术的）的书面语。同事之间专业话题的电子邮件处于这两端之间。虽然不同类型电子邮件的语言差异并不是离散的，但是我们通过定量分析可以发现使用模式上的不同倾向。

例如，图7.3虽然重复了图7.1，但是它区分了三种不同类型的电子邮件。这三种电子邮件的语言差异很小，它们在整体上有许多共同点："朋友和家人"的电子邮件最接近于会话；而"陌生人"之间专业话题的电子邮件更接近于学术散文。图7.4列出了上述三种电子邮件中其他语言特征的分布情况，显示出

7　电子交际语体与语类

与图7.3相同的模式,然而,在这三种电子邮件中也有一些语言特征的差异比较大。例如,行为动词和时间/空间副词,它们在"朋友和家人"的电子邮件中比在其他的下位电子邮件中更常见,反映出前者主要关注日常活动,而非概念的讨论。相比较而言,在专业话题的电子邮件中,做定语的形容词和名物化更常见,尤其是那些"陌生人"写的电子邮件,它们的焦点是传递信息(类似学术散文)。这些数据显示了电子邮件的情景参项是如何精准地划分语言变异的层次的。

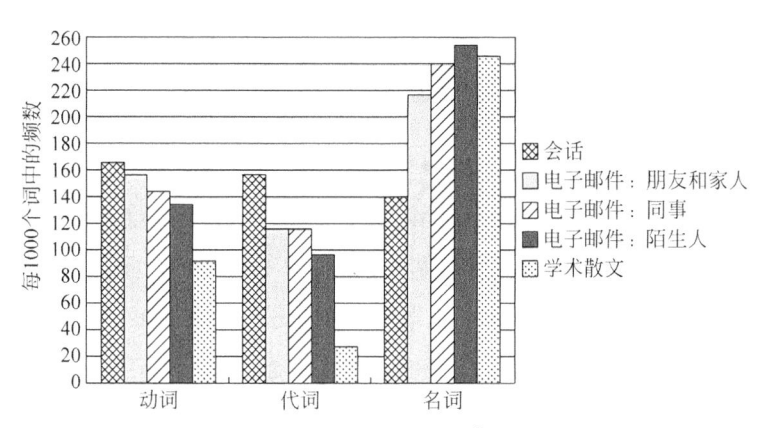

图7.3　主要词类在会话、电子邮件下位语体[①]及学术散文中的分布情况

如上所述,这三类电子邮件在两个主要情景参项上存在差异:发件人与收件人的关系、主要交际目的。早期的社会语言学研究已经探讨过角色关系如何影响语言变异的问题。例如,布朗和吉尔曼(Brown and Gilman 1960)描写了罗曼语族中,发

---

① 包括写给朋友和家人的电子邮件、写给同事的电子邮件、写给陌生人的电子邮件三种下位语体。——译者

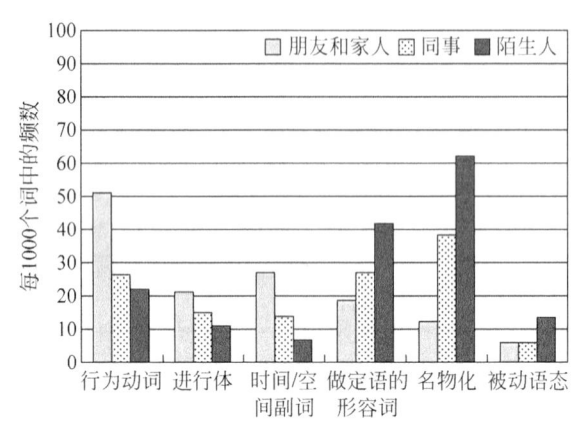

图 7.4　以收发邮件双方关系划分的电子邮件
下位语体中特定语法特征的使用情况

话者与受话者的关系对第二人称代词（如法语中的 *tu* 和 *vous*）选择的影响。布朗和福特（Brown and Ford 1961）描写了类似的因素在美国英语中对称呼语选择的影响（例如"名"或"头衔+姓"）。因此，在分析关系不同的人的电子邮件时，我们既要遵循社会语言学研究的许多传统，又要考虑那些不太突出的语言特征，例如动词、名词和副词。

7.2.4　电子邮件的语类标记

从语类视角来研究电子邮件，我们可以看看是否有用于开头和结尾的特定的语篇规约。事实证明是有的，不过它们随着发件人和收件人之间角色关系的不同而变化。

图 7.5 统计了不同类型的电子邮件开头的语篇规约。在发给朋友和家人的电子邮件的开头，很少以称呼语指称收件人，

7 电子交际语体与语类

这类邮件多以简单的问候（如 hi）开头，而另一些邮件则没有任何称呼语，直奔主题（特别是当它们不是系列邮件中的第一封时）。在发给朋友和家人的电子邮件中，只有 30% 使用了称呼语，所用称呼语有两种模式，即 "hi + 名" 或只有 "名"。上文中的语篇样本 7.7 就使用了这种典型模式；第一封电子邮件以 "名" 为称呼语，而回复的邮件没用任何称呼语。

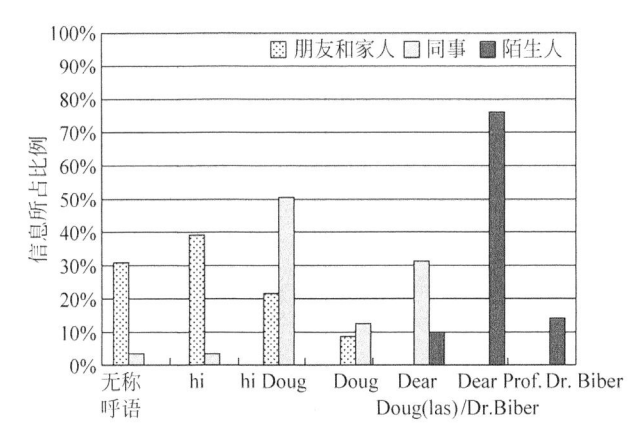

图 7.5 以收发邮件双方关系划分的各类电子邮件中称呼语的差异

在连续统另一端的是写给陌生人的专业话题的电子邮件，它们几乎总是用称呼语指称收件人，通常用 "头衔 + 姓"（如 "比伯博士"）来称呼。使用 Dear 称呼语的电子邮件反映出发件人和收件人之间的拘谨和距离。超过 70% 发自陌生人的专业话题的邮件同时使用了上述两种称呼语，即 "Dear + 头衔 + 姓"（参见前面的语篇样本 7.6）。总之，与其他类型的电子邮件相比，发给陌生人的专业话题的电子邮件更倾向于使用书面信函的语类标记。

同时图 7.5 还表明，这些称呼语的模式反映了这三类电子邮件精细的层级模式：发给同事的专业话题的电子邮件，处于"朋友和家人"的邮件与"陌生人之间专业话题"的邮件之间。与"发给陌生人的专业话题"的电子邮件类似，"发给同事的专业话题"的电子邮件通常也用收件人的"名"做称呼语，它们总是用"名"，而非"头衔+姓"。此外，这些邮件都很少用 Dear 开头（只有30%），而用"Hi+名"或只用一个简单的"名"作称呼语。

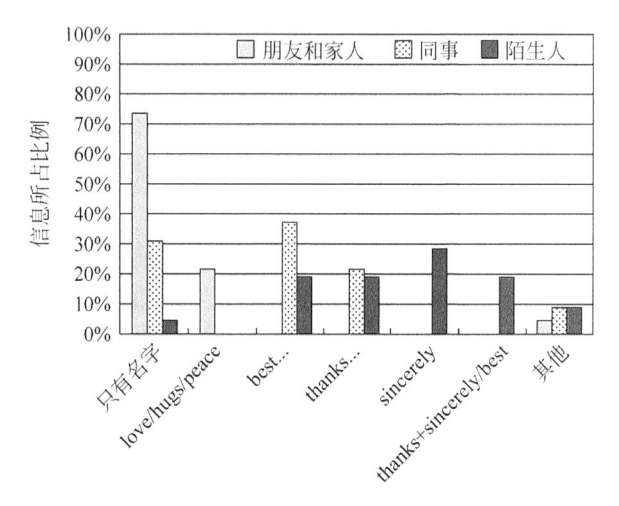

图 7.6　以收发邮件双方关系划分的各类电子邮件在署名上的差异

图 7.6 说明，这三类电子邮件结束语的语篇规约也具有层级性，尽管其使用模式不像称呼语那么突出。在"朋友/家人"的电子邮件中，署名时首选用"名"的模式，有时也使用一些表达个人情感的词语（如 love、hugs）。相比之下，在"陌生人之间的专业话题"的电子邮件中，人们常用正式的告别语（如 sincerely、best wishes 等）；而这些形式几乎从不在"朋友/家

人"的电子邮件中使用。

总之,本小节的研究进一步说明了语体和语类的研究可以在任何特定的层次上进行。本书对语体的许多描写关注的都是语篇类型之间的主要差异,例如会话和学术散文。然而,通过关注特定的情景参项,我们可以更加精确地界定语体。在本案例中,我们根据发件人和收件人的角色关系以及电子邮件的主要交际目的,说明了电子邮件的下位语体语言变异的系统模式。同样,上述情景参项与电子邮件的不同的下位语类相联系,而这些下位语类的开头和结尾首选的语篇规约各不相同。

7.3 网络论坛帖子

我们将要讨论的第二种电子语体是网络论坛帖子。论坛是用户就某个话题发布信息的网站。论坛上的"帖子"可供公众浏览,并且任何参与者都可以回复。论坛设计的初衷是为志趣相投的人提供讨论他们感兴趣的话题的地方(通常称为"社区")。论坛的交际目的与俱乐部面对面的聚会相同,都是为了分享信息和情感。不过,网络论坛是一种全新的讨论问题的方式,计算机技术使之成为可能。网络论坛帖子与面对面会话、电子邮件的异同,使之成为语体分析关注的一个有趣的焦点。

论坛虽没有所谓的"领导",但通常设有一位管理员,由他来确保讨论的话题和语言的文明。管理员有权将不遵守论坛规则的任何人拒之门外(如冒犯别人或多次发布与话题无关的信息的人)。大多数网站都有身份系统,用来表明参与者在论坛中的级别。这种级别通常是根据发帖人为其他参与者提供帮助的程度来确定的（由参与者评定）。参与者的发帖数量也列入论坛之中。

我们的语料来自苹果手机网络论坛。苹果手机是一种便携式设备，具有打电话、听音乐、看视频、发电子邮件以及互联网其他的功能。该论坛隶属于苹果公司的网站，负责为用户提供技术支持服务。网站有"用户讨论"部分，也就是"用户-用户支持论坛（user-to-user support forum）"，在那里"你可以参加有关各种产品和话题的讨论，找到帮你解决问题的方案，还可以提问并获得小窍门和建议等等"（苹果公司，2007）。

免费注册后，任何人都可以在论坛上发布信息，他既可以对已发布的"帖子"（特定话题）追加评论，也可以发布新帖子。论坛用户分为五个身份级别，根据其他用户对发帖人所发出的回复帖子的有用程度来评定级别。偶尔，苹果公司的雇员也来论坛，这些雇员都有一个特定的标志，以便让其他参与者知道他们是在为公司工作。雇员也就成了这个网站的管理员。

我们的语料是 2007 年 9 月 30 日发布在苹果手机网络论坛中的帖子，这一天是苹果手机销售的第一天（虽然有些人是早期测试版的体验者）。这款手机的上市备受期待，人们排起长队等待商店开门。一旦买到苹果手机后，用户就要将其激活，并学习如何使用它的各种功能。我们的帖子有 28 个不同的主题，总共 129 个帖子。我们对网络论坛帖子情景特征的分析，是建立在与其他论坛参与者的讨论以及用于语言分析的帖子内容的基础之上的。

7.3.1 网络论坛帖子的情景特征

网络论坛帖子与电子邮件很相似，它们都是书面的。发帖者在发帖之前，可以随心所欲地构思和修改，读者也可以在闲暇时反复阅读帖子——但是用户也可以快速阅读或编写帖子。

除了采用书面形式和以电子媒介发送这两个相同点之外，网络论坛帖子和电子邮件之间也还存在一些有趣的差异。首先，所有参与者都能看到每个人的信息及其在"社区"中的位置。当你收到一封电子邮件时，你能看到发件人的电子邮件地址、姓名、发送日期、传递路径以及邮件主题。在网络论坛帖子中，除了上述信息以外，你还可以看到用户在论坛中的发帖数量、国别信息，还有用户首次注册时，所用设备的信息以及用户的级别（图 7.7）。所有这些信息都在"用户资料"中一览无余。因此，即使从未见过某些用户的用户名，我们也能了解他们在社区的活跃程度。

username7　回复：苹果手机一遍一遍地发送同样的短信　　↵回复　✉电子邮件
　　　　　　发帖时间：2007年11月15日，下午3:47　　回复：lk

发帖数量：　重启手机（同时按住主页键和休眠/唤醒键，直到出现苹果的商标）
1,381
来自：　　　操作系统：iMac Mac OS X (10.4.10)
佛罗里达州
注册时间：
2007年7月3日

图 7.7　网络论坛帖子的布局

其次，网络论坛帖子与电子邮件的另一个不同点，就在于网络论坛帖子是个人与群体互动的结合体，而非个人之间的互动。一人发布的帖子可以得到一人或多人的回复，而且浏览网络论坛上的任何人都可以读到它（无论他们是否在该论坛注册）。通常在人们寻求解决问题的办法或分享经验时，就会出现转换话轮。然而，如果首发帖子无人理睬，那么随后，论坛上的任何人就都可以参与交流。在这一点上，与其说网络论坛像电子邮件，不如说它更像多人会话。例如，这里的"主题：苹果手机的移动侦测损坏"的首发帖子。该帖发出后18分钟内出现了下面的话轮：先是两名参与者之间的互动，然后第三名参与者加入进来，解释他的观察。

Text Sample 7.9 Sequence of seven e-forum postings

Person 1

When i run safari or ipod features, the phone goes into landscape automatically and doesnt seem to respond to rotating the device. is there a setting somewhere i'm missing or is my motion detector not working? anyone else have this problem?

Person 2

hold the iPhone in a "vertical" nature and then turn it, it's how accelerometers work. if you have it flat, like it was sitting on a table, it won't work.

Person 1

hmm. i've tried every angle, including vertical as you describe. it's completely unresponsive. i think the accelerometer must be faulty in this case.

Person 2

ah, well, if you're holding it so the screen is perpendicular to the ground and it's not working, then yeah, i'd suggest bringing it in and having them check it out, cause it's certainly possible to have a bad one.

Person 3

I've noticed that when rotating the iphone to landscape mode, to view pictures, it won't always respond.

It doesn't happen often, and most of the time it works fine, but I have noticed it. Maybe it's just a slow response?

Person 2

The biggest cause I've seen of this problem is people not quite understanding how accelerometers work.

The device needs to have the screen perpendicular (or close to it) to the ground in order to function properly. If you held it in your hand, flat like a pancake or something, it can't work. <...>

Person 3

Well, don't I feel slightly lame. And all sorts of dumb.

But you're right on the money, there. Works every time.

Thanks for clearing that up!

语篇样本 7.9 网络论坛上的七个系列帖子

第 1 人发的帖子：

我用苹果浏览器和苹果随身播放器时，总是闪退，无法切换。是设置的问题,还是我的移动侦测器坏了?谁有同样的问题?

第 2 人发的帖子:

"垂直"握住手机,然后把它打开,移动侦测器就运行了。如果你水平地拿着手机的话,就像平放在桌子上那样,它就不运行。

第 1 人发的帖子:

嗯。我试了所有的角度,包括你说的垂直角度,完全没反应。在这种情况下,我想一定是移动侦测器出毛病了。

第 2 人发的帖子:

啊,嗯,你拿着手机,让屏幕与地面垂直,如果这样还不行的话,那么,嗯,我建议你把它拿去检查一下,它有可能坏了。

第 3 人发的帖子:

我发现切换到主屏、浏览照片时,它经常没反应。

这种情况虽不常发生,大多数时候都正常,但我已经注意到了。或许它只是反应慢?

第 2 人发的帖子:

我觉得这个问题的最主要原因是,人们不太理解移动侦测器是如何运行的。

这个装置需要将手机屏幕与地面垂直(或几乎垂直)摆放,移动侦测器才能正常运行。如果你把它拿在手里,像摊饼或其他东西那样平放,就不行。……

第 3 人发的帖子:

嗯,我没感觉差劲儿,无语。

但是你是对的,丝毫不差。每次都奏效。

谢谢,明白了!

再次,网络论坛帖子与电子邮件的另一个区别是共享时空的程度不同。如上所述,网络论坛中的许多交流序列进展速度较快。相比之下,私人电子邮件在一两天(或者数天!)内没有回复也不足为奇。在网络论坛中,通常回复来得很快,并且参与者常常同时在线。然而,帖子也可能在几天后才有人阅读(当其他人需要解决类似问题时)。因为我们研究的帖子发布在一个特别的日子,许多参与者当天同时在线,尝试使用新的苹果手机。但是,这当然也会随着日期和论坛的不同而变化。

最后,网络论坛帖子与电子邮件还有一个区别就是,网络论坛帖子关注单一话题。在苹果论坛的案例中,网络论坛的话题都是严格设定的,所有问题都必须明确地围绕中心话题展开。用户几乎一致服从这个规定,任何异常的帖子都将受到批评。例如,某位参与者为自己先前发布的跑题的帖子而道歉时,另一位参与者回复如下:

Text Sample 7.10　E-forum posting

then why in the world would you post another one??

and what does this have to do with the iPhone??

please post in the appropriate forum

语篇样本 7.10　网络论坛帖子

那你为什么又发了 1 个帖子??

这与苹果手机有什么关系??

请将它发到合适的论坛

由于网站管理员可以阻止不遵守论坛规则的人发帖,所以发帖人有强烈的顺从动机。

在话题范围内,网络论坛可以有许多交际目的。首要目的就是解决问题。有1个帖子甚至明确地指出了网络论坛帖子的交际目的:"论坛中大多是向社区寻求解决办法的负面帖子……"到目前为止,大多数帖子关注的是问题及解决办法。其他则是参与者自愿发出的对别人可能有帮助的信息。最后,还有一些帖子只是为了分享激动人心的事件或情感,我们将在下一小节讨论。

7.3.2　网络论坛帖子的语言特征

在包含129个帖子的小型语料库中,共有5,874个词。网络论坛帖子和电子邮件的第一个差别就体现在每条消息的平均词数上,电子邮件的平均长度比网络论坛帖子要长很多(参见表7.2)。这个差别不足为奇。

表7.2　电子邮件与网络论坛帖子的平均长度

	平均长度(每个语篇中的词数)
电子邮件	208
网络论坛帖子	46

尽管每条帖子的长度并不一致,但是极少有很长的帖子。而且它们倾向于关注某个特定问题或答案,并且大多数帖子的往返都很迅速——比电子邮件快很多。

我们在考察特定的语言特征之前，需要注意的是，网络论坛帖子通常都遵守书面语篇的语法和标点符号的传统规范。然而，最常见的不规范现象就是不用或偶用大写字母（如语篇样本 7.9 和语篇样本 7.10 所示）；还有一些省略的用法，特别是代词主语的省略，正如下面这些出自不同帖子的例子：

>Worked for me too. [*It* subject deleted.]
>
>solved my own problem [*I* subject deleted.]
>
>Any ideas? [*Do you have* subject + verb deleted.]
>
>对我也有用。[省略了主语 *it*。]
>
>解决了我自己的问题。[省略了主语 *I*。]
>
>有什么主意？[省略了主语 + 动词："*Do you have*"。]

与书面语相比，这种省略在会话中更典型，它与网络论坛帖子的快速互动相契合。有些发帖人显然也意识到书面语在表达感情和态度上的局限，口语中的副语言更容易表达感情和态度，如语调、音高和语速。不规范的标点偶尔用来表达感情，例如语篇样本 7.11—7.13。

Text Sample 7.11　E-forum posting

>Mine restarts during the sync. every. time.
>
>this is frustrating.

语篇样本 7.11　网络论坛帖子

>我在同步启动。每一。次。
>
>这是令人沮丧的。

语体、语类和风格

> **Text Sample 7.12　E-forum posting**
>
> I CALLED APPLE!
>
> Everyone is going to receive an e-mail on july 4th w/ the EXACT date of your Iphone shipment! They are expecting it to be within that week if you ordered early online. <...> I can't wait to see my phone!!!!

语篇样本 7.12　网络论坛帖子

我给苹果公司打电话了！

每个人都会在 7 月 4 日这个确切的日子收到一封邮件，那是你的苹果手机发货的日子！如果你提前在网上订购了的话，一周内你就会收到。<……> 我实在等不及了！！！！

> **Text Sample 7.13　E-forum posting**
>
> Alright!
>
> Another person that actually READs the manual! :)

语篇样本 7.13　网络论坛帖子

好吧！

又一个人读了手册！ :)

语篇样本 7.12[①]，在句中出现了句号，作者以此表达对苹果手机重启时异常缓慢的不满。语篇样本 7.12 用大写字母拼写单词以及感叹号的连用表达兴奋的心情。语篇样本 7.13 用由标点符号组成的笑脸表情符号表达愉悦的情绪。不过，只有少数帖

---

① 此处原文为语篇样本 7.12，但作者实际说的是语篇样本 7.11。——译者

356

子使用了上述方式。

网络论坛帖子主要的语法特征与电子邮件很相似。图 7.8 表明，与电子邮件、手机短信和会话相比，网络论坛帖子中动词的使用频率较高，副词的使用频率更高，而名词、形容词和代词的使用频率较低。

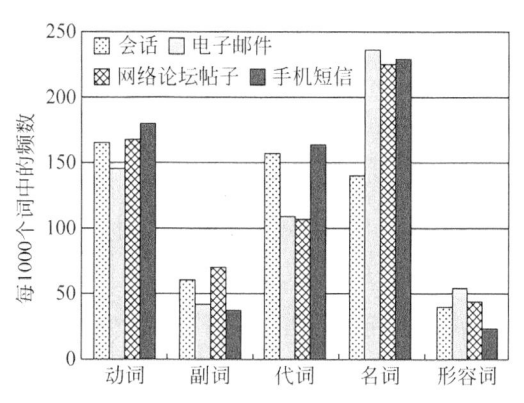

图 7.8　电子邮件、网络论坛帖子和手机短信中语言特征的分布情况

与电子邮件、会话一样，网络论坛帖子频繁地使用简短小句。它非常关注正在发生或应该做的事情，因此帖子中的动词和副词都比电子邮件多很多。大量帖子是在描述了苹果手机存在的问题或他们尝试过的方法之后，寻求建议。实现所有这些功能都需要使用动词（动词用**粗体**标出）：

...whilst **charging** I **cannot get** the thing to **start**, **go on**, **reset**.. **HELP**!

Yes, I **have** itunes 7.3 **installed**. I **can't get** it to **mount**. I **have restarted, reinstalled** 7.3 and **unplugged** it and

replugged it a handfull of times... any other ideas?

when I **plug** in iphoto **opens**. Itunes **is** not **recognizing** the iphone.

……充电时，我无法让它开机，继续，重启……求助！

是的，我装了 itunes 7.3。我无法给它升级。我重启了，重新安装了 7.3、卸载、安装，折腾好几次了……还有其他办法吗？

我连上 itunes 时，iphoto 就打开了。Itunes 当前无法识别手机。

在网络论坛帖子中，副词高频使用的原因之一是副词有助于阐释问题或提出关于如何正确使用手机的建议，它们与动词共现。例如（副词用**粗体**标出，动词用*斜体*标出）：

Descriptions of problems:

When i *run* safari or ipod features, the phone *goes* into landscape **automatically**

still *waiting* [for phone activation to work]

Advice on proper use:

The iPhone *requires* both 10.4.10 and iTunes 7.3 to *function* **correctly**.

If you *use* a Mac with the iPhone it will *work* **perfectly**.

The iPhone Manual **specifically** *says* that the iPhone WILL *DISCHARGE* **COMPLETELY** if *left connected* to a sleeping/hibernating Mac

7 电子交际语体与语类

描述问题：

当我的苹果浏览器或苹果随身播放器运行时，手机自动进入闪退状态

仍在等待［手机需要激活才能运行］

正确使用的建议：

苹果手机要求10.4.10和iTunes 7.3都有才能正常运行。

如果你用一台苹果电脑连上苹果手机，它运行就完美了。

苹果手机使用手册特别说明，如果将手机和休眠的苹果电脑连接，那么手机就将彻底放电

在这个论坛上，副词同样适用于情感的表达。许多用户得到苹果手机时，都表达了特别兴奋（或失望）的心情。这些评论往往用副词（用**粗体**标出）来强化感情的表达：

Totally agree!!! [in response to: "words do not describe this device – this will change everything, it's a new world"]

I want one **sooo** bad! But they are not in Australia!

...We're buying because it's **incredibly** functional.

... It's **absolutely** awesome.

I am **really** disappointed in Apple for this one.

完全同意!!!［对"无法用言语来描述这款手机——它将改变一切，这是一个新世界"的反馈］

我是多多多么想要一部啊！但在澳大利亚不卖！

……我们打算买了，因为它的功能太强大了。

……它绝对很棒。

这款手机，让我对苹果真的失望了。

图 7.8 表明，虽然从总体上看，代词在网络论坛帖子和电子邮件中都很常见，但是图 7.9 表明，每类人称代词在这两种语体中的使用情况是不同的：第一人称代词在这两种语体中都很常见，而第二人称代词在电子邮件中更常见。相比之下，第三人称代词在网络论坛帖子中更常见。这些差异都反映了私人电子邮件的收件人为个人这样的一个事实，发件人通常用 *you* 称呼收件人。相比较而言，网络论坛帖子通常针对的则是整个社区。然而，由于网络论坛话题的范围受限，如本案例中的论坛就仅仅关注一个单一的话题，所以第三人称代词在网络论坛帖子中更常见。

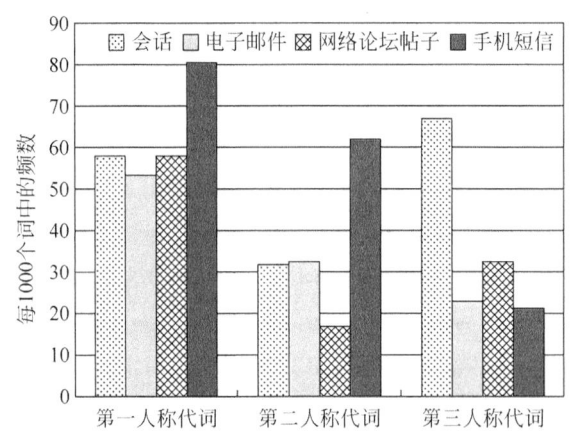

图 7.9　电子邮件、网络论坛帖子和手机短信中人称代词的分布情况

就语类标记而言，网络论坛帖子的开头和结尾也与电子邮件形成了有趣的对比。在 129 个帖子中，只有 4 个帖子的开头有称呼语，11 个帖子的结尾有署名。在这 4 个有称呼语的帖子

中，有3个是对提问的直接反馈，以"hi"和提问者的用户名开头，例如"Hi TBatey"。结尾的"署名"一般是"名"或姓名的首字母。显然，论坛的规则是不用称呼语或不署名的。然而有意思的是，网络论坛中拥有一定级别的用户往往蔑视规则，他们使用称呼语并署名，这也许是因为他们希望通过社区提高知名度，从而提高其帖子的可信度。虽然对于任何普遍的结论来说，我们语料的数量都太少了，但是我们还是可以在本章末尾的练习中将这一研究结果与来自其他网络社区的帖子进行比较。

7.3.3　对不同级别用户的人称代词使用情况的详细考察

在研究电子邮件时，我们发现有些语言差异与参与者之间的关系（朋友和家人、同事、陌生人）有关。而网络论坛帖子为我们提供了参与者的另一个特征：论坛中的级别。这种级别与职业、教育程度、年龄或其他任何传统的特点无关。评级的唯一标准就是对其他参与者的贡献率。尽管以往对互动性语体的研究已经证明语言与社会地位有关，然而网络论坛帖子是首批量化社区身份并将其作为情景语境一部分的语体之一。

为探讨与上述差别相关的语言特征，我们将社区用户分为两组："行家"和"新手"。"行家"组是在论坛中被评为"2"级及"2"级以上的用户——他们发布了大量被其他用户评为有用的帖子；"新手"组包括无级别的用户。图7.10对比了这两组用户人称代词的使用情况。在这两组中，第一和第二人称代词的使用频率接近（第一人称代词更常见）。然而，第三人称代词在行家组中更常见。

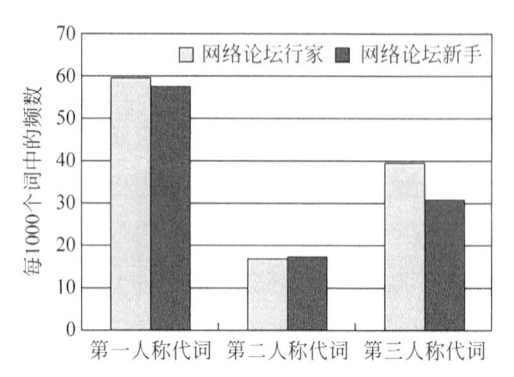

图 7.10 行家和新手的帖子中代词的分布情况

这两组用户都用第一人称代词讲述自己的经历。他们用第三人称代词 *it* 指称某些东西（苹果手机、配件及相关东西）：

> **Text Sample 7.14　Two e-forum postings**
> [first and third person pronouns in **bold**]
> Novice community member:
>   **I** spent all night gertting **it** activated, had to reset, replace, used all the troubleshooting advice... and now **i** can receive calls – but not make **them**...
> Expert community member:
>   Yes indeed! last night **I** went to bed at almost 4am playing with **it,** today **I** woke up, for a second thought **it** had been a dream but no the iphone was there as beautiful as ever, **I** picked **it** up checked **my** e-mail, got up and came to work (**I** didn't want to put **it** in **my** pocket so **I** put **it** back in the box to bring **it** to work, lol) **i** have **it** on **my** desk and everybody comes in and takes long looks at **it**.

7 电子交际语体与语类

语篇样本 7.14 网络论坛的 2 个帖子

[英文语篇样本中,第一和第三人称代词用粗体标出]

社区新手:

我整晚都在激活它,重启,替换,用了所有能够解决问题的方法……现在我可以接电话了,但是不能用它们打……

社区行家:

的确是这样! 昨晚我差不多凌晨 4 点才上床,一直在摆弄它。今天我醒来后,还以为它是一场梦呢,但不是,苹果手机一直在那儿,美丽依旧。我用它来查收电子邮件,起床,然后去上班(我不想把它放在口袋里,就把它放在盒子里,带着它去上班,哈哈哈)我把它放在我的桌子上,每个进来的人都盯着它看。

第二人称代词在这两组用户中都不太常见,仅在参与者提问或给别人提建议时才偶尔出现。

行家组中第三人称代词的大量使用,与他们要为其他用户进行解释有关。许多用户提供的都只是他们自己的经验,而行家则更多的是提供其他来源的信息,例如:

> **Text Sample 7.15 Two "expert" e-forum postings**
> [third person pronouns in **bold**]
>
> This is gonna upset you because **it** upset me greatly – the business center, the ONLY group in all of AT&T that can remove your "corporate liability" – is closed. i waited online for 1.5 hours before someone from the store called me, and **she** told me that

> **they** had closed. i called back, and indeed, **they** had closed.
>
> [Level 2 participant]
>
> There are posts from folks who were having issues porting other companies cell numbers and **they** were told to activate with a new number now and in the next few weeks, after the rush, ATT customer service can help **them** port an old number after the fact.
>
> [Level 3 participant]

语篇样本 7.15 两位"行家"发布的网络论坛帖子
[英文语篇样本中，第三人称代词用粗体标出]

这将令你失望，因为它已经让我很失望了——商务中心，所有的 AT&T 中唯一能清除你"公司债务"的地方——关张了。商务中心有人给我打电话时，我已经在线等了一个半小时了，她告诉我，他们已经关张了。我回拨过去，的确，他们关张了。

［级别 2 参与者］

用户发的帖子反映了其他公司电话号码的接入问题，现在他们被告知要用一个新号码来激活，在购号高峰之后的几周内，ATT 客户服务可以帮助他们接入一个旧号码。

［级别 3 参与者］

虽然语篇样本 7.15 篇幅太短，不足以得出强有力的结论，但是某些用户之所以能够成为"行家"，也许是因为他们分享了别人的即时情景信息，这也使得他们更多地使用第三人称代词。在本章的练习部分你将有机会进一步考察这个问题。

7.4 手机短信

我们所要关注的第三种新兴电子语体是手机短信。手机短信（有时也称为"短信服务"或者SMS）是通过电子媒介发送至收信人手机上的书面信息。20世纪90年代，短信通常只能用手机发送；但是现在也可以用电脑发送。虽然短信通常有字数的限制，但是很少有短信接近这个极限（参见Thurlow 2003）；由此可见，与技术可处理的实际长度相比，短信的长度似乎更受其他因素（下面将讨论）的制约。

为研究这种新语体，我们使用了一个规模为300条短信[①]的小型语料库。这些短信是为满足那些发送至各种互联网列表的请求而收集的，它们发布在诸如聚友网（MySpace）之类的社交网站上。志愿者要回答一个有关自己使用短信情况的简短的在线调查，并提供手机中存储的短信，包括发送和接收的短信。每条短信除了保持原貌外，参与者还要解释短信的语境。尽管这种便利抽样[②]存在许多局限——包括参与者自己挑选短信以及有些手机并没有存储已发送短信的这一局限——但是它使得参与者和短信样本具有了多样性。他们调查了130名参与者，这些参与者所接收的短信来自更多的发送者。虽然有些参与者来自中国、爱沙尼亚、加拿大和丹麦，但是绝大多数参与

[①] 这些都是怀恩德·戴尔（Wynde Dyer）手机短信语料库子集中的短信。感谢怀恩德允许我们使用该语料库。

[②] 是指调查人员本着随意性原则去选择样本的抽样方式。——译者

者来自美国的 24 个州。参与者的年龄在 18—52 岁，他们的就业情况非常复杂，既有无业者，也有学生、律师、教师、银行出纳、商店经理、行政助理、酒吧侍者、收银员、社工、咖啡师、医学绘图员等等。该语料库只收集了由个人发送的短信，并不包括由公司发送的短信（如告知付款已收到的短信）。收集的短信包括各种话题（私人的或商务的），不过，与商务话题有关的短信只有 3 条。

对于本书作者而言，描写手机短信的情景特征是一个特别的挑战，因为我们几乎没有任何使用短信的经验。因此，我们采用本书第 2 章所介绍的方法，将情景的描写建立在对参与者的调查、以往的研究成果、与短信使用经验丰富的"行家受访者"的访谈，以及对短信语篇本身的考察的基础之上。

7.4.1 手机短信的情景特征

手机短信有一些有趣的、与本章所描写的其他电子语体不同的情景特征。就参与者及其关系而言，短信是由一个人发给另一个人的，参与者之间具有某种私人关系；在这一点上，短信与电子邮件相似，而不同于网络论坛帖子，网络论坛帖子是一个人写给整个社区的。大多数使用者认为短信的私密性优于电话，因为电话有可能被其他人偶然听到。然而，也有些使用者认为把短信给第三者看并无不妥，而未经允许转发他人的电子邮件则将侵犯隐私。因此，短信的旁观者可能略多于电子邮件。

从短信语篇和使用者的评论来看，短信显然有互动的期待，它比电子邮件更快捷。实际上，许多短信都是邻接对的第一部分，它们大多是与即将实施的计划有关的问答序列。许多话轮转换得非常快（相对于书面语篇来说），下面的话轮转换就发生在一分多钟内：

> **Text Sample 7.16　Sequence of three text messages**
>
> 　　A: Gym?
>
> 　　B: yeah be over in about a half
>
> 　　A: Ok see you when you get here!

语篇样本 7.16　系列手机短信三条

　　A: 健身房？

　　B: 嗯，大约半小时后到

　　A: 好，待会儿见！

有时，短信不必回复，因为参与者即将见面，例如这位朋友发了 1 条短信，说明他将何时到达：

> **Text Sample 7.17　Text message**
>
> 　　Seconds away

语篇样本 7.17　手机短信

　　马上到

有些用户认为手机短信有一个缺点，那就是如果没有收到回复，发送者就无法确定对方是否收到了短信。因此，短信接收者通常以最简反馈项目作为回复。作为完整短信的最简反馈项目包括：

Cool

K!

Roger

Ha ha :) [for acknowledging a funny message]

不错

好!

收到

哈哈 :)〔表示确认收到了一条有趣的信息〕

总的来说,手机短信是一种互动性很强的交际方式。在即时性和直接互动性上,它都比电子邮件更接近于会话。

在这种语体中,共享背景知识的程度也很高,从随便提及的不为大多数读者所知的人和地点这一点就可以清楚地看出来,正如下面这2条短信:

Meet me between smith and cramer asap

I got you and Taylor tix to Rise Against in pit section.

尽快到史密斯和克拉默之间来见我

我帮你和泰勒拿了两张 Rise Against 乐队演出的乐池区门票。

即使在局外人看来一目了然的短信,也可能有更特殊的意义,这些意义只有共享背景的参与者才明白。例如,下面这条短信的接收者就明白,这条短信提醒他在回家路上为孩子购买某个品牌的牛奶:

get some milk please

请带点牛奶回来

7 电子交际语体与语类

如果没有共享的语境，那么有些短信就根本无法理解，例如：

over on min.

时间用完了。

短信的接收者知道这条短信是和他分享手机套餐的朋友发来的，这位朋友查了他们免费通话的时间，发现免费通话时间已经用完。甚至与商务有关的短信也高度依赖语境，虽然交际双方所共享的背景比分享手机套餐的朋友要少，例如：

what can we do to bring the numbers down for a one day shoot?

我们怎么做才能降低一天的拍摄费用？

要理解这条短信，既要知道"shoot"指的是拍摄，还要知道"the numbers"指的是以前所发短信中提及的成本估算。

手机短信中的大量互动表明参与者是在同一时刻的语境中互动的。例如，告诉朋友你"马上到"的短信，如果在第二天才看到，就没有意义了。如上所述，许多短信都涉及即将实施的计划，短信发送者希望接收者能够马上看到短信。从下面的短信中，我们可以清楚地看到短信比电子邮件或电话留言更快捷：

your set. sorry it took so long. i ran into a guy i know

[context explanation: I was waiting for an e-mail from this guy]

Chk e-mail

Made it-mom

[context explanation: My parents were traveling back home to their house from my house and had tried to reach me via a phone call but I did not answer so my mom texted me to let me know they made it home safely.]

　　好了。抱歉耽误了这么长时间。我碰到了一个熟人
　　［语境解释：我正在等这个人的电子邮件］
　　查收电子邮件
　　到家了——妈妈
　　［语境解释：父母离开我家回家，他们给我打电话，可我没接到，所以妈妈又给我发短信，告诉我他们已经平安到家了。］

　　有意思的是，许多短信还表明参与者共享物理语境。从下面短信中"here"的所指，就可以看出，比起任何书面语体来，短信更接近于传统的典型会话：

　　R U here?
　　你在这儿吗？

手机短信通常是在行进中发出的，因此发送短信的一个主要目的就是确定发送者的位置。

　　与电子邮件、网络论坛帖子一样，手机短信也采用了电子媒介和书面形式。发送者有时间构思和编辑短信，接收者可在空闲时阅读。正如第5章所述，经过构思和编辑的语篇通常使用更复杂的语法结构，特别是复杂的名词短语结构和精准的词汇。然而，某些情景因素却限制了手机短信的长度和复杂性。首先，有些人仍然使用按照短信长度（或者根据发送或接收短信的数量）收费的手机套餐，因此短信的长度受到费用的限制。其次，虽然有的短信是用电脑发送的，发送者可以在一

个全尺寸的电脑键盘上打字，但是大多数短信还是用手机发送的，而手机的尺寸和设置都不便于打字。尽管有的手机预先设置了表达式，但是许多使用者说他们很少使用这些表达式。一位使用者总结了手机短信的弊端："在手机上打字需要花太多的时间！"此外，手机的小屏幕同样也不便于阅读较长的短信。

显然，短信在字数上的限制是有效的。不过，仍然有许多参与者认可短信在书面形式（与口语形式相对）上的优势。受访者认为，在需要保持安静或避免打扰他人的场合（如图书馆、医生办公室、商务会议），以及太嘈杂以至于不适于电话交谈的地方（如喧闹的酒吧），短信是一种很好的交际方式。其他受访者指出，当你不想长时间打电话时，就首选发短信。

手机短信有各种各样的交际目的。在这个语料库中，我们发现有 5 种[①]普遍的交际目的，这是对手机短信交际目的的总体概括；显然，更深入的研究还需要更具体的分类。（参见瑟洛[Thurlow]于 2003 年对威尔士手机短信语料库中短信交际目的的描写，其研究结果与上述结果极其相似。）

7.4.1.1　目的 1：组织社交活动

手机短信最常见的交际目的就是组织社交活动。通常，当发送者邀约对方时，他就会发短信询问对方的行踪：

mike! what are you doing？

迈克！你在干什么？

也有许多邀请朋友一起做某事的短信，例如：

---

① 原文为 6 种。根据下文，改为 5 种。——译者

Vita cafe brunch at 11?

Yo, u wanna see pirates tonight ?

11点在维塔咖啡厅吃饭？

哟，你今晚想看《女海盗》吗？

手机短信还可用于进一步解释社交计划：

i'll call u tomorrow when i get home from work & we'll figure out what time 2 do the pick-up.

我明天下班回家就给你打电话，我们到时候再合计什么时候去提货。

7.4.1.2 目的 2：在行进中保持联络

大量短信的目的都是为了找人或找地方，或者告诉别人自己目前的位置：

参与者的语境解释	手机短信
开车去接朋友：	what's the intersection?（哪个交叉路口？）
在等朋友：	R u on yer way?（你在路上吗？）
妈妈正在商店里找女儿：	At the service desk（在服务台）
到饭店见朋友：	On our way（我们在路上）
怎么回家？：	I'm taking the bus.（我坐公交车。）

7.4.1.3 目的 3：信息共享

在信息共享类短信中，有少数短信用于询问具体信息，例如：

Do u know where u saved that movie on my computer

你还记得你把那部电影存在我的电脑的什么地方了吗

7 电子交际语体与语类

这类短信大多是继续以前曾讨论过的话题（通常在面对面会话中讨论过，也可能在以前的短信中出现过）。下面这条短信的话题就是参与者以前提过的、在音乐现场秀上演唱歌曲的建议：

Taylor Swift... tear drops on my guitar! perfect song for open mic. check it out, its really acoustic sounding heh

泰勒·斯威夫特……眼泪滴在我的吉他上！完美的歌唱音乐现场秀。听一下吧，绝对是听觉享受啊

还有的短信用于分享激动人心的或令人震惊的新消息：

OMG... my DAD's on MYSPACE!!!

I'm a mother f-ing college graduate! [sent during the graduation ceremony]

A new hawaiian bbq place opened up here called maui hawaiian bbq.

According to da menu theres one whittier. [from a person in Fresno, California, to his girlfriend who lives near Whittier]

天哪……我爸爸在聚友网上！！！

我终于成了×妈×大学毕业生了！［毕业典礼中发出的短信］

这里新开了一家夏威夷烧烤店，叫毛伊岛夏威夷烧烤。

毕业生名单上有一名来自惠蒂尔的学生。［一位来自加利福尼亚弗雷斯诺的人士发给住在惠蒂尔市附近的女友的短信］

7.4.1.4 目的4：维系关系

许多短信并不关注特定的信息，仅仅是一种简单的保持联

系或表达情感的方式。这些短信用于询问事情的进展，或表达对朋友、亲密伙伴的关心：

from a friend: Hey Shana how is your week going so far?

from a boyfriend after spending the morning with her family:

I love you so much sweetheart. You and your family mean everything to me.

from a co-worker upon moving to a new job: We all love you and will really miss you. Have a safe trip.

from a husband whose wife just hung up on him: Im so pissed @ U.

发自朋友的短信：嘿，莎娜，这周工作怎么样？

发自一个男孩的短信，他刚与女友及其家人共度了上午时光：

亲爱的我非常爱你。你和你的家人就是我的一切。

发给刚找到一份新工作的同事的短信：我们都爱你，真的非常想念你。一路平安。

发自一位丈夫的短信，他的妻子刚刚挂断了他的电话：我很生气。

7.4.1.5 目的5：业务提醒

在小型语料库中，只有少数短信与业务有关。它们与信息共享类、组织社交活动类短信有许多相似之处——例如，询问有关成本报价的信息、解释与助教见面迟到的原因、提醒某人赴约，例如：

7 电子交际语体与语类

Massage on thurs!

周四按摩!

总体来看,手机短信高度关注人际关系,这表现在较强的互动性、共享知识程度、共享时间(有时是地点)以及最普遍交际目的上。然而,手机短信也使人们变得疏远,在某种程度上缺乏人情味。在被调查者看来,这既是手机短信的缺点,也是它的优点。一方面,使用者经常批评手机短信无法明确地表达(或理解)情感。接收者无法"听"到发送者是怎么"说"的,因此有可能产生误解。由于短信简短,所以它只能传达"要点"。另一方面,当人们没有时间(或不在同一个地方)长谈时,短信是一种快捷有效的交际方式。一些被调查者指出,在传递负面消息(如迟到)时,发短信比说话更放松。还有许多被调查者认为,当他们不想长谈时,发短信比打电话更快捷,有位被调查者认为,短信高效、快捷的原因之一是和电子邮件一样,不必遵守聊天的规则:"在许多情况下短信都是快捷而有效的。如果你只想迅速得到答案,那么短信可以把你从耗费心力的传统礼仪(你好,你最近怎么样,你最近在忙什么,等等)中解放出来(我是半开玩笑地说的)"。另一位经常发短信的人清晰地解释了在她不想有一个完整的会话时,短信是如何使她迅速分享思想的:

It's great for inside jokes, sentimental memories, random thoughts, funny experiences, etc. I would never call someone up to say, "Oh, I was just thinking about..." or, "So, remember that one time..." or, "Oh my gosh, guess what just happened..."

because I don't REALLY want to talk, I just want to share, or just to let someone know something reminded me of them or of us. Composing an e-mail would seem so formal... it seems to me to be so serious to sit down and set out to write out all that stuff, whereas it seems very casual or non-committal to do it by text-messaging... I don't want to open that dialog, I just want to say, "I was thinking of you."

短信很适合与朋友分享圈儿内的笑话、感伤记忆、杂感、好笑的经历等等。我永远不会在给别人打电话时说："哦，我在想……"或者"所以，记得那次……"或者"天哪，你猜刚才发生了什么……"因为我真的不想与人交谈，我只是想分享，或者是想让某个人知道，有些事让我想起了他们或我们。写邮件似乎太正式了……对我来说，坐下来着手写这些东西似乎太严肃了，而发短信很随意、不用表态……我并不想开始一场对话，我只是想说："我在想你"。

7.4.2　手机短信的语言特征

手机短信显著的语言特征之一就是副语言特征的使用。其中最突出的特征有两个，一个是缩写形式，另一个是不规范的标点符号和大写字母。短信语言的许多变异都与这两个特征有关。在这个小型语料库的 300 条短信中，有一种极端的情况，那就是只有少数短信遵守英语语法、标点符号和大写的规范，例如：

> I guess it will have to be next week. Have a great weekend. What is your address?
>
> 我想得下周了。周末愉快。
>
> 你的地址是？

另一种极端的情况是，只有少数短信使用极其简练的形式：

> pl pu cheese on ur way hm [please pick up cheese on your way home]
>
> Can u do lt dnr 9ish? [Can you do a late dinner at 9ish?]
>
> 回家的路上请买奶酪
>
> 你能在晚上9点左右做晚饭吗？

然而，大多数手机短信居于这两者之间，它们使用各种不同的标点符号、大写字母和缩写：

> U Busy? Prolly workin. I'm sittin in traffic for the next 45 minutes...
>
> What aiports r good 4 houston?
>
> Weve 4 tickets, who should we take
>
> 你忙吗？在工作吧。我这儿堵车了，大约还得45分钟……
>
> 休斯敦的哪个机场好？
>
> 我们有4张票，带谁去呢

有时候（如使用 *your*，而不是 *you're*），我们无法确定究竟是使用了缩写形式，还是拼写有误。然而，如果不止一位发送者重复使用某些形式，那就表明它们在这种短信语体中被认可，这也许是为了便于打字：

不止一位发送者所使用过的缩写：

缩写	意义
k	OK
R 或 r	are
U 或 u	you
ur	your
lol	laugh out loud
2	to
4	for
@	at
n	and

表情符号也许是人们讨论得最多的手机短信的特征；许多书籍和网站都列出了几十种表情符号。然而，尽管表情符号极为引人注目，但是在我们小型语料库的 300 条短信中，只有 10 条使用了表情符号。表情符号的使用者既有男性，也有女性。通常，表情符号所承载的都是已经表达过的（或者至少暗示过）情感意义，表情符号有强化的作用：

  Then what do you want my sweetie:- * ?[a kiss]

  call me wen you land. I miss you :-([sad face]

  亲爱的，那你想要什么呢我亲爱的 :- * ?［吻］

  下飞机给我打电话。我想你 :-(［哭脸］

仅有 3% 的短信使用表情符号，因此它并不是短信的普遍特征。

上文 7.2 节曾描写过电子邮件的语类规约。通常，即使是最不正式的电子邮件，也要遵循开头和结尾的语类规约。如

7.2.3 小节所述，大约 30% 的写给朋友和家人的电子邮件都以称呼语（"*hi* + 名"或者只有"名"）开头。相比之下，手机短信由于篇幅较短，因此通常没有正式的开头和结尾——没有明显的语类标记。在我们语料库的 300 条手机短信中，只有 1 条是以名字开头的：

Max, sorry i missed ur cal yesterday. Cal me today.

马克斯，抱歉我昨天没接到你的电话。今天打给我吧。

还有 2 条短信以"hi"开头（其中一条是在问候之后，表示爱慕）：

Hi hope you guys had a great weekend with lots of progress with your yard.

Bob

Hi, Honey! Big kisses from Italy! I visited Venice, Ferrara, Bologna, Padova and Verona. It's a beautiful country! :D I'm going to Austria tomorrow. Take care!

嗨，祝你们周末愉快，把院子收拾得更好。

鲍勃

嗨，亲爱的！来自意大利之吻！我参观了威尼斯、费拉拉、博洛尼亚、帕多瓦和维罗纳。这是一个美丽的国家！:D 我明天要去奥地利了。保重！

此外，还有 21 条短信以"hey"开头，1 条短信以"heya"开头。但是，大多数短信——90% 以上——根本就没有称呼语。在这方面，短信与至交好友的面对面会话很相似，交谈可以时断时续，而不必顾及时间间隔的影响。

有结束语的短信就更少了。在这 300 条手机短信中，只有

1 条以"Take care!"结尾,还有 2 条短信有发送者的"署名":一条来自朋友(鲍勃),另一条来自"妈妈"。有意思的是,这两位发送者的年龄都比大多数发送者大,也许他们平时用得更多的是电子邮件,而非短信。

为进一步描写手机短信的语言特征,我们采用了定量研究的方法。在分析中我们将缩写替换为完整形式,例如我们将 R U 分析为"are you",它们分别代表一个动词和一个代词,而不是两个字母。

我们语料库中的 300 条手机短信共有 3,049 个词,每条短信平均有 10.2 个词。与电子邮件(每封邮件 208 个词)、网络论坛帖子(每个帖子 46 个词)的长度相比,手机短信显然是一种快捷、简短的交际方式,这究竟是因为手机短信不便于输入和阅读,还是因为费用的问题,抑或二者兼而有之?

我们在图 7.8(参见上节)中展示了动词、副词、代词、名词和形容词在手机短信及其他相关的电子语体和会话中的频率。手机短信中动词的频率非常高(高于网络论坛帖子和会话),代词的频率极高(甚至比会话还高),名词的频率与其他电子语体相差无几,副词和形容词的频率极低。

动词高频出现在手机短信中不足为奇,因为即使是很短的短信,也要依赖于小句。例如:

> **Are** you **napping**???
>
> Where **r** u???
>
> **swim** [in answer to a message asking about evening plans]
>
> 你在打盹吗???

7　电子交际语体与语类

你在哪儿？？？

游泳［一条回答晚上安排的短信］

手机短信中名词和代词出现的频率也很高，这有些出乎意料。手机短信中的名词倾向于指称事件、地点和特定的活动：

I want to be on a **porch** somewhere drinking a **beer** and doing **nothing**

Im meeting some **dude** from the **internet** for happy **hour**

ahh! **Wed** is a going away **dinner** for **renetta** call u soon!

我想在一个阳台上，喝着啤酒，无所事事

我正和一些男网友见面，共度欢乐时光呢！周三到瑞纳塔赴宴，稍后给你打电话！

许多建议或提问也只用一个名词来表达：

food?

gym?

pinball [in response to a message asking where the participant was in a crowded club]

食物？

健身房？

弹珠台［在一个人满为患的俱乐部中，参与者告诉朋友自己的位置］

第一和第二人称代词在手机短信中极为常见（参见图 7.9），甚至比在会话和电子邮件中更常见。这说明手机短信主要关注发送者和接收者。受短信长度的限制，使用者倾向于实用，关注熟人之间的互动，而非其他人、地点或事件。因此，*I* 和 *you*

的使用频率极高，上文中的大多数短信都说明了这一点。(另外，短信发送者有时省略 I，如在 *Will call you...* 中)

以下短信表明，动词、名词、第一和第二人称代词(偶尔有不定代词)在许多短信的语言中占多数：

nobody *came* to the **park** yet, so **we'll meet u guys** at **starbucks**. **Dont forget** to **bring** *games*!

Landed. Will call you once **I get** a **cab.**

well im glad i could bring a smile 2 your face

还没人来公园，那咱们在星巴克见吧。别忘记带游戏来！

已着陆。我一上出租车就打电话给你。

嗯，我很高兴我能给你的脸上带来笑容

由于手机短信篇幅短小，因此用来修饰动词和名词的副词、形容词并不常见。最常见的副词是 *just*，用来缓和短信带来的紧迫感：

Its ok babe. **Just** call me when ur done studying.

hey... **just** wondering whats up with you... sorry i was driving earlier

没关系，宝贝儿。学习结束后再给我打电话。

嘿……只是想知道你到底怎么了……对不起，我刚才在开车

与网络论坛帖子使用副词表示强调和表达情感不同，手机短信通常使用如大写字母和感叹号之类语言之外的手段表示强调：

OMG... my DAD's on MYSPACE!!!

Dude, give me a call it's my BIRTHDAYYY!

天哪……我爸爸在聚友网上！！！

老兄，给我打电话，今天是我生日！

如上所述，少数短信也使用表情符号和 LOL（"laugh out loud"大声笑）。然而总体看来，手机短信并不是用来表达情感的，而是用来交流信息的，尽管是个人性质的信息（与熟人有关）。短信中反复表达的是与 *love* 这个词有关的情感，例如：

Almost sent you a note on saturday, then realized it was only eight a.m!

Love you!

Just saying I love you

aww... i love you

Love you princess and miss you too

周六差点儿给你发短信息，后来发现那时才早上 8 点！

爱你！

只想说我爱你

喔……我爱你

爱你公主，想你

7.5 本章小结

本章阐明了这样一种观点——某种文化中的语体集合并不是静态的。随着新的交际方式的兴起，与情景特征相对应的新的语体也将发展起来。电子通信方式催生了大量的新语体。本章只分析了三种新兴电子语体的情景特征和语言特征，还可以对许多其他语体加以研究（参见本章练习）。

本书反复强调，任何层次上的情景差异都对应于系统的语言差异。本章进一步说明了这两者之间的关系。本章所描写的三种语体的共同之处就在于它们都是以电子媒介交际的实例。然而，本章还说明了这三种语体在交际目的、生成环境以及参与者之间关系等方面的细微差别，这些差别与系统的语言差异相对应。新兴的电子语体融合了许多传统语体的情景特征，并以有趣的方式对相关的语言特征产生系统的影响。

下一章将对某种语言的语体变异进行全面描写，并介绍一种更前沿的分析方法。

第7章 练习

思考与复习

1. 你能想出某种电子语体中可分析的新的其他情景特征吗（如网络论坛的身份级别）？它是什么语体？有哪些新的情景特征？你能推测出与这些情景特征相关的语言特征吗？

2. 请设计一个适用于研究电子交际语体的综合语料库，该语料库要覆盖你所能够想到的各种电子语体，请注意这些语体与其他语体在情景上的不同。然后，说明你从这些不同语体中获取语篇的方法，并讨论由电子语体的本质特征而产生的任何

7 电子交际语体与语类

一个问题。例如，你将如何处理那些与书面语篇相同的电子语篇（例如打印的信息手册和在线信息手册）？换言之，你界定"电子语体"的标准是什么？

3. 请在本章的研究结果基础上，为英语作为第二语言的学生列举出三个教学应用的例子。

分析练习

4. 即时通信（IM）是另一种相对较新的电子语体，参与者同时在线，编辑好消息可直接发给对方。

下面的数据来自纳科尔斯（Nuckolls 2005）的即时通信研究，该研究对比了三对伙伴的会话和即时通信。请根据表7.3中的数据和附录B中的练习语篇16，回答下面问题。

表7.3　会话和即时通信中最简反馈项目话轮的比例

参与者	面对面的会话	即时通信
（1）克里斯蒂（Kristy）和莉萨（Lisa）	8.0%	1.3%
（2）杰德（Jade）和玛吉（Marge）	12.0%	0%
（3）乔（Joe）和鲁迪（Rudy）	14.3%	1.1%

（4—6个互动/对，从Nuckolls 2005中归纳的数据）

A. 在两种语体中，参与者是如何使用最简反馈项目的？与电子邮件和手机短信（本章描写过）相比，即时通信是如何使用最简反馈项目的？哪些情景特征可以解释即时通信中最简反馈项目的使用情况？

B. 大众传媒中的文章常常强调即时消息和其他电子语体中使用的表情符号、缩写。请根据表7.4中的研究结果，确定表情符号以及与情感有关的其他特征在即时通信中的使用程度。与本章有关电子邮件和手机短信的研究结果相比，目前有关即时通信目的的研究进展如何？你能从语体和个人风格的角度做出哪些解释？

表 7.4 即时通信中有关情感特征的出现频率（标准化每 500 个词）

特征	平均频率	频率范围
表情符号	5.3	0–16
缩写	2.0	0–6
大写	9.2	1–17
拼写出的词	5.5	<1–14

（从 Nuckolls 2005 中归纳的数据）

特征的界定

表情符号——用来表达情感的符号，例如 :)[表示"微笑"]

缩写——在用来描写情感活动或感觉的短语中，每个单词的第一个字母，例如"lol"或"LOL"（"laugh out loud"）、"imho"（"in my humble opinion"）

大写——用大写字母拼写出的词，表示情感和强调，例如"WOW"（注意：有一名参与者始终使用大写字母，她说是出于速度的考虑。她的使用频率不包括在统计范围内。）

拼写出的词——拼写出来的与情感相关的词，例如"smile"[表明作者在微笑或取笑]

C. 在附录 B 练习语篇 16 的即时通信中，你注意到其他显著的语言特征了吗？如果注意到了，那么哪些情景特征可能与

7 电子交际语体与语类

这些语言特征有关?

5. 如果你的邮箱里存储了私人邮件,或者你的手机里存储了短信,那么请选择来自不同发送者的8—10条消息,并分析其交际目的和至少三个语言特征以及系统的语类规约(包括开头和结尾)。请将你的研究与本章的研究结果进行对比。

选题建议

6. 请分析包括参与者评级的某一个网络论坛的语言特征,将该论坛的语言使用模式与本章所描写的苹果手机网络论坛进行对比。例如,该论坛是否使用称呼语?结尾是否有署名?社区中地位较高(如通过较高级别体现)的用户是否比地位低的用户更倾向于使用招呼语和结束语?并考察一些词汇-语法特点(包括第三人称代词)。你的研究要采用定量的方法(如无级别用户和高级别用户所遵循特定模式的比例)。

7. 请对电子"聊天"进行小规模的语体分析。从几个聊天室收集样本,并分析它们的情景特征和语言特征,并与会话及其他电子语体进行对比。

8. 请以你的博客为语料建立一个小型语料库,分析博客这种较新的电子语体。第一,确定你想要收集的不同类型的博客。第二,从每类不同的博客中选取一个样本,收集足够多的博客语篇,它们要能够反映各种不同类型博客语言的变异。第三,描写博客的情景特征和语言特征。请将博客与其他语体进行对比,既包括传统语体,也包括电子语体。(此外,你还可以对博客的不同下位语体进行更细致的对比。)

第三部分　更重要的理论问题

8 语体变异的多维度模式

8.1 多种语体的对比

前几章描写了某些特定语体独特的情景特征和语言特征,这些语体包括日常会话体、报纸体、学术散文体、电子邮件体以及手机短信体。我们通过这些描写来说明语体差异在人类交际中的普遍性:无论说什么语言的人,都会经常接触并使用一系列语体,这些语体在情景特征和语言特征上都存在着一定的差异。

这些章节还说明语体分析为何总是对比性的:语体特征是在目标语体中出现得更频繁的语言特征,这当然需要与其他对照语体进行对比。因此,在前几章中我们通过与其他语体的对比,描写了目标语体的语言特征。在某些案例中,所对比的语体情景差异很大,例如第3章的课堂教学话语和教材;而在其他案例中,所对比的语体情景差异却不易察觉,例如第7章中的电子邮件、手机短信及会话。不过,这些所有的对比都使我们观察到与特定情景因素相关的语言差异。

然而,研究者如何对比某种语言中的所有语体呢?例如,前几章说明了会话语言与学术散文的显著差异。但是,如果研究目标是将这两种语体与其他常见的语体进行对比，如电子邮件和高校课堂教学话语，那么我们该怎么做呢？更具体地说，如果研究目标是描写这些语体的语言差异**程度**以及表现差异的**特定方式**，那么我们又该如何做呢？

例如，根据第7章的讨论，我们可能得出电子邮件和手机短信更接近会话而非教材这样的结论。但是，高校课堂教学话语是什么样的呢？你能预测出它与会话、电子语体以及教材中的哪一个更相似吗？或者，你能预测出它在哪些方面与会话相似，又在哪些方面与电子语体、教材相似吗？

从情景的角度看，这些语体都是由不同情景因素影响而形成的。高校课堂教学话语比较复杂，它既有会话的特点，又有教材的特点。在某种程度上，高校课堂教学话语接近于口头的、互动的会话。同时，高校课堂教学话语的主要交际目的是传递信息，这又与教材类似。事实上，很多课堂教学话语都源于书面教材，学生在课前要学习教材，而教师在课上还要总结并解释教材中的信息。电子邮件和手机短信的情景特征同样复杂。与此相对应的是，所有语体都有其特定的语言模式。

本章旨在对语体变异进行全面的描写：用大量的语言特征来分析大范围内语体变异的模式。我们可以尝试采用前几章介绍的方法展开研究，只需简单地增加对照语体的数量，用大量语言特征来对比。在下一小节中，我们将举例说明这种类型的分析，对比前几章所讨论的五种语体：会话、电子邮件、手机短信、课堂教学话语和教材。这种分析之所以难以为继，是因为要对比太多的语言特征。因此，我们介绍另一种方法——**多**

8 语体变异的多维度模式

维度分析（*multidimensional analysis*）——它可以根据语言变异的少量基本维度对比多种语体。

多维度分析的一个基本目标，就是对某种语言的变异和使用情况进行全面的描写。传统的语言描写将语言视为一个同质的整体，描写整个语言中理想的统一语法。与传统方法截然不同的是，本书的视角立足于说明每种语体都有自己独特的语法使用模式。本章将讨论如何从语体视角分析某一种语言，思考这种语言所有语体和全面的语言特征。这种分析弥补了对某一种语言结构描写的不足，并使不同语言之间语体变异模式的对比成为可能。

8.1.1 语体的概括性描写

我们在第 3 章的结尾处注意到这样一个原则——对某种语体的概括性描写必须建立在这种语体典型样本的基础之上。本书严格遵循这个原则。一方面，我们通过分析某种语体中的少量语篇，展示一些研究案例。在这个层面上，语体分析的方法是最容易理解的，因此，大多数章后练习都涉及对某种语体中少量语篇的分析。另一方面，我们同时也告诫人们不要在少量语篇分析的基础上进行概括。一种语体**内部**的语篇总是存在变异的，如果一项分析的基础仅仅是某一种语体中的某一个语篇，那么我们就无法判断这个语篇是否具有典型性。因此，语体的概括性描写必须建立在典型样本的基础上。本章要说明的就是这种类型的分析。

前几章已介绍过以语料库为基础的语体分析，作为一种研究方法，它可用于大规模的语体研究。也就是说，通过对某个语体中的大量语篇——语料库——的语言模式进行实证分析，我们可以证明实际上哪些语言特征是常见的或罕见的，包括对某种语言特征实际使用程度的评估。在许多情况下，语料库分析得出的结果都是出人意料的，甚至与我们原来的预期完全相反。在这种情况下，语料库分析要求我们重新评估目标语体中与重要的情景差异相对应的语言模式。

因为在前几章我们曾做过基于大规模语料库的语体分析，因此我们就能够在较大语体范畴中挑选出典型的个别语篇样本。而且，那些章节中图表所呈现的大多数定量分析的结果，也都是基于大规模语料库的研究（例如大约100万词的教材样本和大约500万词的会话样本）。因此，我们可以确信基于样本的定量的语言描写能够代表目标语体的典型模式。本章的重点是对这类大规模语料库中语体模式的分析。

8.1.2 需要考虑哪些语言特征？

除了语篇样本之外，对语体变异的全面描写还需要确定所要分析的语言特征（参见3.4节）。第3章介绍了语言描写的定量方法，第4章至第6章又进一步说明了这些方法。然而，语言分析还有一个方面并没有引起我们足够的重视：对语体全面的语言描写是多维度的，只有通过对多种语体大量语言特征的对比分析，才能够发现语言的使用模式。目标语体与多种语体的对比绝非易事。如目标语体的某些语言特征与A语体类似，另一些语言特征又与B语体类似，等等。研究者只

8 语体变异的多维度模式

有考虑了多种语体的所有语言特征,才能揭示语体变异的多维度模式。

要说明这一点,就请思考语篇样本 8.1,它选自高校高年级地质学讲座。我们在第 3 章曾介绍过高校课堂教学话语的语言特征,在其后的几章中,我们又详细描写过其他几种语体,包括会话(第 4 章)、教材(第 5 章)、电子邮件和手机短信(第 7 章)。请你根据这些描写,尝试找出课堂教学话语与上述语体的异同。请列出你在语篇样本 8.1 中发现的独特的语言特征,要注意这里使用的每一个语言特征与其他语体的异同。

Text Sample 8.1　Geology classroom teaching, upper division

Instructor: Right. So we've changed the amount of water that's stored. But we've also changed the amount of water that naturally came out of the system. So that's – this is – the concept you're mentioning is what's called – it is originally known as the principle of safe yield. <...> and actually in the state of Arizona we have a ground water management act that described how we manage water in a few major ground water extraction areas <...> now again this is from a new book I've been looking at. what this term does is it ignores how much water naturally comes out of the system. So if you're taking water out, you're taking that water away from where it naturally used to come out. So if you keep doing that long enough the eventual discharge point will dry up. The natural discharge point will eventually dry up if you pump as much water out as naturally comes in. so in the state of Arizona, we're managing those aquifers under a method that will eventually dry up the natural discharge places for those aquifer systems. So <...>eventually we're going to lose a lot of water that's stored in the system. Now, why is this an issue? Well, some of you probably want to live in this state for a while. You want your kids to grow up here and your kids' kids. You might be concerned with does Arizona have a water supply which is sustainable? <...>Now I hope you see that these two terms are incompatible. The sustainability concept and safe yield concept, because sustainability means that it is sustainable for all systems dependent on the water.

[T2K-SWAL Corpus]

语篇样本 8.1　高校高年级地质学的课堂教学话语

教师：对。所以我们已经改变了储存的水量。但是，我们也改变了从系统中自然流出的水的水量。所以那是——这是——你们刚刚提到的概念就是所谓的——它最初被称为安全出水率原则。〈……〉实际上在亚利桑那州我们有一个地下水管理法案，规定了在几个主要的地下水开采区我们如何管理水资源〈……〉现在再来看一下，这个是来自我一直在阅读的一本新书。这个术语的问题是它忽略了系统中自然流出的水的水量。所以，如果你正在抽水，那么你是在它原先自然流出的地方抽

8 语体变异的多维度模式

水。所以，如果你抽水持续的时间太长，那么自然水源终将枯竭。如果自然流入的水量与你抽出的相等，那么自然水源也终将枯竭。因此，目前我们在亚利桑那州采取的管理地下蓄水层的方法，最终将导致地下蓄水层系统自然出口的水源枯竭。所以〈……〉我们最终将失去大量储存在该系统中的水。现在，为什么这是一个问题呢？好，你们中有些人也许想在这个州生活一段时间。你想让你的孩子在这里长大，还有你孩子的孩子。你可能会关心亚利桑那州是否有可持续的供水系统。〈……〉现在，我希望你们明白这两个术语是互相矛盾的。持续性概念和安全出水率概念，因为持续性意味着依赖于水的所有系统都是可持续的。

[托福2000口语和书面语学术语言语料库]

下一小节将介绍基于语料库的研究结果，它对比了课堂教学话语和其他语体的普遍特征。因为语篇样本8.1是典型的课堂教学话语，它反映了这些特征在多维度中的使用情况，因此我们将会多次回到对该样本的讨论中来。

8.1.3　个别语言特征在不同语体中分布的对比

当我们将对个别语言特征在不同语体中的分布的对比作为研究目的时，语体分析就变得复杂了。例如，图8.1总结了前几章的研究结果，对比了五种语体中的六个语言特征。为便于讨论，我们继续关注课堂教学话语与其他四种语体的对比，解决上文提出的两个基本问题：课堂教学话语与其他语体存在**多大程度的差异？这些差异是以哪些特定的方式体现的？**

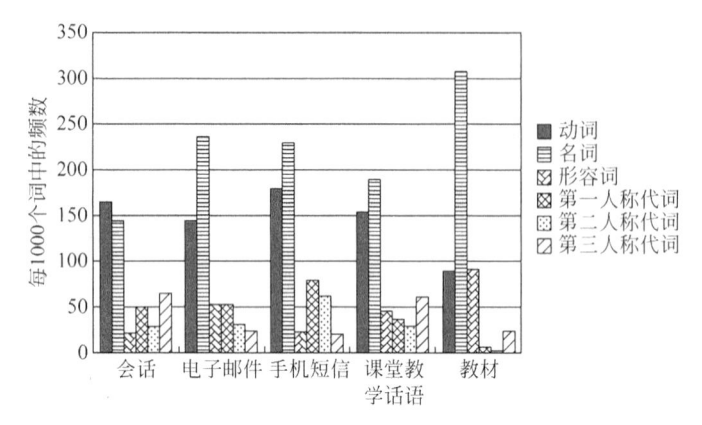

图 8.1 会话、电子邮件、手机短信、课堂教学话语和教材五种语体中语言特征的对比

图 8.1 表明，回答这些问题绝非易事。我们首先关注动词的用法。图 8.1 表明，课堂教学话语中动词的使用频率很高，与会话、电子邮件类似，但不如手机短信那么频繁。而其他几种语体都与教材有显著的区别，它们都很少使用动词。相比之下，课堂教学话语中的名词比会话中的多，但不如教材中的那么多。电子邮件和手机短信这两种电子语体中的名词也都比课堂教学话语中的要多。形容词的语体分布与名词类似：课堂教学话语中的形容词比会话中的名词更常见，但不如教材中的名词那么常见。手机短信与会话类似，它们都极少使用形容词。最后，第一、第二、第三人称代词的分布也各不相同。例如，第一和第二人称代词虽然在课堂教学话语[①]中很常见，与会话、电子邮件类似；但是它们在手机短信中出现得更频繁。另一个

---

① 原文为"教材"。根据图 8.1，改为"课堂教学话语"。——译者

极端的情况是,这些人称代词在教材中都极为罕见。

图 8.1 补充说明了对比方法的重要性。研究者如果只研究会话本身,那么就可能认为名词和动词在会话中同样重要,因为它们都同样频繁地出现在会话中。然而,如果对比会话和教材中的名词、动词,就会发现名词在会话中比较罕见,它仅为教材中名词出现频率的一半。相反,动词在会话中出现得则极为频繁:它几乎是教材中动词出现频率的两倍。

而且,对比的方法还显示出动词在电子邮件、手机短信和课堂教学话语中的频率都很高,名词的频率居中,尽管实际上这些语体中的名词都比动词出现得更频繁。例如,动词在手机短信中的频率高于其他四种语体,因此,得出"动词在手机短信中出现频率极高"的结论是合理的。相比之下,名词在手机短信中的频率明显低于教材。因此,尽管名词在手机短信中出现得比动词更频繁,但是相比较而言,在手机短信中,动词极为常见,而名词只是较为常见。

语篇样本 8.1 反映了课堂教学话语的普遍模式——动词和代词的高频使用,名词的使用频率居中。语篇样本 8.2 重复了语篇样本 8.1,不同的是我们对上述目标特征做了标记:

> **Text Sample 8.2 Classroom teaching (repeated from Text Sample 8.1)**
>
> [Nouns are underlined; main verbs are in **bold**; pronouns are in ***bold italics***]
>
> Instructor: Right. So ***we***'ve **changed** the amount of water that's **stored**. But ***we***'ve also **changed** the amount of water that

naturally **came** out of the system. So ***that***'**s** – ***this*** **is** – the concept ***you***'re **mentioning is** what's **called** – ***it*** is originally **known** as the principle of safe yield. <...> and actually in the state of Arizona ***we*** **have** a ground water management act that **described** how ***we* manage** water in a few major ground water extraction areas <...> now again ***this*** **is** from a new book ***I***'ve been **looking** at. what this term **does is *it* ignores** how much water naturally **comes** out of the system. So if ***you*** 're **taking** water out, ***you***'re **taking** that water away from where ***it*** naturally used to **come** out. So if ***you* keep doing *that*** long enough the eventual discharge point will **dry** up. The natural discharge point will eventually **dry** up if ***you* pump** as much water out as naturally comes in. so in the state of Arizona, ***we***'re **managing** those aquifers under a method that will eventually **dry** up the natural discharge places for those aquifer systems. So <...> eventually ***we***'re going to **lose** a lot of water that's **stored** in the system. Now, why **is *this*** an issue? Well, some of ***you*** probably **want** to **live** in this state for a while. ***You* want** your kids to **grow** up here and your kids' kids. ***You*** might be **concerned** with does Arizona **have** a water supply which **is** sustainable? <...> Now ***I*** hope ***you*** see that these two terms **are** incompatible – the sustainability concept and safe yield concept, because sustainability **means** that ***it* is** sustainable for all systems dependent on the water.

[T2K-SWAL Corpus]

8 语体变异的多维度模式

语篇样本 8.2　课堂教学话语（语篇样本 8.1 的重复）

[英文语篇样本中，名词用下划线标出；主要动词用粗体标出；代词用斜体加粗标出]

　　教师：对。所以我们已经改变了储存的水量。但是，我们也改变了从系统中自然流出的水的水量。所以那是——这是——你们刚刚提到的概念就是所谓的——它最初被称为安全出水率原则。〈……〉实际上在亚利桑那州我们有一个地下水管理法案，规定了在几个主要的地下水开采区我们如何管理水资源〈……〉现在再来看一下，这个是来自我一直在阅读的一本新书。这个术语的问题是它忽略了系统中自然流出的水的水量。所以，如果你正在抽水，那么你是在它原先自然流出的地方抽水。所以，如果你抽水持续的时间太长，那么自然水源终将枯竭。如果自然流入的水量与你抽出的相等，那么自然水源也终将枯竭。因此，目前我们在亚利桑那州采取的管理地下蓄水层的方法，最终将导致地下蓄水层系统自然出口的水源枯竭。所以〈……〉我们最终将失去大量储存在该系统中的水。现在，为什么这是一个问题呢？好，你们中有些人也许想在这个州生活一段时间。你想让你的孩子在这里长大，还有你的孩子的孩子。你可能会关心亚利桑那州是否有可持续的供水系统。〈……〉现在，我希望你们能明白这两个术语是互相矛盾的。持续性概念和安全出水率概念，因为持续性意味着依赖于水的所有系统都是可持续的。

　　　　　　　　[托福 2000 口语和书面语学术语言语料库]

　　图 8.2 显示了另一个语言特征的使用模式：两类独立小句——一类是条件和原因状语小句，另一类是 *that* 引导的补语

小句——简单起见，我们只对比它们在会话、课堂教学话语和教材这三种语体中的使用情况。第4章曾描写过这两种小句在日常会话和高校教师答疑会话中的使用情况。图8.2表明，这些结构在课堂教学话语中同样常见。实际上，与高校教师答疑会话类似的是，课堂教学话语中的状语小句也比会话多；而这两类小句在教材中都很少见。

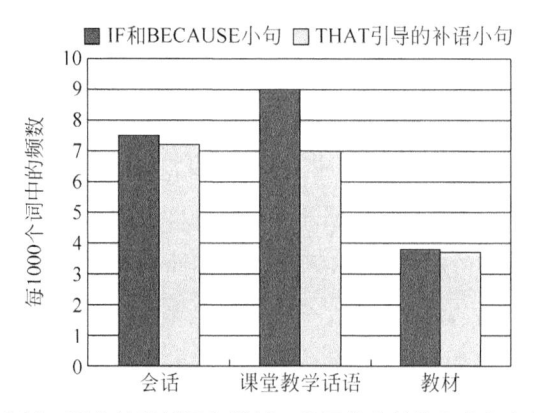

图8.2　会话、课堂教学话语和教材三种语体中的状语小句和补语小句

最后，图8.3中关系小句的频数显示出不同的模式，与会话相比，课堂教学话语中关系小句的使用情况与教材更相似。课堂教学话语中名词修饰语使用得比较频繁，体现了传递信息的交际目的，这也与教材很相似。

课堂教学话语的语篇样本8.3说明，课堂教学话语还显示出以下模式：频繁使用状语（*if*和*because*）小句和*that*引导的补语小句——这与会话类似——同时还频繁使用关系小句——这与教材类似：

8 语体变异的多维度模式

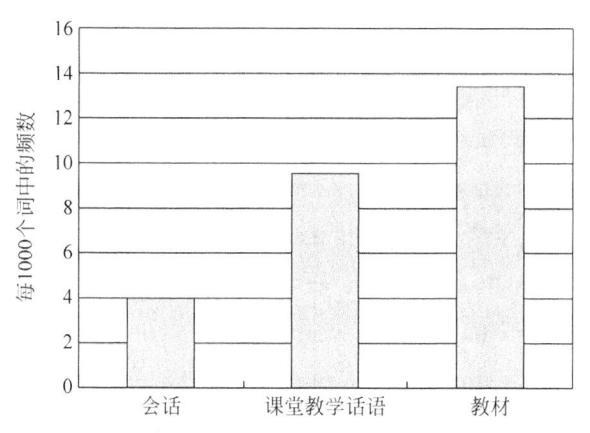

图 8.3 会话、课堂教学话语和教材三种语体中的关系小句

Text Sample 8.3 Classroom teaching (repeated from Text Sample 8.1 above)

[Relative clause are in **bold**; Adverbial clause (*if* and *because*) and *that* complement clauses are underlined]

Instructor: Right. So we've changed the amount of water **that's stored**. But we've also changed the amount of water **that naturally came out of the system**. So that's – this is – the concept **you're mentioning** is what's called – it is originally known as the principle of safe yield. <...> and actually in the state of Arizona we have a ground water management act **that described how we manage water in a few major ground water extraction areas** <...> now again this is from a new book **I've been looking at.** what this term does is it ignores how much water naturally comes out of the system. So if you're taking water out, you're taking that water away from where it naturally used to come out. So <u>if you keep doing that long enough</u> the eventual discharge point will dry up. The natural discharge point will eventually dry up <u>if you pump as much water out as naturally comes in</u>. so in the state of Arizona, we're managing those aquifers under a method **that will eventually dry up the natural discharge places for those aquifer systems**. So <...> eventually we're going to lose a lot of water **that's stored in the system**. Now, why is this an issue? Well, some of you probably want to live in this state for a while. You want your kids to grow up here and your kids' kids. You might be concerned with does Arizona have a water supply **which is sustainable** ? <...> Now I hope <u>you see that these two terms are incompatible</u>. The sustainability concept and safe yield concept, <u>because sustainability means that it is sustainable for all systems dependent on the water</u>.

[T2K-SWAL Corpus]

语篇样本 8.3　课堂教学话语（语篇样本 8.1 的重复）

［英文语篇样本中，关系小句用粗体表示；状语小句（*if* 和 *because*）和 *that* 补语小句用下划线标出］

教师：对。所以我们已经改变了储存的水量。但是，我们也改变了从系统中自然流出的水的水量。所以那是——这是——你们刚刚提到的概念就是所谓的——它最初被称为安全出水率原则。〈……〉实际上在亚利桑那州我们有一个地下水管理法案，规定了在几个主要的地下水开采区我们如何管理水资源〈……〉现在再来看一下，这个是来自我一直在阅读的一本新书。这个术语的问题是它忽略了系统中自然流出的水的水量。所以，如果你正在抽水，那么你是在它原先自然流出的地方抽水。所以，如果你抽水持续的时间太长，那么自然水源终将枯竭。如果自然流入的水量与你抽出的相等，那么自然水源也终将枯竭。因此，目前我们在亚利桑那州采取的管理地下蓄水层的方法，最终将导致地下蓄水层系统自然出口的水源枯竭。所以〈……〉我们最终将失去大量储存在该系统中的水。现在，为什么这是一个问题呢？好，你们中有些人也许想在这个州生活一段时间。你想让你的孩子在这里长大，还有你孩子的孩子。你可能会关心亚利桑那州是否有可持续的供水系统。〈……〉现在，我希望你们明白这两个术语是互相矛盾的。持续性概念和安全出水率概念，因为持续性意味着依赖于水的所有系统都是可持续的。

[托福2000口语和书面语学术语言语料库]

图8.1至图8.3的数据说明了多维度分析的重要性。如果研究者只分析一组语言特征——例如动词、代词、状语/补语小句，那么他就有可能认为课堂教学话语①与会话、互动的电子语体非常相似，而与教材迥异。然而，如果考虑另一组语言特征——例如名词、形容词和关系小句，那么他就有可能认为课堂教学话语、电子语体都处于会话与教材之间。更精细的对比

---

① 原文为"教材"。根据图8.1，改为"课堂教学话语"。——译者

是可行的，例如对电子邮件、手机短信、课堂教学话语的特定语体模式的区分。然而，重要的是这些观点没有一个是绝对"正确"的；研究者需要将所有的观点整合起来，充分捕捉语体变异的总体模式。

本章的主要目的就是介绍语体变异综合分析的方法：对各种不同语体的大量语言特征进行全面对比。对于这个目的，上述小型案例研究在以下三个方面给了我们启示：

1. 强调对比方法的重要性。也就是说，我们只有通过对不同语体的语言模式进行对比，才能证明某种语言特征确实是目标语体所独有的特征。

2. 不同语言特征的集合揭示各种语体之间的不同关系。语言变异的单一参项并不足以发现语体之间的异同。反之，在一定范围内考察语体变异的多个"维度"，捕捉语体变异的模式，这是很有必要的。

3. 明确说明了多维度描写在方法论上的困境。上述案例研究仅仅考察了会话、电子邮件、手机短信、课堂教学话语和教材五种语体和十个不同的语言特征。如果我们将对比扩展到所有语体，如高校校园中所有的口语体和书面语体，那将会怎样？如果试图用一个综合的语言特征集合对比那些语体，包括几十种词汇和语法特征，那又将会怎样？这种分析显然已经超出前几章介绍的传统方法所研究的范围。因此，我们需要另一种分析方法，它能让我们同时对比不同语体中大量语言特征的变异模式。下面几节将介绍一种专用于这种分析的方法：多维度分析。

8.2 多维度分析介绍

多维度（简称 MD）分析是一种定量的方法，它能够使分析者通过不同的语言参项——维度，来对比许多不同的语体。在每个维度中，任何两种语体都可能存在或多或少的差异。通过对所有语言的维度的考察，我们可以描写语体在方式和程度上的差别，并最终归纳出某种语言中语体变异的总体模式。

正如上节所述，单独考察常见的语言特征的相对分布，并不能准确地区分语体。我们需要考察的语言特征数不胜数。然而，这些语言特征共同构成了独特的基本维度。每个维度都代表了一组共现的语言特征：特征——作为一组——频繁地出现在某些语体中，而在另一些语体中则极为罕见。

语言学家早已认识到语言共现的重要性。例如，布朗和弗雷泽（Brown and Fraser 1979：38—39）发现，"如果只考察具体的、孤立的［语言］标记，而不考虑包含标记集合共现的系统变异，就会误入歧途。"欧文-特里普（Ervin-Tripp 1972）和海姆斯（Hymes 1974）将"言语风格"（speech styles）看作变体，而变体是由共享的一组共现的语言特征来界定的。韩礼德（Halliday 1988：162）将语体定义为"一系列相关语言特征的集合，这些语言特征具有大于随机……共现的趋势"。

多维度分析采用实证/量化的方法分析那些与语体变异相关的语言特征共现模式。下一小节将简要介绍多维度分析的概念。在 8.3 节中，我们将以一项个案研究来说明如何从多维度的角度分析高校校园语体的变异模式。

8.2.1　语体变异多维度分析概念介绍

作为一种方法论，多维度分析采纳实证/量化的理念，确定某种语言中语体变异的语言的基本维度；并在这些维度所确定的语言范围内，对比口语体和书面语体。

语言特征共现的概念是多维度分析的核心，我们将不同的共现模式视为不同的基本变异维度。在每个维度中，共现的一组语言特征都是以量化的方法确定的。例如上一节的案例分析，说明动词和代词构成了一组共现的语言特征，而名词、形容词和关系小句则构成了另一组共现的语言特征。在多维度分析中，统计学上的因子分析用于更大范围内确定这种共现的语言特征集合，它是以大规模语篇语料库中大量语言特征的分布规律为根据的。(8.3节将描写确定这些共现模式的方法。)

然而，仅凭定量分析的技术来支撑语体变异的多维度分析是不够的。与所有的语体分析一样，如果要对每组共现的语言特征的功能基础做出解释，就要进行定性分析。语体变异的维度包括语言和功能两方面的内容。在语言方面，语体变异的维度是由一组在语篇中高频出现的、共现的语言特征（如名物化、介词短语、做定语的形容词）构成的。而多维度分析正是建立在这样一种假设的基础上——语篇中的语言特征之所以能够共现，是因为它们具有相同的功能。有一个简单的例子就是代词、直接疑问句和祈使句之所以能够共现，就是因为它们都与互动性有关。因此，多维度分析的最后一步通常与语体分析的最后

8 语体变异的多维度模式

一步相同（参见第3章）：参照语体在情景上的差异，从功能的角度解释量化方法所确定的语言模式。

在采用多维度分析的同时，还要采用我们在前几章介绍过的语料库语言学的方法。通过计算机技术，我们可以对在大规模语篇语料库中发现的语言模式进行分析。这种分析是在大范围语言特征的基础上，对每个语篇综合的语言特征进行描写。

上一节中的案例说明了语言共现的概念，以及各种语体在不同维度中可能有或多或少的相似。它还说明用传统方法来确定语言共现模式的困难。在多维度分析中，我们采用统计的方法确定共现模式：首先，使用计算机程序，分析大规模语篇语料库中语言特征的分布情况；其次，采用统计学的方法——**因子分析**（*factor analysis*）确定在这些语篇中频繁共现的一组语言特征。多维度分析是一种自下而上的分析方法。研究者无法预先判断哪些语言特征共现，或者哪些功能最重要。而基于语料库的实证分析则可以确定语体的语言共现和语言变异的真实模式，然后，研究者还要从功能的角度解释这些模式。

8.2.2 多维度分析概览

多维度分析包括以下六个步骤：

1. 在前人研究和分析的基础上，设计一个合适的语料库并收集语料。说明每种口语体和书面语体的情景特征。

2. 确定所要分析的语言特征集合。

3. 开发用于自动语法分析的计算机程序；分析语料库中的所有语篇，计算每个语言特征在语篇中的频数计数。

4. 采用频数计数的因子分析法分析语言特征的共现模式。

5. 计算每个语篇在每个维度中的分值；对比每种语体的平均维度分值，用来分析不同语体在语言上的异同。

6. 对用因子分析法提取的"因子"进行功能解释，这些"因子"被视为变异的基本维度。

如上所述，用来确定语言共现模式的统计方法被称为因子分析法，每套共现的语言特征被称为一个"因子"。在因子分析中，大量的原始变项（本案例中的语言特征）被简化为少量可提取的基本变项——因子或变异的"维度"。每个因子代表一组在语篇中具有共现倾向的语言特征。

在确定了维度之后，我们就可以计算每个语篇在每个维度中的数值——**维度分值**（*dimension score*）。这些维度分值使我们能够在多维度空间中，对比各种语体的异同。

我们将通过一个真实的案例分析，帮助读者理解多维度分析。下一节将介绍美国高校校园口语体和书面语体大规模样本的多维度分析的结果，同时也将更详细地说明分析的步骤。

8.3 高校校园口语体和书面语体的多维度分析

为了说明多维度分析，本节将对大学生在高校学习期间接触到的口语体和书面语体进行多维度描写。本项研究（参见 Biber *et al.* 2002）的语料选自托福 2000 口语和书面语学术语言语料库（简称 T2K-SWAL 语料库）。该语料库规模较大（约270

8 语体变异的多维度模式

万词），包括学生必听或必读的具有代表性的高校校园语体。表 8.1 显示了该语料库中语体类别的总体构成情况。

表 8.1　T2K-SWAL 语料库的构成情况

语体	语篇数	词数
口语体：		
课堂话语	176	1,248,811
课堂教学管理话语	40	39,255
实验室／课堂小组话语	17	88,234
高校教师答疑会话	11	50,412
学习小组会话	25	141,140
服务接待会话	22	97,664
口语体合计	**291**[①]	**1,665,516**
书面语体：		
教材	87	760,619
课程阅读清单	27	107,173
课程管理话语	21	52,410
高校校园其他书面语体	37	151,450
书面语体合计	**172**	**1,071,652**
语料库合计	**463**	**2,737,168**

在多维度分析中，我们在确定了合适的语料库之后，下一步就是要对可能与语体差异相关的所有语言特征的分布进行定量分析，最终得到一个更大的语言特征集合。这是传统分析方法无法企及的。本项研究最终分析了 90 个语言特征：

---

① 原文中口语体语篇合计 251 篇，而表中数据为 291 篇；因此，我们将语料库合计篇数 423 篇改为 463 篇，并对下文所涉及本表中的语篇数据也做了相应的改动。——译者

1. 词汇分布（如常见的 vs. 罕见的［专业］名词）；

2. 词类（如名词、动词、第一和第二人称代词、介词）；

3. 主要词类的语义类别（如行为动词、心理动词、存现动词）；

4. 语法特征（如名物化、过去时动词、被动语态动词）；

5. 句法结构（如 that 引导的关系小句、to- 补语小句）；

6. 词汇–语法组合（如受交际动词或心理动词控制的 that- 补语小句）。

我们采用计算机标注程序，确定并统计了托福 2000 口语和书面语学术语言语料库中 463 个语篇样本中的每一个语言特征。

多维度分析的第四步是因子分析，即确定语料库中的基本因子（或维度）。每个维度都由语篇中具有共现倾向的一组语言特征构成。具体来说，它意味着同一组语言特征在某些语篇中可能普遍存在，而在其他语篇中则极为罕见。

在高校校园语体研究中，我们确定了四个分析维度。表 8.2 总结了每个维度中重要的语言特征（这项对高校校园语体的多维度分析，改编自 Biber 2006a 的第 8 章）。

表 8.2　高校校园语体多维度分析的维度总结

	正向特征	负向特征
维度 1：口头话语 vs. 书面话语	缩约形式 代词：指示，it，第一人称、第二人称、第三人称、不定[①]	名词：普通名词、名物化 名词：表抽象、集体、表人、心理

---

① "不定"在这里指的是"不定代词"。

8 语体变异的多维度模式

续表

	正向特征	负向特征
维度 1：口头话语 vs. 书面话语	动词：现在时、过去时、进行体 动词：表心理、行为、交际 状语：表时间、地点、确定性、可能性、模糊限制语、语篇小品词 WH 疑问句：小句并列、滞留介词 状语小句：表原因、条件、其他 定式补语小句：WH 小句，由确定性动词、可能性动词、交际动词控制的 that- 小句，省略 that 的 that- 小句	词汇选择：词长、型/例比 介词短语 形容词：用作定语的、相关的 被动语态：无施事、by- 短语、名词后置修饰语 关系小句：介词前置的 WH 小句、无主语的 WH 小句 to- 小句：由表立场名词、并列形容词短语控制的 to- 小句
维度 2：程序性话语 vs. 专注内容的话语	情态动词：表必要性、将来 动词：表使役、行为 代词：第二人称 普通名词：集体 to- 小句：由表愿望的动词及其他动词控制的 to- 小句 状语小句：条件	罕见的专业术语：形容词、名词、副词、动词 动词：表发生的简单动词 形容词：(形容事物的) 大小 to- 小句：由可能性动词控制的 to- 小句 被动语态：by- 短语
维度 3：事件重构	代词：第三人称 动词：过去时、交际、心理 名词：表人、心理 that- 小句：由交际动词、可能性动词、表立场名词控制的 that- 小句、省略 that 的 that- 小句	名词：具体、专业+具体、数量
维度 4：以教师为中心的立场	that 关系小句 立场状语：表确定性、可能性、态度 状语小句：条件、其他 that- 小句：由表立场名词控制的 that- 小句	WH 疑问句 滞留介词

需要特别注意的是，研究者并不能预先确定将哪些语言特征归为一组；相反，只有在统计分析后才能确定共现于语篇中

的真实类型。这正是多维度分析不同于前几章所介绍的方法的地方。在多维度分析中，研究者并不能通过细致地考察个别语篇样本来尝试解释语言模式；实际上，要准确地找出分布在几百个语篇中的几十个语言特征的共现模式，这对于一位研究者来说几乎是不可能的。而多维度分析则是基于对语料库中所有语篇的语言特征的量化/计算分析，通过统计分析确定语料库中所有语篇的最重要的语言共现模式。

表8.2中的四个维度有"正向"和"负向"的特征，它们实际上包括两组特征：正向特征频繁地共现于语篇中，负向特征也频繁地共现于语篇中。这两组特征构成一个维度，因为它们呈互补分布：在同一个语篇中，当正向特征高频出现时，负向特征就会低频出现，反之亦然。（需要注意的是，这里的正负是数学上的正负，源自因子分析，而非评价性的正负。）

多维度分析的第五步是通过计算每个语篇的维度分值来分析语篇和语体的语言特征。从概念上讲，一个维度分值代表了某个维度中共现的语言特征集合的简单总和。[①] 例如，维度1

[①] 特征计数（feature counts）以两种方式转换为可对比的形式。首先，所有特征计数都被"标准化"，即它们在每1,000个词中出现的频数。这种转换使我们能够对比长短不同的语篇的特征计数。

其次，单一特征分值被标准化为平均值0.0，标准差1.0（根据语料库中每个特征的整体平均值和标准差）。这个过程将所有特征的分值都转化为代表标准差单位的级别。因此，按绝对价值计算，一个特征无论罕见或常见，标准化分数+1都代表该特征超过平均值一个标准差单位。也就是说，标准化分值测量的是该特征相对于整体平均频率而言，究竟是常见的还是罕见的。标准化后的频数被转化为标准分值，因此，一个因子的所有特征在维度分值的计算中都具有同样的权重。比伯在Biber 1988：75—76，93—97中，详细描述了标准化和标准化频数计数以及计算维度分值方法的步骤。

8 语体变异的多维度模式

的分值,就是将缩约形式、指示代词、代词 it、第一人称代词、现在时动词等的频数相加——这是维度 1(见表 8.2)正向负载的语言特征,然后减去名物化、词长、普通名词、介词等的频数——这是维度 1 负向负载的语言特征。只要将每个语篇的维度分值都计算出来,我们就可以对比每种语体的平均维度分值。

推论统计技术可以通过维度分值来确定语体之间是否存在**显著**而**强大的**差异。表 8.3 是方差分析的结果,它检验了高校校园语体在这四个维度上差异的显著性。

表 8.3 维度 1—4 中语体差异显著性的检验

	F 值	p 值	$[df]$	$[r^2]$
维度 1	490.04	< .0001	(9,453)	90.7%
维度 2	53.78	< .0001	(9,453)	51.7%
维度 3	13.19	< .0001	(9,453)	20.8%
维度 4	41.47	< .0001	(9,453)	45.2%

表 8.3 中的 F,p 和 r^2 值表明,这四个维度都是语体差异显著而强大的预测因子。F 值和 p 值是方差分析的结果,它们检验了语体平均分值在维度分值上的差异是否具有统计学上的显著性。如果 p 值小于 0.001,就说明我们观察到的差异极不可能是偶然(不到千分之一)的。r^2 值是强度和重要性的直接量度,它测量的是维度分值方差的百分比,而维度分值则可以通过语体类别来预测。

在本项研究中,这四个维度都具有统计学上的显著性,而且它们都是强大或重要的语体差异预测因子。例如,由维度 1

的分值可知，90.7% 的变异可以通过每个语篇的语体类别来解释。这些数据说明维度 1 是显著的、强大的语体差异预测因子。维度 2 和维度 4 也是语体差异的强大的预测因子（r^2 值分别为 51.7% 和 45.2%）。而维度 3 则是一个不太强大的预测因子（20.8%），尽管在社会科学研究中，r^2 值大于 20% 的预测因子通常也被认为是显著的。

多维度分析的最后一步，是从功能的角度解释每个维度。前几章已经说明了语体之间的语言差异是功能性的：某种语体之所以频繁地使用某个语言特征，是因为这个语言特征适于这种语体的交际目的和情景语境。同样，语言共现模式也是功能性的：语篇中的语言特征之所以能够共现，是因为它们服务于相关的交际功能。我们根据以下两点来解释维度：一是对共现语言特征所共享的交际功能的分析；二是对语体在维度上的异同的分析。表 8.2 包括了本项研究中四个维度的功能标记：

维度 1：口头话语 vs. 书面话语（Oral vs. literate discourse）

维度 2：程序性话语 vs. 专注内容的话语（Procedural vs. content-focused discourse）

维度 3：事件重构（Reconstructed account of events）

维度 4：以教师为中心的立场（Teacher-centered stance）

下面几小节将采用多维度分析来描写语体变异的模式，包括对每个维度中共现的语言特征的讨论、对高校校园语体在每个维度中分布的探讨以及对这些特征在特定语篇中功能的详细考察。

8.3.1 维度 1：口头话语 vs. 书面话语

维度 1 关涉口头话语/书面话语的根本对立。（我们将在第 9 章讨论为什么在所有的多维度分析中几乎都有一个相似的维度。）维度 1 中的正向特征（参见表 8.2）与几个特定的功能相关，通常这些功能都涉及"口头"话语，包括互动性和个人参与度（如第一、第二人称代词和 WH 疑问句）、个人立场（如心理动词、带可能性动词和事实性动词的 that 小句、事实状语、模糊限制语）以及结构性省略和公式语言[1]（如缩约形式、that-省略、常用词汇、词串）。相比之下，负向特征主要与信息密度、复杂名词短语结构（频繁出现的名词和名物化、介词短语、形容词和关系小句）及被动结构相关。

图 8.4 显示，在维度 1 中，高校校园语料库中所有的口语体都具有正向高分值，这反映了它们频繁使用正向的"口头"话语的特征。相比之下，所有的书面语体都具有负向高分值，这反映了它们频繁使用负向的"书面"话语的特征。这样的分布出乎意料，因为上述语体在交际目的和准备程度上都存在显著的差异。例如，我们曾注意到研究者可能对课堂教学话语有这样的预期——一种信息型口语体——它采用与教材相同的呈现信息的方式。然而，从维度 1 中的特征来看，显然并非如此。即便不考虑交际目的、互动性或准备程度等因素，口头话语和书面话语也存在着根本的对立。

---

[1] 公式语言（formulaic language）：指的是缺乏正常句法或形态特点的话段。(《现代语言学词典（第 4 版）》，商务印书馆，2000）。——译者

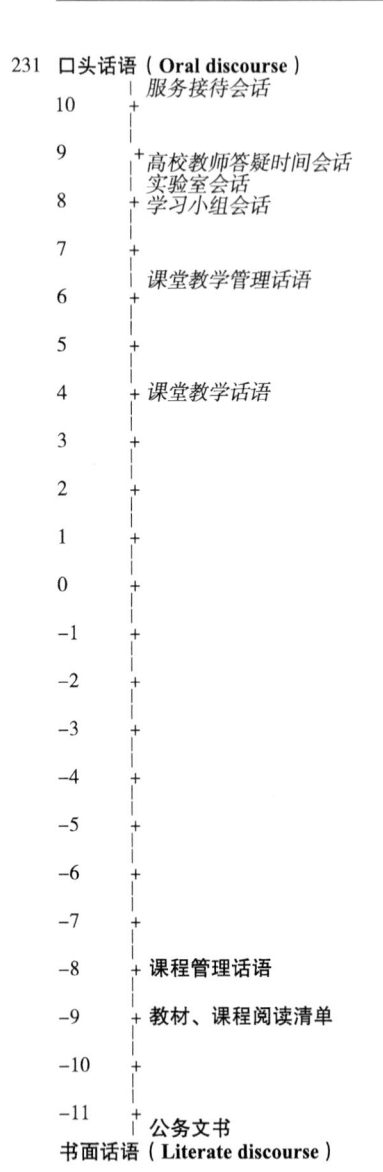

231 口头话语（**Oral discourse**）
```
 10 +
    |
  9 + 高校教师答疑时间会话
    | 实验室会话
  8 + 学习小组会话
    |
  7 +
    | 课堂教学管理话语
  6 +
    |
  5 +
    |
  4 + 课堂教学话语
    |
  3 +
    |
  2 +
    |
  1 +
    |
  0 +
    |
 -1 +
    |
 -2 +
    |
 -3 +
    |
 -4 +
    |
 -5 +
    |
 -6 +
    |
 -7 +
    |
 -8 + 课程管理话语
    |
 -9 + 教材、课程阅读清单
    |
-10 +
    |
-11 + 公务文书
```
10 + 服务接待会话

书面话语（**Literate discourse**）

图 8.4 高校校园语体在维度 1 的平均分值——"口头话语 vs. 书面话语"

8 语体变异的多维度模式

服务接待会话、高校教师答疑会话和学习小组话语在维度1中都具有正向高分值,它们都具有直接互动性和"会话性"。我们在第4章介绍过高校教师答疑会话和服务接待会话,它们的许多语言特征都与维度1相关。语篇样本8.4进一步说明了维度1中正向语言特征在服务接待会话中的使用情况。请注意下列高频使用的语言特征:第一和第二人称代词(如 *I*、*we*、*you*)、缩约形式(如 *we're*、*don't*、*I'm*、*there's*)、现在时动词(如 *are*、*have*、*get*)、时间和地点状语(如 *back*、*there*、*here*、*again*)、不定代词(如 *something*)、心理动词(如 *think*、*want*)和原因小句。

Text Sample 8.4　Service encounter: at the bookstore

Customer:　Can I ask you something?

Clerk:　　　Yeah.

Customer:　We're at the previews and of course my book is back there with my husband. Do you have coupons?

Clerk:　　　No we don't have any of them here. You guys only get them. Yeah.

Customer:　OK.

Clerk:　　　Did you want to come back? Cos I can hold onto your stuff.

Customer:　Could you hold all this stuff? Cos I know if I'm getting a big sweatshirt there's one for a sweatshirt and one for a T-shirt.

Clerk:　　　Yeah. I'll just hold onto them.

> Customer: OK.
>
> Clerk: I'll go ahead and just put them in a bag.
>
> [T2K-SWAL Corpus]

语篇样本 8.4　服务接待会话：在书店里

顾客：我能问个事儿吗？

店员：好的。

顾客：我们事先看了，当然，我的书让我丈夫拿回去了。你们还有优惠券吗？

店员：没了，我们这儿没了。只有你们拿的那些了。嗯。

顾客：好吧。

店员：你还打算回来吗？因为我可以给你留着。

顾客：你能帮我都留着吗？因为我知道如果我买一件大运动衫的话，会赠送一件运动衫和一件 T 恤。

店员：好，那我就都给你留着。

顾客：好的。

店员：我先把它们装在袋子里。

[托福 2000 口语和书面语学术语言语料库]

公务文书（如大学概览）位于维度 1 的另一端，它在维度 1 中的负向分值最高，甚至比教材和课程阅读清单更具书面性。语篇样本 8.5 摘自人类学课程简介，它以一个友善的、富有吸引力的句子开头，句法结构极其简单。然而，紧随其后的是多层小句和嵌入短语的复杂句。请特别留意高频使用的名词短语结构，它们通常以形容词或介词短语作为修饰语。

Text Sample 8.5 Institutional writing (web catalog academic program description: anthropology)

Program description

Anthropology is the study of people. Its perspective is biological, social and comparative, encompassing all aspects of human existence, from the most ancient societies to those of the present day. Anthropology seeks to order and explain similarities and differences between peoples of the world from the combined vantage points of culture and biology.

Cultural and Social Anthropology deal with the many aspects of the social lives of people around the world, including our own society: their economic systems, legal practices, kinship, religions, medical practices, folklore, arts and political systems, as well as the interrelationship of these systems in environmental adaptation and social change. Physical Anthropology describes and compares world human biology. Its focus is on humans and the primate order to which they belong as part of nature, and it seeks to document and understand the interplay of culture and biology in the course of human evolution and adaptation.

[T2K-SWAL Corpus]

语篇样本 8.5　公务文书（网站大学概览中的学术项目描述：人类学）

项目描述

　　人类学是一门研究人的科学。它从生物、社会以及对比的角度，研究从最古老的社会到目前人类生存的各个方面。人类学力图从文化与生物学结合的角度归纳并解释世界各地人们的异同。

文化与社会人类学涉及全世界人类社会生活的方方面面，包括我们自己的社会：经济制度、法律实践、亲属关系、宗教信仰、医疗实践、民俗、艺术、政治制度，以及这些制度在环境适应和社会变迁中的相互关系。体质人类学是描写和比较全世界人体的生物学。它关注作为自然界之一部分的人类和灵长类的顺序，并力图证明和理解文化与生物学在人类进化和适应过程中的相互作用。

[托福2000口语和书面语学术语言语料库]

维度1中许多负向语言特征都反映了名词和名词修饰语在信息型书面语篇中高频使用的情况。上述特征常常共现，构成复杂名词短语结构。例如，语篇样本8.5的第二段，就用了一个很长的句子作为开头，该句仅有一个主要动词 *deal with*。句子的主要部分由一个名词短语构成，功能是做 *deal with* 的直接宾语。我们对该句进行标注，以分析多层嵌入的、极其复杂的句法结构：名词短语的中心语用下划线标出；主要动词用**粗体**标出；后置修饰语用方括号标出。

Cultural and Social Anthropology **deal with** the many aspects [of the social lives [of people [around the world]]], [including our own society: [their economic systems, legal practices, kinship, religions, medical practices, folklore, arts and political systems], as well as [the interrelationship [of these systems [in environmental adaptation and social change]]]].

8 语体变异的多维度模式

> 文化与社会人类学涉及全世界人类社会生活的方方面面，包括我们自己的社会：经济制度、法律实践、亲属关系、宗教信仰、医疗实践、民俗、艺术、政治制度，以及这些制度在环境适应和社会变迁中的相互关系。

教材与公务文书类似，同样依赖于维度1中"书面"话语的语言特征，尽管信息密集程度不及上例中的课程目录片段（详见第5章）。

或许，我们对课堂教学话语有这样的预期：它在维度1中的分值可能比较适中，处于信息型书面语体（如教材）与高校教师答疑会话、学习小组话语等口语体之间。如前面8.1所述，课堂教学话语与会话很相似，它在某种程度上也是口头的和互动的，然而同时又与教材很相似，它的首要交际目的也是传递信息。但是，课堂教学话语在维度1中的分值却表明，它根本就不是"书面"话语。反之，它比教材等学术性书面语体更接近学习小组话语或服务接待会话等口语体。该分值反映了代词、动词和副词、疑问句、限定性状语小句、that-补语小句，在课堂教学话语中出现得极其频繁。例如：

Text Sample 8.6 Classroom teaching (humanities; rhetoric; graduate)

Instructor: I think some of us feel sort of really caught in a bind between agency and acculturation. Sort of um, because you know I think a lot of us do want to use writing, use literacy to um, say what we want to say and to help other people say what they want to say but at the same time I think um, we're caught because

> we, I think we're questioning well, well you know, if, if we, if we teach X-genre are we promoting it? If we don't at the same time question it and dismantle it and kind of take it apart and look at it, and are there, are there other ways?
>
> [T2K-SWAL Corpus]

语篇样本 8.6 课堂教学话语（人文学；修辞学；研究生）

教师：我想我们中有些人对文化适应及其实现途径之间的关系困惑不解。有点儿，嗯，因为你们知道，我认为我们许多人都想通过写作，通过写作来，嗯，说我们想说的，并帮助其他人说他们想说的，但同时我认为，嗯，我们困惑是因为我们，我想我们在质疑，呃，呃你们知道，如果，如果我们，如果我们讲授某种体裁，我们是在提升它吗？同时如果我们不质疑它，不解构它，不在某种程度上对它进行剖析，那么还有，还有其他方法吗？

[托福 2000 口语和书面语学术语言语料库]

上述研究说明，实证性语体分析的结果可能与我们的预期迥异，这就要求我们重新考虑最初的情景分析。在这个案例中，维度 1 的模式说明，课堂教学话语的即时生成环境显然是比传递信息的交际目的更重要的情景因素，由此形成高度"口语化"的语言特征。

8.3.2 维度 2：程序性话语 vs. 专注内容的话语

维度 1 确定了口语和书面语的对立关系，维度 2 则直接切分了口语/书面语的连续统。如图 8.5 所示，维度 2 中正向高分

8　语体变异的多维度模式

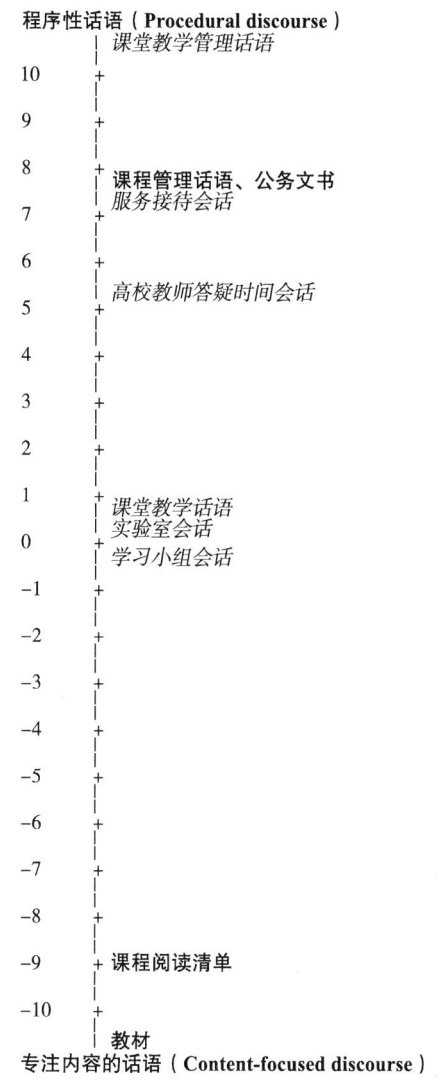

```
程序性话语（Procedural discourse）
         |  课堂教学管理话语
  10     +
         |
   9     +
         |
   8     +  课程管理话语、公务文书
         |  服务接待会话
   7     +
         |
   6     +
         |  高校教师答疑时间会话
   5     +
         |
   4     +
         |
   3     +
         |
   2     +
         |
   1     +  课堂教学话语
         |  实验室会话
   0     +  学习小组会话
         |
  -1     +
         |
  -2     +
         |
  -3     +
         |
  -4     +
         |
  -5     +
         |
  -6     +
         |
  -7     +
         |
  -8     +
         |
  -9     +  课程阅读清单
         |
 -10     +
         |  教材
专注内容的话语（Content-focused discourse）
```

**图 8.5　高校校园语体在维度 2 的平均分值——
"程序性话语 vs. 专注内容的话语"**

值语体的交际目的都与高校运行的规则和程序有关。这些语体既包括口语体（如课堂教学管理话语、服务接待会话、高校教师答疑时间会话等），也包括书面语体（课程管理话语和公务文书）。相比之下，那些专注信息内容的学术类书面语体——课程阅读清单和教材——它们的语言特征都与维度 2 的负向特征相关。而课堂教学话语和学习小组会话在这个维度中的分值居中。

表 8.2 展示了与维度 2 相关的语言特征，包括表示必要性和预测性的情态动词（如 *must*、*should*、*have to*、*will*、*would*、*going to*）、第二人称代词、使役动词、带有表愿望动词的 *to-* 小句（如 *want to*、*would like to*）、*if-* 状语小句。根据上述语言特征的共现及其在语体中的分布情况，我们将维度 2 称为"程序性话语 vs. 专注内容的话语"。

"程序性"的语言特征在课堂教学管理的口头话语中最常见：

Text Sample 8.7　Classroom management (humanities; history; upper division)

[Positive Dimension 2 features are in **bold**]

　　um, let's see, **if** a student misses more than one week of classes **you** should talk to me immediately, **if** you know **you**'re **gonna** be gone. Let's say for example **you**'re **gonna** go to Montana for a couple of days this week or something like that **you** might **let** the instructor know **you**'re **gonna** be gone. Uh, **if you**'re,

8 语体变异的多维度模式

> I had a woman who was pregnant one semester and she, said well I'm **gonna** be missing part of the class and I said yeah, I think you probably **will** be. OK, but **let** me know. Um, **you should let** me know **if you** miss more, **if you** miss a test, **you'd have to** bring me some type of written evidence as to why **you** were gone, just so that it's fair for everybody so that they don't **have to** deal with a whole lot of excuses.
>
> [T2K-SWAL Corpus]

语篇样本 8.7　课堂教学管理话语（人文学科；历史学；高年级）
[英文语篇样本中，维度 2 的正向特征用粗体标出]

嗯，我们看看，如果超过一周不来上课的话，你就应该直接告诉我，如果你知道你将要走的话。举例来说，如果本周你要去蒙大拿几天或者有类似的事情，你应该让老师知道你将要走。嗯，如果你，我有个女学生，有个学期怀孕了，她说她将有一部分课上不了，我说可以，我认为你们也可能会这样。好，但是要让我知道。嗯，如果你错过更多课，你应该让我知道，如果你错过考试，你必须给我一份书面证明，说明你为什么没来，这样对每个人都公平，这样他们就不必找很多的借口。

[托福 2000 口语和书面语学术语言语料库]

同样的特征在课程管理的书面材料中也很常见。因此，请比较上例口头话语片段与下例书面形式的课程大纲：

At the end of each chapter, **you will** be assigned a series of problems to **help you** write a Chapter Summary. The purpose of the Chapter Summary problems is to **help you** pull together the main ideas of each chapter...

If you miss class for two consecutive weeks, **you will** be dropped.

You will need to access available resources to find answers to **your** questions and be willing to ask when **you** can't find them. **You will** find that many issues have answers which are complex or ambiguous.

在每章结束时,你将分配到一系列的问题,这有助于你写章末总结。设置章末总结习题的目的是帮助你归纳每章的主要思想……

如果你连续两周不上课,你就会被除名。

你将需要使用可利用的资源来回答你的问题,当你找不到答案的时候可以提问。你将发现许多问题的答案都是复杂的或含糊的。

维度2上的另一端显示了专业术语的高频使用,包括"罕见"的形容词、名词、副词和动词。这些术语仅用于某个特定的学科,如 *adiabatic* 和 *arbuscules* 或 *autodeliquescence*。维度2的其他负向语言特征还包括简单的发生动词(如 *become*、*happen*、*change*、*decrease*、*occur*)、可能动词 + *to*- 小句结构(如 *seem/appear to...*)以及量度形容词(如 *high*、*large*)。这些共现的语言特征仅在书面的学术语体中高频出现;例如:

8 语体变异的多维度模式

> **Text Sample 8.8　Textbook (natural science; chemistry; graduate)**
>
> Up to now we have been concerned with the magnetic resonance of a single nucleus and with explaining the physical basis of an nmr experiment. We will now turn our attention to the nuclear magnetic resonance spectra of organic molecules and in so doing will encounter two new phenomena: the chemical shift of the resonance frequency and the spin-spin coupling. These two phenomena form the foundation for the application of nuclear magnetic resonance spectroscopy in chemistry and related disciplines.
>
> The hypothetical spectrum of dimethyltrifluoroacetamide presented at the end of Chapter 1 may have suggested that nmr spectroscopy is employed for the detection of magnetically different nuclei in a compound.
>
> [T2K-SWAL Corpus]

语篇样本 8.8　教材（自然科学；化学；研究生）

到目前为止，我们一直关注单核的磁共振以及对核磁共振实验的物理基础的解释。现在我们将注意力转向有机分子的核磁共振光谱，这样做将会产生两种新现象：共振频率的化学位移和自旋-自旋耦合。这两种现象构成了核磁共振光谱在化学及相关学科中的应用基础。

第一章结尾处介绍的二甲基三氟乙酰胺假设光谱，或许已经表明核磁共振光谱被用于检测化合物中磁力不同的核子。

［托福2000口语和书面语学术语言语料库］

8.3.3 维度 3：事件重构

维度 3 与叙事取向相关，体现为第三人称代词、过去时、表人的名词、交际动词 + that- 小句等语言特征（参见表 8.2）。然而，上述语言特征也与以下两类表认知立场的语言特征共现：

- 可能性动词 + that- 小句（通常表不确定性的动词，如 *assume*、*believe*、*doubt*、*gather*、*guess*、*imagine*、*seem*、*suppose*、*think*）；
- 表认知立场的名词 + that- 小句（如 *conclusion*、*fact*、*assumption*、*claim*、*feeling*、*idea*、*impression*、*opinion*、*possibility*、*suggestion*、*suspicion*）。

省略 that 的句子与上述表立场的语言特征的共现，表明它们常用于口语语体，而非正式语体。

如图 8.6 所示，维度 3 上的语言特征的分布与口语、书面语的差异紧密相关（与维度 1 相似）：高校校园口语体总是比书面语体更具"叙事性"和"立场性"。然而，这个维度中还有一些其他模式：在所有模式中，管理类语体的叙事性都是最弱的，而学习小组会话和高校教师答疑时间会话则极其明显地使用了维度 3 中的正向语言特征。

在学习小组会话中，学生经常互相商讨，尝试重构课程内容。例如，语篇样本 8.9 表明学生使用叙事的语言特征报告过去的事件和情况，使用表认知立场的语言特征表明对所学知识的（不）确定程度：

8 语体变异的多维度模式

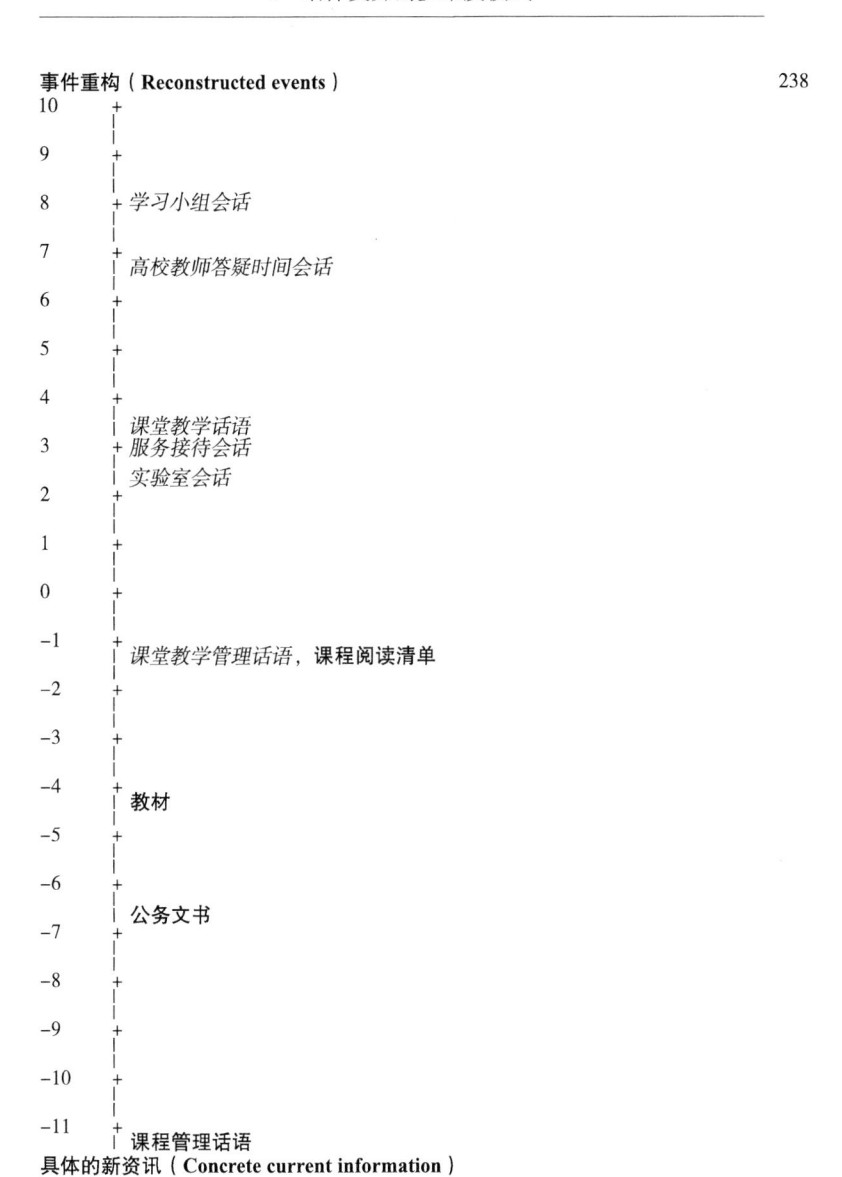

```
事件重构（Reconstructed events）
10   +
     |
 9   +
     |
 8   + 学习小组会话
     |
 7   + 高校教师答疑时间会话
     |
 6   +
     |
 5   +
     |
 4   +
     | 课堂教学话语
 3   + 服务接待会话
     | 实验室会话
 2   +
     |
 1   +
     |
 0   +
     |
-1   +
     | 课堂教学管理话语，课程阅读清单
-2   +
     |
-3   +
     |
-4   + 教材
     |
-5   +
     |
-6   +
     | 公务文书
-7   +
     |
-8   +
     |
-9   +
     |
-10  +
     |
-11  +
     | 课程管理话语
具体的新资讯（Concrete current information）
```

图 8.6　高校校园语体在维度 3 的平均分值——"事件重构"

语体、语类和风格

Text Sample 8.9　Study group

[positive Dimension 3 features are marked in **bold**]

1: Uh in fact as far as, the three major religions, Muslim, Christian and Jew? The Islam are the most –

2: Tolerant.

1: Tolerant of all the three. So there **was** probably quite a few, in uh, in all the middle eastern countries for that matter. Because –

2: All for, the whole two thousand years?

1: Yeah because um, **they were**n't **they were**n't as discriminated against as **they were** in Europe and other countries so **they** –

2: OK.

1: All **they, everybody** had to pay tithes. See that's the other myth about Islam is **they** say, well it's the theocracy and **they** make you pay ten percent of your money.

2: Oh I **remember** – **they, they created** a um, what **did** –what **were they** called those uh, villages those districts with Jews and Christians? In the time of Mohammed? All the way through I can't **remember** what **they**'re called.

1: Mhm. But the point is **they, they** um, **did**n't tax. So, in this country if you come and you make money, you pay twenty percent tax.

2: Something like that.

1: In the middle east, in Islam countries you go and you make money and you pay a ten percent tithe, and that's wrong. But it's OK to pay a twenty percent tax. See what I **mean**?

> 2: Oh yeah I **remember** that.
> 1: It's like um.
> 2: I **forgot** about that... well I **was thinking** also um, that there might have been more Jews uh, during British occupation because they might have immigrated from uh, Great Britain?
> 1: Mhm I **suppose** it – you **know**, I don't **know**
>
> [T2K-SWAL Corpus]

语篇样本 8.9　学习小组会话
[英文语篇样本中，维度 3 的正向特征用粗体标出]

1：呃，事实上，就三大主要宗教而言，伊斯兰教、基督教和犹太教？伊斯兰教是最——

2：最能理解的。

1：这三类都能理解。所以相当多的，在，呃，在所有的中东国家可能都有。因为——

2：都有，整整两千年吗？

1：对，因为，呃，他们不是，他们不是像在欧洲或其他国家那样受歧视，所以他们——

2：对。

1：他们所有，每个人都要缴什一税。看看关于伊斯兰教的其他神话，他们说，嗯，它是神权治国，他们要求每个人上缴收入的十分之一。

2：哦，我记得——他们，他们创造了一个，呃，叫什么来着——他们把那些叫，呃，村庄，那些有犹太人和基督教徒的地区叫什么？在穆罕默德时代？我怎么也想不起来它们叫什么了。

1：哦，但关键是他们，他们，呃，不缴税。所以，如果你来这个国家赚钱，你就要缴百分之二十的税。

2：差不多。

1：在中东，你去伊斯兰国家赚钱，缴百分之十的什一税，那是错的。缴百分之二十的税才对。你明白我的意思吗？

2：哦，对，我想起来了。

1：这像是，呃。

2：我忘了……嗯，我也正在想，呃，在英国占领时期，那儿可能有更多的犹太教徒，呃，因为他们可能从，呃，来自大不列颠？

1：哦，我认为——你知道，我并不了解

[托福2000口语和书面语学术语言语料库]

8.3.4 维度4：以教师为中心的立场

最后，维度4的语言特征主要与立场的表达有关，这些语言特征包括立场状语（表确定性、可能性和态度）和由表立场名词控制的 that- 小句（如 the fact that...）。图8.7表明，这些特征主要出现在以教师为中心的口语体中：课堂教学管理话语、课堂教学话语和高校教师答疑时间会话。相比之下，所有书面形式的高校校园语体都很少具有这些特征，就像以学生为中心的口语体（如实验室、学习小组和服务接待会话）一样。以下是课堂教学管理话语中一些表达学术立场的语言特征：

8 语体变异的多维度模式

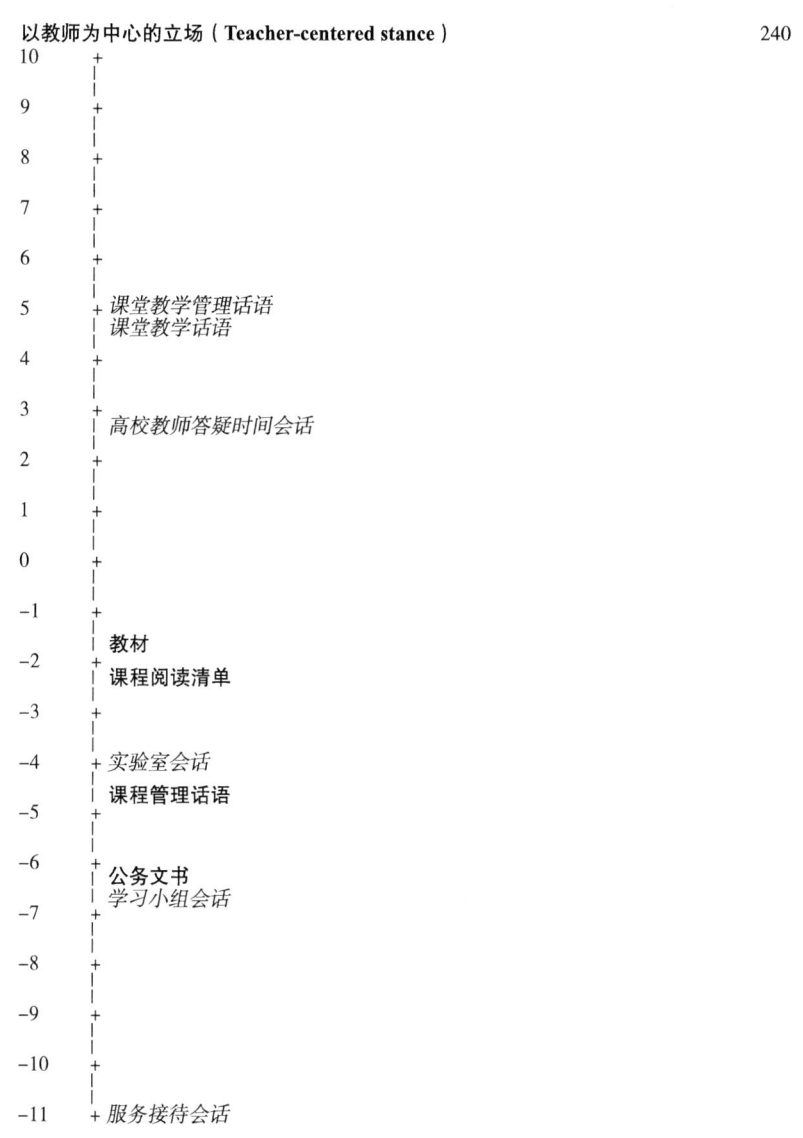

```
以教师为中心的立场（Teacher-centered stance）            240
 10  +
     |
  9  +
     |
  8  +
     |
  7  +
     |
  6  +
     |
  5  + 课堂教学管理话语
     | 课堂教学话语
  4  +
     |
  3  +
     | 高校教师答疑时间会话
  2  +
     |
  1  +
     |
  0  +
     |
 -1  +
     | 教材
 -2  +
     | 课程阅读清单
 -3  +
     |
 -4  + 实验室会话
     | 课程管理话语
 -5  +
     |
 -6  + 公务文书
     | 学习小组会话
 -7  +
     |
 -8  +
     |
 -9  +
     |
-10  +
     |
-11  + 服务接待会话
```

图 8.7　高校校园语体在维度 4 的平均分值——"以教师为中心的立场"

Instructor: **actually** while I finish the outline, let me pass out the uh something I'd like you to uh look over here real quick and sign for me – that you acknowledge **the fact that** you've read and understand the syllabus.

Instructor: January eighteenth **of course** we don't have class. What day is that?

Student: [unclear]

Instructor: it's also my birthday, I always think that we're taking off on my birthday. uh, but if you link on the jazz home page, you can, there are, there's **actually** jazz music from the twenties

Instructor: all right for the remaining writings, when you take test one – **probably** the second week after spring break... you're going to have I think fifteen items... they won't be the exact wording of these but, **certainly** very comparable wording.

Instructor: Let's tabulate those tomorrow, too. Let's do this. Quite **possibly** none of these will be **entirely** satisfactory.

Instructor: quickly now – the department came down and I know, Mark's been working on those so, **hopefully**, first of next week, at the latest we ought to have it up and working. **kind of**, continuing the tradition that has gone on in the past, several semesters or at least the past semester.

教师：其实我在写完大纲的同时，我就把材料发出了，呃，这个东西，我想让你们，呃，快速浏览一下，然后在上面签名——确认你们阅读并理解大纲的这一事实。

教师：1月18日我们当然不上课。那天是星期几？

学生：[不清楚]

教师：那天也是我的生日，我一直想我们可以在我生日那天放假。呃，但是如果你们上爵士乐的主页，你们能，有，其实有20世纪的爵士乐

教师：好，对剩余的写作课来说，当你们参加"测验一"时——也许是春假后的第二周……我想可能有十五道题……它们不会和平时习题的表述一模一样，但当然是非常类似的措辞。

教师：我们明天把这些也制成表格。就这么做吧。很可能这些都不会是完全令人满意的。

教师：现在，快点儿——系里宣布，我知道，马克一直在处理那些事，因此，希望，下周一，至少我们有了它并开始运转。有点儿，延续过去几个学期或至少是上学期以来的惯例。

8.3.5　学科之间的差异

如上所述，多维度分析中的因子分析是在语篇中语言特征分布的基础上，确定共现的语言特征集合。语体差异并不影响因子的统计识别。反之，因子分析可以确定具有共现倾向的语言特征的集合，而不考虑哪些语篇属于哪种语体。然而，正如上节所述，这些维度通常是语体差异强有力的预测因子。这是因为语言特征的共现模式（因子分析的基础）和语体差异都是以功能为基础的。

维度的确立独立于语体类别之外这一事实，意味着维度可用于探索目标语料库中任何具有代表性的下位语体的变异模式。本小节将以对不同学科课堂教学话语和教材之间差异的探讨来说明这一点。

在本项分析中，不同学科的语篇在维度2（"程序性话语vs. 专注内容的话语"）和维度3（"事件重构"）中都存在着一些有趣的差异。图8.8是不同学科在维度2的分布图，它确定了一种令人惊讶的模式。在多数情况下，工程学语篇和自然科学语篇的典型语言特征高度相似。然而，这两个学科在维度2中明显不同：无论是课堂教学话语还是教材，工程学是最"程序性"的，自然科学是最"专注内容"的。这种差异揭示出工程学重在应用，而自然科学则更注重理论和描写。

与维度2的模式相比，工程学语篇和自然科学语篇在维度3（"事件重构"）上很相似，它们都倾向于非叙事的风格。图8.9表明课堂教学话语和教材也是首选这种风格的。相比之下，教育学、人文科学和社会科学语篇则更可能吸收叙事手法

8 语体变异的多维度模式

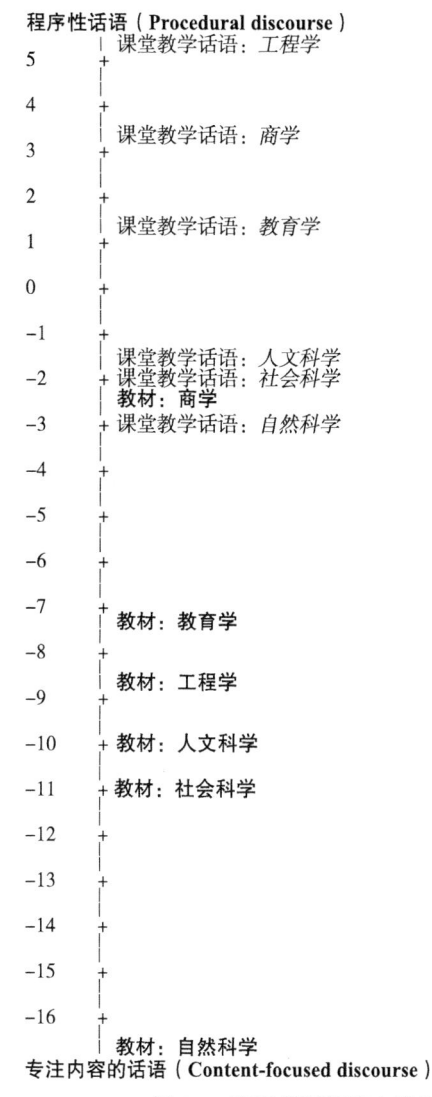

```
程序性话语（Procedural discourse）
 5    +    课堂教学话语：工程学
      |
 4    +
      |    课堂教学话语：商学
 3    +
      |
 2    +
      |    课堂教学话语：教育学
 1    +
      |
 0    +
      |
-1    +
      |    课堂教学话语：人文科学
-2    +    课堂教学话语：社会科学
      |  教材：商学
-3    +    课堂教学话语：自然科学
      |
-4    +
      |
-5    +
      |
-6    +
      |
-7    +
      |  教材：教育学
-8    +
      |    教材：工程学
-9    +
      |
-10   +  教材：人文科学
      |
-11   +  教材：社会科学
      |
-12   +
      |
-13   +
      |
-14   +
      |
-15   +
      |
-16   +
      |  教材：自然科学
专注内容的话语（Content-focused discourse）
```

图 8.8　不同学科语篇在维度 2 的平均分值——
"程序性话语 vs. 专注内容的话语"

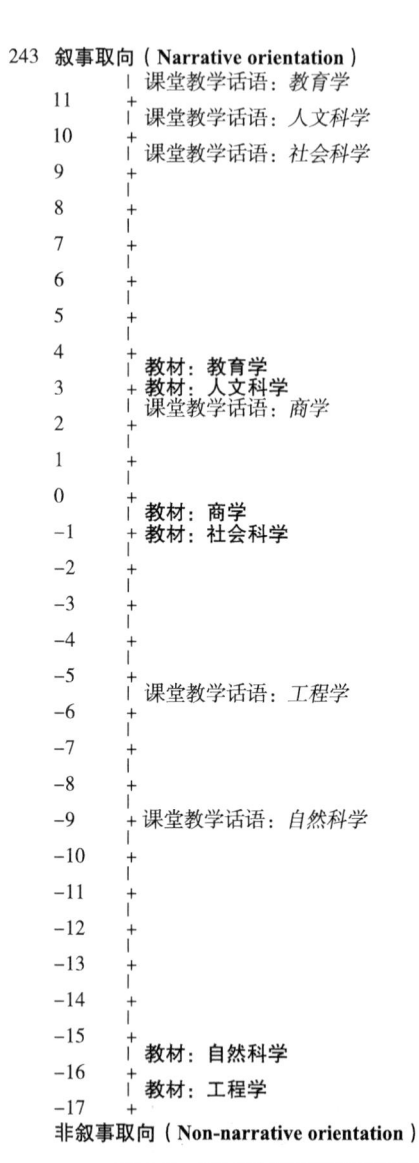

243 叙事取向（Narrative orientation）

```
11  +  | 课堂教学话语：教育学
    |  | 课堂教学话语：人文科学
10  +
 9  +  | 课堂教学话语：社会科学
    |
 8  +
    |
 7  +
    |
 6  +
    |
 5  +
    |
 4  +  | 教材：教育学
 3  +  | 教材：人文科学
    |  | 课堂教学话语：商学
 2  +
    |
 1  +
    |
 0  +  | 教材：商学
-1  +  | 教材：社会科学
    |
-2  +
    |
-3  +
    |
-4  +
    |
-5  +
    |  | 课堂教学话语：工程学
-6  +
    |
-7  +
    |
-8  +
    |
-9  + 课堂教学话语：自然科学
-10 +
    |
-11 +
    |
-12 +
    |
-13 +
    |
-14 +
    |
-15 +  | 教材：自然科学
-16 +
    |  | 教材：工程学
-17 +
```

非叙事取向（Non-narrative orientation）

图 8.9 不同学科语篇在维度 3 的平均分值——"事件重构"

8 语体变异的多维度模式

"重构过去的事件"。这些特征在课堂教学话语中最突出，在上述学科的教材中使用得也比较频繁。语篇样本 8.10 说明了历史学课堂教学话语的特点，教师试图通过重构历史背景和事件来回答学生的提问：

Text Sample 8.10   Classroom teaching (history; upper division)
[past tense verbs and third person pronouns are in **bold**; other positive Dimension 3 features are in ***bold italics***]

Student: But why would, I ***mean***, why would, uh...①

Instructor: And I ***think*** that's, you ***know***, that's like the key issue there in, is absolute [2 sylls] relationship as it develops that, that it's not one [2 sylls] process...② I'm not ***talking*** just about personal dis-dissatisfaction, but from **his** ideological point of view from the way **he interpreted** history is toward the development, social development and the revolution particularly. From that view point, **his** earliest dissatisfactions with the, uh,...③ will go all the way back to the nineteen thirties. I ***mean*** **he**, **believed**, even then, that there **was** not a clear understanding of...④ Whereas ×⑤ **was**,

244

---

① 因某些原因，此处有删节。——译者
② 同上。
③ 同上。
④ 同上。
⑤ 因某些原因，此处用"×"代表某人。——译者

> even back in the nineteen thirties **he was** already formulating that strategy.
>
> [T2K-SWAL Corpus]

语篇样本 8.10　课堂教学话语（历史学；高校高年级）
[英文语篇样本中，过去时动词和第三人称代词用粗体标出；维度 3 的其他正向特征用斜体加粗标出]

学生：但是为什么会，我的意思是，为什么会，呃……

教师：我认为那是，你知道，这就如同关键问题在于，是随着权威[2个音节长]地位的发展，那不是一个[2个音节长]过程……呃，对意识形态的不满，我所说的不是个人的不满，而是从他的思想观点来看，从他诠释历史的方式来看，是顺应了发展，尤其是社会发展和革命。从这点来看，他最早对，呃，……的不满，可以追溯到 20 世纪 30 年代。我的意思是他，相信，即使那时候就相信，对……并没有清醒的认识。而 × 是，他是早在 20 世纪 30 年代就已经制定了战略。

[托福 2000 口语和书面语学术语言语料库]

关注历史学科（如历史学）的教材在很大程度上同样依赖于叙事话语，包括全部用过去时写的长篇散文。低年级的许多历史教材大都是用过去时写的，因为它们主要叙述过去的事件和情况。虽然这些书有时也记录了历史人物的信仰、期望和态度（使用"动词 + *that-* 小句"结构），但是大部分语篇都是简

单的叙事。例如:

> **Text Sample 8.11　Textbook; humanities (history, lower division)**
> [past tense verbs and third person pronouns are **bold**; other positive Dimension 3 features are in ***bold italics***]
>
> 　　Much of the early history of the United States **was** written by New Englanders, who **were** not disposed to emphasize the larger exodus of Puritans to the southerly islands. When the mainland colonists **declared** independence in 1776, **they hoped *that*** these island outposts would join **them**, but the existence of the British navy **had** a chilling effect.
>
> 　　These common convictions deeply **shaped** the infant colony's life. Soon after arrival the franchise **was** extended to all "freemen" ...
>
> 　　　　　　　　　　　　　　　　　　　　[T2K-SWAL Corpus]

语篇样本 8.11　教材；人文学科（历史学，高校低年级）
[英文语篇样本中，过去时动词和第三人称代词用粗体标出；维度 3 的其他正向特征用斜体加粗标出]
　　美国早期的历史大部分是由新英格兰人写的，他们是不愿意强调清教徒逃亡至南部各岛这一事实的。1776年，当大陆殖民者宣布独立时，虽然他们希望的是这些岛屿的前哨基地也能归属他们，但是英国海军的存在具有激冷效应。
　　这种共同的信念深深地塑造了早期的殖民生活。殖民者抵达后不久，选举权被扩大到了所有"自由民"……

　　　　　　　　　　　[托福 2000 口语和书面语学术语言语料库]

如上所述，在课堂教学话语和教材中，工程学和自然科学语篇在维度 3 的负向分值都很高。这是由于维度 3 中正向特征的缺失，再加上负向特征的频繁使用，尤其是数量名词（如 *length*、*amount*）和具体名词（包括指称特定实体而具有专业技术意义的名词，如 *electron*）。这些负向的维度分值反映了这两个学科在交际目的上有趣地交融：它们都是讨论日常具体实体中复杂数学关系的高度专业性话语。

Text Sample 8.12　Textbooks; engineering (mechanical engineering; graduate)

[concrete nouns and quantity/mathematical nouns are in **bold**]

　　Although many ride problems are peculiar to a specific **road**, or **road** type, the notion of "**average**" **road** properties can often be helpful in understanding the response of a **vehicle** to **road** roughness. The general similarity in the spectral **content** of the **roads** seen in Figure 5.2 (that **elevation amplitude** diminishes systematically with increasing **wavenumber**) has long been recognized as true of most **roads**. Consequently, **road inputs** to a **vehicle** are often modeled with an **amplitude** that diminishes with **frequency** to the second or fourth **power** approximating the two linear segments of the **curve** shown in the figure. The **average properties** shown in the figure are derived from recent studies of a large **number** of **roads**.

[T2K-SWAL Corpus]

语篇样本 8.12　教材；工程学（机械工程学；研究生）
[英文语篇样本中，具体名词和数量/数学名词用粗体标出]

　　尽管许多驾驶问题仅限于特定的道路，或道路的类型，但是"平均"道路性能的概念通常有助于理解车辆对道路平整度的反应。图 5.2 中显示的道路光谱含量（立视图的波幅随着波数的增长而系统地下降）的总体相似度，长久以来被认为是大多数道路的真实情况。因此，车辆道路输入的建模通常伴有一个按二次或四次幂的频率减小的振幅。图中曲线的两个线性部分近似于按二次或四次幂的减小。图中平均性能的数值来自近期对大量道路的研究。

　　　　　　　　　　　　　　　[托福 2000 口语和书面语学术语言语料库]

8.4　总结与结论

　　本章介绍了如何采用多维度分析探索语篇中语体变异的复杂模式，包括大量语言特征集合的共现模式以及大量不同语体及其下位语体之间的关系。我们通过对美国高校校园口语体和书面语体的描写，说明了这种分析方法。

　　我们通过对语篇中共现的语言特征组的划分——维度——使得揭示不同语体之间最重要的异同成为可能。通过这种方法，我们还可以发现被忽视的语体变异模式。

　　多维度分析最令人惊讶的发现，也许就在于揭示出口语体和书面语体的重要性。本研究设计包括在美国高校发现的各种语体，采样代表了许多不同的情景特征：不同的目的及交际目的、不同的场景、互动程度等等。然而，事实证明口语体和书面语体的差异是决定高校校园语体中语言变异整体模式的最重要的因素。因此，多维度分析中最显著的模式之一，就是高校所有口语体和书面语体都在一定程度上共享某些语言特征，无论它们在受众、互动性或交际目的上存在着怎样的差异。事实证明，其他许多研究也观察到了口语体和书面语体的根本差别，我们将在第9章继续讨论这个问题。

然而，多维度分析中还有其他一些出乎意料的模式。例如，我们很难预测学生管理口头和书面语体之间的关系：在维度1中，它们的语言特征是完全相反的；而在维度2中，它们高度依赖"程序性"语言特征的本质却是相同的。我们同样也很难预测以教师为中心的口语体（如课堂教学话语和高校教师答疑会话）和以学生为中心的口语体（如学习小组会话）之间的异同：它们在维度1中，都高度依赖"口头"的语言特征，这在本质上是一样的；而在维度4中，它们却截然不同——在以教师为中心的口语体（无论是否有互动）中，有许多表达"立场"的语言特征，而这些特征很少出现在以学生为中心的口语体中。

此外，还有许多其他语体变异的多维度分析。首先，多维度分析可以考察英语中普遍的口语体和书面语体（如会话、广播节目、报纸新闻报道、社论、小说）的变异，本章练习部分将介绍这些研究。其次，多维度分析还可以考察其他语言中的语体变异模式，如索马里语、韩语和西班牙语。此外，还有一些更专业的多维度分析，如对求职面试、小学校园语体以及语体历史演变模式的研究。在这些案例中，多维度分析确定了在这些领域中语体内部那些与重要的功能/情景差异相对应的语言变异的参项。由此看来，多维度分析是用于描写话语领域语体变异总体模式的最有效的分析方法之一，这一点已经被证明。

第8章 练习

思考与复习

1. 为充分了解语言的使用情况，我们要在同一项研究中覆盖多种语体和多个语言特征，请用你自己的话来解释这样做的理由。

2. 多维度研究既可以关注某种普遍的变体——美国高校校园中的各种语体——也可以关注某个专业领域中的变体，如某个特定公司的求职面试。选择你感兴趣的一个领域，并设计一项多维度分析。你的研究将包括哪些语体？为什么？（或者，如果你设计的是一项有关风格的研究，那么你如何确保你获取的是风格变异？）如何获取语篇？这项研究结果有什么应用价值？

分析练习

3. 附录B中的练习语篇17摘自"课程管理话语"（准确地说，摘自商科本科课程大纲）。请分析该语篇，说明"课程管理话语"的总体模式在维度2（"程序性话语 vs.专注内容的话语"）的使用情况。你可以参考表8.2中维度2的语言特征，以及图8.5中课程管理话语在这个维度上的平均分值。（也许你还不能用图表表示定量分析的结果，但是你可以讨论一下这个练习语篇中正向和负向特征的使用情况。）

4. 最初英语的多维度分析（Biber 1988），考察了 23 种普遍的口语体和书面语体的变异模式（如会话、广播节目、报纸新闻报道、社论、小说、私人信函）。表 8.4 列出了这项分析对前两个维度中最重要的共现语言特征的划分。

表 8.4 普遍英语语体多维度分析（Biber 1988）中维度 1 与维度 2 的归纳

	正向特征	负向特征
维度 1：参与型语篇 vs. 信息型语篇	心理动词 现在时动词 缩约形式 表可能性的情态动词 第一人称代词 第二人称代词 代词 it 指示代词 强调结构 模糊限制语 语篇小品词 使役小句 WH 小句 省略 that 的 that- 小句 WH 疑问句	名称 长词 高型/例比 介词短语 做定语的形容词 被动语态动词
维度 2：叙事语篇 vs. 非叙事语篇	过去时动词 完成体动词 交际动词 第三人称供词	现在时动词 做定语的形容词

请按照本章介绍的分析步骤，通过这些共现的语言特征集合计算维度分值以及对比口语体和书面语体典型的语言特征。图 8.10 和图 8.11 显示了这些语体（1988 年的研究）在维度 1 和维度 2 的平均分值。

8 语体变异的多维度模式

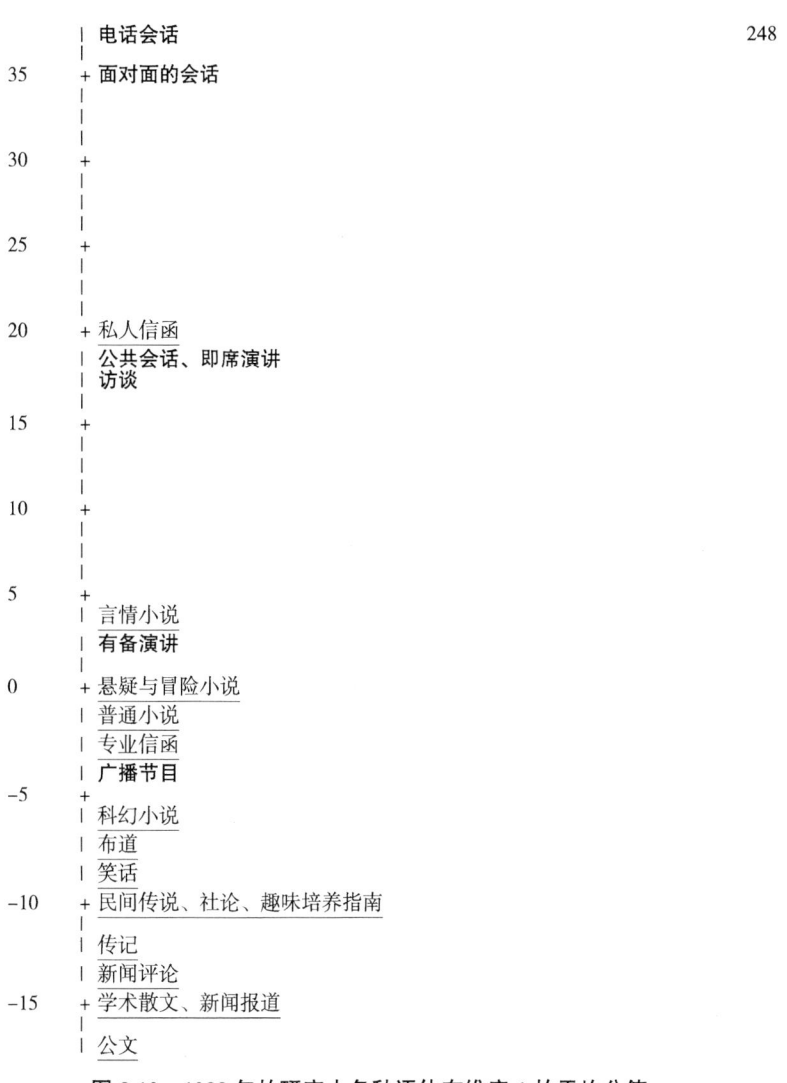

```
              | 电话会话                                              248
              |
       35   + 面对面的会话
              |
              |
              |
       30   +
              |
              |
              |
       25   +
              |
              |
              |
       20   + 私人信函
              | 公共会话、即席演讲
              | 访谈
              |
       15   +
              |
              |
              |
       10   +
              |
              |
              |
        5   +
              | 言情小说
              | 有备演讲
              |
        0   + 悬疑与冒险小说
              | 普通小说
              | 专业信函
              | 广播节目
       −5   +
              | 科幻小说
              | 布道
              | 笑话
      −10   + 民间传说、社论、趣味培养指南
              |
              | 传记
              | 新闻评论
      −15   + 学术散文、新闻报道
              |
              | 公文
```

图 8.10　1988 年的研究中各种语体在维度 1 的平均分值

[书面语体用下划线标出；口语体用粗体标出]

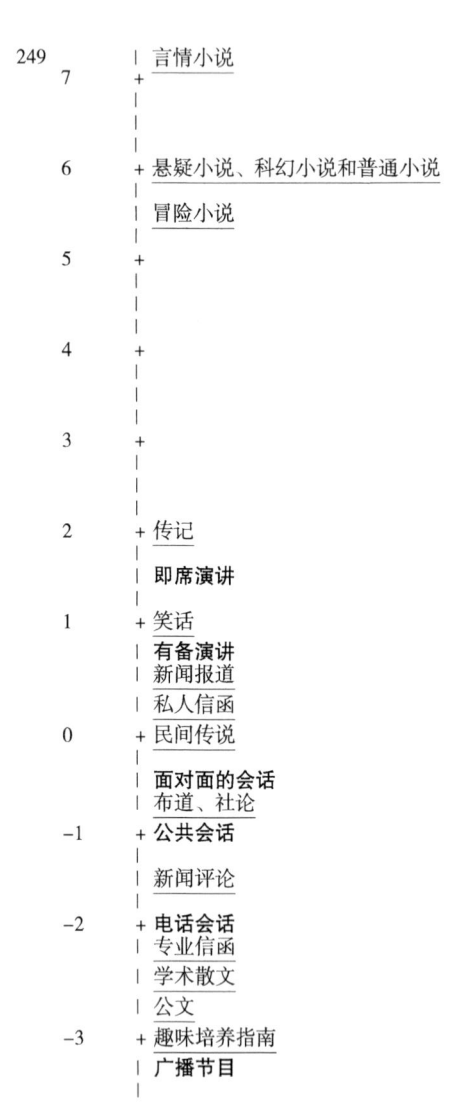

```
249  7 +  | 言情小说
        |
        |
        |
        |
     6  + 悬疑小说、科幻小说和普通小说
        |
        | 冒险小说
        |
     5  +
        |
        |
        |
     4  +
        |
        |
        |
     3  +
        |
        |
        |
     2  + 传记
        |
        | 即席演讲
        |
     1  + 笑话
        | 有备演讲
        | 新闻报道
        | 私人信函
     0  + 民间传说
        |
        | 面对面的会话
        | 布道、社论
    -1  + 公共会话
        |
        | 新闻评论
        |
    -2  + 电话会话
        | 专业信函
        | 学术散文
        | 公文
    -3  + 趣味培养指南
        | 广播节目
        |
```

图 8.11　1988 年的研究中各种语体在维度 2 的平均分值

[书面语体用下划线标出；口语体用粗体标出]

8 语体变异的多维度模式

请根据图8.10和图8.11中共现的语言特征及语体的分布情况，对维度1和维度2的功能进行解释。参考附录中的语篇样本（或者你自己的语料）说明这些语言特征的使用情况。（注意，任何一个单一的语篇样本都不能作为一种语体的代表。多维度分析所观察到的典型模式是建立在拥有大量语篇的语料库基础上的。）

5. 这项1988年的对普遍英语语体的多维度分析是研究英语语体历史演变的框架。例如，图8.12是维度1——"参与型vs.信息型"语体中语言特征使用情况的历史演变模式。

请描写图8.12中语体变异的历史模式。17世纪的英语口语体、书面语体与18世纪有何不同？几个世纪以来，这些语体为什么形成了如此显著的差异？请回顾一下维度1中的语言特征。确切地说，医学散文和科学散文在维度1的负向分值越来越高，请描写与之相关的语言特征的变化。最后，请参考特定的语言特征，用附录中或第6章中的语篇样本来说明这些语言特征的变化。

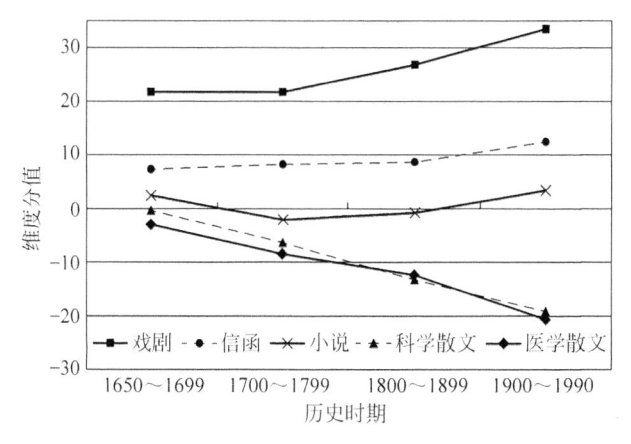

图8.12 维度1的历史变化："参与型语体 vs. 信息型语体"

选题建议

6. 请将对练习 3 的分析，扩展至对课程大纲的全面描写。先从四个维度描写课程大纲语篇样本（练习语篇 17）中语言特征的使用情况。然后，再收集其他类型的课程大纲（如不同学科或年级的大纲），根据这些语言维度探讨这些语篇的变异情况。

7. 我们曾在一个规模为 185 篇小说的语料库的基础上，对小说的风格进行了多维度分析。由于小说种类繁多，所以该语料库包括了各种小说，如获奖小说和名不见经传的小说，过去的小说和现代的小说，成年人文学和青少年文学，等等。然而，本项研究的主要目标是探讨某类小说的风格，而不是对比不同类型的小说。

表 8.5 列出了这项研究在维度 1 和维度 2 中最重要的共现的语言特征集合。图 8.13 和图 8.14 显示了所选小说在这两个维度的平均分值，练习语篇 18—21 代表了某些不同小说的风格。

表 8.5 小说多维度分析中维度 1 与维度 2 的归纳

	正向特征	负向特征
维度 1	第一人称代词 第二人称代词 心理动词 交际动词 现在时动词 情态动词（表可能性、必要性、将来） 由动词控制的 *that*- 小句（通常省略 *that*）	名词 介词短语 作定语的形容词 长词 高型/例比
维度 2	第三人称代词 过去时动词 完成体动词	现在时动词 第二人称代词 缩约形式

8 语体变异的多维度模式

```
30    |《小熊维尼的房子》                        251
      +
      |
      |《看得见风景的房间》
20    +《哈克贝利·费恩历险记》
      |
      |
10    +
      |
      |《人性枷锁》
      |《到灯塔去》
0     +《地板下的小人儿》《中间人》
      |《拉斯维加斯的恐惧与憎恨》
      |《赛穆勒先生的行星》
-10   +
      |
      |《第五号屠宰场》
      |《夜都迷情》
-20   +
      |
      |《尤利西斯》
      |
-30   +
      |
      |《野性的呼唤》
      |《彼得兔的故事》
-40   +
      |
      |
-50   +《水獭塔卡》
```

图 8.13 所选小说在维度 1 中的平均分值

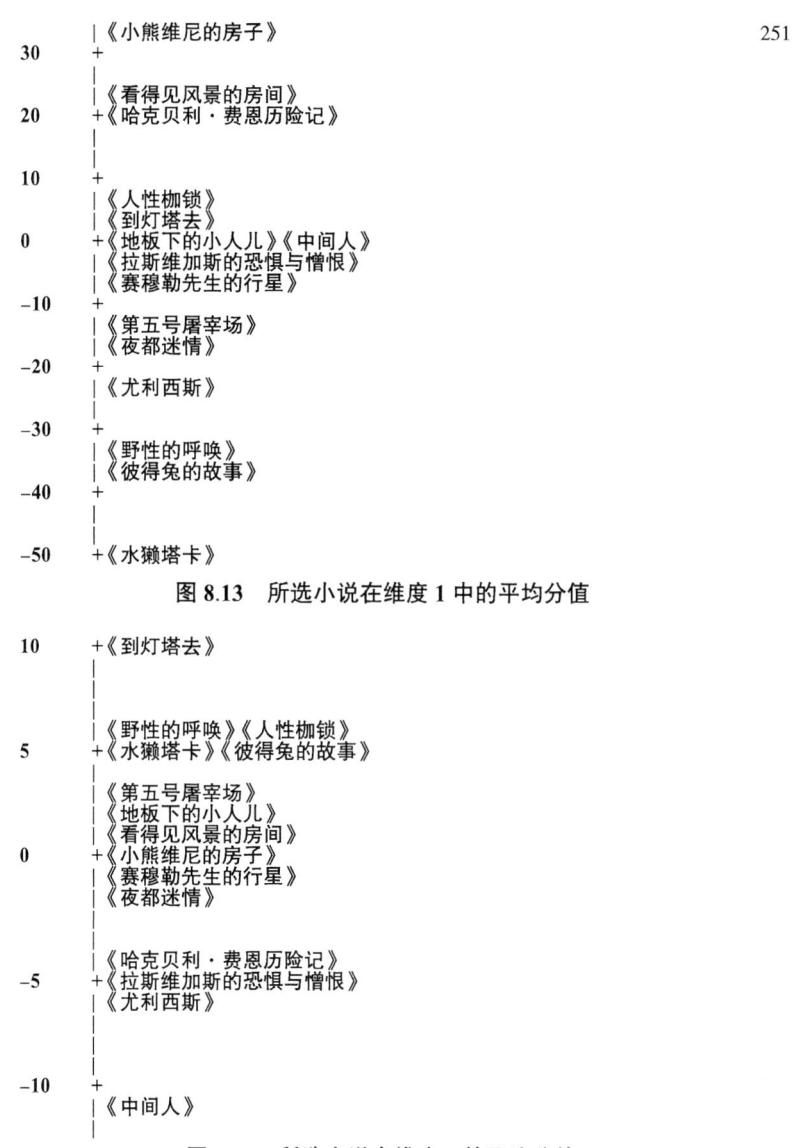

```
10    +《到灯塔去》
      |
      |
      |
      |《野性的呼唤》《人性枷锁》
5     +《水獭塔卡》《彼得兔的故事》
      |
      |《第五号屠宰场》
      |《地板下的小人儿》
      |《看得见风景的房间》
0     +《小熊维尼的房子》
      |《赛穆勒先生的行星》
      |《夜都迷情》
      |
      |
      |《哈克贝利·费恩历险记》
-5    +《拉斯维加斯的恐惧与憎恨》
      |《尤利西斯》
      |
      |
      |
-10   +
      |《中间人》
      |
```

图 8.14 所选小说在维度 2 的平均分值

453

请根据表 8.5 中共现的语言特征集合、图 8.13 和图 8.14 所示小说的平均分值,以及对练习语篇 18—21 中语言特征的详细分析,对维度 1 和维度 2 进行功能/风格解释。(你也可以选择图 8.13 和图 8.14 中所列的任何小说的其他段落,分析它们是否符合多维度分析的整体特点。)这项研究中的语言描写与你熟悉的小说的其他风格描写是否相符?请对此展开讨论。

最后,请讨论上述研究结论对中小学英语文学教学(无论是对母语学习者,还是对二语学习者)的意义。我们已经发现了一些令人惊讶的结果,例如有些儿童小说或青少年小说在某些方面高度"书面化",而有些经典的"面向成年读者"的小说在某些方面却高度"口语化"。请以这些研究结论为出发点,讨论小说语体的复杂多样性,以及应如何为不同教育水平的学习者讲授文学作品。

9 语境中的语体研究

我们在前几章介绍了语体及与之相关的语类和风格的概念。此外，我们还描写了语体分析框架，展示了采用该框架所做的案例研究，并探讨了语体变异及其历史变化普遍模式的研究成果。本章将回到第1章的话题，讨论其他学术领域中与现实应用相关的语体研究方面的问题。

9.1 更开阔的语言学视野下的语体研究

语言学主要包括两大分支：一个是语言结构的研究（如音系学、形态学、语法学）；另一个是语言运用的研究，它研究的是人们如何习得语言以及语言结构资源的实际运用。语言运用研究与语言变异研究紧密相关。人类所有的语言都表现出语言变异：表达相似意义的相关的语言结构。变异存在于语言的所有层面上，包括音位变体（如 t 和 t^h）、同义词（如 *dresser* 和 *chest of drawers*）、语素（如 *-tion* 和 *-ment*）以及语法结构（如关系小句中有无关系代词，主动语态和被动语态）。在很大程度上，语言运用的研究就是语言变异的研究，所考察的问题是说话者在特定的时间和地点，为什么使用这套而不是那套语言形式。

　　语体和语类研究既是本书的重点，也是试图解释语言变异模式的四种主要方法之一。这些方法关注不同的重要的非结构性因素：第一，信息包装；第二，历史时期；第三，说话者的人口学特征；第四，情景语境和交际目的。第一种方法常用于语用学（*pragmatics*）或功能语言学（*functional linguistics*）分支领域的研究，分析者研究的是语篇要素的信息特性，如"已知"或"新"信息的状态，"焦点""话题"以及英语小句的"尾重"偏好。这些因素都可以影响人们选择这种而非那种语言变体。第二种方法用于历史语言学（*historical linguistics*）研究，学者研究历时的语言变异：某种语言变体如何随着时间的推移，从可选形式变为首选形式。第三种方法用于方言研究（*dialect studies*）和社会语言学（*sociolinguistics*）研究，分析者研究来自不同地区或人群的说话者是如何偏好一种或另一种语言变体的。第四种方法始终是本书的重点。

　　这四种方法在研究对象上各不相同；每种方法对语言变异（*linguistic variation*）都有不同的定义或理解。研究社会方言变异的量化社会语言学家（以拉波夫、特鲁吉尔、桑克福等人的著作为代表；参见第1章的第5节及本章的9.4节）采用了语言变异最严格的定义。在这个分支领域中，研究目标只包括严格意义上保留的语言变异。因此，在这个框架内的大多数研究关注的是语音差异，例如将"car"读作 [kar]，还是 [ka]。（相反，诸如主动语态和被动语态之类的变体却被排除在外，因为它们有时可以表达不同的真值意义；参见 Weiner and

Labov 1983)。

语言变异的语用或功能的研究,关注的是真值意义并不一定相同的对等结构。它们通常是被社会语言学的社会方言研究排除在外的语法特征。例如,普林斯(Prince 1978)研究了与简单肯定句、*it* 分裂句和 *WH* 分裂句相关的话语语境,例如:

a. Today I want to talk about global warming.

b. It is global warming that I want to talk about today.

c. What I want to talk about today is global warming.

a. 今天我想谈谈全球变暖的问题。

b. 全球变暖是我今天想要谈的问题。

c. 我今天想谈的是全球变暖的问题。

这些结构虽然在意义上大致相同,但是说话者已知或相信的预设并不相同(如 c 中的说话者已经知道他想要谈论的内容)。其他的传统实例研究考察了句首和句尾的状语小句(Thompson 1985)、标句语 *that* 的省略(Thompson and Mulac 1991)、关系小句的类型(Fox and Thompson 1990)、因果序列(Schiffrin 1985)、动词短语的前置(Ward 1990)以及与格的交替(Collins 1995)。

语体研究中语言变异的范围比其他任何分支领域都广泛得多。语体视角可用于研究表达大致相同意义的变体的用法,这些变体常常作为社会语言学或语用学研究的一部分(因此,如上文引用的普林斯对口语和书面语中 *it* 分裂句和 *WH* 分裂句使用模式的对比研究)。然而,语体研究的焦点远不止这些。它的研究对象不仅包括语言标记,还包括语篇。这为语言变异的研究提供了一个完全不同的视角。也就是说,传统的社会语言学或语用学研究的基本假设是说话者如果想表达某个特定的意义,就会选择一种或另一种语言变体表达该意义。相反,语体研究的假设是说者和写者在不同的环境中为了不同的交际目的,需要表达不同的意义,因此倾向于依赖不同的语言结构的集合。正如前几章所描写的那样,这里有一个基本假设,就是语言特征是功能性的,语言特征使用程度上的差异是与某种语体的交际需要相联系的。因此,即使是在典型的语言特征最基本的方面,不同语体的语篇也是不相同的,例如它们对名词或动词依赖程度的不同。

在大多数社会方言的量化研究中,这类语言变异的可能性被排除在外,是因为有这么一个假设(至少在实践中):所有的方言在交流效果上都是相同的。然而,并没有合乎逻辑的理由能够说明为什么不能从这个视角——对比不同方言使用者的典型语言特征(以语篇为分析单位,而不是关注个别语言特征及其变体)研究方言。实际上,这种研究已在会话风格(*conversational style*)的研究中展开(如 Tannen 2005),它关注的是持同一种语言的说话者以不同的方式,根据礼貌、参与程度等规范构建会话。因此,某种文化背景的说话者可能认为,与刚刚遇见的陌生人谈论自己的个人情感和态度是适宜的;而另一种文化或社会背景的说话者则可能认为,在这样的情景中过多地谈论这些话题并不合适。这种差异可能被视为方言差异,它与持同一种语言的不同说话者的群体有关。然而与传统的方

9 语境中的语体研究

言研究不同，在这种情况下，不同的语言特征在意义上显然是不对等的。而且，每种会话风格都具有来自某种特定亚文化的说话者所偏好的典型的语言特征集合。

这两种研究语言变异的方法都适用于语体的历时和共时的研究。因此，历史语言学的传统研究以某个具体的语言特征作为分析的重点，描写某个词或结构随着时间的推演如何演变为具有相同意义的变体（如某个词的语音变化，或变为意义相同的不同的词）。相比之下，第 6 章介绍的历史语体研究，对比了不同历史时期语篇的典型语言特征，以更宽广的视角描述普遍语体研究中的语言变异。

语类的概念更难以从语言变异的角度来描述。一方面，它关注语篇的情景语境和交际目的，这显然可作为上述第四种方法的一个例证。然而另一方面，正如第 1 章和第 3 章所描述的那样，语类分析的焦点就在于那些用来构建某种变体的完整语篇的规约性特征——通常只在语篇的特定位置上出现一次的语言特征。因此，量化分析与语类描写关系不大，语言变异的概念被简单地理解为某个语言特征在某个语篇中出现与否。

虽然语篇视角的语言变异研究是语体分析的基础，但是在很大程度上一直被语言学界所忽视。例如，大多数入门教材中的语言变异研究只讨论所谓对等的词或结构的语言变体。这种对等结构的语言变异视角的研究适用于传统的语言结构的描写，它可以识别不同的语言层次（如音系、形态、词汇、句法）以及每个层次上词和结构的变体。相反，语篇视角的语言变异研究并不适合这种传统的模式，因此，在标准的语言学的描写中，不同语体中语篇的典型语言特征的变异常常被忽略。

然而，本书的主要目的之一就是要让你相信，语篇视角的语言变异与对等的语言变体的研究同样重要。不同语体的语篇的差异，并不仅仅在于它们对某个而不是另一个对等的语言变体的偏好。相反，不同语体的语篇是在完全不同的环境中生成的，出于完全不同的交际目的；其结果是这些语篇经常使用与环境和目的相适应的完全不同的语言特征集合。这种变异模式普遍而广泛地存在于人类所有语言中。因此，虽然这种方法的语言变异研究并不适用于语言结构的研究，但是在任何语言运用的综合描写中，它都是不容忽视的。

9.2　英语之外的其他语言中的语体变异

为便于学生理解，本书中的案例仅涉及英语语体。然而，语体变异是人类语言的普遍现象。所有语言中的说话者都在不同情景中，为着不同的目的而交流，那些语言中的语言特征也会相应地改变。

不同的语言在许多方面都有着相似的语体模式。例如，对西班牙语、韩语、索马里语和英语的语体变异的多维度研究发现，它们在维度1中的语言特征及差异都很相似。在上述四种语言中，维度1确定了"口头"语体和"书面"语体的根本对立。表9.1总结了这些模式。

9 语境中的语体研究

表 9.1 英语、西班牙语、韩语、索马里语在维度 1 中共现的语言特征及语体模式[①]

语言	维度 1 中共现的语言特征		维度 1 中的语体模式	
	正向特征	负向特征	维度 1 中正向高分值语体	维度 1 中负向高分值语体
英语 (Biber 1988)	心理动词,现在时动词,表可能性的情态动词,第一人称代词,第二人称代词,*it*,指示代词,强调结构,使役小句,模糊限制语,语篇小品词,省略*that*的*WH*小句,缩约形式	名词,做定语的形容词短语,长词,高型/例比,被动态动词	面对面会话,电话会话	学术散文,新闻报道,公文
西班牙语 (Biber, Davies, Jones, & Tracy-Ventura 2006)	陈述语气动词,判断动词 *SER*,判断动词 *ESTAR*,现在时动词,将来时 *ir a*,完成体,进行体,心理动词,交际动词,第一人称代词,指示代词,第三人称代词脱落,时间状语,地点状语,因果小句,*que* 动词补语小句,是非问句	单数名词,复数名词,派生名词,做后置修饰语的形容词,做定语的前置修饰语的形容词,定冠词,介词,型/例比,置的过去分词,长词,*se* 被动态动词	会话(面对面会话和电话会话)	学术散文,百科词条

[①] 原文表头无"英语"。因表 9.1 中包含"英语在维度 1 中共现的语言特征及语体模式",因此加上了"英语"。——译者

续表

语言	维度1中共现的语言特征		维度1中的语体模式	
	正向特征	负向特征	维度1中正向高分值语体	维度1中负向高分值语体
韩语(Kim and Biber 1994, Biber 1995)	破句，话语连接成分（discourse verbal connectors），短形否定，模糊限制语，直接疑问句，缩约形式	后置词／名词比例，做定语的形容词，关系小句，名词补语，句长	会话，电视剧	社论，教材，文学评论
索马里语(Biber 1995)	独立动词，主句，waa焦点标记，baa焦点标记，第二人称代词，第一人称代词，时间指示词，弱势词，条件小句，是非问句，"what if"问句(soo)，祈使句，WH疑问句，表立场的形容词，缩约形式	名词，派生形容词，词长，非独立小句，关系小句，waxaa分裂句，并列句，并列短语	会话，家庭会议	新闻报道，政治小册子，社论

9　语境中的语体研究

　　这四种语言在维度 1 的正向特征包括频繁出现的动词、代词、副词、立场特征、定式状语小句和补语小句、缩约形式和疑问句；负向特征包括频繁出现的名词、形容词和名词修饰语。这四种语言中的会话语体在维度 1 的正向分值都很高，而书面说明语体的负向分值都很高。由于这四种语言在语言学／类型学特征以及社会文化语境上大相径庭，所以对维度 1 中语言特征的分析并不存在方法上的偏见。相反，这项分析结果或许可以代表语体变异的一种普遍模式，至少对具有书面传统的语言来说是这样。

　　普遍语体模式的第二个候选项是叙事和非叙事语体的区别。这四种语言都具有一个区分书面叙事语体（如小说、民间故事）与其他语体的维度；并且这四种语言都以相似的语言特征来确定这个维度，包括过去时、交际动词、第三人称代词和时间状语。

　　同时，某种特定的语言／文化还有其他独特的语体模式。例如，索马里语的私人信函与英语或西班牙语的典型信函很不相同，前者几乎都是为满足个人需求而写的（如寄钱、帮助亲戚等），并不关注社会关系。因此，索马里语的信函具有非常独特的语言特征，它经常使用祈愿小句，以及与第一、第二人称代词共现的具有指向性的动词前小品词（如 *let Xasan send the package to me*）。这个例子说明了影响语体变异的两个因素：一是某种语体在特定文化或语言中的社会需求，二是用来满足这些需求的可利用的语言资源。在这个例子中，索马里语使用了英语中所没有的两种语法手段：一是祈愿语气，它是用动词短语表达礼貌指令的标记；二是具有指向性的动词前小品词，它表明动词的行为朝向或背离说话者的方向。从功能的角度来看，这些特征适合索马里文化中信函的社会需求，从而形成了这种独特的语体模式。

第二个例子出自西班牙语，它具有一系列高产的"虚拟"动词时态。虚拟小句在英语中很少见，而且在分布上也很受限制，它们通常出现在表达命令的 that- 小句里（如 *They insisted that he do the same*）。相比之下，虚拟动词在西班牙语中更常见。对西班牙语的多维度分析表明，这些虚拟动词经常与表示义务的动词、表示促进的动词、条件动词、补语小句（*que* 小句和非定式小句）、将来时和进行体共现。这个共现的语言特征集合在政治访谈和政治辩论中尤为常见，因为说话者在这种场合需要表达观点、描述假想的情景。这些特征都可以用来描绘个人情感和态度或可能发生的事件/状态，而不常用来描写真实的事件或状态。这个例子再次说明，某种语言中独特的语言资源是与特定文化的功能需求相适应的。

迄今为止，关于英语语体变异的研究远远多于其他语言。然而，其他语言的语体研究表明，它们的语体变异模式是有系统的，并且通常是令人惊讶的。未来的这类研究既可以大大提升我们对语体变异普遍模式的理解，又可以加深我们对语体差异实现方式的理解，语体差异是通过独特的语言模式来实现的。

9.3 口语和书面语

贯穿本书的主题之一是讨论口语和书面语的区别。同时，

9 语境中的语体研究

我们已经证明在口语体和书面语体模式内部存在着系统的差异。几十年来，许多研究者一直在为以下两种观点中哪种更重要而激烈争论：有学者认为口语和书面语具有本质的区别；而其他学者则认为交际目的是决定语言表达的最重要因素，至于这些目的是通过口语，还是书面语来实现的，实际上并不重要。

人们普遍认为书面语比口语更真实、更有价值。"口说无凭"，很难让人们对所说过的话负责，因为他们可以声称他们**实际上**并不是这样说的。相比之下，书面语被认为是准确而有约束力的。西方社会的"文献"几乎都是书面的，人们重视把学生训练为"好的写者"，却较少关注把他们训练为"好的说者"。

语言学家通常持相反的观点，认为口语是交际的基本方式。所有儿童无须付出任何特别的努力就能够说一种语言。相比之下，书面语是一种更专业的交际方式，儿童必须专门学习阅读和写作，而且并非所有孩子都能完成这项任务。人类所有的语言都有口语，然而有许多语言从未有过书面语。从语言学的角度来看，口语是与生俱有的，它是我们之所以成为人类的原因之一。相比较而言，书面语是人类开发的在视觉上代表语言的一种技术；尽管许多人都学习书面语，但是它并不是人类经验的必要组成部分。

在如何区分口语和书面语这个问题上，语言学家的看法并不一致。在许多研究中，会话和学术文章被视为口语体和书面语体的典型代表。正如前几章所述，这两种语体在我们能想到的每个方面几乎都不相同。基于这种差异，奥唐奈（O'Donnell 1974）、奥尔森（Olson 1977）以及蔡菲（Chafe 1982）等学者认为，书面语和口语的根本差别就在于前者在结构上更复杂，阐述更详尽，而且/或者更明确。

其他学者关注的是书面语体可以有"口头的"方式。如第6章和第7章所述，像私人信函、电子邮件和手机短信这样的语体，尽管它们是书面的，但是在语言上有许多方面与会话很相似。由于有这样的语体存在，所以有学者认为从整体上看，口语和书面语并没有本质的语言差异。例如：

> 这项技术为书面语提供了如此众多的使用方法，但就书面语本身而言，用（或不用）这些方法，本身并不会有什么影响（Bloch 1993：87）。

> 总之，口语和书面语有许多共同的常见的语言特征，这些特征相互联系，与语言使用的环境有关，而不是与口语或书面语之间的区别有关。（Hornberger 1994：114）。

越来越多的基于语料库的语体研究与这场争论密切相关，其研究成果证明了口语和书面语的确存在差异。请回想一下本书第4章至第8章中的语体描写：所有口语体有哪些共同点（在哪些方面不同于书面语体)？在口语体内部存在哪些语言差异？对于书面语体，也请思考同样的问题：所有的书面语体有哪些共同点（在哪些方面不同于口语体)？在书面语体内部存在哪些语言差异？

越来越多的基于语料库的研究成果令人惊讶，它们表明关于口语/书面语的中庸观点是正确的。一方面，这些研究一致

9 语境中的语体研究

表明口语和书面语之间并没有绝对的语言差异,因为有些书面语体(如手机短信和某些电子邮件)的典型语言特征与口语体极其相似。

但是另一方面,这些研究还发现了口语和书面语的一个重要差异:它们的区别是在语言变异的**潜势(potential)**上。口语的典型语言特征受到很大的限制,而书面语则可以使用大量的语言表达手段,包括口语中所没有的一些话语类型。因此,作者可以用书面语创作出任何类型的语篇,所以书面语篇既可以与口头语篇高度相似,也可以与口头语篇有明显不同。相比之下,所有的口头语篇(照本宣科或背诵的语篇除外)在语言上都惊人地相似,无论它们的交际目的是什么。

这里的主要差异表现在某个领域的专家所写的高度信息化的书面语体上——学术研究文章或公文。本书在第5章、第6章和第8章中都已说明,这些语体在典型语言特征上如何与众不同,它们频繁地使用名词、专业术语和极其复杂的名词短语结构。与其他所有的语体不同——口语体或书面语体——专业书面语体倾向于使用复杂短语,较少使用动词。

这种类型的语篇似乎仅限于书面语体。甚至连本书第8章介绍的高校课堂教学话语这类口语体,也不使用学术文章的典型语言特征。尽管课堂教学话语的目的是传递信息,说话者具有该领域的专业知识,而这种语体的典型语言特征却与会话惊人地相似(不同于书面的学术散文体):频繁地使用动词短语、情态动词、状语和补语小句、代词等。由此可见,交际目的对口头话语的典型语言特征影响甚微。也就是说,无论是互动的、人际的口语体（如正式会话），还是主体为独白的、信息型的口语体（如课堂教学话语），它们都具有相同的典型语言特征集合。而且，所有这些口语体都较少使用复杂名词短语结构。

总之，以往对口语体和书面语体的研究，说明了语言特征分布的三种普遍模式：（1）信息型书面语体中常见的语言特征，在口语体中很少见，反之亦然；（2）所有的口语体在典型语言特征上都惊人地相似，无论它们在交际目的、互动性以及准备程度上存在多大的差异；（3）相比之下，书面语体的语言极其多样化。可见，口语和书面语确实存在着差异，但是这种差异仅仅体现在一个方面：说话者所能（正常）生成的话语类型受到极大的限制。也就是说，无论交际目的是什么，说话者生成的语篇都要依赖频繁地使用动词和小句。相比之下，作者能够生成的语篇类型却广泛得多。因此，书面语体可以具有与口语体基本相同的语言特征。但是，书面语体也可以使用非小句话语，这些话语是以非常复杂的名词短语结构为特征的。虽然这类话语在一般的口语中尚未被证实，但是无论交际目的是什么，这似乎都是书面语体与口语体的真正区别。

口语体内部语言特征的一致性可以归因于它们相似的生成环境。口头语篇通常是即时生成的。因此，考虑到生成环境的认知需求，口语体在句法上高度依赖定式小句，在口语中似乎不太可能出现频繁地使用复杂名词短语结构的现象。相比之下，不同的书面语体之间却有较大的语言差异，这些差异与交际目的、互动性、作者的参与等因素相对应。书面语篇的生成环境

9 语境中的语体研究

赋予作者极大的灵活性,他们既可以使用极其类似于口语的典型的语言表达手段,也可以使用口语中显然没有的表达手段。因此,口语体和书面语体的根本差异就在于书面语体提供了口语语体中所没有的话语类型**潜势**。①

语体变异的历史研究有助于我们进一步理解口语体和书面语体的本质差别。例如本书第6章(6.4.1节)对名词短语复杂性的描写,说明17世纪和18世纪语体的语言变异相对较小。实际上直到20世纪,专业信息型书面语体才形成了非常独特的非小句话语模式,这种话语模式大量使用名词前置修饰语和介词后置修饰语。在本书第8章练习5英语语体的多维度分析中,维度1显示了类似的历史变化模式。

语体变异的历史研究表明,现代专业书面语体中的非小句

---

① 以口头形式呈现的、源于书面的语言并不一定符合这个结论。也就是说,一个人大声朗读书面语篇就会生成一个具有书面语篇语言特征的口头语篇。同样,书面语篇也可以熟记后说出来。

此外,有些天才可以在内心构建非常复杂的、非典型口语方式的语篇。例如索马里诗人麦克山姆德·卡蒂里·夏山(Maxamed Cabdille Xasan),他无须借助书面形式,只凭借记忆就可以创造出组织严密、词汇丰富的语篇。这样的语篇经过反复构思、修改和编辑,与前面描写的精心生成的书面语体相似。在这个案例中,精心创作和修改的过程需要非凡的记忆力——在一段时间内凭借记忆构思、修改和编辑整个语篇。这位索马里口述诗人的案例表明,这种壮举是人类力所能及的。

然而,这些是特殊的口语体。在任何语言中,大多数口语都无须背诵,也无须在内心修改和编辑。相反,口语通常在即时语境中自然生成(即使是事先有准备的,如高校讲座)。从多角度展开的对自然口语体的研究反复说明,口语体与书面语体的不同之处是,口语体并不提供丰富多样的词汇,或者很少使用复杂名词短语结构。反之,这种话语类型需要与语篇广泛地互动,从而进行构思、修改和编辑——这个过程通常只存在于书面语中。

话语模式，在早期作者的作品中并不明显。因此，在17世纪或18世纪没有一种语体具有极其频繁地使用复杂名词短语结构的特征。相反，这种话语类型在随后的几个世纪逐渐演变，最显著的变化发生在20世纪。

这种历史变化可以归因于以下两点：(1)人们对内容丰富的散文的需求日益增加，这与近百年来的"信息爆炸"有关，(2)作者越来越认识到书面语体生成的可能性，这使得他们可以随心所欲地处理语篇。

我们在本书的几个章节中，描写了某些类型的书面语篇极其频繁地使用复杂名词短语结构的情况。如上所述，无论交际目的是什么，这种话语类型通常都不适于口语。因此在几个世纪以前，作者并不使用这类话语模式，即使是书面说明语体也不使用这些复杂名词短语结构。作者渐渐地意识到书面语体的生成方式为他们使用这些语言特征创造话语提供的可能性。在这里我们再次指出，需要注意的关键一点是，这些独特的语言风格并不是书面语体所必需的。相反，书面语体提供了在口语中通常所没有的语言表达潜势，这些语言表达潜势只是在过去的四个世纪才逐渐开始使用的。

因此，语体变异的实证研究表明了书写能力能够带来实实在在的语言效果。然而，与这些语言效果有关的是口语和书面语这两种方式的语言潜势，而不是这两种方式所必需的语言特征。特别是本节的分析概括所说明的，书面语言的生成模式提供了口语中通常没有的语言表达类型，即使作者常常选择不利用这种语言潜势。

9.4 语体变异与社会语言学

我们很容易将语体变异的研究视为社会语言学关注的一大焦点。这是因为所有言语社区都存在两种主要的语言变体：与不同的说话人群相关的变体——方言——以及与不同的使用情景相关的变体——语体。以功能为导向的语言学家很早就认识到言语社区中方言和语体变异的重要性，如布朗和弗雷泽、克里斯特尔、弗格森、甘伯兹（Gumperz）、海姆斯、韩礼德、派克（Pike）。所以，人们自然希望社会语言学界对这两种变异予以同样的关注。

令人惊讶的是，情况并非如此：从事量化研究的社会语言学家（尤其是由拉波夫、特鲁吉尔等创立的变异的传统学派）通常忽略语体变异，而只关注方言变异。因此，社会语言学教材和手册总是用许多章节讨论地域方言变异和社会方言变异，而对语体变异讨论得很少（参见 Coulmas 1997，Wardhaugh 1992，Hudson 1980）。对语体变异的忽略令人惊讶，因为上述研究显然都把言语社区（speech community）作为社会语言学研究的重要概念加以讨论。然而，在有关变异的社会语言学的传统中，对言语社区的研究几乎仅参考说话者的变异，而无视说话者语言使用情景的变异。

量化社会语言学中的情景变异是在风格的议题下加以讨论的。然而，在变异社会语言学中，风格这个术语具有专门的且限定的意义，与本书的用法不同：研究变异的社会语言学家仅用风格这个术语指社会语言学访谈（sociolinguistic interview）中在口头任务（如讲述个人故事、提供个人人口统计信息和阅读词汇表）上的差异。大多数社会方言变异的量化研究是在社会语言学风格内部考虑语言变异的（如 Labov 1972，Trudgill 1974）。然而，正如库普兰（Coupland 2007：9）所指出的那样，"在变异社会语言学中，风格是一个限定的概念和次要的问题"。库普兰（Coupland 2007）的著作是改变这种状况的一次尝试（参见 Eckert and Rickford 2002 中的章节）。

在本书的框架内，虽然社会语言学中的"风格"被视为不同的语体，但是它们代表的是一种人为限定的情景变异的范围，这种情景变异在更大的言语社区的语境中并没有得到明确的解释。第一，社会语言学的风格只包括口头变体。由于风格的变异研究不承认书面变体在言语社区中的作用，因此他们忽略了语言变异中最重要的情景因素（参见 9.2 节）。第二，社会语言学风格的操作性定义更是受到许多限制，它只包括在一个正常社区的口语中发现的少量语体变异。因此，诸如课堂教学话语、学习小组讨论话语、布道、政治辩论之类的口语体，甚至连标准的面对面会话，都不在考察范围之内。

研究变异的方法与本书所提倡的方法的主要区别，就在于它们所分析的语言特征并不相同（参见 9.1 节）。变异社会语言学的分析建立在社会语言学变项（sociolinguistic variable）的基础之上：一个语言特征具有几个变体（variants），顾名思义，这些变体都保留意义。与这个要求相关的是，语言变异被视为严格遵循规约的、非功能性的。例如，如果 A 组更喜欢变

9 语境中的语体研究

体 [kar]，而 B 组更喜欢变体 [ka]，那么这两个变体就被简单地归入不同的组（和风格）。至于哪一组使用哪种变体并不重要，因为它们并没有功能上的差异。

相比较而言，本书的方法是建立在语体特征而非语言变项的基础之上的。在这种方法中，语言"选择"的概念体现为一种语体比另一种语体更倾向于使用某个语言特征集合。也就是说，说者和写者从某种语言的词汇和语法系统中选择在功能上最适合情景语境和交际目的的语言特征。这些选择显然**不**是意义的保留，它们明显**是**功能的，因为不同语体的语言并不表达同样的意义，并且语言特征显然服务于一系列不同类型语篇的交际功能。

由于这两种方法在情景变异和语言变异的范围上如此不同，因此它们在方言变异和情境（语体/风格）变异中究竟谁更重要的问题上得出相反的结论，这也许并不足为奇。变异社会语言学坚持认为方言变异是首要的，风格变异是次要的；在社会方言研究中，方言之间语言差异的范围，始终比社会语言学风格之间的语言差异的范围更大（参见 Bell 1984, 2001）。语体研究得出了相反的结论：语体之间的语言差异的范围比方言之间的语言差异的范围大很多，并且一般来说，他们的结论是语体比方言更重要（同样参见 Finegan and Biber 1994, 2001）。

例如，图 9.1 中不同语体的缩约形式的使用频率说明了本书所描写的模式：口语体与书面语体之间存在着很大差异，同样在口语体和书面语体内部也存在与交际目的、互动性等相联系的巨大差异。然而，图 9.1 进一步对比了会话中三种社会方言的使用模式（以对英国国家语料库中会话的分析为基础），在对比语体差异的程度时，它们仅显示出细微的差别。虽然这些社会差异可能具有统计学的意义（上层中产阶级极少使用缩约形式），然而，在对比所有的语体差异时，它们显然不是显著的差异。

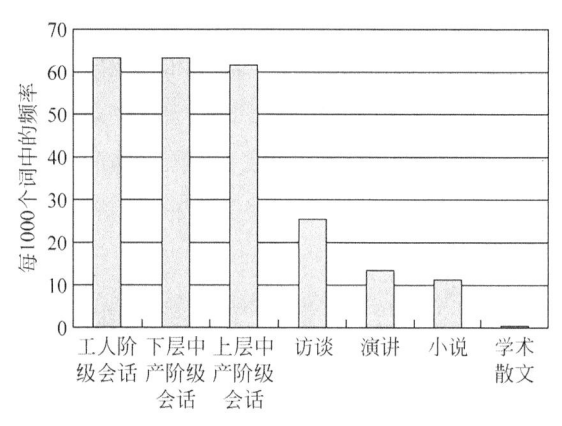

图 9.1　不同语体和社会方言（会话中）中的缩约形式

这并不意味着方言差异的研究不重要或者无趣。在过去的五十年中，方言差异研究对语言学最重要的贡献之一就是认识到语言变异是有规律的、可预测的，是受语言结构和社会因素双重影响的。变异社会语言学的研究方法引领我们加深对这种关系的理解。

同时，在言语社区内部显然存在大量的语言变异，它们尚未纳入目前的变异研究框架中。因此，有些基本问题至今尚未涉及。例如，据我们所知，学界尚未展开对某种社会方言的全面的语言描写。这样的分析需要调查某种社会方言中所有的词汇－语法特征，记录每种方言中每个语言特征的使用情况，英语的民族方言就是从这个角度描写的（如已有的对美国英语和英国英语较全面的语法描写）。然而在社会语言学变项的框架内，社会方言仅仅描写了小部分语言特征。

当然，如果这样的描写要有意义，就要对比不同方言中的所有语体。此外，还要描写不同方言群体中语体的社会分布：不同群体在何种程度上使用这种或那种语体？也就是说，每个方言群体的语体的全部职能是什么？这里有明显的人口统计学上的差异。例如，年轻人显然比老年人更有可能使用手机短信语体；脑力劳动者比体力劳动者更有可能撰写电子邮件和研究报告。然而这只是我们根据偶然的观察所做的猜想。据我们所知，目前还没有一个确定不同方言群体语体分布的实证研究。

这类调查为后来的言语社区中变异模式的语言全面描写奠定了基础：在所有不同的方言和语体中，讨论全部词汇－语法的语言特征。这种类型的分析并不会取代社会方言变异的传统解释。相反，它们从根本上提出了各种问题：言语社区中语言变异的综合模式是什么？特别是语体变异模式与方言变异模式是如何相互作用的？

9.5 世界语境中的语体研究

最后，让我们以对语体变异研究在"现实世界"中如何应用的讨论来结束本书。从本质上说，语体描写与语言学的任何应用都是相关的。事实上，在 20 世纪六七十年代，语体研究（通常称为语体学［*stylistics*］）是在"应用语言学"的议题下进行的，因为它们是描写性的，与之相对应的是"理论语言学"，它更关注具体理论相关现象的形式分析。

语体研究具有影响力的应用领域是语言的计算处理，其目的是信息检索（*information retrieval*）和自然语言处理（*natural language processing*，如语篇的自动理解和生成）。机器翻译是应用研究的一个相关领域，它一直受到语体差异意识的影响。在所有的这些应用研究里，将语体差异的知识引入处理语言的计算机程序中，可以使分析更准确、更自然。

在另一个完全不同的领域——文学，语体分析工具同样有助于它的研究。我们已经说明如何使用语体分析的技术分析小说风格。这种分析可作为更传统的文学批评方法的补充。

树立语体差异的意识对许多与语言相关的其他工作也很有帮助。例如，假设你是一家学术著作出版社的编辑，或者是某个工程公司的专业写作顾问。对你来说，在工作中能够识别并写出得体的文章是非常重要的。你的工作就是告诉人们，在受众不同的专业语篇中预期的语言特征有哪些。例如，作为一名专业写作顾问，你可以为工程师和专业作者组织研讨会，帮助他们撰写更有效的专业报告。懂得这类报告的典型语言特征，以及这些特征的交际功能，都将大大发挥你作为顾问的作用。

然而，语体研究最重要的应用是在语言教学领域（参见 Biber and Reppen 2002; Conrad 1999, 2000, 2004, 2005; Reppen 1995）。几乎任何层次的、针对任何目标受众的语言教学，都可以从语体差异的意识中获得启示。例如，现在许多大学都开设

9 语境中的语体研究

了跨学科的写作课程,关注不同类型写作任务的要求,这些要求是针对不同学科的不同交际目的而提出来的。本书曾讨论过在不同语体的情境分析中考虑相同的因素;我们在前几章曾经阐明,许多重要的语言差异是与交际因素系统地联系在一起的。

在某个特定学术领域中,基于书面语体的综合语言描写的写作课程,将为学生提供他们在该领域获得专业能力所需的工具。即使对讲授基础写作课程(为满足所有学科学生的需求而设计的)的教师来说,可能也没有比帮助学生提高语体差异的认识更重要的任务了,尤其是学术书面语体的语言规范意识。高校写作教师都被当作英语文学学者或作家来训练,因此,他们在教学中有时关注创作任务或个人叙事。这种方法的基本理念是,创作中的好风格将使大学的其他课程获得成功。通过本书的语体分析,你应该相信这个假设是不成立的:论文写作的交际目的及与之相关的语言特征,与创作或个人叙事有很大的不同。如果你是一名写作教师,你的语体分析的背景将帮助你有效地训练学生以应对他们在学术领域中的实际写作任务。

涉及语体描写的教学已应用于第二语言教学领域、与之相关的专门用途英语(ESP)、学术英语(EAP)以及更普遍的专门用途语言(Language for Specical Purpose,简称 LSP)等分支领域。ESP 和 EAP 教学法是为英语学习者开发的,针对的是与某个特定职业最相关的语言的使用。ESP 关注不同行业所使用的特定的语言,如宾馆和饭店工作人员所使用的最重要的词汇和语言结构。ESP 课程既可以关注这些行业的口语体,也可以关注书面语体。相比之下,EAP 则主要关注不同类型的书面语体在各学科的使用情况，主要目的是为大学英语教育做准备。对 ESP 和 EAP 的应用来说，详尽的语体描写非常重要，它是开发教学材料的基础，有许多著作，甚至学术期刊都致力于这些分支领域的研究。（学术期刊《专门用途英语》[English for Specific Purposes] 和《学术用途英语》[Journal of English for Academic Purposes] 是这类研究特别重要的发表园地。）类似的教学方法已应用于 LSP 内的除英语以外的语言教学（参见 Douglas[①] 2000）。

作为一名语言教师，语体差异的意识在任何情况下都将使你受益，并帮助你的学生建立这样的认识。此外，你还将从语体分析的技能中获益，它有助于有效地准备教学材料和开发有用的写作练习，帮助学生掌握某种特定语体的书面和口头表达技能，而这些技能是他们在职业生涯中获得成功所必需的。

总之，语体差异的意识以及进行语体分析的能力是所有语言专业工作者的基本工具。本书的目标在于既为你提供在这个分支学科中理解语体研究所必需的理论基础，也为你未来的研究和职业生涯提供语体研究所必需的分析工具。

第 9 章　练习

思考与复习

1. 请用你自己的话对语言学家之外的人解释以下问题：

a. 什么是语体？为什么学习语体很重要？

---

① 应为 Biber。——译者

9 语境中的语体研究

b. 为什么量化分析是语体分析的重要组成部分？

2. 请设计一项对某种语言的多维度分析（除英语以外）。你需要收集哪些类型的语篇，才能够覆盖这种语言中尽可能多的语体，口语和书面语（如果这种语言有书面语的传统的话）？有哪些不同于英语的语言特征需要在计算机分析中识别？（如 9.2 节索马里语中的祈愿小句与具有指向性的动词前小品词）？在这种语言中有没有你所预测到的独特的语体模式（功能上的，或者语言上的，抑或这二者都有的）？

3. 请参考口语和书面语二分法的讨论（9.3 节）来思考手机短信。手机短信有其他书面语体所具有的语言潜势吗？手机短信是真正的书面语体吗？它的开发使用对电话（说话的工具）有影响吗？究竟是手机短信这种电子语体或其他类型的电子语体模糊了口语和书面语之间的界限，还是手机短信只是书面语体中的一个下位语体，在这个下位语体中，人们选择不使用典型的书面语体的结构？

4. 在你现在的生活中，或者在你的职业生涯规划中，语体知识和语体变异最重要的应用是什么？

附录A 主要的语体/语类研究注释，作者费德勒卡·巴比里（Federica Barbieri）

I. 口语体/语类

研究	语类/语体	调查的特征	途径和方法	主要发现/问题
Bargiela-Chiappini and Harris 1997	意大利和英国的公司会议	宏观结构；结构语步；连贯标记（代词、主题、隐喻、话语标记）；话轮转换行为等。	（跨文化）语用学，系统功能语言学，民族志，会话分析。	该研究分析了公司会议的跨文化差异。例如，意大利的公司会议的整体结构比英国的更松散。在英国的公司会议中，称呼语极少被当作权力、身份或社会地位的标志，而在意大利的公司会议中则不然。在话轮转换行为上，二者也存在重要的差异，例如打断与重叠。
Cazden 2001	中小学及学前教育课堂话语	各种话语实践	民族志，定性的	该研究探讨了课堂话语以及各种互动话语的特征，例如讨论、教师提问以及教师提问与学生回应之间的等候时间。

附录A 主要的语体/语类研究注释，作者费德勒卡·巴比里（Federica Barbieri）

续表

	研究	语类/语体	调查的特征	途径和方法	主要发现/问题
272	Christie 2002	中小学及学前教育课堂话语	语类，宏观语类	系统功能语言学；定性的	作者建议将课堂话语视为"课程语类"和"课程宏观语类"，这是一个较大的语类单位，由包含几个"基本"语类的语篇构成。课程宏观语类可以是线性的结构，在开头、中间和结尾都有嵌入的语类。这些语类既可以通过"规约性语体"实现，也可以通过"教学性语体"实现。"规约性语体"与课堂教学的总体目标、方向、节奏以及课堂活动的顺序有关；"教学性语体"与特定的教学内容有关。例如，在某个特定的课程宏观语类中，以"开始上课"（开始语类）发起的课堂活动，既可以通过"规约性语体"实现，也可以通过"教学性语体"实现。
273	Csomay 2005	高校讲座	各种词汇-语法特征	定量的、基于语料库的分析；多维度分析。	高校课堂讨论的特征体现在语言变异的三个维度上：(1) 语境化、指示性定位 vs. 概念化、信息性焦点；(2) 个性化框架；(3) 互动对话 vs. 教师独白。

续表

研究	语类/语体	调查的特征	途径和方法	主要发现/问题
Koester 2006	美国和英国的工作场所（办公室）会话	与会话相关的词汇-语法特征；人际标记（例如，情态、模糊语言）	定量的，基于语料库的；基于语类的；互动社会语言学；会话分析，民族志	工作场所谈话的不同下位语类（合作性的、单向性的、非业务性的）的特征，表现为使用不同的人际标记。例如，情态动词和习语在合作性语类（如决策会议）中使用频率最高。模糊语言与模糊限制语在单向性语类（如程序性会话）中最常见，它们具有保全面子的礼貌功能。中程度副词在非业务性语类（如八卦、闲聊）中最常见，它们作为一致标记和参与标记。
Thompson 2003	高校讲座	语篇结构的元话语；语调	定量的，"真实"语篇与学术目的英语语篇的对比	高校讲座的特征体现在两类语元话语上：话语的整体组织标记，新话题和子话题的标记。这两种标记有三个主要功能：指称话语的内容或话题，指称（部分）话语本身，或包括人际指称。

附录A 主要的语体/语类研究注释，作者费德勒卡·巴比里（Federica Barbieri）

口语体的其他研究

学术口语体

Bamford 2005; Barbieri 2005; Basturkmen 1999, 2002; Biber 2006a, b; Biber and Barbieri 2007; Csomay 2007; Fortanet 2004, 2005; Gardner 2004; Hood and Forey 2005; Jackson and Bilton 1994; Legg 2007; Lindermann and Mauranen 2001; Mauranen 2003, 2004; Mauranen and Bondi 2003; Nesi and Basturkmen 2006; Recski 2005; Reppen 2004; Reppen and Vásquez 2007; Shalom 1993; R. Simpson 2004; Simpson and Mendis 2003; Swales 2001; Tapper 1994; Thompson 1994, 2003; Webber 2005; Weissberg 1993.

专业/工作场所口语体

Bell 1984; Bülow-Møller 2005; Coupland 1980; Dubois 1980; Friginal 2008, 2009; Greatbatch 1988; Gunnarsson, Linell, and Nordberg (eds.) 1993; Halmari 2005; Jaworski and Galasinski 2000; Johansson 2006; Koester 2004; Kuiper and Haggo 1984; Kuiper and Tillis 1986; Kuo 2001, 2002, 2003; Lynch 1985; Marra and Holmes 2004; Merritt 1976; Nevile 2006; Pettinari 1988; Philips 1984, 1985; Raymond 2000; Ventola 1983; Ventola, Shalom, and Thompson (eds.) 2002.

会话

Adolphs 2008; Biber 1988, 2008; Biber, Johanson, Leech, Conrad, and Finegan 1999; Carter and McCarthy 1997, 2004;

Conrad and Biber 2000; Laforest 2002; McCarthy 1998; McCarthy and Carter 2004; Quaglio 2004, 2009; Quaglio and Biber 2006; Tannen 1987, 1989, 2005; Tao 2007; Tracy-Ventura, Biber, Cortes 2007.

其他口语体

Ädel and Reppen 2008; Atifi and Marcoccia 2006; Bevitori 2005; Bolivar 1992; Cutting 1999, 2000; Dickerson 2001; Helt 2001; Inigo-Mora 2007; Jiang 2006; Lauerbach 2004; Milizia 2006; Placencia 2004; Schmidt and Kess 1985.

II. 普遍的书面语体和语类

研究	语类/语体	调查的特征	途径和方法	主要发现/问题
Bednarek 2006	媒体话语;大报和小报中的"硬新闻"	评价、立场特征	基于语料库的语体内部变异分析	大报与小报都显示出独特的评价风格:大报的特征是缓和与否定,而小报的特征是情感性(如作者对事件好坏或癸坏的评价;其他的情感参考)和癸发性[如使用 *dramatic(ally)*, *strikingly* 等评价]。
Biber, Connor, and Upton 2007	学术研究文章、筹款信函、高校讲座	词汇-语法特征和语步	基于语料库的分析,从语类和语体视角	探讨语类分析与语体分析如何应用于大型语料库的口语和书面语篇,着重描写语篇内部的话语结构。
Bunton 2005	博士论文的结论章节	语步	语类分析;跨学科对比	博士论文的结论部分有两种典型结构:大多数论文在结论部分都重申研究目的,整合研究空间,为未来的研究和实际应用提出建议;少数论文在结论部分则采用"问题-解决"的语篇结构或论证结构,更关注学科领域而非研究本身。

续表

研究	语类/语体	调查的特征	途径和方法	主要发现/问题
Charles 2006a	博士学位论文	that 小句引导的限定性引述小句	定量的；基于语料库的跨学科对比分析	在博士学位论文中，作者采用引述句建构立场，强调或规避语篇所述观点的责任，并报告自己所做的工作。在立场建构好的类型中存在学科差异。例如，政治学偏好以人作主语，而在材料科学中，无生命主语和 it 主语则更常见。
Connor 1996	第二语言写作	词汇-语法和修辞	对比修辞学	这部导论回顾了学术和专业语类的对比修辞研究，例如研究文章、学术论文摘要、资助申请书、商务信函。
Connor and Mauranen 1999	资助申请书	语步	语类分析，社会建构主义理论的应用	欧盟的资助申请书包括10个语步（如"领域""资金缺口""目标"等），这些语步反映了资助申请书既与学术研究文章和宣传语体密切相关，又与资助申请书语体特定的语步紧密相关（如"承诺声明"）。
Conrad 1996	生物学研究文章和教材（与小说以及非小说流行读物的对比）	大量的词汇-语法特征	基于语料库的多维度分析	与其他语体相比，生态学语篇倾向于高度信息化、非叙事化、非个性风格。同时，生态学教材和科研文章在某些重要方面存在差异。生态学科研文章具有更多的信息焦点和非个性风格。生态学教材则更具互动性。非个性风格程度较低，这反映了生态学教材要为学生提供更多的概念解释和例证。

附录A　主要的语体/语类研究注释，作者费德勒卡·巴比里（Federica Barbieri）

续表

研究	语类/语体	调查的特征	途径和方法	主要发现/问题
Flowerdew (ed.) 2002	学术语体：摘要，教材，博士论文	多方面的：语步，引述动词，认知情态表达等	多方面的：定量的，语步分析，对比修辞学，基于语料库的分析，民族志，系统功能语言学等	该论文集用16个章节说明了4种主要方法（语步分析，对比修辞学，语料库分析，民族志）在学术语体研究中的应用。例如洛夫将韩礼德的学说与语步分析结合在一起，研究社会学教材中的词汇-语法特征。麦克内里和基弗尔（Kifle）比较了厄立特里亚和英国学生议论文中认知情态表达的使用情况；雅柯诺托娃（Yakhonotova）比较了乌克兰语和英语的会议摘要。
277 Flowerdew and Dudley-Evans 2002	（总结性的）编辑回信	语步，图式结构，语言策略和礼貌策略	语类分析，语用分析	总结性的编辑回信的特点体现在4个要语步上：（1）让收信人做好接受决定的准备；（2）传达决定；（3）提出修改建议；（4）署名结束书信。在这些总结性回信中，编辑也会使用一系列的礼貌策略和面子保全策略，这使信函更个性化。

487

续表

研究	语类/语体	调查的特征	途径和方法	主要发现/问题
Chadessy (ed.) 1993b	各种语篇，大多数是书面语篇	多方面的：评价标记、隐喻等	多方面的：定量的、系统功能语言学、语用学等	该文集既包括理论/方法论的贡献（这些章节由伯格兰德 [de Beaugrande]、莱基-塔里 [Leckie-Tarry]；韦伯斯特 [Webster]；克罗斯 [Cross]、马西森撰写），又包括应用的研究（这些章节由伯奇 [Birch]；埃金斯 [Eggings]、戈达西 [Goatly]；维格奈尔 [Wignell]，马丁 [Goatly]；赫森 [Hunston]；埃金斯 [Eggings]、戈达西；冈纳森 [Gunnarsson] 撰写）。赫森探讨了科学语篇中的对应与评价问题。由埃金斯、冈纳森等人撰写的章节关注意识形态问题、语法中的语法隐喻；格特利探讨了各种语体史学语篇中的语法隐喻，科普语篇、广告、诗歌）。冈纳森探讨了在瑞典语中，科技和科普语文章的语用和宏观主题的历史变化。
Halliday and Martin 1993	科学语篇，包括专业书籍和高中教材	多方面的（如语法、"结构"、名词等）	系统功能语言学	该书运用系统功能语言学分析科学语篇的语言，既包括专业的科学语篇（如科学书籍和条约），又包括入门级科学语篇（如高中教材）。韩礼德撰写的章节从历史视角分析了物理学语篇中核心德法特征—语法特征，语又特征以反社会符号学特征。韩礼德还分析了达尔文的《物种起源》(The Origin of Species) 中的语法"结构"。马丁撰写的章节关注的是中学语境下科学和人文学科教材的使用情况。

488

附录A 主要的语体/语类研究注释,作者费德勒卡·巴比里(Federica Barbieri)

续表

研究	语类/语体	调查的特征	途径和方法	主要发现/问题
Hyland 1998	生物学的科研文章	模糊限制语(模糊词或短语)	定量的,语用学,语料库,民族志(与专家的访谈)	科研文章(RAs)大量使用模糊限制语表达不确定性。科研文章中的模糊限制语种类繁多,而且出现频率较高(甚至比作为表达疑问和不确定性的共同标记的情态动词的频率还要高)。模糊限制语在科研文章和教材中表现出不同的功能。例如,在学术教材中,模糊限制语用于表示缺乏共识的事情;而在科研文章中它们则主要用于表示疑问。
Hyland 1999b	各学科(如微生物学,市场学)的教材和科研文章	语篇与人际元话语(如连接词、模糊限制语等)	定量的,跨语体和跨学科比较的语料库分析	虽然教材与科研文章都使用元话语,但是二者并不相同。例如,教材使用的语篇元话语(如逻辑连接语)比人际元话语要多。科研文章更偏好人际元话语(如模糊限制语、个人和框架标记)。
Hyland 2002a	科研文章,教材,第二语言的学生论文	指令语(祈使句,表必要性的情态动词,形容词+to-小句)	定量的,语用学,语料库分析,民族志小组(访谈和焦点小组)	(1)指令语的功能(如指导读者的语篇行为,教导读者实行自然而行,引导读者的认知行为)因语体而异(如教材和论文偏好使用指令语表达认知行为)。(2)指令语在自然科学中很普遍,而在社会科学中则比较少见。

489

续表

研究	语类/语体	调查的特征	途径和方法	主要发现/问题
279 Hyland and Tse 2005	科研文章、二语学生的学位论文摘要	评价性的 that-小句	基于语料库的分析、定量的	摘要的特点是用 that-小句表达作者的立场，其中 80% 以上的评价性 that-结构指作者自己的发现。评价性的 that-小句允许作者对 that-小句的命题表明态度或认知立场。
MacDonald 2005	报纸和杂志中的科普文章	煽情主义的语言资源	定量的；系统功能语言学	在关于医疗研究的科普文章（这里指荷尔蒙替代疗法）中，煽情主义是通过非认知的句的主语（具体名词），表信息来源和引述的具体动词，交代信息来源的词序以及人的故事构建的。
Samraj 2002a	科研文章的引言	语步	语类分析	保育生物学和野生动物行为学科研论文的引言组织结构上存在差异。野生动物行为学论文的引言严格遵研究创建研究空间模式（Create a Research Space Model，简称 CARS）。保育生物学论文的引言则包括更多的劝说性和建议性要素。这些差异源于学科领域的不同特点，例如，保育生物学是应用领域的、跨学科的，而野生动物行为学是理论的、单一学科的。

490

附录 A 主要的语体/语类研究注释，作者费德勒卡·巴比里（Federica Barbieri）

续表

研究	语类/语体	调查的特征	途径和方法	主要发现/问题
Stotesbury 2003	科研文章的摘要	修辞结构；评价性立场表达	定量的，跨学科对比，修辞结构分析	不同学科（人文科学，社会科学，自然科学）论文摘要采用不同的立场表达方式。人文科学论文的摘要偏好评价性的表达方式（如形容词，名词，附加语等）；而自然科学论文的摘要则偏好情态动词。不同学科之间的差异还存在于评价性表达的使用中，它与摘要论文的修辞结构有关。例如，认知情态表达在自然科学论文摘要的结论部分很常见；而在社会科学的论文摘要中，它们在结果部分最常见。
280 Tognini-Bonelli and Camiciotti (eds.) 2005	学术语体：书评，教材，博士研究文章，论文	多方面的：冲突的科学表达，作者的立场，元话语等	多方面的；定量的，基于语料库的，语步分析；系统功能语言学；跨语言比较等	该论文集用 9 个章节探讨了书面学术话语，涵盖了一系列不同的语体，关注冲突的表达（赫森），立场（汤普森；布达和卢瓦森 [Poudat and Loiseau]；冈村 [Okamura]，评价 [Römer]；苏亚雷迪 [Freddi]），评价（罗默 [Römer]；莫塔-罗特 [Motta-Roht]），以及元话语 [Suarez]；莫塔-罗特 [Adel]）等特征。有些章节比较了这些特征在不同语言中的使用情况，例如英语与西班牙语（莫塔-罗特）；英语与瑞典语（阿德尔）。

491

续表

研究	语类/语体	调查的特征	途径和方法	主要发现/问题
Upton and Connor 2001	美国、比利时以及芬兰学生的申请函	语步、礼貌策略	语类分析，基于语料库的分析，对比修辞学	美国、比利时以及芬兰学生的申请函在关键语步上存在很大差异，如表达对面试的愿望（语步4）以及信函末尾表示礼貌和感谢（语步5）。在这两个语步中，美国、比利时以及芬兰学生都采用积极和消极的礼貌策略，尽管它们在程度上有所不同。例如，与比利时学生相比，美国学生的礼貌策略更模式化、程式化；而比利时学生表达礼貌的风格更个性化。
Vilha 1999	报纸、杂志、医学论文写作指南样本	情态表达	基于语料库的语体变异分析	在医学科普文章和指导手册的情态表达远比表必然性的情态表达更普遍，尽管指南样本还包括高频出现的义务情态动词。与医学样本的其他下位语体相比，医学科普文章中表明作者承担更大责任的表达方式更常见。

附录A 主要的语体/语类研究注释，作者费德勒卡·巴比里（Federica Barbieri）

书面语体的其他研究

科研文章

Bamford 1997; Bazerman 1988; Bhatia 1993; Biber 2006a, b; Biber, Connor, and Upton 2007; Biber, Conrad, and Cortes 2004; Biber and Finegan 1994c; Biber, Johanson, Leech, Conrad, and Finegan 1999; Biber and Jones 2005; Bondi 1997, 1999; Brett 1994; Channel 1990; Conrad and Biber 2000; Cortes 2004; Dressen 2003; Ferguson 2001; Fortanet, Posteguillo, Palmer, and Kull 1998; Giltrow 2005; Gledhill 2000; Gosden 1992, 1993; Grabe and Kaplan 1996, 1997; Groom 2005; Gross, Harmon, and Reidy 2002; Harwood 2005, 2006; Hemais 2001; Hewings and Hewings 2002; Holmes 1997; Hunston 1993, 2005; Hyland 1996, 1998, 1999a, 2001a, b, 2002b, c, 2005; Kanoksilapatham 2005; Koutsantoni 2004; Kuo 1999; Lewin 1998; Luzon Marco 2000; Martinez 2001, 2003; Melander 1998; Moreno 1997; Myers 1989, 1990; Nwogu 1997; Oakey 2005; Okamura 2005; Ozturk 2007; Paltridge 1994, 1995, 1997; Pisanski Peterlin 2005; Posteguillo 1998; Poudat and Loiseau 2005; Ruiying and Allison 2003, 2004; Rundbald 2007; Salager-Meyer 1990, 1994; Salager-Meyer and Defives 1998; Samraj 2002a, 2005; Skelton 1997; Soler 2002, 2007; Swales *et al.* 1998; Tarone *et al.* 1981; Tarone *et al.* 1998; Thetela 1997; Thomas and Hawes 1994; Tucker 2003; Vihla 1999; Webber 1994; Williams 1996; Williams 1999.

摘要

Bhatia 1993; Bittencourt Dos Santos 1996; Bondi 1999; Kaplan *et al.* 1994; Lores 2004, 2006; Martín Martín 2003; Martín Martín and Burgess 2004; Meyer 1992; Salager-Meyer 1992; Samraj 2002b; Samraj 2005; Stotesbury 2003.

教材

Biber 2006a, b; Biber and Barbieri 2007; Bondi 1997, 1999; Conrad 1996, 2001; Freddi 2005a, 2005b; Halliday and Martin 1993; Horesella and Sindermann 1992; Hyland 1999b; Love 1991, 1993, 2002; McCabe 2004; Moore 2002; Myers 1992; Shi and Kubota 2007; Vihla 1999; Young and Nguyen 2002.

博士论文

Bunton 1999; Bunton 2002; Charles 2003, 2006a, b, 2007; Hopkins and Dudley-Evans 1988; Hyland and Tse 2004; Kwan 2006; Paltridge 2002; Thompson 2005a, 2005b.

其他学术书面语体和语类（如书评与致谢等）

Abraham Varghese, Susheela, and Abraham 2004; Biber 2006a, b; Connor 2000; Connor and Upton 2004b; Crismore, Markannen, and Steffensen 1993; Evangelisti Allori (ed.) 1998; Feak, Reinhart, and Sinsheimer 2000; Flowerdew and Peacock 2001; Giannoni 2002; Groom 2005; Halleck and Connor 2006; Hewings (ed.) 2001; Horsella and Sindermann 1992; Hyland 2000; Hyland 2004; Lewin, Fine, and Young 2001; Maley 1987; Martin and Veel (eds.) 1998; McDonald 1994; McEnery and Amselom Kifle 2002;

附录A 主要的语体/语类研究注释,作者费德勒卡·巴比里(Federica Barbieri)

Nash 1990; Römer 2005; Thompson 2001; Ventola and Mauranen 1996.

科普文章

Gunnarson 1993; Luzon Marco 1999; Macdonald 2005; Master 1991; Nwogu 1991.

信函

Besnier 1989; Bhatia 1993; Connor and Upton 2003; Crossley 2007; Ding 2007; Flowerdew and Wan 2006; Ghadessy 1993b; Henry and Roseberry 2001; Magnet and Carnet 2006; Okamura and Shaw 2000; Pinto dos Santos 2002; Precht 1998; Upton 2002; Vergaro 2004, 2005; Yeung 2007; Yunxia 2000; Zhu 2005.

书面形式的媒体与专业语体

Adam Smith 1984; Badger 2003; Bargiela-Chiappini (ed.) 1999; Bazerman 1984; Bazerman and Paradis (eds.) 1991; Berkentotter and Huckin 1995; Bhatia 1997; Biber 2003; Bondi and Camiciotti 1995; Carolin and Selzer 1985; Carter 1988; Channell 1990; Connor-Linton 1988; Danet 1980; Donohue 2006; Eggins, Wignell, and Martin 1993; Fowler 1991; Fuertes-Olivera 2007; Ghadessy 1988a, b, 1993a; Gustafson 1984; Halliday 1988; Harris 1997; Harvey 1992, 1995; Henderson, Dudley-Evans, and Backhouse 1993; Hiltunen 1984, 1990; Hundt and Mair 1999; Kong 2006; Lemke 1990; Mann and Thompson (eds.) 1992; Mauranen 1993; McKenna 1997; Mellinkoff 1963; Mungra 2007; Myers 1991, 1992; Nelson 2006; O'Barr 1982; Porcelli 1999; Salager 1983;

Samuels (ed.) 1990; Smith 1985; Thompson 1996; Van Dijk 1988; Yeung 2007; Zhu 2004.

小说与其他书面语体

Bhatia 2005; Biber 1987; Biber, Connor, and Upton 2007; Biber and Finegan 1989a, b, 1992; Biber, Johanson, Leech, Conrad, and Finegan 1999; Bondi 1997; Caballero 2003; Connor-Linton 2001; Coulthard 1994; del-Teso Craviotto 2006b; Henry and Roseberry 1997; Odell and Goswami (eds.) 1985; Reichman-Adar 1984; Semino and Short 2004; Thompson and Sealey 2007; Tony 1996; Webber 1994; Wells 1960.

III. 口语体与书面语体（请同时参见下文表VI "多维度分析研究"）

研究	语类/语体	调查的特征	途径和方法	主要发现/问题
Bell 1991	报纸，广播，其他传媒语体	语音变项，广告，叙事，标题	定量的，变体学的，顺应和受众设计理论的应用	新闻播音员根据特定的电台受众类型变换他们的风格。同样，新闻媒体（和文字编辑）根据媒体受众（受众设计）调整标准化的规则（如删减限定词）。其他传媒语体的特征常常体现在参照设计上，这是一种修辞策略，即说话者使用他们言语社区中典型的语言资源，如笑话、掌故、故事等。
Biber 2006a	高校校园口语体与书面语体	各种词汇与句法特征；词串；词汇模式	定量的，多维度分析；语言使用的定量分析	该书全面分析了高校校园语体的大量语言特征。该研究以大型语料库的分析为基础，该语料库包括口语体（如高校讲座、高校教师答疑时同会话、服务接待会话）和书面语体（如教材、课程大纲）。语言描写包括：（1）教材与课堂教学话语中词汇模式的变异；（2）语法特征使用的变异；（3）词串（即多词序列）使用的变异；（4）立场的表达；（5）语言维度的变异。

续表

研究	语类/语体	调查的特征	途径和方法	主要发现/问题
284 Biber, Conrad and Cortes 2004	高校讲座、教材、会话、学术散文	多词序列（即词串）	定量的，基于语料库的跨语体对比分析	高校讲座所用词串是会话的2倍，是教材的4倍。在上述语体中，词串的话语功能有很大差异。例如，讲座比会话使用更多的话语组织词串，同时比学术散文使用更多的指称性词串。高校讲座偏好表立场的词串，而教材则偏好指称性词串。
Biber and Finegan (eds.) 1994a	各种语言（英语、巴布亚皮钦语、索马里语、韩语）中的各种口语体和书面语体	各种词汇、句法和话语特征	定量的，多维度分析；定性的	这部书介绍了语体的社会语言学研究，涵盖了不同语言中的大量语体，包括训练语体（希思和兰曼[Heath and Langman]）、私人广告语体（布吕蒂奥）以及巴布亚皮钦语的语体变异（罗曼[Romaine]）。书中其他章节采用多维度分析法研究了索马里语（比伯和哈雷德[Hared]）和韩语（金和比伯）的语体变异。该书的方法论章节介绍了语体研究的分析框架（比伯），有关理论的章节将语体研究方法置于社会语言学理论中加以讨论（法恩根和比伯），并回顾了1992年以前有关语体变异研究的文献（阿特金森和比伯）。

498

附录A 主要的语体/语类研究注释，作者费德勒卡·巴比里（Federica Barbieri）

续表

研究	语类/语体	调查的特征	途径和方法	主要发现/问题
Biber, Johanson, Leech and Finegan 1999	会话，小说，报纸文章，学术散文	对英语语法以及词汇-语法特征的全面调查	定量的，基于语料库的分析；跨语体对比	这是一部语法参考著作，它以大型的、具有代表性的英式、美式英语口语和书面语语料库为基础，对英语语法及词汇-语法特征进行了全面描写。该书对比了语料库中4种语体（会话、新闻、学术散文及小说）的每个语言特征的使用情况，说明如何根据语体选用差异显著的语言。这部书还对日常会话进行了迄今为止最为全面的语法描写。书中还有一章专门探讨了会话，充分描写了会话的情景特征，并讨论了会话中的特殊词汇、句法以及语法-语用特征，如话语标记、省略、附加语、停顿、话语发射成分、新引语动词等。
Swales 2004	口头与书面学术语类	语步，风格，修辞和语言特征	语类分析；批评话语分析，跨学科对比	该书以书面语体（如科研文章和博士学位论文）以及用于小型研究的学术研究口语体（如博士学位论文答辩、科研小组会议、研讨会和学术会议发言）为语料，描写了它们的结构和修辞特征。该书讨论了每种语体的情景特征、交际目的，结构以及所选择的修辞和语言特征。

499

Ⅳ. 历史语体／语类

研究	语类／语体	调查的特征	途径和方法	主要发现／问题
Atkinson 1999	科学散文	词汇－语法特征、修辞特征	修辞学分析；多维度分析；历时比较	对300多年（1657—1975）来《伦敦皇家学会哲学会刊》的话语和修辞的分析表明，以作者为中心的修辞逐渐减少，而以客体为中心的修辞逐渐增加。叙事元素的减少伴随着抽象／被动语语言的增加，促进了更加信息化风格的发展。
Culpeper and Kytö（即将发表）	基于历史口语的互动语体	各种词汇语法特征与语用特征	基于语料库的分析；语用特征	该书探讨了17世纪和18世纪书面记录的口语互动语言的本质，这些书面记录包括法庭笔录、证词、戏剧等。
Fitzmaurice 2002a	近代英语亲友之间的信函	指示词，礼貌用语，主体间性	语用学的	近代英语亲友之间的信函与面对面会话有许多共同特征：二者均通过互动生成意义，从而产生了"主体间"的意义，而非"主体的"意义。该特征可能造成误解和冲突。
Gross, Harmon and Reidy 2002	科学文章	论证（风格、陈述、论点）	修辞学的，历时的	对300多年（1665—1995）来科学散文的分析表明，科学散文的表达趋于客观，并且为更有效地沟通和论证，科学散文越来越多地使用文体和表达手段的设计，包括视觉表征的使用。

附录A 主要的语体/语类研究注释,作者费德勒卡·巴比里(Federica Barbieri)

续表

研究	语类/语体	调查的特征	途径和方法	主要发现/问题
Nevala 2004	近代英语私人信函	称呼语与指称语	定量的,语用的,礼貌理论;听众设计理论	在近代晚期英语(16世纪晚期)私人信函中,积极和消极礼貌形式的选择主要受受收信人或所指对象的社会地位的影响:当其中一人社会地位较高时,积极礼貌形式就会驾于社会距离之上。通常人们从写信人或收信人所惯用的称呼语中选择称谓,用来称呼所指对象。
Salager-Meyer 1999	科研文章	参考文献(如引用)	历时的,社会建构理论	对近两个世纪(1810—1995)以来的医学研究文章的分析,显示了引用行为的变化趋势:19世纪(如逐字引用)与20世纪不同的典型的引用模式(如脚注、文末清单)。
Taavitsainen and Pahta (eds.) 2004	多方面的:医学书面语体(如处方、论文)	各种语言特征,包括词汇、互文性、通俗化、手稿风格	定量的,描述的,基于语料库	该文集中的一些章节研究了中世纪后期医学书面语体中的一系列风格问题,包括传统惯例(如)的使用、手稿风格的作用、语码转换以及新词汇。这些研究大多以《中世纪英语医学语篇语料库》(Corpus of Middle English Medical Texts)为基础,同时还讨论了医学书面语体的各种下位语体,包括学术论文、外科手术论文。
Vande Kopple 1998	物理学的科研文章	关系从句	修辞的,定量的,系统功能语言学	作者比较了两个历史时期(1893—1901和1980)的《物理学评论》(Physical Review)上有关光谱研究的科研文章中的关系小句,指出小句的复杂性的科学复杂性的增加而下降。这反映了风格的转变,从反映过程与活动的"动态"风格,向反映结构、类别和层次的"纲要性"风格转变。

501

288 **历史语体的其他研究**

Archer 2002, 2006; Atkinson 1992, 1996; Bergs 2004; Biber 2004a, 2004b; Biber and Burges 2000; Biber and Clark 2002; Biber and Finegan 1989a, 1992; Biber, Finegan, and Atkinson 1994; Bugaj 2006; Claridge 2005; Collins 2006; Culpeper and Kytö 1999, 2000; Doty and Hiltunen 2002; Fitzmaurice 2002b, c, 2003; Fitzmaurice and Taavitsainen (eds.) 2007; Fludernik 2000; Fritz 2001; Geisler 2002; Gotti 1996; Gunnarsson 1993; Hundt and Mair 1999; Kahlas-Tarkka and Rissanen 2007; Kryk-Kastovsky 2000, 2006; Kytö 1991; Kyö and Walker 2003; Kytö, Rydén, and Smitterberg 2006; Leech, Hundt, Mair, and Smith (forthcoming); Leech and Smith 2006; Mair 2006; Mäkinen 2002; Salager-Meyer, Alcalaz Ariza, and Zambrano 2003; Salager-Meyer and Zambrano 2001; Studer 2003; Taavitsainen 2001; Taavitsainen and Pahta 2000.

V. 专门语体

研究	语类/语体	调查的特征	途径和方法	主要发现/问题
Bruthiaux 1996	报纸上的分类广告	句法复杂程度（如定冠词、代词、情态动词、关系小句、规约化等）、词语搭配（如习语），以及功能变异	定量的；基于语料库的	不同类型报纸上的分类广告（如汽车广告、招聘广告）的特征在于其句法复杂程度的不同。例如，汽车和公寓广告缺乏可识别的句法结构，几乎全部由一系列实义词组成。招聘广告的句法结构则比公寓广告和汽车广告[1]更复杂。私人广告的特征是有许多缩写形式以及极具创造力程度也各不相同。不同的下位语体的规约化程度和搭配度也不相同。例如，汽车广告的词语搭配显示出更高程度的变异；私人招聘广告则显示出更严格，而公寓广告则主要遵循信息排序的活动模式。
Crystal 2001	网络语体：电子邮件、群聊、虚拟世界以及万维网	结构的、词汇的、语法的特征等	描写的	该研究描写了网络语体共同的特征（如复合词、缩写形式、小写字体的使用、特殊拼写规则、最简断句[2]、程序语言符号的使用），以及网络下位语体的显著特征。结构和语言特征。例如，电子邮件的显著特征是屏幕结构、邮件的开头与头一与结尾、邮件长度、对话性特征以及"构架系统"（如剪切、粘贴原始邮件）。群聊信息任长较短，参与者需要参看先前的信息。总的来说，群聊具有面对面会话的某些典型特征。

---

[1] 原文中是 job ads（招聘广告），根据上下文，我们认为应该是 auto ads（汽车广告）。——译者

[2] 指在不影响意义的前提下，删除所有不必要的标点符号的表达方式。——译者

续表

研究	语类/语体	调查的特征	途径和方法	主要发现/问题
Ferguson 1983	体育广播解说("体育解说话语")	句法和词汇特征(如：简化、倒装、修饰语)	描写的	体育广播解说的语言特征表现在某些句法和词汇的特征上，这些句法和词汇特征受体的情景制约。这些特征包括通过删减句首成分来简化、倒装、使用结果表达式、使用旁张的修饰语，时态用法以及惯例话语（如倒计时）。这些特征被视为体育解说话语（SAT）的标记。
Fox, Butakto, Hallahan and Crawford 2007	基于计算机的即时通信	各种词汇-语法特征，语用特征，语篇和主题特征	描写的	该研究考察了与"表达"相关的大量语言特征的性别差异（如表情符号、强调的语篇表达、恭维语、骂詈语、附加疑问句），并研究了35名本科生在即时通信会话中的"支配"（如侮辱言辞、骂詈语）风格。因子分析表明，即时通信会话与面对面会话及其他在线语境相似，女性在即时通信中比男性更具"表现力"。
Gains 1999	电子邮件（学术的和商业的）	结构、风格与语篇特征	语体内部变异对比	商业电子邮件与传统商业信函在结构和语篇特征上均无显著差别。因此，商业电子邮件并不构成新的语类。相比之下，学术电子邮件在许多方面表现出更大的变异性，包括开头和结尾特征（正式性）以及会话性的使用。

504

附录A 主要的语体/语类研究注释，作者费德勒卡·巴比里（Federica Barbieri）

续表

研究	语类/语体	调查的特征	途径和方法	主要发现/问题
Herring (ed.) 1996	基于网络和计算机通信（CMC）的各种语体	各种语言，文化和社会特征	多方面的：描写的，定量的，多维度分析，基于语料库的，系统功能语言学，语类分析	该论文集共包括14章，从语言学、社会学、伦理学和跨文化的角度讨论了一系列基于网络和计算机通信的语体。例如，科洛和贝尔莫尔（Collot and Belmore）采用多维度分析法，发现了网络论坛（BBSs）语体的显著特征。那茨（Yates）考察了计算机会议系统（CCSs）语料库中语篇的使用特征（如类型/例比，词汇密度，人际关系（如代词）的变异。韦里、康登和切赫（Werry, Condon and Čech）对比了网络同步交流与面对面会话这两种语体。藤林（Herring）讨论了作者性别、发送频率与电子列表服务信息结构之间的关系。
Herring and Paolillo 2006	网络博客（博客）	风格、与性别相关的特征（如代词，限定词，量词等）	定量的，语体内部变异	博客主要包括两大不同类型：日志（私人日志）和过滤式记录（与博主生活无关的事件的报道）。它们的区别体现在与性别相关的特征的使用上。日志使用了更多的与女性化相关的特征，如第一人称代词；而过滤式记录则使用了更多的与男性化相关的特征，如第三人称代词、限定词等。

505

续表

研究	语类/语体	调查的特征	途径和方法	主要发现/问题
Janda 1985	笔记	笔记的语法和词汇特征	描写的,定量的	高校学生的课堂笔记在语体上具有简化的典型特征（如省略系动词和大部分功能词）以及笔记所独有的特征,如短语省略、名物化、被动句、用分词替代关系小句。
Reaser 2003	广播和电视体育解说	体育解说话语（SAT）的语法和词汇特征	定量的,基于语料库的语体内部变异分析	广播与电视的篮球解说的差异体现在体育解说话语的各种特征的使用上。例如,电视体育解说中省略的主语比广播多两倍。这两种下位语体在功能上的差异反映了交际情景的不同。例如,主语省略在广播体育解说中高度功能化（反映出解说者的不同角色）,而在电视解说中则仅具象征意义。
del-Teso-Craviotto 2006a	交友聊天	聊天中性别语言的显著特征	会话分析,民族志（参与者的观察）	约会聊天话语的特征体现在戏谑语话语策略的使用上,例如使用变换角色、笑声、表情符号,以及发音幽默的复制品。这些策略都具有重要的互动功能,如允许许多参与者在保全面子的同时调情并表明性需求。

506

附录A 主要的语体/语类研究注释，作者费德勒卡·巴比里（Federica Barbieri）

续表

研究	语类 / 语体	调查的特征	途径和方法	主要发现 / 问题
Thurlow 2003	即时手机短信（IM）	信息长度，主题（话题），创新的语言特征（如简写、缩约、非常规拼写）	描写的，定量的，内容分析	该研究考察了 144 名本科生的 500 多条即时手机短信的各种语篇和功能（主题）特征。即时手机短信通常极其简短（大约 14 个词），并具有广泛使用大量非标准形式的特征，如简写、缩约、"删减"（即删减了末尾形的 g，如把 going 写作 goin），首字母缩略词①，词首字母缩略词②（如用 LOL 代表 "laughing out loud" 或 "lots of love"），用字母 / 数字代表同音词（如用 U 代表 you），拼写错误，打字错误，以及口音风格模仿（如把 night 写成 nite），非常规拼写（如把 the 写成 da 或 de）。年轻人使用短信主要为维系友谊，同候，获取信息以及安排事情。

---

① 首字母缩略词（acronyms）指可以读作音节的首字母缩略语，如 APEC 和 AIDS。——译者
② 词首字母缩略词（initialism）指只能读作单个字母的首字母缩略语，如 BBC 和 WTO。——译者

专门语体的其他研究

Adams and Winter 1997; Bowcher 2003; Bruthiaux 1994, 2005; de la Cruz Cabanillas *et al.* 2007; Edwards 2006; Fuertes-Olivera *et al.* 2001; Ghadessy 1988b; Gibbon 1981, 1985; Gimenez 2000; Hamilton 1998; Henzl 1974, 1979; Hoyle 1989; Hundt, Nesselhauf, and Biewer 2007; Johnson 1995; Karne and Winter 1997; Kline 2005; Koenraad and Haggo 1984; Koenraad and Tillis 1986; Kuo 2003; Lassen 2006; Leech 1966; Mardh 1980; Marley 2002; Montgomery 1988; Morrow 2006; Murray 1985; Myers 1999; Newman 2005; Oh 2001; Thornborrow 2001; Thornborrow and Morris 2004; van Mulken and van der Meer 2005; Zak and Dudley-Evans 1986; Zwicky and Zwicky 1980.

VI. 多维度分析研究

研究	语类/语体	调查的特征	途径和方法	主要发现/问题
Biber 1988	23种口语体与书面语体	67个不同的词汇和语法特征	定量的,多维度分析	该研究在英语口语体和书面语体语料库的基础上,确定了语言变异的6个基本维度。该研究对下位语体的分析表明,上述6个基本维度能够解释主要语体类别中存在的大量变异。例如,6个基本维度中的7种下位语体(如数学、人文散文、学术科学、社会科学等)在6个维度上存在的显著差异。
Biber 1995	4种语言中的各种口语体与书面语体	大量的词汇和语法特征	定量的,多维度分析,跨语言分析	该书将比伯在1988年提出的多维度分析模式,扩展到另外3种不同类型的语言——韩语、索马里语和figurehuari语和努库莱瓦的图瓦卢户语的研究中。该研究表明,这些语言的语体变异模式有着惊人的相似性。该研究以下几个不同层面上:识别言共同时与历时关系,以及语言表现的语篇特征,语体的共同时与历时关系,以及跨语言普遍性存在的假说提供了实证基础,跨语言普遍性支配着各种语体和语篇类型的语言变异模式。
Conrad and Biber (eds.) 2001	多方面的:历史的与现代的语体,如科学散文、电视剧	大量的词汇和语法特征	定量的,多维度(MD)分析	该论文集介绍了多维度分析法在各种口语体和书面语体中的应用,用10个章节说明了多维度分析法在各种口语体和书面语体中的应用,包括历时变异(阿特金森),专业领域和下位语体(康纳-林顿[Connor-Linton];比伯和法恩根德;比伯和伯吉斯[Burges];海尔特[Helt]),以及方言和社会变异(雷伊[Rey];比伯和伯吉斯[Burges];海尔特[Helt])。

其他的多维度分析的研究

Atkinson 1992, 1996; Besnier 1988; Biber 1986, 1987, 1991, 1992, 2006, 2008; Biber, Connor, and Upton 2007; Biber, Conrad, Reppen, Byrd, and Helt 2002; Biber and Finegan 1994b, c; Biber and Hared 1992, 1994; Biber and Jones 2005; Collot and Belmore 1996; Crossley and Louwerse 2007; Kim and Biber 1994; Lamb 2008; Parodi 2005, 2007; Reppen 2001; Rey 2001.

附录 B　练习语篇

Text 1. Novel 1, L. P. Hartley, *The Go-Between*, 1953

The last weeks of the Easter term were the happiest of my schooldays so far, and the holidays were irradiated by them. For the first time I felt that I was someone. But when I tried to explain my improved status to my mother she was puzzled. Success in work she would have understood (and happily I was able to report this also) or success in games (of this I could not boast, but I had hopes of the cricket season). But to be revered as a magician! She gave me a soft, indulgent smile and almost shook her head. In a way she was religious: she had brought me up to think about being good, and to say my prayers, which I always did, for our code permitted it as long as it was done in a perfunctory manner: soliciting divine aid did not count as sneaking. Perhaps she would have understood what it meant to me to be singled out among my fellows if I could have told her the whole story: but I had to edit and bowdlerize it to such a degree that very little of the original was left; and least of all the intoxicating transition from a trough of persecution to a pedestal of power. A few of the boys had been a little unkind, now they were all very kind.

Because of something I had written in my diary which was rather like a prayer, the unkind boys had hurt themselves and of course I couldn't help being glad about it. "But ought you to have been glad?" she asked anxiously. "I think you ought to have been sorry, even if they were a little unkind. Did they hurt themselves badly?" "Rather badly," I said, "but you see they were my enemies." But she refused to share my triumph and said uneasily, "But you oughtn't to have enemies at your age." In those days a widow was still a figure of desolation; my mother felt the responsibility of bringing me up, and thought that firmness should come into it, but she never quite knew when or how to apply it. "Well, you must be nice to them when they come back," she sighed; "I expect they didn't mean to be unkind."

语篇1. 小说1，L. P. 哈特利,《送信人》，1953

到目前为止，我的学生时代最快乐的日子可以说就是这个复活节学期的最后几周了，整个假期都因此变得美好。我第一次感觉到我变了一个人。但是当我向母亲解释我的状况改善时，她困惑不解。她知道我工作干得好（她也很高兴我能跟她说这些）或游戏玩儿得好（在这点上我不敢吹牛，但我还是对板球赛季满怀希望）。然而，对于我被尊为魔术师，她完全不能理解！她给了我一个温柔的、宠爱的微笑，微微摇了摇头。在某种程度上，她是虔诚的教徒：她教育我凡事要往好的方面想，并为我祷告——这也是我一直在做的，因为我们的教规允许我们以这种敷衍的态度来祷告：寻求神的帮助算不上卑怯。如果我把整个故事都告诉她，她可能就会理解，对我来说，被同伴挑选出来意味着什么：但是我不得不剪辑、删减一些情节，最后留下其中很少的部分；尤其令人兴奋的是从遭受欺负的低谷到获得权力的转折。有几个男孩儿一直不太友善，但现在他们都很友好。因为我在日记里写下了一些更像祈祷的东西，所以那些不太友善的坏男孩儿弄伤了他们自己，这当然让我忍不住地感到高兴。"可是你应该为此感到高兴吗？"她担忧地问道，"就算他们不太友善，我想你也应该感到抱歉。他们伤得严重吗？""非常严重，"我说，"可是他们都是我的敌人。"她拒绝分享我的喜悦，不安地说："你这个年纪不应该有敌人。"那时，寡妇一直是被遗弃的形象。母亲觉得有责任抚养我长大，并认为应该把我培养成意志坚定的人，但是她从不知道应该什么时候做或怎么做。"好吧，他们回来时你必须对他们好，"她叹息道，"我想他们并不是真的不友善。"

Text 2. Novel 2, Lynne Reid Banks, *The L-Shaped Room*, 1960

I felt cold shiver after cold shiver pass through me as I read this letter. It wasn't until it came that I realized how badly I had wanted him to try and make contact with me; and now he had, my disappointment was so acute at the cold formality of his manner that all my past dislike of him, my resentment of his patronage, returned full-force. "My responsibility." Yes, that was just what he would say.

Not a word of warmth or welcome or affection, or even forgiveness. Anger would have been easier to bear than this stiffly-extended hand of duty, held out grudgingly under the banner of "Blood is Thicker than Water".

I screwed the letter up and shed hot, angry tears on it. Go back! I would see him in hell first. But my bitterly-phrased thoughts brought no relief, only renewed tears of guilt for which I refused to seek a cause. I threw the letter into the waste-paper basket. But that night when I came home from work I recovered it. I smoothed it out, and without re-reading, I put it into my suitcase with the Alsatians and told myself to forget it.

It hurt for a while, then stopped. I thought how quickly and easily all the ties of one life could be broken and those of a new one built up... It was sad to reflect that the new friends were probably just as transitory, and the links with them just as fragile. This thought was, at that time, the nearest I let myself get to the monstrous pit of insecurity which I could sense lurking just under the surface of the fool's paradise of respite I was letting myself bask in.

语篇 2. 小说 2，琳恩·瑞德·邦克斯,《陋室红颜》，1960

我读这封信的时候，心里一阵阵发抖。直到收到这封信，我才意识到我是多么希望他能尝试着联系我。现在，他和我联系了，我却对他冷漠的态度如此失望，以至于以往对他的反感、对他的资助的怨恨再次涌上心头。"我的责任。"是的，他只会说这个。没有一个词是温馨的，或者令人愉悦的，或者慈爱的，或者哪怕是宽容的。愤怒要比这只在"血浓于水"的幌子下、出于责任而勉强伸出的援助之手更容易忍受。

我把信揉成一团，流下了愤怒的热泪。滚吧！让他见鬼去吧！但这并没有给我愤愤不平的内心带来一丝安慰，只有因内疚而不断涌出的泪水，对此我不做任何解释。我把信扔进废纸篓。但是当晚下班回家时，我又把信捡了回来。我只是将其抚平，并没有重读，我把它连同"阿尔萨斯人"一起放进手提箱，并告诉自己忘了它。

我只难过了一阵儿，然后就烟消云散了。我想联结一个生命的所有纽带，能够多么迅速、容易地被打破，而新的纽带又将如何建立起来……令人遗憾的是，这些新朋友可能只是昙花一现，和他们的关系也很脆弱。当时，这种想法直接让我陷入一种巨大的不安之中，我意识到，这种不安始终伴随着我，它就潜藏在我安乐平静的生活表象之下，我享受其中，沉溺自欺。

Text 3. Novel 3, Doris Lessing, *The Good Terrorist*, 1985

It was getting dark when Alice woke. She heard Bert's laugh, a deep ho, ho, ho, from the kitchen. That's not his own laugh, Alice thought. I wonder what that would be like? Tee hee hee more likely. No, he made that laugh up for himself. Reliable and comfortable. Manly. Voices and laughs, we make them up Roberta's made-up voice, comfortable. And that was Pat's quick light voice and her laugh. Her own laugh? Perhaps. So they were both back and that meant that Jasper was too. Alice was out of her sleeping bag, and tugging on a sweater, a smile on her face that went with her feelings for Jasper: admiration and wistful love.

But Jasper was not in the kitchen with the other two, who were glowing, happy, fulfilled, and eating fish and chips.

"It's all right, Alice," said Pat, pulling out a chair for her. "They arrested him, but it's not serious. He'll be in court tomorrow morning at Enfield. Back here by lunchtime."

"Unless he's bound over?" asked Bert.

"He was bound over for two years in Leeds, but that ended last month."

"Last month?" said Pat. Her eyes met Bert's, found no reflection there of what she was thinking – probably against her will, Alice believed; and, so as not to meet Alice's, lowered themselves to the business of eating one golden crisp fatty chip after another. This was not the first time Alice had caught suggestions that Jasper liked being bound over – needed the edge it put on life.

语篇3. 小说3，多丽丝·莱辛,《好人恐怖分子》, 1985

爱丽丝醒来时天已擦黑儿。她听到贝特的笑声从厨房传来，"嘀嘀嘀"的笑声，一声比一声粗重。那不是他的笑声，爱丽丝想。他自己的笑声是什么样的？很可能是"嘻嘻嘻"。不，他为他自己而伪装出这样的笑声。这笑声听起来更可靠、更舒服、更有男人味儿。说话声和笑声都是我们伪装的。罗贝塔做作的声音更动听,还有帕特轻快的说话声和笑声。她自己的笑声吗?也许吧。她俩回来了,那么嘉士伯应该也回来了。爱丽丝从睡袋里爬出来,使劲儿套上一件毛衫。一想到嘉士伯,她脸上就露出了微笑:那是赞美与爱的渴望。

但是,嘉士伯并不在厨房。厨房里的罗贝塔、帕特热情洋溢,幸福而又满足,正在吃炸鱼薯条。

"没事儿的,爱丽丝,"帕特一边说着,一边给她拉出一把椅子来。"他们逮捕了他,不过不严重。他明天早上在恩菲尔德出庭,午饭时就能回来了。"

"除非他行动受限?"贝特问。

"过去两年他都被限制在利兹,上个月刚刚解禁。"

"上个月?"帕特说。爱丽丝看了看贝特,贝特也正看着她,没有发现她在想什么——也许违背她的意愿,爱丽丝心想;为避免接触爱丽丝的目光,他们一直眼帘低垂,专心地吃着金黄酥脆的炸薯条,一根儿接着一根儿。爱丽丝已经不是头一次发现嘉士伯喜欢这种行动受限的感觉——他喜欢生活在刀尖儿上。

Text 4. Newspaper Report 1

The Court of Appeal allowed an appeal by the appellant, who was not named as a party to the action, against an order that he was liable to pay £861 with costs.

The plaintiff claimed damages of £2,000 for wrongful dismissal in 1983 from his employment as a community worker at the Islington Asian Centre.

The only defendant named was sued as "General Secretary of the Management Committee of the Islington Asian Centre, sued on his own behalf and on behalf of the members of the management committee". The centre was an unincorporated association run by its management committee.

In 1986 the plaintiff was awarded damages. The judge found that six members of the management committee, including the appellant and the defendant, resolved to dismiss the plaintiff.

In 1988 the plaintiff applied for a charging order on the defendant's house in respect of damages, interest and costs. The defendant applied for an order that the five other members of the management committee, including the appellant, be joined under Order 5, rule 5 as persons responsible to pay damages and costs to the plaintiff.

[LSWE Corpus]

语篇 4. 新闻报道 1

上诉法院批准了由一名上诉人①提起的上诉，该上诉人以非判决责任人的身份，对一项要求他赔付 861 英镑（含诉讼费）的判决提起诉讼。

该案原告原为伊斯灵顿亚洲中心的社区工作者，于 1983 年

---

① 指除"伊斯灵顿亚洲中心管理委员会"主任外的五位成员之一。——译者

被解雇，随后他以非法解雇为由要求对方赔偿自己2000英镑。

该案唯一被提名的被告是"伊斯灵顿亚洲中心管理委员会主任，他代表自己以及管理委员会的全体成员"。该中心是由其管理委员会管理的非法人社团。

1986年，原告胜诉，获得赔偿。法官宣判，包括上诉人和被告①在内的管理委员会的六名成员，蓄意非法解雇原告。

1988年，原告申请了针对被告房屋的财产扣押令，将其作为赔偿、利息以及诉讼费。而被告要求包括上诉人在内的其他五位委员会成员，按照第5条第5款共同承担原告的损失费和诉讼费。

[朗文英语口语和书面语语料库]

Text 5. Newspaper Report 2

IN THE words of defence counsel James Hunt QC, the trial of Allitt at Nottingham Crown Court has been "unprecedented and without equal", not least due to the defendant's absence for much of the three-month hearing.

When arrested, Allitt weighed 13 stone, but in the following months she became anorexic, refusing to eat, and her weight plunged to around seven stone.

Three weeks after her trial began on February 15 this year, she collapsed, and from then the dock remained empty. The jury only

---

① 即唯一被提名的被告——"伊斯灵顿亚洲中心管理委员会"主任。——译者

heard her voice once when the prosecution played a tape-recorded interview with police, in which she protested her innocence.

The trial continued without her after the judge, Mr Justice Latham, was satisfied that was her wish and she was capable of instructing her lawyers.

Doctors at Rampton top security hospital said moving her could have a detrimental effect on her health.

But after Mr Hunt assured them Allitt did not want to give evidence, the trial continued. Mr Hunt went to Rampton each week to brief his client and receive further instructions.

Because Allitt opted not to go into the witness box, the defence case lasted just two-and-a-half days against the prosecution case of two-and-a-half months, at a likely cost of about £1.5 million.

[LSWE Corpus]

语篇5. 新闻报道2

用辩护律师、王室法律顾问詹姆斯·亨特的话来说，诺丁汉刑事法庭对艾利特的审判是"空前的、独一无二的"，这主要是因为在长达三个月的听证会中，被告经常缺席。

艾利特被捕时重13英石①，而在后来的几个月里，她得了厌食症，拒绝吃饭，体重骤降至7英石左右。

今年2月15日，也就是审讯开始三周之后，艾利特病倒

---

① 英石，英制重量单位，1英石相当于14磅，约为6.35千克。——译者

了，此后被告席就一直空着。陪审团只听过一次她的声音，那是起诉时播放的一段警方审讯录音。在这段录音中，她声称自己无罪。

在艾利特缺席之后，审判仍然继续进行，法官莱瑟姆先生对此很满意，不参加审讯既能满足她的愿望，还能让她指挥她的律师。

兰普顿高级安全医院的医生说，移动对她的健康不利。

然而，在亨特先生让他们确信艾利特不想出庭作证后，审判继续进行。亨特先生每周都去兰普顿向他的委托人简单介绍基本情况，然后接受进一步的指示。

因为艾利特拒绝进入证人席，所以这个辩护案仅持续了两天半，而起诉案却持续了两个半月，大概花费了 150 万英镑。

[朗文英语口语和书面语语料库]

Text 6. Newspaper Report 3

THE new governor of the Bank of England will take a five-year pay freeze as a "personal statement" of his commitment to controlling inflation, it was announced yesterday.

Eddie George, known in the City as "Steady Eddie", who succeeds Robin Leigh-Pemberton in July, will receive more than £200,000 a year. The exact figure remains undisclosed, but will be the same as Mr Leigh-Pemberton's pay over the past year. The bank pointed out that it was "somewhat less" than £230,000 reported in yesterday's *The Independent* newspaper.

Full details of Mr George's salary are expected to be included in the bank's annual report published on May 26. The last published pay figure for a governor of the Bank of England was £198,546 to Mr Leigh-Pemberton for the year ending February 28, 1992.

The current governor ran into a storm when it was revealed he had received a 17% pay increase in 1991. It later emerged that he had waived about £34,000 of his £198,000 salary in response to the row.

The governor's pay is set by the bank's remuneration committee of external directors. A salary of between £200,000 and £230,000 would put Mr George at the top of the Civil Service pay tree and on a par with senior City bankers.

Mr George has a reputation as a hawk on inflation and his move yesterday will reinforce his credentials.

[LSWE Corpus]

语篇 6. 新闻报道 3

英格兰银行新任行长将以冻结五年的薪酬作为他致力于控制通货膨胀的"个人声明",该消息于昨日宣布。

在这个城市以"稳健"闻名的艾迪·乔治,于七月继任罗宾·李－彭伯顿的职位,年薪将超过 20 万英镑。虽然具体数字尚未公开,但是它将与李－彭伯顿先生去年的薪酬持平。在昨天的《独立报》中,银行方面指出,它"略低于"23 万。

乔治先生薪酬的全部细节预计将发布在 5 月 26 日银行的年度报告中。最近一次公开的英格兰银行行长的薪酬是李－彭伯顿先生 198,546 英镑的年薪，截止于 1992 年 2 月 28 日。

有消息透露，李-彭伯顿先生在 1991 年获得了 17% 的加薪，于是他被推到了舆论的风口浪尖。为了应对这一风波，他不得不把自己的 198,000 英镑年薪减掉大约 34,000 英镑。

行长的工资是由银行外聘董事组成的薪酬委员会规定的。20 万至 23 万英镑的薪酬使乔治先生居于公务员薪酬的顶端，与城市资深银行家的薪酬持平。

在通货膨胀问题上，乔治先生一直被誉为鹰派，他昨天的行动更是为他赢得了信任。

[朗文英语口语和书面语语料库]

Text 7. Conversation, A family in the car, on the way to school

Child 1: Can I go in the front?

Mother: Fasten your belt up please. Fasten your belt up. – Okay, speedily– now

Child 2: Oh crash, bang, wallop you're a –

Mother: can you er zip your zips up please? Keira. Can you zip your zip up?

Child 2: I can't.

[pause]

Mother: What do you think you'll be doing at school today?

Child 2: Recorder concert!

Mother: Oh! Have you got your recorder? In school?

Child 2: No! Er, yes, yes

Mother: Yeah.

Child 2: yes.

Mother: Now, what you gonna be playing?

Child 2: Joe Joe stubbed his toe. Joe Joe stubbed his toe.

Mother: Oh!

Child 2: And erm... the skateboard ride.

Mother: <crunches gears> Ooh! That gear. Keeps changing with the

Child 2: Mummy. You know what I've –

Mother: Skateboard ride?

Child 2: you know what, that I –

Mother: What's that one?

Child 2: ca=just can play that, I couldn't do recorders that well?

Mother: Yes.

Child 2: Well now erm, I'm really good at it.

Mother: Can you do all the musical notes?

Child 2: Yeah.

[LSWE Corpus]

语篇 7. 会话，家人在开车去学校路上的会话

孩子1：我可以坐前面吗？

妈妈：　请系好安全带。系好安全带。——好的，赶紧——现在

孩子2：哦，撞车了，砰，撞你的是一个……

妈妈：　你能，呃，闭上你的嘴吗？凯拉。你能闭嘴吗？

孩子2：不能。

[暂停]

妈妈：　你觉得你今天在学校会做什么？

孩子2：竖笛演奏会！

妈妈：　噢！你有竖笛吗？在学校吗？

孩子2：没有！呃，是的，是的

妈妈：　好。

孩子2：嗯。

妈妈：　喂，你演奏什么？

孩子2：乔，乔踢到了脚。乔，乔踢到了脚。

妈妈：　啊！

孩子2：还有嗯……滑滑板。

妈妈：　〈嘎吱嘎吱的挂挡声〉哦！档位，不断变化

孩子2：妈咪。你知道我已经……

妈妈：　滑板？

孩子2：你知道，我……

妈妈：　那是什么？

孩子2：ca=① 只能表演那个，我以前吹不了那么好吧？

妈妈：　对。

孩子2：现在，嗯，我真的很擅长。

---

① ca= 是 can，因为该词未说完，所以我们在这里用原文。——译者

妈妈： 你能记住所有的音符吗？

孩子 2：能。

［朗文英语口语和书面语语料库］

Text 8. Conversation, Two friends talking in a café

Sally: I've just explained that to him. And he said he didn't know that, that he would get hold of Sen and ring me first thing, thing in the morning – er, to tell me why Sen hasn't paid. He's got the invoice and everything. I said well you've sent us twenty thou= – I said there is no tax on it, which there should be! He says Has he got the invoice? I said yes. And I said, we've had the invoice since October for two and a half thousand dollars! I said, you actually owe me six thousand, one hundred and something! And I said, you have to realize I've got a small company, and that's – in one way I've had to set those conditions because you're failing to meet the thirty day payment!

Paul: Yeah.

Sally: And I said it's not on! I said we couldn't survive like that. And he said, well would you like to go on with the contract? I said we're too far committed now to, I say, to back out. I said, you know, we can't back out at this stage. And I said, but I said if there aren't payments of invoices when they are sent – then – you know, we've go= you've gotta look at it. So that invoice needs –

Paul: Doing. Yeah.

Sally: it needs doing and sending, and put in – I put twenty eight days on it.

Paul: Yeah.

[LSWE Corpus]

语篇 8. 会话，两个朋友在咖啡馆里

莎莉：我刚才已经向他解释了。他说他不知道，他会找到森，然后早上，第一件事儿，事儿，就是给我打电话，告诉我森为什么没有付钱。他已经拿到了发票和所有东西。我说，好吧，你已经给我们 20 thou=[①]……我说不含税，本来就是这样的！他问森拿到发票了吗？我说拿到了。我又说，10 月以来我们已经开出了 2,500 美元的发票！我说，你实际上欠我大约 6,100 美元！我说，你必须明白我是小公司，并且……在某种程度上我不得不设定那些条件，因为你没有在 30 天内付款。

保罗：嗯。

莎莉：我说不能继续下去了！我说像这样下去，我们就无法生存了。他说，那么你愿意继续履行这份合同吗？我说，我们现在做了这么多，已经无法退出

---

① thou= 是某个未说完的词，我们在这里用原文。——译者

了。我说，你知道，到这份儿上我们无法退出。我说，但是我说如果发票寄出去了，你们却还没付款的话，……那么……你知道，我们就得 go=[①] 你就得考虑一下了。所以那张发票需要……

保罗：就这样吧，好。

莎莉：我们需要这么做，需要寄发票，并在……期限内，让他们28天内付款。

保罗：嗯。

[朗文英语口语和书面语语料库]

Text 9. Conversation, Colleagues at work

John: I, I want to talk to you about er the conversation I had with Alec yesterday – he seems to be inundated with having to get details about his project on his er, all his paperwork and so on, and he seems to be inundated and he sounded a bit low, quite frankly, to me yesterday on the phone that he was getting inundated with all this

Sam: Mm, mm

John: work. I said I'm quite sure there must be something that could be done computer-wise

Sam: Right

John: but he sort of pooh-poohed it and sort of said well you

---

① go= 是 gotta，因为该词未说完，所以我们在这里用原文。——译者

know, we're getting a bit too old for all this modern sophistication of computers and so on, well I said well actually I am not totally in agreement with you, because as you probably know Clyde was looking into a program which will could alleviate a lot

Sam: Yes I know, I know

John: of the work, that I do, but I

Sam: yes it's on the –

John: would tell you right here and now, er I'm still retaining my bible – you know the book

Sam: Yeah, yes, yes

John: that I have downstairs, because it's, if it was to be computerized, it would be a massive great bloody great volume

Sam: Yes

John: and I would be carrying this around and it just wouldn't be feasible

Sam: yeah, right

John: so he said that apparently whenever he came back to BSH he was told by Neville roughly about eighteen hundred acres would be sort of his target

Sam: Target, right

John: and it's, it's multiplied by about three or four times that you see

Sam: Oh right, right, right

John: so consequently he's getting inundated, he really is apparently under pressure

Sam: Mm, mm, right

[LSWE Corpus]

语篇 9. 会话,同事之间

约翰:我,我想跟你说一下我昨天跟亚力克的,呃,谈话……他似乎难以应付他的,呃,所有文书工作的文案细节,他好像难以应付,声音听起来有点儿低落,坦率地说,昨天在电话里对我说,他难以应付这一切

山姆:嗯,嗯

约翰:工作。我说过,我十分确定有些东西可以用电脑来做

山姆:对

约翰:但是他那种不以为然,而且有点儿,嗯,你知道,对电脑等现代的先进设备来说,我们有点儿太老了,嗯,我的意思是实际上我的看法与你并不完全一致,因为你可能知道克莱德正在研究一项程序,这可能会减轻许多

山姆:嗯,我知道,我知道

约翰:我所做的工作,但我

山姆:是的,它在……

约翰：此时此刻，要告诉你，呃，我还保留着我的"圣经"……你知道的那本书

山姆：对，是的，是的

约翰：在我楼下，因为它，如果把它存在电脑里，工作量太大了。

山姆：对

约翰：我带着这个，并不可行。

山姆：是，对

约翰：所以他说，很显然，不管他什么时候回到博西公司（BSH），内维尔大概都会告诉他，他的目标是1,800英亩左右。

山姆：目标，对

约翰：就是，就是你看到的三到四倍

山姆：哦，对，对，对

约翰：所以最后他难以应付，显然他是真有压力

山姆：嗯，嗯，对

[朗文英语口语和书面语语料库]

Text 10. Classroom Teaching, American university first-year English composition class

Instructor: What I want you to do in your free writes is kind of reflect on what do you think he means here. Maybe, and what you could answer is would you want to live in that kind of place. Would you want to live there? And if you do, Why? and do not, Why? And how does Rymmer give you clues? I think Rymmer, especially in a poet like this, he talks about this hollowness at his core, sort of the absence of the bona fide, legitimate purpose to the whole thing. I think clues like this are embedded throughout that suggest that Rymmer's pretty negative, or skeptical about this whole project, right? And what I wanna know is, if you do want to live there, why is that, and if you don't, what is it about Rymmer's writing, or Rymmer's ideas that lead you to believe that you wouldn't want to live there. So freewrite this, I just want you to get words down on paper, practice writing, that's the whole idea of this. Nothing else. The idea is to write as much as you can and continue writing just get your ideas down on paper. It's not a perfect final paper, it's a free write.

[quiet, as students free write. noise of writing on the chalkboard]

[Later in the class period]

Instructor: And basically what we're gonna concentrate on doing today is peer review for most of the time someone should get a least two readers in of your paper. And I'm also gonna come around and talk to you a little bit about your papers in groups. But, before we get started on that, I got, Robin came up to me at the end of the class on Tuesday and she mentioned, you know, it's so hard to sit here and talk about these three articles, and how hard it is to kinda talk analytically about such a sensitive topic and such a really disturbing topic. I thought, yeah, you're absolutely right. But, it is really hard talking analytically about it, and part of the reason that I brought those articles in was that, tell a little story about to get to my point here, but, I was actually, when it happened a couple of weeks ago, I was talking on the phone with my friend, and he was, and I said, "did you hear what happened?" and he said, "yeah." So we talked about how horrible it was and he said, you know, but, he goes, I got really ticked off today because I was reading this article in a paper, which sounded a lot like the third article that we read, which was trying kinda to compare what happened to a larger societal problem in our in America. And he said, I read this article and it was talking, you know, about houses indicative of this huge problem in American culture and he said, I just don't think that's warranted. You know, one of them that's very horrific, to blow that up as a huge problem. And I said, Well, you know what, I disagree with you. I said, I think that it is indicative of the problem, because maybe those horrific type things aren't happening, but a lot of subtle things are happening everyday. Such as, with the third article, do you remember when he refers to what happened to him in his childhood where he remembers that derogatory term being used towards homosexuals, as a child, and not really knowing what the word meant? not knowing that it was what is was in reference to. But the fact that it was acceptable in his childhood. I remember that as well. Kids calling other kids, I don't like to say it but, that term, right? I mean, I remember that.

[T2K-SWAL Corpus]

语篇 10. 课堂教学，美国高校一年级英语作文课

教师：在你们的开放式作文中，我想让你们思考的是，你们认为他[1]在这里是什么意思。或许，你们所能回答的是，你们是否愿意生活在那种地方。你们想在那儿生活吗？如果想，为什么？如果不想，又为什么？瑞玛是如何为你提供线索的？我认为瑞玛，尤

---

[1] 指为开放式作文提供文章的作者。——译者

其是像他这样的诗人，他主要表达了内心的空虚，虽然对整个项目有点缺乏诚意和合理的目的。我认为像这样的线索是贯穿始终的，这表明瑞玛相当消极，或者他怀疑整个计划，对吗？我想知道的是，如果你们真的想生活在那儿，为什么？如果不想，是瑞玛所写的，还是瑞玛的想法让你认为你不想在那儿生活？好，随意写一下就可以，我只是想让你们把要说的话写在纸上，练习写作，这就是我的全部想法。没有别的了。我的想法是你们尽可能多地写下来，继续写下来，把你们的想法写下来。这不是完美的最终的文章，只是自由写作。

[教室里很安静，学生在自由写作。在黑板上写字的声音]
[此后的课堂]

教师：基本上，我们今天集中精力要做的主要就是你们互评文章，每人至少找两人阅读你们的作文。我也会到处走走，跟你们每个小组谈一下你们的作文。但是，在我们开始之前，我想说一下，周二课后罗宾找过我，她说，你们知道，坐在这里讨论这三篇文章真是太难了，分析如此敏感而又令人不安的题目实在是太难了。我想，嗯，你完全正确。然而，分析它真的太难了，我带这些文章来的部分原因是，讲一个小故事来说说我的观点，然而，我其实，几周前这件事发生时，我正在给朋友打电话，他是，我说，"你听说发生的事儿了吗？"他说，"听说了。"所以我们讨论了这件事儿有多糟糕,他说,你知道,但是,他继续说道,我今天真是气炸了,因为我正在看报纸上的这篇文章,听起来和我们阅读的第三篇文章很相似,它试图比较在我们美国发生的重大的社会问题。他说,我读了这篇文章,它讨论的是,你知道,住房问题,它预示着美国文化中的这个大问题,他说,我认为这是没有根据的。你知道,其中一个问题非常糟糕,将变成一个重大的问题。我说,嗯,你知道吗,我不同意你的观点。我说,我认为这表明了问题的严重性,因为虽然那些糟糕的事情没有发生,但是每天都有一些敏感的事情发生。例如,第三篇文章,你们还记得吗?当他谈及小时候发生在他身上的事情时,记得那个指称同性恋的贬义词,作为一个孩子,他确实不知道那个词是什么意思,不知道它指的是什么。但是事实上,这个词在他小时候是可接受的。我也记得。孩子们这样称呼其他孩子,我不想说它,但是,那个词,知道吗?我的意思是,我记得。

[托福2000口语和书面语学术语言语料库]

Text 11. Academic Writing, university student research paper in applied linguistics

The results suggest that students are satisfied with having videos as part of the process of learning Spanish. Indeed having videos in the classroom for these students is helpful in learning about various aspects of the language such as: vocabulary in context, pronunciation, different accents, and different dialects of Spanish, phrases in Spanish as well as the use of grammar in context. They also pay attention to differences in culture. As Herron *et al.* (1999) suggest, culture plays a big role in learning another language and students in this study appreciate having videos to learn about a new culture.

Also, a variety of materials for learning Spanish is important for the students. They are gratified to hear other native speakers other than the instructor. Videos are a new type of authentic material that students think is fun, different from the traditional methods of teaching. As Bada & Okan (2000) state, it improves learning to incorporate various types of materials in the classroom that enhance students' interest in learning another language. The students of this study concur.

Although the majority of students like to watch videos, some expressed negative attitudes. These comments are relevant because before doing the study, as an instructor I did not realize these drawbacks until the students mentioned them. For example, they found the videos too fast, and not directly related to what they were learning. Another misconception I had before this study was the use of subtitles; I thought that having both English and Spanish subtitles was helpful. Contrarily, students reported they were distracted by

English subtitles, they prefer only Spanish ones. As Bada & Okan (2000) suggests, it is necessary to incorporate what students want in order to make decisions about effective teaching.

In relation to learning through videos, most of the students corroborated that they learn vocabulary, phrases in real life contexts, and pronunciation. Also for visual learners, videos represent an appropriate material for learning Spanish, aspect that I did not consider beforehand. These results imply that students benefit from these videos because they learn from them about language itself and about the target culture. This finding is similar to what Xiao (2006) claims: videos are a powerful resource for students in learning vocabulary, pronunciation and culture.

Students also were asked whether they had expectations before they watched these videos: some of them said yes, and most of these related to having fun, seeing real life situations, and watching videos for lower levels. As the results suggest, I conclude that students do have fun watching videos. Therefore, these videos are pleasant for them to keep learning Spanish. Students expect to learn about culture, and since in these videos, culture plays an important role, they also learn about cultural aspects.

Finally, students were asked whether there were ways to improve the use of videos. Students made very useful suggestions, which I as teacher thought I was dealing with somehow. They suggested that subtitles definitely help them to comprehend better, although they were divided on this point. Some found the subtitles in English and Spanish helpful, but others found them distracting. I think this mixed response may be due to individual learning styles. I also learned that students prefer to watch the videos twice to better understand what is happening. This suggestion is definitely helpful because I could have done better in trying to focus on specific aspects of the videos and relate them to what we were studying. Finally, students asked for a summary of what happened in the videos after they watched them, in this way to corroborate what they saw. These general comments are significant for me as an instructor to make improvements in the way I teach. Also other teachers could benefit from this research too. They might evaluate whether they use videos effectively in their classroom and how students perceive them.

[Portland State University Corpus of Student Academic Writing]

语篇 11. 学术写作，应用语言学专业学生科研论文

研究结果表明，将视频作为学习西班牙语的组成部分，学生对此表示满意。的确，视频教学对学生学习语言的各个方面都有帮助，例如，语境中的词汇、发音、不同的口音、西班牙语的不同方言、西班牙语的短语以及语境中的语法用法。学生也很重视文化差异。正如赫伦等（Herron *et al.* 1999）所说，文化在学习另一种语言的过程中起着重要的作用，参与本项研究的学生也喜欢通过视频了解一种新的文化。

此外，对学生来说，学习西班牙语的各种资料都很重要。学生很高兴能够听到不同于教师的其他母语者的声音。他们认为视频是一种有趣的、新的、真实的资料，不同于传统的教学方法。正如巴达和奥坎（Bada and Okan 2000）所说，视频教学提高了学生在课堂上学习各种材料的能力，从而提高了学生学习另一种语言的兴趣。参与本项研究的学生都赞同这个观点。

尽管大多数学生都喜欢看视频，但是也有些学生对此持否定态度。这些意见是有意义的，因为在开展本项研究之前，作为教师的我并没有意识到这些弊端，直到学生指出来。例如，他们觉得视频语速太快了，而且与他们正在学习的内容并没有直接的关系。在开展本项研究之前，我对字幕的使用也存在误解；我以为同时包括英文和西班牙文的字幕是有益的。学生们却认为英文字幕分散了他们的注意力，他们更喜欢只带有西班牙文字幕的视频。正如巴达与奥坎（Bada and Okan 2000）所建议的那样，结合学生的需求来制定有效的教学策略是很有必要的。

关于视频教学的问题，大多数学生证实，他们学到了真实生活中的词汇、短语和发音。同样，对视觉学习者而言，视频也是一种适合学习西班牙语的资料，我事先没有考虑到这一点。这些研究结果表明，学生们受益于这些视频，因为他们从视频中学到了语言本身和目标文化。这个发现与肖（Xiao 2006）的观点一致：视频是学习词汇、发音和文化的有效资源。

学生还被问到，在观看视频之前他们是否有预期：有些学生说有预期，其中绝大多数人的预期都与趣味性、能够观看到真实的生活情景和难度较低的视频等有关。基于上述研究结果，我认为学生觉得观看视频很有趣。因此，观看视频能让他们愉快地坚持学习西班牙语。学生希望了解文化，而文化在视频中发挥着重要的作用，通过观看视频，他们学习了文化方面的知识。

最后，调查者询问学生，是否有改进视频教学的办法。学生提出了非常有用的建议，作为教师，我正设法处理这些建议。学生认为字幕显然能帮助他们更好地理解视频内容，尽管他们在这一点上还有分歧。有些学生认为同时包括英文和西班牙文的字幕是有帮助的，而另一些学生则认为字幕分散了他们的注意力。我认为这些不同的反应可能与个人的学习方式有关。我还了解到，学生喜欢观看两遍视频，以便更好地理解视频的内容。这个建议显然对我很有帮助，因为我可以更好地关注视频的某些方面，并把它们与我们正在研究的内容联系起来。最后，学生要求在看完视频后对视频进行总结，以确定他们的理解是否正确。对于作为教师的我来说，所有这些意见都很重要，它们可以改进我的教学方法。此外，其他教师也可以从本项研究中受益。他们可以评估在课堂中是否有效地使用了视频，以及学生对此的感受。

[波特兰州立大学学生学术写作语料库]

Text 12. Historical drama, Samuel Beazley, *The Steward: or, Fashion and Feeling*, 1819

<Act II>

<An Apartment at Mrs. Penfold's.>

LENNOX.	But my good Mrs. Penfold, do tell me who this divine creature is.
MRS. PENFOLD.	That's more, Mr. Lennox, than I can tell.
LENNOX.	But, how came she under your care?
MRS. PENFOLD.	That's more than I dare tell: And, I can assure you, I shall get into a pretty scrape, if it was known that you had even seen her.
LENNOX.	But that, you know, you could not help, since I caught a glimpse of her at the window; what is more, I have often seen, and often followed her, but could never before make out where she lived; little did I think she was a protégé of my good old nurse's.
MRS. PENFOLD.	Yes, yes, your good old nurse might have waited long enough for a visit, if you had not seen a young girl at her window.
LENNOX.	Well, well, I am sorry you won't let me see her; you are right, I dare say. But I am wrong to neglect one, to whom I owe so much as to my good nurse, Penfold; and I shall therefore redeem my character by visiting you much oftener than I have done.–<(Aside.)> Now to write to Mordent, that I have discovered my

	incognita, and make him assist me, in getting her into my power. He is under too many obligations to me to refuse – So farewell, Mrs. Penfold. <Exit.>
MRS. PENFOLD.	Ah, ah, master Lennox, you're a sly one tho' I nursed you myself, and I fear my cousin Item would stand little chance by your side. But, what can have come to my old avaricious relation, who, till now, has ever made money his god. Here he commissions me to praise him to her, and inspire her with favourable sentiments of him. There's some mystery in all this, which I cannot fathom. Ah! she comes.
<Enter Joanna.>	
	Well; my sweet Joanna – but why so melancholy? I left you, just now, all life and spirits.
JOANNA.	True, madam; nature has blest me with spirits to smile in the face of misfortune; yet, sometimes, the bitter remembrance, that I am disowned by my father, – that there is no hope that these lips will ever meet a parent's kiss, or this head receive a parent's blessing, will

305

call a tear into my eye, and make my smiles appear traitors to the feelings of my heart.

MRS. PENFOLD. Come, come; forget such unpleasant thoughts what should you care for one, who never cared for you?

[ARCHER Corpus]

语篇 12. 历史戏剧，塞缪尔·比兹利，《管家：或，时尚与感觉》，1819

〈第二幕〉
〈在彭福尔德太太的公寓里。〉

伦诺克斯： 但是，我好心的彭福尔德太太，请一定告诉我这个绝代佳人是谁。
彭福尔德太太： 伦诺克斯先生，我说得已经够多了。
伦诺克斯： 但是，她为什么能受到你的照顾？
彭福尔德太太： 我恐怕说得太多了：我向您保证，如果大家都知道您看见她了，我将陷入困境。
伦诺克斯： 但是，你知道，你忍不住的，因为我在窗边瞥见她了；而且，我经常看到她，并且经常尾随她，但是以前却无从得知她的住处；我几乎没有想到她是我善良的老保姆保护的人。
彭福尔德太太： 是的，是的，如果您没有在窗前看到那个

|||年轻女孩儿的话，那么您善良的老保姆可能就要等很久了。
伦诺克斯：|好吧，好吧，我很遗憾，你不让我见她；你是对的，我敢说。但是我错了，我忽视了这一点，我欠我善良的保姆太多了，彭福尔德；因此我会常来看你，以弥补我的过失。——〈（独白。）〉我现在就去给莫迪特写信，告诉他我找到了我的意中人，并请他帮助我，赢得她的芳心。他受了我太多的恩惠，因此没有理由拒绝——再见，彭福尔德太太。〈退场。〉
彭福尔德太太：|啊，啊，我的主人，伦诺克斯先生，您这个狡猾的家伙，我曾经照顾过你，我恐怕我的堂兄弟爱特姆是不会支持您的。而说到我贪心的亲戚，他到现在一直把钱当成上帝，他委托我在她面前说他的好话，以便让她有个好印象。这一切有点儿神秘，我看不透。啊！她来了。

〈乔安娜入场。〉

嗯，我亲爱的乔安娜——为什么如此忧伤？现在，我给了你全部的生命和精神。
乔安娜：|是的，夫人；天性保佑我能够用微笑面对不幸；然而，有时，一想到不被父亲承认——我既不可能得到父亲的亲吻，也不

可能得到父亲的祝福——我的眼里就充满泪水,而且还要强作欢颜以掩盖我内心的真实感受。

彭福尔德太太: 来,过来;忘掉这些不愉快的想法,对一个从来不在意你的人,你为什么要在意他呢?

[英语历史语体代表语料库]

Text 13. Contemporary drama, Simon Gray, *Otherwise Engaged*, 1975

<Stephen enters through the kitchen>

STEPHEN. Si... <Wood turns to look at him> Oh, sorry, I didn't realize... <(He recognizes Wood and comes further into the room)> Good God, it is, isn't it? Old Strapley, from Wundale?

WOOD. The name's Wood.

STEPHEN. Oh, sorry. You look rather like a chap who used to be at school with us, or rather me, in my year, Strapley.

WOOD. Really? What sort of chap was he?

STEPHEN. Oh actually, a bit of what we used to call a plop, wasn't he, Simon? So you're quite lucky not to be Strapley who almost certainly had a pretty rotten future before him. < (He laughs)>

WOOD.   <(to Simon)> Thank you for the sherry.

<Wood turns quickly and goes out, closing the door and the front door>

SIMON.   Not at all.

STEPHEN. I hope I haven't driven him off.

SIMON.   Mmmm. Oh no, it's not you that's driven him off. <(He picks up Wood's glass and puts it on the drinks table)>

STEPHEN. What did he want?

SIMON.   He was looking for somebody I once resembled. A case of mistaken identity, that's all.

STEPHEN. Well, if he had been Strapley, he'd hardly have changed at all, except that he's a quarter of a century older.

<(He sits in the swivel chair)>

[ARCHER Corpus]

语篇13. 当代戏剧，西蒙·格雷，《另外有约》，1975

〈斯蒂芬穿过厨房〉

斯蒂芬： 西……〈伍德转过去看着他〉哦，对不起，我没注意到……〈（他认出了伍德，然后走进房间）〉上帝啊，你是，是吗？老斯特拉普雷，文德尔的老斯特拉普雷？

伍德： 我是伍德。

斯蒂芬： 哦,抱歉,你看上去很像一个曾经跟我们一起上过学的家伙,或者确切地说,是跟我,在我小时候,斯特拉普雷。

伍德： 真的?他是个怎么样的人?

斯蒂芬： 哦,实际上是一个彻头彻尾的失败者,对吧,西蒙?所以很幸运,你不是斯特拉普雷,几乎可以断定,他的未来非常糟糕。〈(他笑着)〉

伍德： 〈(对西蒙说)〉谢谢你的雪利酒。

〈伍德快速转身,走了出去,关上了门和前门〉

西蒙： 不客气。

斯蒂芬： 我希望我没有把他赶走。

西蒙： 嗯。哦不,不是你把他赶走的。〈(他拿起伍德的杯子,把它放到饮料桌上)〉

斯蒂芬： 他想干什么?

西蒙： 他在找一个和我很像的人,认错人了,就这样。

斯蒂芬： 嗯,如果他真是斯特拉普雷的话,倒是没什么变化,只是老了二十多岁而已。

〈(他坐在转椅上)〉

[英语历史语体代表语料库]

Text 14. Historical letter, 1716, Lady Montagu to Alexander Pope

Vienna, Sept. 14, O.S.

    Perhaps you'll laugh at me, for thanking you very gravely

for all the obliging concern you express for me. 'Tis certain that I may, if I please, take the fine things you say to me for wit and raillery, and, it may be, it would be taking them right. But I never, in my life, was half so well disposed to take you in earnest, as I am at present, and that distance which makes the continuation of your friendship improbable, has very much encreased my faith in it. I find that I have (as well as the rest of my sex) whatever face I set on't, a strong disposition to believe in miracles. Don't fancy, however, that I am infected by the air of these popish countries; I have, indeed, so far wandered from the discipline of the church of England, as to have been last Sunday at the opera, which was performed in the garden of the Favorita, and I was so much pleased with it, I have not yet repented my seeing it. Nothing of that kind ever was more magnificent; and I can easily believe, what I am told, that the decorations and habits cost the Emperor thirty thousand pounds sterling. The stage was built over a very large canal, and at the beginning of the second act, divided into two parts, discovering the water, on which there immediately came, from different parts, two fleets of little gilded vessels, that gave the representation of a naval fight. It is not easy to imagine the beauty of this scene, which I took particular notice of. But all the rest were perfectly fine in their kind. The story of the Opera is the Enchantment of Alcina, which gives opportunities for great variety of machines and changes of the scenes, which are performed with a surprizing swiftness. [...]

But if their operas are thus delightful, their comedies are, in as high a degree, ridiculous. They have but one play-house, where I had the curiosity to go to a German comedy, and was very glad it happened to be the story of Amphitrion. [...] I thought the house very low and dark; but I confess the comedy admirably recompensed that defect. I never laughed so much in my life. It begun with Jupiter's falling in love out of a peep-hole in the clouds, and ended with the birth of Hercules. [...] But I could not easily pardon the liberty the poet has taken of larding his play with, not only indecent expressions, but such gross words as I don't think our mob would suffer from a mountebank. Besides, the two Sosia's very fairly let down their breeches in the direct view of the boxes, which were full of people of the first rank that seemed very well pleased with their entertainment, and assured me this was a celebrated piece. I shall conclude my letter with this remarkable relation, very well worthy the serious consideration of Mr. Collier. I won't trouble you with farewell compliments, which I think generally as impertinent, as curtisies at leaving the room when the visit has been too long already.

[ARCHER Corpus]

语篇 14. 历史信函，1716，蒙塔古女士致亚历山大·蒲柏

维也纳，9 月 14 日，旧历

也许您会因为我郑重其事地感谢您对我的热情关怀而取笑我。如果可以的话，那么我就将您机智和善意的玩笑作为对我

的赞扬，而且，可能，也许接受它们是对的。而在我的生命中，我还从来没有如此认真地对待过你，就像我现在这样，这样的距离使你（对我）的友谊不可能继续下去，这大大增强了我的信心。我发现无论我（还有我的性别）面对何种境况，都非常强烈地倾向于相信奇迹的出现。然而，不要以为，我会被这些天主教国家的氛围感染；到目前为止，我确实偏离了英国教会的戒律，就像上星期日在歌剧院一样，在法沃里达公园上演的歌剧，我非常喜欢它，我并不后悔去观看它。没有什么比这更壮观了；我很容易相信我听说的情况，装饰和长袍花费了皇室三万英镑。舞台建在一条非常大的运河上，在第二幕开始时，舞台分成了两部分，河水出现了，那里立刻出现了来自不同方向的两支由镀金船只组成的小舰队，代表海战。难以想象的这美丽场景，我注意到了。当然歌剧中的其余部分也很完美。这部歌剧讲的是"阿尔西纳"的魔法，为各种各样的机器、场景的迅速变换提供了机会。[……]

然而，他们的歌剧有多么地令人愉快，他们的喜剧就有多么地好笑。他们只有一个剧场，我带着好奇心在那里看了一部德国喜剧，很高兴碰巧上演的是安菲特律翁的故事。[……] 我觉得那个剧场低矮昏暗；但我承认这部喜剧完美地弥补了这些不足。我此生从未这样笑过。这部喜剧以朱庇特透过云端的窥视孔坠入爱河开始，以赫拉克勒斯的出生结束。[……] 但是我不能轻易地原谅诗人擅自将下流的表达和粗俗的话语夹杂在剧中，我不认为我们的民众能够忍受江湖骗子的折磨。此外，索西亚家族的两位名媛优雅地坐在视线最好的包厢里，那儿全是上流社会的人，他们似乎很享受这种娱乐，这使我确信这是一部著名的喜剧。我就以这个非同寻常的故事来结束这封信吧，这部戏剧非常值得科利尔先生认真思考。我不会以告别再来打扰您，我觉得这就如同拜访时间太久离开时的礼节一样地不合时宜。

[英语历史语体代表语料库]

Text 15. Contemporary Letter, 1989, to a best friend

How you doing? I'm here at work waiting for my appointment to get here, it's Friday. Thank goodness, but I still have tomorrow, but this week has flown by, I guess because I've been staying busy, getting ready for Christmas and everything. Have you done your Christmas shopping yet? I'm pretty proud of myself. I'm almost finished. Me and L went shopping at Sharpstown last Monday and I got a lot done, I just have a few little things to get. Thanks for the poster, I loved it, I hung it in my room last night, sometimes I feel like that's about right. Miss ya lots – T.

语篇 15. 当代信函，1989，致好友

你好吗？我在这里等待我的任命书，它将在星期五到。谢天谢地，还有明天一天，这星期很快就过去了，我想是因为我一直在忙，为圣诞节和所有的事情做准备。圣诞节的东西，你买了吗？我真为自己骄傲。我差不多都准备好了。上星期一我和 L 去夏普斯镇购物了，我买了很多东西，再准备几样小东西就行了。谢谢你寄给我的海报，我很喜欢，我昨晚把它挂在了

房间里，有时我觉得这还不错。非常想你—T。

Text 16. Instant Messages, excerpts from IM interactions between three participant pairs

Excerpts from Nuckolls (2005)

[Note: Lines show how the IM was laid out on the screen. A single individual can have more than one line in a row, each line sent in sequence. Participant messages can also cross paths as they are transmitted, creating interwoven topics.]

Excerpts from Pair 1, Kristy and Lisa

Kristy: hey do u know how the screw ur roomate thing works?
Lisa: yeah
Kristy: you set your roomate up with someone without telling her
Lisa: ooh
Kristy: and fill out the sheet
<...>
Lisa: and when u find each other u just do whatever?
Kristy: just go out on a date
Lisa: guess what?
Lisa: harry barry's roomate is trying to set me up with him
Lisa: :-P
Kristy: oh really?
Kristy: already?

Lisa: lol
Lisa: yea
Kristy: how do you know?
Lisa: my roomate got an email from his roomate
Kristy: you're not supposed to know!!
<...>
Kristy: so you've never felt like this before
Kristy: it's crazy, huh!
Kristy: hello?
Lisa: yea...
Lisa: never felt like this b4
Lisa: he's still in the airport
Lisa: in AZ though
Kristy: have you...... ..:_*
Kristy: kissed
Lisa: he wont be home for another 2 hours
Lisa: hahaha
Lisa: lol
Lisa: yes we have
Lisa: that's how we started to go out
<...>
Lisa: it was sad to leave him today
Kristy: are you in loveeeeeee??
Kristy: did you almost cry?

Lisa: TOTALLY IN LOVEE WITH HARROLD

Kristy: :-)

Kristy: awwwwwwwwwwwwww

Lisa: i did cry actually

Kristy: oh my goodness!

<...>

Kristy: well, i am happy for you lisa

Kristy: yay!

Kristy: just focus on your studies now!

Kristy: and don't do anything stupid!

Kristy: ;-)

Lisa: yea

<...>

语篇16. 即时通信，三对参与者的即时互动通信片段

摘自纳科尔斯（2005）的研究

[注：下面各行文字显示了即时通信在显示屏上是如何显现的。一个人可以连续发出一条以上的信息，每条信息按顺序发送。参与者发出的信息也可以相互交错，从而创建相互关联的话题。]

第一对参与者的即时通信片段，克里斯蒂和莉萨

克里斯蒂：嗨你知道怎么骗室友吗？

莉萨： 知道

克里斯蒂：你撮合你的室友和人约会却不告诉她

语体、语类和风格

莉萨： 哦

克里斯蒂：填个表儿

〈……〉

莉萨： 你们见面后干吗呀？

克里斯蒂：出去约会

莉萨： 你猜怎么着？

莉萨： 哈利·巴里的室友想让我跟哈利约会

莉萨： :–P（吐舌头，表示调皮）

克里斯蒂：啊真的吗？

克里斯蒂：已经？

莉萨： lol[①]

莉萨： 是的

克里斯蒂：你怎么知道的？

莉萨： 我室友收到了他室友的一封邮件

克里斯蒂：你不应该知道的！！

〈……〉

克里斯蒂：所以你以前从来没有过这种感觉

克里斯蒂：太疯狂了，哈！

克里斯蒂：喂？

莉萨： 嗯……

莉萨： 以前从来没有这种感觉

莉萨： 他还在机场

莉萨： 虽然在亚利桑那

[①] lol 即 laugh out loud，意为"大笑"。——译者

克里斯蒂：你们是否……":_*（表示接吻）
克里斯蒂：接吻了
莉萨：　　他两小时后才到家
莉萨：　　哈哈哈
莉萨：　　lol
莉萨：　　是的，我们
莉萨：　　我们就是这么开始出去的
⟨……⟩
莉萨：　　今天离开他好伤心
克里斯蒂：你在恋爱~~~吗？？
克里斯蒂：你差点哭了？
莉萨：　　**完全爱上了哈罗德**
克里斯蒂：:-)（表示微笑）
克里斯蒂：哦~~~~~~~~~
莉萨：　　我确实哭了
克里斯蒂：我的天呐！
⟨……⟩
克里斯蒂：嗯，我为你高兴，莉萨
克里斯蒂：哇！
克里斯蒂：现在专心学习吧！
克里斯蒂：不要做任何傻事！
克里斯蒂：;-)（表示眨眼）
莉萨：　　好
⟨……⟩

Excerpts from Pair 2, Jade and Marge

[Note: Marge's use of CAPS was not included in the frequency counts because she often wrote all of her messages in caps, explaining that it saved time.]

Marge: Hi Hon, up to chatting???

Jade: hi mom

<...>

Marge: Did the gal call you, Private Investigator about the accident you witnessed?

Marge: Actually, told her you'd give me a time she could call you.

Jade: I was pretty mad at zip and Robby//////////Zip went to the garage and Robby to his house.

Marge: what did they do???

Jade: yes, and she left a message but to tell you the truth I barely remember everything now.

Marge: NOT TO WORRY I'LL TELL HER THAT.

Jade: they were playing rough, knocked my vase on the floor and broke it in many piesces

Marge: HOW ARE YOU FEELING TODAY?

Marge: OH TOOO BAD...

<...>

Jade: she brought coffee and a treat SMILE.

<...>

Marge: MAKES ME LAUGH TOO BUT WITH A LITTLE BITTY TEAR AT HOW SENTIMENTAL YOU ARE...

Jade: LOL OH MOM

第二对参与者的即时通信片段，杰德和玛吉

［注：玛吉使用大写字母的频率不在统计范围之内，因为她经常使用大写字母，说是这样节省时间。］

玛吉：嗨，亲爱的，聊聊？？？

杰德：嗨，妈妈

〈……〉

玛吉：那个女孩儿给你打电话了吗，那个负责调查你目击那场事故的私人侦探？

玛吉：事实上，我告诉她，你给我一段时间，她就可以给你打电话了。

杰德：我对西普和罗比很生气 ////////// 西普去了车库，罗比回家了。

玛吉：他们干了什么？？？

杰德：是，她留了信息，但说实话，我现在几乎什么也不记得了。

玛吉：**别担心，我会告诉她的。**

杰德：他们玩儿得太疯狂了，把我的花瓶都碰掉了，碎了一地

玛吉：**你今天怎么样？**

玛吉：**哦，太 ~~ 糟糕了……**

〈……〉

杰德：她带来了咖啡和治愈的**微笑**。

〈……〉

玛吉：你太多愁善感了，笑得我都流眼泪了……

杰德：LOL[①] **哦妈妈**

Excerpts from Pair 3, Joe and Rudy

Rudy: hey, you there?

Joe: wassap

<...>

Joe: you background of your gallery is white.

Rudy: cool

Rudy: thanks

Rudy: alot

Joe: those pix are great

Joe: the ones from the pix cam are best, they are already compressed you dig.

Rudy: huh?

Joe: from your picture camera, rather than dv.

Rudy: oh, the still camera (

<...>

Joe: super, now flash crashes on me.

Joe: hope I saved.

Rudy: ooohh\

---

① LOL，同"lol"，意为"大笑"。——译者

Joe: here, tell me what I'm doing wrong.

<...>

Joe: just make a new album... yeah, exactly what you're saying.

Rudy: right

Joe: that's what I'd do (IM)

<...>

Joe: I would go 980–1000 at the longest size, IMHO

Rudy: doesnt look like they need to be any bigger? you think?

Rudy: imho?

Rudy: i might have...

Rudy: ok

Rudy: IMHO????

<...>

Joe: so you can NEVER link to it if you choose.

Rudy: i under stand explicitly

Joe: or DO, either way.

Rudy: splendid.

<...>

Rudy: I'm just WAY too busy these days.

第三对参与者的即时通信片段，乔和鲁迪

鲁迪：嗨，你在吗？

乔： 怎么了

〈……〉

乔： 你画廊的背景是白色的。

鲁迪：酷

鲁迪：谢谢

鲁迪：非常感谢

乔：　那些照片太棒了

乔：　你相机里的照片是最好的，它们已经压缩好了。

鲁迪：啊？

乔：　你的相机里的照片，不是数码录像机里的。

鲁迪：哦，原来是相机

〈……〉

乔：　太棒了，现在闪光灯打到我身上了。

乔：　希望我保存了。

鲁迪：哦 ~~~~\

乔：　喂，告诉我做错了什么。

〈……〉

乔：　做个新相册吧……嗯，就是你说的。

鲁迪：好

乔：　那就是我要做的事（IM[①]）

〈……〉

乔：　我想用最大尺寸的 980—1000，IMHO[②]

鲁迪：好像不用那么大吧？你觉得呢？

鲁迪：imho 是什么意思？

鲁迪：I might have……

[①] IM 即 Immediately，意为"马上"。——译者

[②] IMHO 即 In My Humble Opinion，意为"依本人愚见"。——译者

鲁迪：ok[①]

鲁迪：这就是 IMHO????

〈……〉

乔： 如果你选好了，那就再也连不起来了。

鲁迪：我明白了

乔： 或者，都行。

鲁迪：好极了。

〈……〉

鲁迪：我这些天太忙了。

Text 17. University course syllabus, undergraduate business course

Each chapter lists Learning Objectives that indicate what you should be able to accomplish after completing the chapter. These Learning Objectives should guide your study and sharpen your focus.

Although assigned problems are not collected, it is essential that you complete all problems before I present and discuss them in class. This enables you to use my presentation and discussion of problems as feedback to gauge how well you are individually able to apply concepts to problem format. It is preferable for you to work problems yourself incorrectly and learn from your mistake than it is to merely copy problem solutions from the board. You should study

---

① 鲁迪将 IMHO 理解为 "I might have ok"。——译者

the material and attend my office hours on a chapter by chapter basis, rather than "cramming" before exams.

Although class attendance is not an explicit component of the course evaluation, successful completion of the course requires your attendance at each and every class. I frequently distribute handouts and additional information at class. If you do not attend a class at which I distribute materials, it is your responsibility to obtain those materials.

[T2K-SWAL Corpus]

语篇 17. 大学课程大纲，本科商务课程

每章都列出了学习目标，并说明学完每章后你们应能完成的任务。这些学习目标可以指导你们的学习，有助于你们把握重点。

虽然练习不必提交，但是在上课和讨论之前，你们必须完成所有的练习。你们可以把我的讲授及有关练习的讨论作为对照，对你们独自运用概念解答练习的能力做个评估。最好是你们自己做的练习，从你们自己的错误中吸取教训比仅仅从写字板上抄写答案更可取。你们应该在每章的基础上研究素材，并在我答疑的时间来请教，而不是在考试之前"死记硬背"。

尽管课堂出勤并不是课程评分的一个确定的组成部分，但是要想完成这门课程的学习，就必须每节课都来上。我会经常在课上发讲义和其他资料。如果在我发资料时你没来上课，那么你就要自己设法获得那些资料。

[托福 2000 口语和书面语学术语言语料库]

Text 18. Twentieth-century fiction, E. M. Forster, *A Room with a View*, 1908

"I want so to see the Arno. The rooms the Signora promised us in her letter would have looked over the Arno. The Signora had no business to do it at all. Oh, it is a shame!"

"Any nook does for me," Miss Bartlett continued; "but it does seem hard that you shouldn't have a view."

Lucy felt that she had been selfish. "Charlotte, you mustn't spoil me: of course, you must look over the Arno, too. I meant that. The first vacant room in the front–"

—— "You must have it," said Miss Bartlett, part of whose travelling expenses were paid by Lucy's mother – a piece of generosity to which she made many a tactful allusion.

"No, no. You must have it."

"I insist on it. Your mother would never forgive me, Lucy."

"She would never forgive me."

语篇样本 18. 20 世纪小说：E. M. 福斯特,《看得见风景的房间》, 1908

"我真想看看阿诺河。房东太太在信里答应过我们,说房间能够俯瞰阿诺河。太太没有理由这么做。嘿,真不像话！"

"随便什么地儿我都无所谓,"巴特利特小姐继续说,"只是无法让你看到风景,实在太扫兴了。"

露西觉得自己太自私了。"夏绿蒂,你可不能太宠着我:当然,你也一定能看到阿诺河。我真是这样想的。等前面一有空房间……"

"你该住下,"巴特利特小姐说,露西的妈妈负担了她的部分旅费——对这一慷慨之举,她曾多次委婉地提到过。

"不,不。该你住下。"

"我一定要你住下。不然的话,你妈妈永远不会原谅我的,露西。"

"她永远不会原谅的是我。"

Text 19. Twentieth-century fiction, Henry Williamson, *Tarka the Otter*, 1927

She ran over the bullock's drinking-place and passed through willows to the meadow, seeking old dry grasses and mosses under the hawthorns growing by the mill-leat, and gathering them in her mouth with wool pulled from the overarching blackberry brambles whose prickles had caught in the fleeces of sheep. She returned to the river bank and swam with her webbed hind-feet to the oak tree, climbed to the barky lip of the holt, and crawled within. Two yards inside she strewed her burden on the wood-dust, and departed by water for the dry, sand-coloured reeds of the old summer's growth which she bit off, frequently pausing to listen. After several journeys she sought trout by cruising under water along the bank, and roach which she found by stirring up the sand and stones of the shallow wherein they lurked.

语篇样本 19. 20 世纪小说，亨利·威廉姆森，《水獭塔卡》，1927

她爬过公牛饮水处，穿过柳林来到草地，到磨坊水渠旁的山楂树下寻找陈年的干草和苔藓，将它们连同那些从拱形的黑莓荆棘丛中拽出的羊毛一起放进嘴里，那些黑莓荆棘刮住了羊毛。她回到河岸，用她的后脚蹼游到橡树旁，爬到如树皮般粗糙的洞穴边，爬了进去。爬了两码之后，她把粘在身上的东西抖在木屑上，由水路离开，为了找到她曾咬断的那些生长在夏天的、已经变成沙土色的芦苇，时不时地停下来听听周围的动静。几次旅行之后，她采用在河岸水下巡游的方法找到了鳟鱼，用搅动浅水里沙石的方法找到了斜齿鳊。

Text 20. Twentieth-century fiction, Virginia Woolf, *To the Lighthouse*, 1927

Nothing happened. Nothing! Nothing! as she leant her head against Mrs Ramsay's knee. And yet, she knew knowledge and wisdom were stored in Mrs Ramsay's heart. How then, she had asked herself, did one know one thing or another thing about people, sealed as they were? Only like a bee, drawn by some sweetness or sharpness in the air intangible to touch or taste, one haunted the dome-shaped hive, ranged the wastes of the air over the countries of the world alone, and then haunted the hives with their murmurs and their stirrings; the hives which were people. Mrs Ramsay rose.

Lily rose. Mrs Ramsay went. For days there hung about her, as after a dream some subtle change is felt in the person one has dreamt of, more vividly than anything she said, the sound of murmuring and, as she sat in the wicker arm-chair in the drawingroom window she wore, to Lily's eyes, an august shape; the shape of a dome.

语篇样本 20. 20 世纪小说，弗吉尼娅·伍尔夫，《到灯塔去》，1927

什么也没有发生，什么也没有！什么也没有！她把头靠在拉姆齐夫人的膝上。然而，她知道，知识和智慧都藏在拉姆齐夫人的心里。她问自己，如果人们都像从前那样把自己封闭起来，那么他们又怎能了解别人的事情呢？只能像一只蜜蜂一样，被空气中既摸不着、又尝不到的香甜或刺鼻的气味吸引，穿梭于圆顶状的蜂巢之中，只身游荡在世界各地荒凉辽阔的天空中，然后出没在嗡嗡作响的、忙碌的蜂巢中；那蜂群就是人们自己。拉姆齐夫人站起身来。莉莉也站了起来。拉姆齐夫人走了出去。此后许多天，她四处游荡，犹如梦醒之人有了些许微妙的变化，那嗡嗡声比她说的任何话都生动，当拉姆齐夫人窝在客厅窗口的柳条扶手椅里时，莉莉觉得，她像弯月，似穹顶。

Text 21. Twentieth-century fiction, Bharati Mukherjee, *The Middleman*, 1988

All day I sit by the lime green swimming pool, sun-screened

so I won't turn black, going through my routine of isometrics while Ransome's indios hack away the virgin forests. Their hate is intoxicating. They hate gringos – from which my darkness exempts me – even more than Gutierrez. They hate in order to keep up their intensity.

I hear a litany of presidents' names, Hollywood names, Detroit names – Carter, chop, Reagan, slash, Buick, thump – bounce off the vines as machetes clear the jungle greenness.

We spoke a form of Spanish in my old Baghdad home. I always understand more than I let on. 312

语篇 21. 20 世纪小说，卜哈拉蒂·穆克基，《中间人》，1988

我一整天都坐在淡绿色的泳池旁，因为抹了防晒霜，所以我不会变黑。我在做例行的肌肉锻炼，兰塞姆的土著在原始森林中伐木。他们的仇恨是令人兴奋的。他们讨厌外国佬——我因皮肤黝黑而免遭憎恨——甚于古铁雷斯。他们用憎恨来保持感情的强烈。

我听到了一连串总统的名字、好莱坞明星的名字、底特律汽车的名字——卡特，刹，里根，砍，别克，猛击——当大砍刀清除丛林里的杂草时，它们从藤蔓中蹦出。

我们在巴格达的老家说西班牙语。我能听懂的总是比我能说的要多。

Text 22. Eighteenth-century newspaper story (1744, *The London Gazette*)

Naples, May 26. N.S. The Accounts from Sicily are at present very favourable. The Venetian Physician who has perfumed and purified the City of Messina, and the Villages that were infected with the Plague, has published a Declaration, whereby he asserts, that all Communication may with Safety be resumed with those Places. At Reggio in Calabria, and the adjacent Villages, the Sickness daily decreases.

Florence, June 2. N.S. On the 24th, Prince Lobkowitz went from his Camp at Monte Rotondo to Tome, attended by the Generals Brown and Linden, and about Fourscore Officers, and escorted by two Companeis of Grenadiers, who remained without the Gate of the Town. He went directly to Cardinal Albani's Palace, through the continual Accalations of infinite Crouds of People who were assembled to see him pass. In the Afternoon he had an Audience of the Pope, who received him very graviously, and gave him a Sett of Beads of Lapis Lazuli, and a Gold Medal, and Medals of Gold and Silver to all his Officers, according to their Ranks. Prince Lobkowitz returned in the Evening, in the same Manner in which he who gave the most publick Marks of their Attachment to the Qyeen of Hungary, and of their Aversion to the Spaniards. [...]

[ARCHER Corpus]

语篇 22. 18 世纪新闻报道（1744 年,《伦敦公报》）

那不勒斯，5 月 26 日，新历。来自西西里岛的报告目前非常乐观。为墨西拿城和那些被瘟疫感染的村庄薰香、消毒的威尼斯医生，发表了一项声明，声称可以安全地与那些地方恢复交往了。在卡拉布里亚的勒佐以及附近村庄，疾病正日益减少。

佛罗伦萨，6 月 2 日，新历。24 日，洛布科维茨王子在布朗和林登将军以及大约 80 位官员的陪同下，由留守在城外的两名掷弹兵护送，从蒙特罗通多的营地来到托梅。围观的人不断增加，他穿过人群直接来到红衣主教阿尔瓦尼的宅邸。下午，教皇接见了王子，送给他一串非常雅致的天青石珠链，颁发给他一枚金质勋章，并且根据官员的级别向他们分别颁发了金质或银质勋章。傍晚，洛布科维茨王子返回，他以这种最大众化的标志表示了对匈牙利女王的忠诚，以及对西班牙人的厌恶［……］

［英语历史语体代表语料库］

Text 23. Twentieth-century newspaper story (1990, Associated Press)

President Bush said Monday he would nominate former Tennessee Gov. Lamar Alexander as education secretary, choosing a teachers' son with a reputation as an education reformer to take over a department recently troubled by controversy.

Bush made no mention of last week's abrupt departure of his

first education secretary, Lauro Cavazos, who was forced to resign by the White House. Praise for the choice of Alexander, currently president of the University of Tennessee, was quick and widespread, suggesting there would be no lingering ill effects from the firing of Cavazos. [...]

Alexander, 50, left the Tennessee governor's office in 1986 after two terms and moved to Australia for six months. In 1988, he was appointed to his university post.

He said his goals, in addition to improving schools for the nation's children, will include creating better training and adult education opportunities for American workers who need new skills for the changing workplace. [...]

While governor, Alexander unveiled an education reform package called Better Schools that included adding a career ladder of pay raises for teachers and principals, expanding basic education curriculum, putting computers in junior high schools and hiring more math and science teachers. In early reaction to the choice:

- Richard F. Rosser, president of the National Association of Independent Colleges and Universities, called Alexander "one of the best people in the country" in terms of background and understanding of education. [...]
- Ernest Boyer, head of The Carnegie Foundation for the Advancement of Teaching, said, "Every signal suggests that not only does he have strong commitment but a realistic

sense of what the priorities should be. It seems to me that he's looked at reform more broadly. There is nothing in his past record to suggest that he'd be narrow or ideological."

[ARCHER Corpus]

语篇23. 20世纪的新闻报道（1990年，美联社）

布什总统周一表示，他将任命田纳西州前州长拉马尔·亚历山大为教育部长，选择一位享有教育改革家盛誉的教师之子接管最近饱受争议的部门。

布什未提及他的第一任教育部长劳罗·卡瓦佐斯上周的突然离去，他迫于白宫的压力而辞职。对田纳西大学现任校长亚历山大的任命，获得了迅速而普遍的赞扬，这说明卡瓦佐斯的离任不会带来负面影响。[……]

亚历山大今年50岁，他曾连任两届田纳西州州长，于1986年离任，去澳大利亚住了6个月。1988年，他接受了大学校长的任命。

他说他的目标，除了为美国儿童改善学校条件以外，还包括为那些更换工作时需要新技能的美国工人提供更好的培训和成人教育的机会[……]

亚历山大还在担任州长时，就曾公布了一项叫作"更好的学校"的教育改革一揽子计划，包括增设为教师和校长加薪的职业阶梯、拓展基础教育课程、将电脑引入初中以及聘请更多的数学和科学教师。起初，人们对这个方案的反应如下：

- 全国独立学院和大学协会主席理查德·F.罗瑟称，就个

人背景以及对教育的理解而言,亚历山大是"这个国家最好的人选之一"。[……]
- 卡内基教学促进基金会主任厄内斯特·博耶说:"所有迹象都表明,他不仅有强有力的承诺,而且知道什么事情应该优先处理。在我看来,他对改革的思考更广泛。他的个人履历表明,他并不是狭隘的或受意识形态影响的人。"

[英语历史语体代表语料库]

Text 24. Eighteenth-century advertisements; April 11, 1772, *The Censor* (an early American newspaper in Boston)

Ad No. 1:

Frazier & Geyer

Have received in the last Ships from LONDON,

A fresh Assortment of SPRING-GOODS,

Which are now ready for Sale,

At their Store the Corner of Wing's Lane, near the Market: – Where their Wholesale Customers, and all other Shopkeepers and Traders, in Town and Country, may at any Time be supplied with all Kinds, and any Quantity, of Staple Goods, usually imported from Great Britain, on as good Terms, in every Respect, as at any Store in America.

They Would also beg Leave to acquaint <SIC: acquant> those

Gentlemen and Ladies <SIC: Laides> who are pleased to favour them with their Custom in the Retail Way, that they have a genteel Assortment of Fancy Goods; which, with all other Kind of Piece Goods, will be cut at said Store, and sold at such Price as will give full Satisfaction to the Purchaser, and the smallest Favours gratefully acknowledged.

Ad No. 2:

Imported in sundry Vessels lately arrived from ENGLAND, BY Smith & Atkinson,

And now opening at their Store in King-Street.

A LARGE and very general Assortment of Piece-Goods, suitable for the Spring-Trade, which would be equally tedious and unnecessary to enumerate here; these Goods have been purchased on the best terms, and will be sold

(By wholesale only)

At such rates as may encourage all

Traders in Town and Country as well those who usually import their goods as others to apply for such articles as may be needful to compleat their assortments, there being at all seasons at the above store, a great variety of PIECE-GOODS. –Due encouragement will be given to those who pay ready money.

N. B. Gun-Powder, English Sail Duck, Connecticut BEEF, &c. &c.

POT-ASH KETTLES, cast at Salisbury from the best mountain ore.

[ARCHER Corpus]

语篇 24. 18 世纪的广告；1772 年 4 月 11 日,《审查者》（在波士顿发行的美国早期报纸）

第 1 则广告：

弗雷泽和盖耶

已收到来自**伦敦**的最后一批船上的**货物**,

各类新式的**春季商品**,

现正准备出售,

商店"**翼巷街角**",在**市场**附近：——**批发客户**,以及所有的其他**店主**和**商人**,在**城乡**都可随时买到**品种繁多**、不限数量的**商品**,主要**商品**一般都从**大不列颠**进口,**各方面**皆可与美国任何一家**商店**中的商品媲美。

敬告喜欢这些商品的**先生和女士**,本店很乐意为他们服务,店中**品种繁多**的**高档商品**以及其他**布料织物**将一同降价出售,**价格**一定会让顾客**满意**,薄利多销,回馈顾客。

第 2 则广告：

从**英格兰**进口货物的**船只**刚刚抵达,

由**史密斯和阿特金森**进口,

国王街的商店即将开售。

大量适合**春季销售**的各式布匹,因清单太过冗长,故在此不一一列举；这些**商品**均以最优惠的价格购得,它们即将出售

（只限批发）

这样的价格可以吸引所有的

城乡贸易商，进口商以及其他需要求购商品、丰富货物花色品种的贸易商。该店全年供应各式**布匹**。——付现金者优惠。

苏格兰火药、**英格兰船用帆布**、**康涅狄格州牛肉**等货品。

锅灰壶[①]，用最好的矿石在**索尔兹伯里**铸造而成。

[英语历史语体代表语料库]

---

① 指一种厚壁的铁铸罐。——译者

参 考 文 献

Adams, Karen L., and Anne Winter. 1997. Gang graffiti as a discourse genre. *Journal of Sociolinguistics* 1 (3): 337–360.

Ädel, Annelie, and Randi Reppen (eds.). 2008. *Corpora and discourse: the challenges of different settings*. Amsterdam: John Benjamins.

Adolphs, Svenja. 2008. *Corpus and context: investigating pragmatic functions in spoken discourse*. Amsterdam: John Benjamins.

Archer, Dawn. 2002. "Can innocent people be guilty?" : a sociopragmatic analysis of examination transcripts from the Salem witchcraft trials. *Journal of Historical Pragmatics* 3 (1): 1–30.

——2006. (Re)initiating strategies: judges and defendants in Early Modern English courtrooms. *Journal of Historical Pragmatics* 7 (2): 181–211.

Artemeva, Natasha. 2008. Toward a unified social theory of genre learning. *Journal of Business and Technical Communication* 22 (2): 160–185.

Atifi, Hassan, and Michel Marcoccia. 2006. Television genre as an object of negation: a semio-pragmatic analysis of French political "television forums". *Journal of Pragmatics* 38: 250–268.

Atkinson, Dwight. 1992. The evolution of medical research writing from 1735 to 1985: the case of the Edinburgh Medical Journal. *Applied Linguistics* 13: 337–374.

——. 1996. The Philosophical Transactions of the Royal Society of London, 1675–1975: a sociohistorical discourse analysis. *Language in Society* 25: 333–371.

参 考 文 献

———. 1999. *Scientific discourse in sociohistorical context: the Philosophical Transactions of the Royal Society of London, 1675–1975*. Hillsdale, NJ: Lawrence Erlbaum Associates.

Badger, Richard. 2003. Legal and general: towards a genre analysis of newspaper law reports. *English for Specific Purposes* 22: 249–263.

Bamford, Julia. 1997. The role of metaphor in argumentation in economic texts: the case of the research article on stock markets. In Bussi, Bondi, and Gatta 1997.

———. 2005. Subjective or objective evaluation? Prediction in academic lectures. In Tognini-Bonelli and Camiciotti 2005, 17–30.

Barbieri, Federica. 2005. Quotative use in American English: a corpus-based, crossregister comparison. *Journal of English Linguistics* 33 (3): 222–256.

Bargiela-Chiappini, Francesca, and Catherine Nickerson (eds.). 1999. *Writing business: genres, media, and discourses*. London: Longman.

Bargiela-Chiappini, Francesca, and Sandra Harris. 1997. *Managing language: the discourse of corporate meetings*. Amsterdam and Philadelphia: John Benjamins Publishing Company.

Basso, Keith H. 1974. The ethnography of writing. In *Explorations in the ethnography of speaking*, ed. by R. Bauman and J. Sherzer, 425–432. Cambridge: Cambridge University Press.

Basturkmen, Helen. 1999. Discourse in MBA seminars: towards a description for pedagogical purposes. *English for Specific Purposes* 18 (1): 63–80.

———. 2002. Negotiating meaning in seminar-type discussion and EAP. *English for Specific Purposes* 21: 233–242.

Baxter, Scott. 2004. *Imaginary summits*. Flagstaff, AZ: Vishnu Temple Press.

Bazerman, Charles. 1984. Modern evolution of the experimental report in physics: spectroscopic articles in physical review, 1893–1980. *Social Studies of Science* 14: 163–196.

―――. 1988. *Shaping written knowledge: the genre and activity of the experimental article in science*. Madison: University of Wisconsin Press.

Bazerman, Charles, and James Paradis (eds.). 1991. *Textual dynamics of the professions: historical and contemporary studies of writing in professional communities*. Madison: University of Wisconsin Press.

Bednarek, Monika. 2006. *Evaluation in media discourse: analysis of a newspaper corpus*. London: Continuum.

Bell, Allan. 1984. Language style as audience design. *Language in Society* 13: 145–204.

―――. 2001. Back in style: reworking audience design. In *Style and sociolinguistic variation*, ed. by P. Eckert and J. Rickford, 139–169. Cambridge: Cambridge University Press.

Bergs, Alexander T. 2004. Letters: a new approach to text typology. *Journal of Historical Pragmatics* 5 (2): 207–227.

Berkentotter, Carol, and Thomas N. Huckin. 1995. *Genre knowledge in disciplinary communication: cognition/culture/power*. Hillsdale, NJ: Lawrence Erlbaum Associates.

Besnier, Niko. 1988. The linguistic relationships of spoken and written Nukulaelae registers. *Language* 64: 707–736.

―――. 1989. Literacy and feelings: the encoding of affect in Nukulaelae letters. *Text* 9: 69–92.

Bevitori, Cinzia. 2005. Attribution as evaluation: a corpus-based investigation of quotations in parliamentary discourse. *ESP across Cultures* 2: 7–20.

Bhatia, Vijay K. 1993. *Analysing genre: language use in professional settings*. London: Longman.

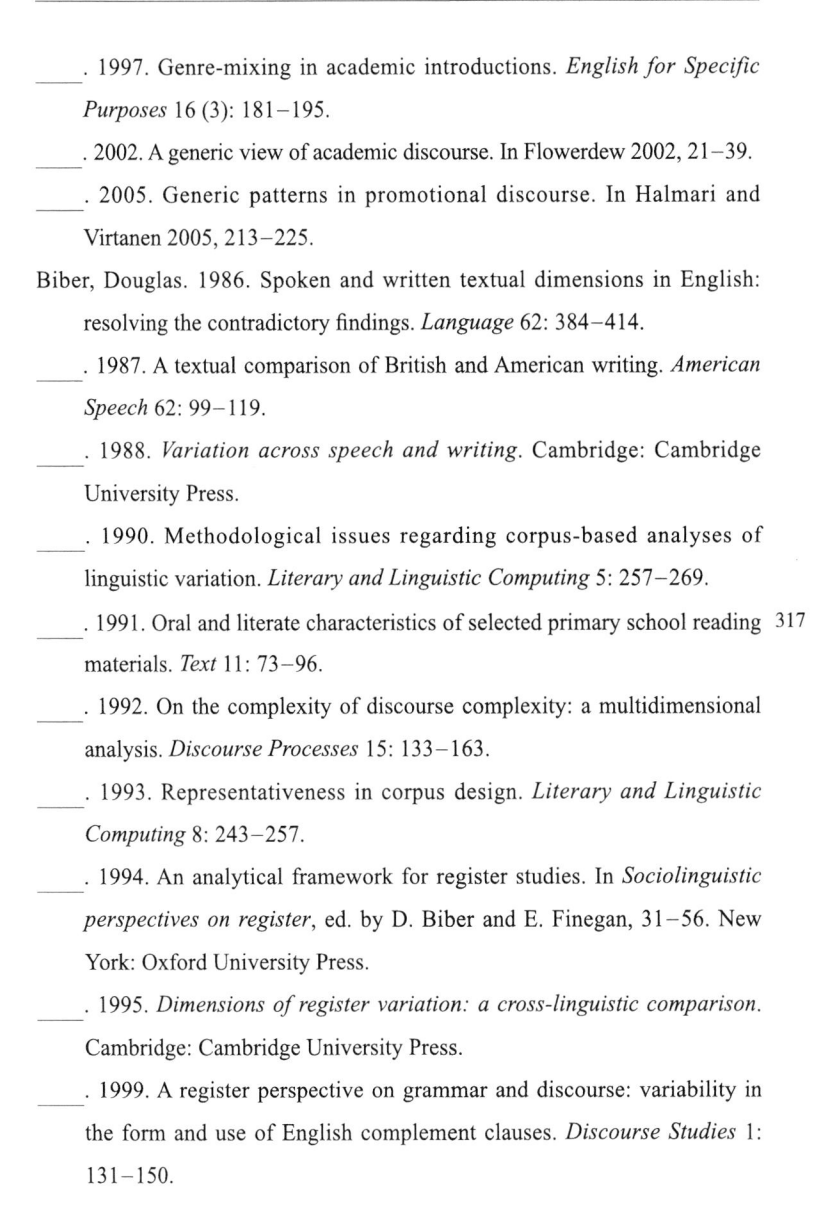

——. 1997. Genre-mixing in academic introductions. *English for Specific Purposes* 16 (3): 181–195.

——. 2002. A generic view of academic discourse. In Flowerdew 2002, 21–39.

——. 2005. Generic patterns in promotional discourse. In Halmari and Virtanen 2005, 213–225.

Biber, Douglas. 1986. Spoken and written textual dimensions in English: resolving the contradictory findings. *Language* 62: 384–414.

——. 1987. A textual comparison of British and American writing. *American Speech* 62: 99–119.

——. 1988. *Variation across speech and writing*. Cambridge: Cambridge University Press.

——. 1990. Methodological issues regarding corpus-based analyses of linguistic variation. *Literary and Linguistic Computing* 5: 257–269.

——. 1991. Oral and literate characteristics of selected primary school reading materials. *Text* 11: 73–96.

——. 1992. On the complexity of discourse complexity: a multidimensional analysis. *Discourse Processes* 15: 133–163.

——. 1993. Representativeness in corpus design. *Literary and Linguistic Computing* 8: 243–257.

——. 1994. An analytical framework for register studies. In *Sociolinguistic perspectives on register*, ed. by D. Biber and E. Finegan, 31–56. New York: Oxford University Press.

——. 1995. *Dimensions of register variation: a cross-linguistic comparison*. Cambridge: Cambridge University Press.

——. 1999. A register perspective on grammar and discourse: variability in the form and use of English complement clauses. *Discourse Studies* 1: 131–150.

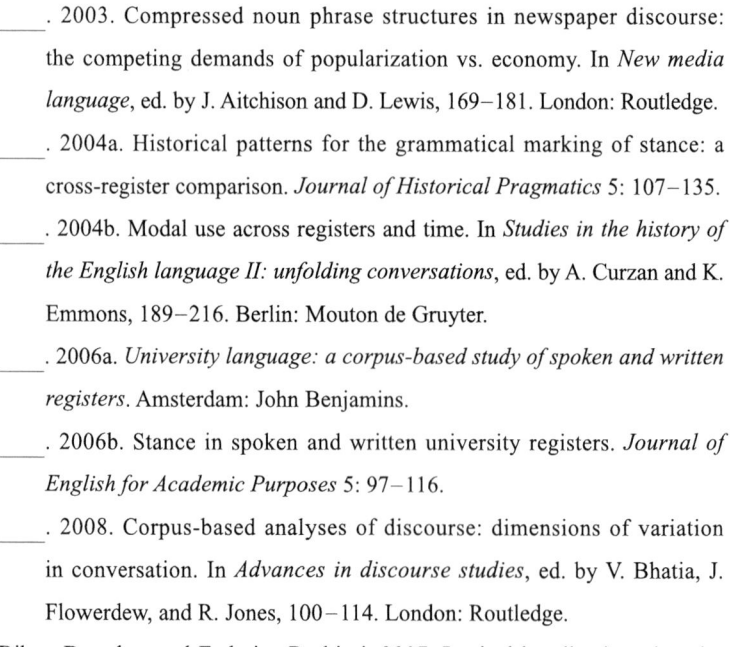

——. 2003. Compressed noun phrase structures in newspaper discourse: the competing demands of popularization vs. economy. In *New media language*, ed. by J. Aitchison and D. Lewis, 169–181. London: Routledge.

——. 2004a. Historical patterns for the grammatical marking of stance: a cross-register comparison. *Journal of Historical Pragmatics* 5: 107–135.

——. 2004b. Modal use across registers and time. In *Studies in the history of the English language II: unfolding conversations*, ed. by A. Curzan and K. Emmons, 189–216. Berlin: Mouton de Gruyter.

——. 2006a. *University language: a corpus-based study of spoken and written registers*. Amsterdam: John Benjamins.

——. 2006b. Stance in spoken and written university registers. *Journal of English for Academic Purposes* 5: 97–116.

——. 2008. Corpus-based analyses of discourse: dimensions of variation in conversation. In *Advances in discourse studies*, ed. by V. Bhatia, J. Flowerdew, and R. Jones, 100–114. London: Routledge.

Biber, Douglas, and Federica Barbieri. 2007. Lexical bundles in university spoken and written registers. *English for Specific Purposes* 26: 263–286.

Biber, Douglas, and Jená Burges. 2000. Historical change in the language use of women and men: gender differences in dramatic dialogue. *Journal of English Linguistics* 28: 21–37.

Biber, Douglas, and Victoria Clark. 2002. Historical shifts in modification patterns with complex noun phrase structures: How long can you go without a verb? In *English historical syntax and morphology*, ed. by T. Fanego, M. J. López-Couso, and J. Pérez-Guerra, 43–66. Amsterdam: John Benjamins.

Biber, Douglas, Ulla Connor, and Thomas A. Upton. 2007. *Discourse on the move: using corpus analysis to describe discourse structure*. Amsterdam:

参考文献

John Benjamins.

Biber, Douglas, Susan Conrad, and Viviana Cortes. 2004. *If you look at...: lexical bundles in university teaching and textbooks. Applied Linguistics* 25: 371–405.

Biber, Douglas, Susan Conrad, and Randi Reppen. 1998. *Corpus linguistics: investigating language structure and use.* Cambridge: Cambridge University Press.

Biber, Douglas, Susan Conrad, Randi Reppen, Pat Byrd, and Marie Helt. 2002. Speaking and writing in the university: a multi-dimensional comparison. *TESOL Quarterly* 36: 9–48.

Biber, Douglas, Mark Davies, James K. Jones, and Nicole Tracy-Ventura. 2006. Spoken and written register variation in Spanish: a multi-dimensional analysis. *Corpora* 1: 7–38.

Biber, Douglas, and Edward Finegan. 1989a. Drift and the evolution of English style: a history of three genres. *Language* 65: 487–517.

―――. 1989b. Styles of stance in English: lexical and grammatical marking of evidentiality and affect. *Text* 9: 93–124.

―――. 1992. The linguistic evolution of five written and speech-based English genres from the 17th to the 20th centuries. In *History of Englishes: new methods and interpretations in historical linguistics*, ed. by M. Rissanen, O. Ihalainen, T. Nevalainen, and I. Taavitsainen, 688–704. Berlin: Mouton.

―――. (eds.). 1994a. *Sociolinguistic perspectives on register.* New York: Oxford University Press.

―――. 1994b. Multi-dimensional analyses of authors' styles: Some case studies from the eighteenth century. In *Research in humanities computing 3*, ed. by D. Ross and C. Brink, 3–17. Oxford: Oxford University Press.

―――. 1994c. Intra-textual variation within medical research articles. In

Corpus-based research into language, ed. by N. Oostdijk and P. de Haan, 201–222. Amsterdam: Rodopi.

———. 1997. Diachronic relations among speech-based and written registers in English. In *To explain the present: studies in the changing English language in honour of Matti Rissanen*, ed. by T. Nevalainen and L. Kahlas-Tarkka, 253–275. Helsinki: Société Néophilologique. (Reprinted in Conrad and Biber 2001, 66–83.)

Biber, Douglas, Edward Finegan, and Dwight Atkinson. 1994. ARCHER and its challenges: compiling and analyzing a representative corpus of historical English registers. In *Creating and using English language corpora*, ed. by U. Fries, G. Tottie, and P. Schneider, 1–14. Amsterdam: Rodopi.

Biber, Douglas, and Mohammed Hared. 1992. Dimensions of register variation in Somali. *Language Variation and Change* 4: 41–75.

———. 1994. Linguistic correlates of the transition to literacy in Somali: language adaptation in six press registers. In Biber and Finegan (eds.) 1994, 182–216.

Biber, Douglas, Stig Johansson, Geoffrey Leech, Susan Conrad, and Edward Finegan. 1999. *The Longman grammar of spoken and written English*. London: Longman.

Biber, Douglas, and James K. Jones. 2005. Merging corpus linguistic and discourse analytic research goals: discourse units in biology research articles. *Corpus Linguistics and Linguistic Theory* 1: 151–182.

Biber, D., and R. Reppen. 2002. What does frequency have to do with grammar teaching? *Studies in Second Language Acquisition* 24: 199–208.

Bloch, Maurice. 1993. The uses of schooling and literacy in a Zafimaniry village. In *Cross-cultural approaches to literacy*, ed. by Brian V. Street, 87–109. Cambridge: Cambridge University Press.

Bolívar, Adriana. 1992. The analysis of political discourse, with particular reference to the Venezuelan political dialogue. *English for Specific Purposes* 11: 159–175.

Bondi, Marina. 1999. *English across genres: language variation in the discourse of economics*. Modena: Edizioni Il Fiorino.

Bondi Paganelli, Marina. 1997. L'argomentazione analogica nel discorso economico: un esempio di analisi. In Bussi, Bondi, and Gatta (eds.) 1997, 105–121.

Bondi Paganelli, Marina, and Gabriella Del Lungo Camiciotti. 1995. *Analysing economics and news discourse*. Bologna: CLUEB.

Bowcher, Wendy L. 2003. Speaker contributions in radio sports commentary. *Text* 23 (4): 445–476.

Brett, Paul. 1994. A genre analysis of the results section of sociology articles. *English for Specific Purposes* 13 (1): 47–59.

Brown, Penelope, and Fraser Colin. 1979. Speech as a marker of situation. In *Social markers in speech*, ed. by K. R. Scherer and H. Giles, 33–62. Cambridge: Cambridge University Press.

Brown, R. W., and M. Ford. 1961. Address in American English. *Journal of Abnormal and Social Psychology* 62: 375–385.

Brown, R. W., and A. Gilman. 1960. The pronouns of power and solidarity. *American Anthropologist* 4: 24–39.

Bruthiaux, Paul. 1994. Me Tarzan, you Jane: linguistic simplification in "personal ads" register. In Biber and Finegan (eds.) 1994, 136–154.

———. 1996. *The discourse of classified advertising: exploring the nature of linguistic simplicity*. Oxford: Oxford University Press.

——. 2005. In a nutshell: persuasion in the spatially constrained language of advertising. In Halmari and Virtanen (eds.) 2005, 135–152.

Bugaj, Joanna. 2006. The language of legal writings in 16th century Scots and English: and etymological study of binomials. *ESP across Cultures* 3: 7–22.

Bülow-Møller, Anne Marie. 2005. Persuasion in business negotiations. In Halmari and Virtanen (eds.) 2005, 27–58.

Bunton, David. 1999. The use of higher level metatext in Ph.D. theses. *English for Specific Purposes* 18: 841–856.

——. 2002. Generic moves in Ph.D. thesis Introductions. In Flowerdew (ed.) 2002, 57–75.

——. 2005. The structure of PhD conclusion chapters. *Journal of English for Academic Purposes* 4: 207–224.

Bussi, Elisa, Marina Bondi, and F. Gatta (eds.). 1997. *Understanding argument: la logica informale del discorso: atti del convegno Forlì, 5–6 Dicembre 1995*. Bologna: Cooperativa Libraria Universitaria Editrice Bologna.

Caballero, Rosario. 2003. Metaphor and genre: the presence and role of metaphor in the building review. *Applied Linguistics* 24 (2): 145–167.

Carter, Ronald. 1988. Front pages: lexis, style, and newspaper reports. In Ghadessy (ed.) 1988, 8–16.

Carter, Ronald, and Michael McCarthy. 1997. *Exploring spoken English*. Cambridge: Cambridge University Press.

——. 2004. Talking, creating: interactional language, creativity and context. *Applied Linguistics* 25 (1): 62–88.

Cazden, Courtney B. 2001. *Classroom discourse: the language of teaching and learning*. 2nd edn. Portsmouth, NH: Heinemann.

Chafe, Wallace. 1982. Integration and involvement in speaking, writing, and oral Literature. In *Spoken and written language: exploring orality and literacy*, ed. by D. Tannen, 35–53. Norwood, NJ: Ablex.

Channell, Joanna. 1990. Precise and vague quantifiers in writing on economics. In *The writing scholar: studies in academic discourse*, ed. by W. Nash, 95–117. Newbury Park: Sage Publications.

Charles, Maggie. 2003. "This mystery..." : a corpus-based study of the use of nouns to construct stance in theses from two contrasting disciplines. *Journal of English for Academic Purposes* 2: 313–326.

———. 2006a. The construction of stance in reporting clauses: a cross-disciplinary study of theses. *Applied Linguistics* 27 (3): 492–518.

———. 2006b. Phraseological patterns in reporting clauses used in citation: a corpus- based study of theses in two disciplines. *English for Specific Purposes* 25: 310–331.

———. 2007. Argument or evidence? Disciplinary variation in the use of the Noun *that* pattern. *English for Specific Purposes* 26: 203–218.

Christie, Frances. 2002. *Classroom discourse analysis*. London: Continuum.

Christie, Frances, and J. R. Martin (eds.). 1997. *Genre and institutions: social processes in the workplace and school*. London and New York: Continuum.

Claridge, Claudia. 2005. Questions in Early Modern English pamphlets. *Journal of Historical Pragmatics* 6 (1): 133–168.

Collins, Daniel E. 2006. Speech reporting and the suppression of orality in seventeenth-century Russian trial dossiers. *Journal of Historical Pragmatics* 7 (2): 265–292.

Collins, Peter. 1995. The indirect object construction in English: an informational approach. *Linguistics* 33: 35–49.

Collot, Milena, and Nancy Belmore. 1996. Electronic language: a new variety

of English. In *Herring* (ed.) 1996, 13–28.
Connor, Ulla. 1996. *Contrastive rhetoric: cross-cultural aspects of second-language writing*. Cambridge: Cambridge University Press.
———. 2000. Variation in rhetorical moves in grant proposals of US humanists and scientists. *Text* 20: 1–28.
Connor, Ulla, and Anna Mauranen. 1999. Linguistic analysis of grant proposals: European Union research grants. *English for Specific Purposes* 18 (1): 47–62.
Connor, Ulla, Ed Nagelhout, and William V. Rozycki. 2008. *Contrastive rhetoric: reaching to intercultural rhetoric*. Amsterdam: John Benjamins.
Connor, Ulla, and Tomas A. Upton. 2003. Linguistic dimensions of direct mail letters. In *Corpus analysis: language structure and language use*, ed. by C. Meyer and P. Leistyna, 71–86. Amsterdam: Rodopi.
——— (eds.). 2004a. *Discourse in the professions*. Amsterdam: John Benjamins.
———. 2004b. The genre of grant proposals: a corpus linguistic analysis. In Connor and Upton (eds.) 2004a, 235–256.
Connor-Linton, Jeff. 1988. Author's style and world-view in nuclear discourse: a quantitative analysis. *Multilingua* 7: 95–132.
———. 2001. Author's style and world-view: a comparison of texts about nuclear arms policy. In Conrad and Biber (eds.) 2001, 84–93.
Conrad, Susan. 1996. Investigating academic texts with corpus-based techniques: an example from biology. *Linguistics and Education* 8: 299–326.
———. 1999. The importance of corpus-based research for language teachers. *System* 27: 1–18.
———. 2000. Will corpus linguistics revolutionize grammar teaching in the 21st century? *TESOL Quarterly* 34: 548–560.

参考文献

———. 2001. Variation among disciplinary texts: a comparison of textbooks and journal articles in biology and history. In Conrad and Biber (eds.) 2001, 94–107.

———. 2004. Corpus linguistics, language variation, and language teaching. In *How to use corpora in language teaching*, ed. by J. Sinclair, 67–85. Amsterdam: John Benjamins.

———. 2005. Corpus linguistics and L2 teaching. In *Handbook of research in second language teaching and learning*, ed. by E. Hinkel, 393–409. Mahwah, NJ: Lawrence Erlbaum.

Conrad, Susan, and Douglas Biber. 2000. Adverbial marking of stance in speech and writing. In Hunston and Thompson (eds.) 2000, 56–73.

———(eds.). 2001. *Variation in English: multi-dimensional studies*. London: Longman.

Cortes, Viviana. 2004. Lexical bundles in published and student disciplinary writing: examples from history and biology. *English for Specific Purposes* 23: 397–423.

Coulmas, Florian (ed.). 1997. *The handbook of sociolinguistics*. Oxford: Blackwell.

Coulthard, Malcolm (ed.). 1994. *Advances in written text analysis*. London: Routledge.

Coupland, Nikolas. 1980. Style-shifting at a Cardiff work-setting. *Language in Society* 9:1–12.

———. 2007. *Style: language variation and identity*. Cambridge: Cambridge University Press.

Crismore, Avon, Raija Markkanen, and Margaret Steffensen. 1993. Metadiscourse in persuasive writing: a study of texts written by American and Finnish university students. *Written Communication* 10 (1): 39–71.

Crossley, Scott. 2007. A chronotopic approach to genre analysis: an exploratory study. *English for Specific Purposes* 26: 4–24.

Crossley, Scott A., and Max M. Louwerse. 2007. Multi-dimensional register classification using bigrams. *International Journal of Corpus Linguistics* 12: 453–478.

Crystal, David. 2001. *Language and the internet*. Cambridge: Cambridge University Press.

Crystal, David, and Derek Davy. 1969. *Investigating English style*. London: Longman.

Csomay, Eniko. 2005. Linguistic variation within university classroom talk: a corpus-based perspective. *Linguistics and Education* 15: 243–274.

——. 2007. Vocabulary-based discourse units in university class sessions. In Biber, Connor, and Upton 2007, 213–238.

Culpeper, Jonathan, and Merja Kytö. 1999. Modifying pragmatic force: hedges in Early Modern English dialogues. In *Historical dialogue analysis*, ed. by A. H. Jucker, G. Fritz, and F. Lebsanft, 293–312. Pragmatics and Beyond, new series 66; Amsterdam and Philadelphia: John Benjamins.

——. 2000. Data in historical pragmatics: spoken interaction (re)cast as writing. *Journal of Historical Pragmatics* 1 (2): 175–199.

——. Forthcoming. *Early modern English dialogues: spoken interaction as writing*. Cambridge: Cambridge University Press.

Culpeper, Jonathan, and Elena Semino. 2000. Constructing witches and spells: speech acts and activity types in Early Modern England. *Journal of Historical Pragmatics* 1(1): 97–116.

Cutting, Joan. 1999. The grammar of the in-group code. *Applied Linguistics* 20 (2): 179–202.

——. 2000. *Analysing the language of discourse communities*. Amsterdam:

Elsevier.

Danet, Brenda. 1980. Language in the legal process. *Law and Society Review* 14: 445–564.

de la Cruz Cabanillas, Isabel, Cristina Tejedor Martinez, Mercedes Diez Prados, and Esperanza Cerda Redondo. 2007. English loanwords in Spanish computer language. *English for Specific Purposes* 26: 52–78.

del-Teso-Craviotto, Marisol. 2006a. Language and sexuality in Spanish and English dating chats. *Journal of Sociolinguistics* 10 (4): 460–480.

———. 2006b. Words that matter: lexical choice and gender ideologies in women's magazines. *Journal of Pragmatics* 38: 2003–2021.

Dickerson, Paul. 2001. Disputing with care: analysing interviewees' treatment of interviewers' prior turns in televised political interviews. *Discourse Studies* 3 (2): 203–222.

Ding, Huiling. 2007. Genre analysis of personal statements: analysis of moves in application essays to medical and dental schools. *English for Specific Purposes* 26: 368–392.

Donohue, James P. 2006. How to support a one-handed economist: the role of modalization in economic forecasting. *English for Specific Purposes* 25: 200–216.

Dos Santos, Mauro Bittencourt. 1996. The textual organization of research paper abstracts in applied linguistics. *Text* 16: 481–499.

Dos Santos, V. B. M. Pinto. 2002. Genre analysis of business letters of negotiation. *English for Specific Purposes* 21: 167–199.

Doty, Kathleen L., and Risto Hiltunen. 2002. "I will tell, I will tell": Confessional patterns in the Salem Witchcraft Trials, 1692. *Journal of Historical Pragmatics* 3 (2): 299–335.

Douglas, Dan. 2000. *Assessing languages for specific purposes*. Cambridge:

Cambridge University Press.

Dressen, Dacia. 2003. Geologists' implicit persuasive strategies and the construction of evaluative evidence. *Journal of English for Academic Purposes* 2: 273–290.

Dubois, Betty Lou. 1980. Genre and structure of biomedical speeches. *Forum Linguisticum* 5: 140–166.

Duranti, A. 1981. *The Samoan fono: a Sociolinguistic study*. Canberra: The Australian National University.

―――. 1994. *From grammar to politics: linguistic anthropology in a western Samoan village*. Berkeley and Los Angeles: University of California Press.

Eckert, Penelope, and John R. Rickford (eds.). 2002. *Style and sociolinguistic variation*. Cambridge: Cambridge University Press.

Edwards, Derek. 2006. Facts, norms and dispositions: practical uses of the modal verb *would* in police interrogations. *Discourse Studies* 8 (4): 475–501.

Eggins, Suzanne, Peter Wignell, and J. R. Martin. 1993. The discourse of history: distancing the recoverable past. In Ghadessy (ed.) 1993a, 75–109.

Ervin-Tripp, Susan. 1972. On sociolinguistic rules: alternation and co-occurrence. In *Directions in sociolinguistics: the ethnography of communication*, ed. by J. Gumperz and D. Hymes, 213–250. New York: Holt.

Evangelisti Allori, Paola (ed.). 1998. *Academic discourse in Europe*. Rome: Bulzoni.

Feak, Christine, Susan Reinhart, and Ann Sinsheimer. 2000. A preliminary analysis of law review notes. *English for Specific Purposes* 19: 197–220.

Ferguson, Charles. 1983. Sports announcer talk: syntactic aspects of register variation. *Language in Society* 12: 153–172.

―――. 1994. Dialect, register, and genre: working assumptions about conventionalization. In Biber and Finegan (eds.) 1994a, 15–30.

Ferguson, Gibson. 2001. If you pop over there: a corpus-based study of conditionals in medical discourse. *English for Specific Purposes* 20: 61–82.

Finegan, Edward, and Douglas Biber. 1994. Register and social dialect variation: an integrated approach. In Biber and Finegan (eds.) 1994, 315–347.

―――. 2001. Register variation and social dialect variation: the register axiom. In *Style and sociolinguistic variation*, ed. by P. Eckert and J. Rickford, 235–267. Cambridge: Cambridge University Press.

Fitzmaurice, Susan M. 2002a. *The familiar letter in Early Modern English*. Amsterdam and Philadelphia: John Benjamins.

―――. 2002b. "Plethoras of witty verbiage" and "heathen Greek": ways of reading meaning in English comic drama. *Journal of Historical Pragmatics* 3 (1): 31–60.

―――. 2002c. Politeness and modal meaning in the construction of humiliative discourse in an early eighteenth-century network of patron–client relationships. *English Language and Linguistics* 6: 239–266.

―――. 2003. The grammar of stance in early eighteenth-century English epistolary language. In *Corpus analysis: language structure and language use*, ed. by P. Leistyna and C. Meyer, 107–132. Amsterdam: Rodopi.

Fitzmaurice, Susan M., and Irma Taavitsainen (eds.). 2007. *Methods in historical pragmatics*. Berlin: Mouton de Gruyter.

Flowerdew, John (ed.). 2002. *Academic discourse*. Harlow: Longman.

Flowerdew, John, and Tony Dudley-Evans. 2002. Genre analysis of editorial letters to international journal contributors. *Applied Linguistics* 23 (4): 463–489.

Flowerdew, John, and Matthew Peacock (eds.). 2001. *Research perspectives on English for academic purposes*. Cambridge: Cambridge University Press.

Flowerdew, John, and Alina Wan. 2006. Genre analysis of tax computation letters: how and why tax accountants write the way they do. *English for Specific Purposes* 25: 133–153.

Fludernik, Monika. 2000. Narrative discourse markers in Malory's Morte D'Arthur. *Journal of Historical Pragmatics* 2 (1): 231–262.

Fortanet, Inmaculada. 2004. The use of "we" in university lectures: reference and function. *English for Specific Purposes* 23: 45–66.

―――. 2005. Honoris Causa speeches: an approach to structure. *Discourse Studies* 7 (1): 31–51.

Fortanet, Inmaculada, Santiago Posteguillo, Juan Carlos Palmer, and Juan Franscisco Coll (eds.). 1998. *Genre studies in English for academic purposes*. Castellon: Universitat Jaume I.

Fowler, Roger. 1991. *Language in the news: discourse and ideology in the press*. London: Routledge.

Fox, Annie B., Danuta Butakto, Mark Hallahan, and Mary Crawford. 2007. The medium makes a difference: gender similarities and differences in instant messaging. *Journal of Language and Social Psychology* 26 (4): 389–397.

Fox, Barbara. A., and Sandra A. Thompson. 1990. A discourse explanation of the grammar of relative clauses in English conversation. *Language* 66: 297–316.

Freddi, Maria. 2005a. Arguing linguistics: corpus investigation of one functional variety of academic discourse. *Journal of English for Academic Purposes* 4: 5–26.

———. 2005b. From corpus to register: the construction of evaluation and argumentation in linguistics textbooks. In Tognini-Bonelli and Camiciotti 2005, 133–152.

Freeborn, Dennis. 1996. *Style: text analysis and linguistic criticism.* London: Palgrave.

Friginal, Eric. 2008. Linguistic variation in the discourse of outsourced call centers. *Discourse Studies* 10: 715–736.

———. 2009. *The language of outsourced call centers: a corpus-based study of crosscultural interaction.* Amsterdam: John Benjamins.

Fritz, Gerd. 2001. Text types in a new medium: the first newspapers (1609). *Journal of Historical Pragmatics* 2 (1): 69–83.

Fuertes-Olivera, Pedro A. 2007. A corpus-based view of lexical gender in written business English. *English for Specific Purposes* 26: 219–234.

Fuertes-Olivera, Pedro A., Marisol Velasco-Sacristan, Ascension Arribas-Bano, and Eva Sarmaniego-Fernandez. 2001. Persuasion and advertising in English: metadiscourse in slogans and headlines. *Journal of Pragmatics* 33: 1291–1307.

Gains, Jonathan. 1999. Electronic mail – a new style of communication or just a new medium? An investigation into the text features of email. *English for Specific Purposes* 18 (1): 81–101.

Gardner, Sheena. 2004. Knock-on effects of mode change on academic discourse. *Journal of English for Academic Purposes* 3: 23–38.

Geisler, Christer. 2002. Investigating register variation in nineteenth-century English: a multi-dimensional comparison. In *Using corpora to explore linguistic variation*, ed. by R. Reppen, S. M. Fitzmaurice, and D. Biber, 249–271. Amsterdam: John Benjamins.

Ghadessy, Mohsen (ed.). 1988a. *Registers of written English: situational factors and linguistic features*. London: Pinter.

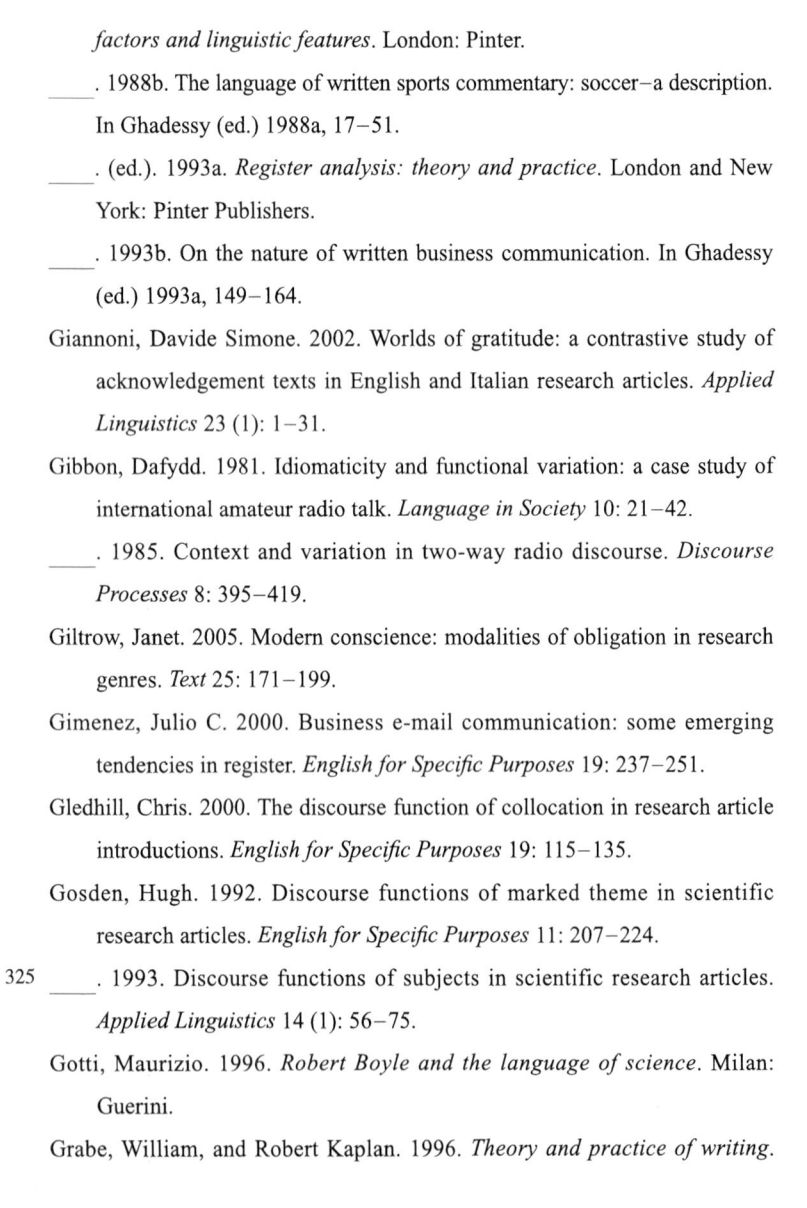

———. 1988b. The language of written sports commentary: soccer–a description. In Ghadessy (ed.) 1988a, 17–51.

———. (ed.). 1993a. *Register analysis: theory and practice*. London and New York: Pinter Publishers.

———. 1993b. On the nature of written business communication. In Ghadessy (ed.) 1993a, 149–164.

Giannoni, Davide Simone. 2002. Worlds of gratitude: a contrastive study of acknowledgement texts in English and Italian research articles. *Applied Linguistics* 23 (1): 1–31.

Gibbon, Dafydd. 1981. Idiomaticity and functional variation: a case study of international amateur radio talk. *Language in Society* 10: 21–42.

———. 1985. Context and variation in two-way radio discourse. *Discourse Processes* 8: 395–419.

Giltrow, Janet. 2005. Modern conscience: modalities of obligation in research genres. *Text* 25: 171–199.

Gimenez, Julio C. 2000. Business e-mail communication: some emerging tendencies in register. *English for Specific Purposes* 19: 237–251.

Gledhill, Chris. 2000. The discourse function of collocation in research article introductions. *English for Specific Purposes* 19: 115–135.

Gosden, Hugh. 1992. Discourse functions of marked theme in scientific research articles. *English for Specific Purposes* 11: 207–224.

———. 1993. Discourse functions of subjects in scientific research articles. *Applied Linguistics* 14 (1): 56–75.

Gotti, Maurizio. 1996. *Robert Boyle and the language of science*. Milan: Guerini.

Grabe, William, and Robert Kaplan. 1996. *Theory and practice of writing*.

New York: Longman.

———. 1997. On the writing of science and the science of writing: hedging in science text and elsewhere. In *Hedging and discourse: approaches to the analysis of a pragmatic phenomenon in academic texts*, ed. by R. Markkanen, and H. Schroder, 151–167. Berlin: Walter de Gruyter & Co.

Greatbatch, David. 1988. A turn-taking system for British news interviews. *Language in Society* 17: 401–430.

Groom, Nicholas. 2005. Pattern and meaning across genres and disciplines: an exploratory study. *Journal of English for Academic Purposes* 4: 257–277.

Gross, Alan G., Joseph E. Harmon, and Michael S. Reidy. 2002. *Communicating science: the scientific article from the 17th century to present.* Oxford: Oxford University Press.

Gunnarsson, Britt-Louise. 1993. Pragmatic and macrothematic patterns in science and popular science: a diachronic study of articles from three fields. In Ghadessy (ed.) 1993a, 165–180.

Gunnarsson, Britt-Louise, Per Linell, and Bengt Nordberg (eds.). 1996. *Text and talk in professional contexts.* Uppsala: ASLA.

Gustafson, Marita. 1984. The syntactic features of binomial expressions in legal English. *Text* 4: 123–141.

Halleck, Gene B., and Ulla M. Connor. 2006. Rhetorical moves in TESOL conference proposals. *Journal of English for Academic Purposes* 5: 70–86.

Halliday, Michael Alexander Kirkwood. 1978. *Language as social semiotic: the social interpretation of language and meaning.* London: Edward Arnold.

———. 1988. On the language of physical science. In Ghadessy (ed.) 1988a,

162-178.

———. 1989. *Spoken and written language*. Oxford and New York: Oxford University Press.

Halliday, Michael Alexander Kirkwood, and J. R. Martin. 1993. *Writing science: literacy and discursive power*. Pittsburgh: University of Pittsburgh Press.

Halmari, Helena. 2005. In search of "successful" political persuasion: a comparison of the styles of Bill Clinton and Ronald Reagan. In Halmari and Virtanen (eds.) 2005, 105-134.

Halmari, Helena, and Tuija Virtanen (eds.). 2005. *Persuasion across genres: a linguistic approach*. Amsterdam and Philadelphia: John Benjamins.

Hamilton, Heidi E. 1998. Reported speech and survivor identity in on-line bone marrow transplantation narratives. *Journal of Sociolinguistics* 2 (1): 53-67.

Harris, Simon. 1997. Procedural vocabulary in law case reports. *English for Specific Purposes* 16 (4): 289-308.

Harvey, Annamaria. 1992. Science reports and indexicality. *English for Specific Purposes* 11: 115-128.

———.1995. Interaction in public reports. *English for Specific Purposes* 14 (3): 189-200.

Harwood, Nigel. 2005. "We do not seem to have a theory... The theory I present here attempts to fill this gap": inclusive and exclusive pronouns in academic writing. *Applied Linguistics* 26 (3): 343-375.

———. 2006. (In)appropriate personal pronoun use in political science: a qualitative study and a proposed heuristic for future research. *Written Communication* 23 (4): 424-450.

Heath, Shirley Brice, and Juliet Langman. 1994. Shared thinking and the register of coaching. In Biber and Finegan (eds.) 1994a, 82–105.

Helt, Marie. 2001. A multi-dimensional comparison of British and American spoken English. In Conrad and Biber (eds.) 2001, 171–184.

Hemais, Barbara. 2001. The discourse of research and practice in marketing journals. *English for Specific Purposes* 20: 39–59.

Henderson, Willie, Tony Dudley-Evans, and Roger Backhouse (eds.). 1993. *Economics and language*. London and New York: Routledge.

Henry, Alex, and Robert L. Roseberry. 1997. An investigation of the functions, strategies, and linguistic features of the introductions and conclusions of essays. *System* 25 (4): 479–495.

———. 2001. A narrow-angled corpus analysis of moves and strategies of the genre: 'Letter of Application'. *English for Specific Purposes* 20: 153–167.

Henzl, Vera M. 1974. Linguistic register of foreign language instruction. *Language Learning* 23: 207–222.

———. 1979. Foreign talk in the classroom. *International Review of Applied Linguistics* 17: 159–167.

Herring, Susan C. (ed.). 1996. *Computer-mediated communication: linguistic, social and cross-cultural perspectives*. Amsterdam and Philadelphia: John Benjamins.

Herring, Susan C., and John C. Paolillo. 2006. Gender and genre variation in weblogs. *Journal of Sociolinguistics* 10 (4): 493–459.

Hewings, Martin (ed.). 2001. *Academic writing in context: implications and applications*. Birmingham: Birmingham University Press.

Hewings, Martin, and Ann Hewings. 2002. "It is interesting to note that...": a comparative study of anticipatory "it" in student and published writing. *English for Specific Purposes* 21: 367–383.

Hiltunen, Risto. 1984. The type and structure of clausal embedding in legal

English. *Text* 4: 107–121.

———. 1990. *Chapters on legal English: aspects past and present of the language of the law*. Annals of the Finnish Academy of Science ser. B 251; Helsinki: Finnish Academy of Science.

Holmes, Richard. 1997. Genre analysis, and the social sciences: an investigation of the structure of research article discussion sections in three disciplines. *English for Specific Purposes* 16 (4): 321–337.

Hood, Susan, and Gail Forey. 2005. Introducing a conference paper: getting interpersonal with your audience. *Journal of English for Academic Purposes* 4: 291–306.

Hopkins, Andy, and Tony Dudley-Evans. 1988. A genre-based investigation of the discussion sections in articles and dissertations. *English for Specific Purposes* 7 (2): 113–122.

Hornberger, Nancy H. 1994. Continua of biliteracy. In *Literacy across languages and cultures*, ed. by B. M. Ferdman, R.-M. Weber, and A. G. Ramirez, 103–139. Albany: State University of New York Press.

Horsella, Maria, and Gerda Sindermann. 1992. Aspects of scientific discourse: conditional argumentation. *English for Specific Purposes* 11: 129–139.

Hoyle, Susan M. 1989. Forms and footing in boys' sportscasting. *Text* 9: 153–173.

Hudson, Richard A. 1980. *Sociolinguistics*. Cambridge: Cambridge University Press.

Hundt, Marianne, and Christian Mair. 1999. "Agile" and "uptight" genres: the corpus-based approach to language change in progress. *International Journal of Corpus Linguistics* 4: 221–242.

Hundt, Marianne, Nadja Nesselhauf, and Carolin Biewer (eds.). 2007. *Corpus linguistics and the web*. Amsterdam: Rodopi.

Hunston, Susan. 1993. Evaluation and ideology in scientific writing. In Ghadess (ed.) 1993a, 57–74.

―――. 2005. Conflict and consensus: construing opposition in applied linguistics. In Tognini-Bonelli and Camiciotti 2005, 1–16.

Hunston, Susan, and Geoff Thompson (eds.). 2000. *Evaluation in text: authorial stance and the construction of discourse.* New York: Oxford University Press.

Hyland, Ken. 1996. Writing without conviction? Hedging in science research articles. *Applied Linguistics* 17 (4): 433–454.

―――. 1998. *Hedging in scientific research articles.* Amsterdam: John Benjamins.

―――. 1999a. Academic attribution: citation and the construction of disciplinary knowledge. *Applied Linguistics* 20 (3): 341–367.

―――. 1999b. Talking to students: metadiscourse in introductory coursebooks. *English for Specific Purposes* 18 (1): 3–26.

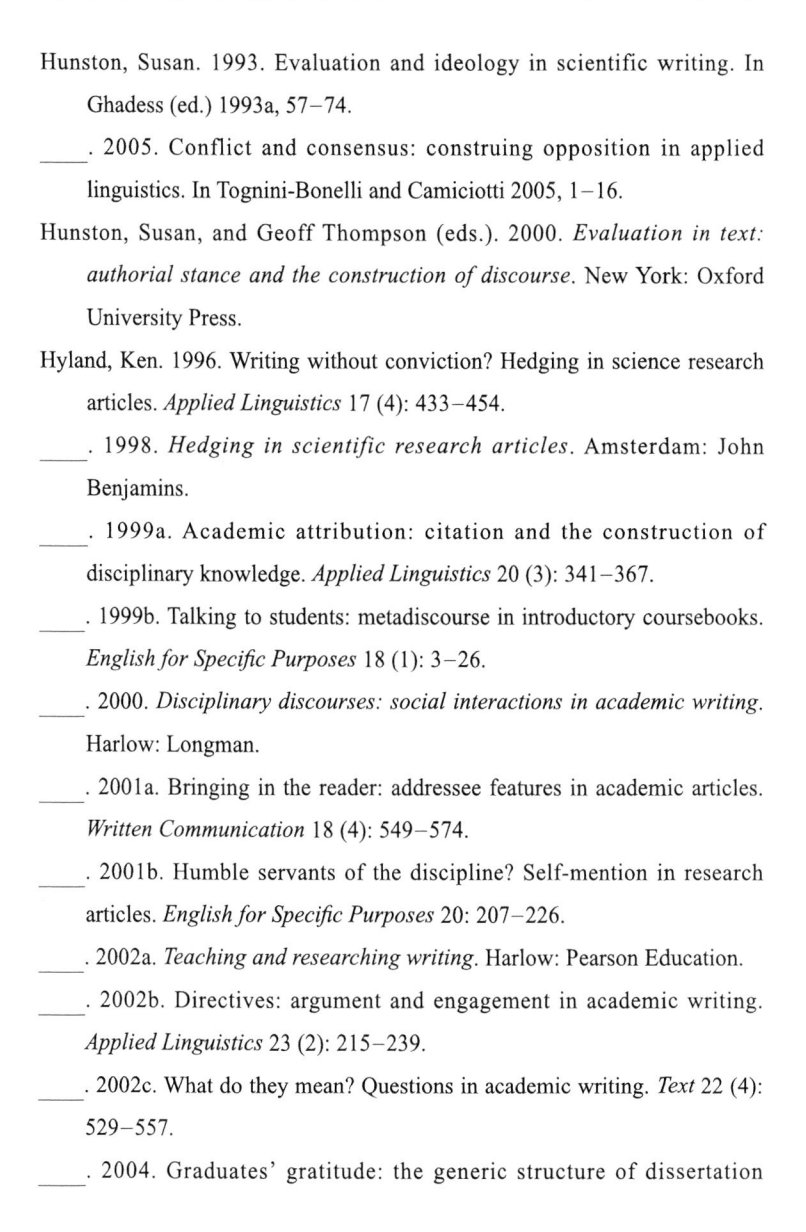

―――. 2000. *Disciplinary discourses: social interactions in academic writing.* Harlow: Longman.

―――. 2001a. Bringing in the reader: addressee features in academic articles. *Written Communication* 18 (4): 549–574.

―――. 2001b. Humble servants of the discipline? Self-mention in research articles. *English for Specific Purposes* 20: 207–226.

―――. 2002a. *Teaching and researching writing.* Harlow: Pearson Education.

―――. 2002b. Directives: argument and engagement in academic writing. *Applied Linguistics* 23 (2): 215–239.

―――. 2002c. What do they mean? Questions in academic writing. *Text* 22 (4): 529–557.

―――. 2004. Graduates' gratitude: the generic structure of dissertation acknowledgements. *English for Specific Purposes* 23: 303–324.

———. 2005. Stance and engagement: a model of interaction in academic discourse. *Discourse Studies* 7 (2): 173–192.

Hyland, Ken, and Polly Tse. 2004. Metadiscourse in academic writing: a reappraisal. *Applied Linguistics* 25 (2): 156–177.

———. 2005. Hooking the reader: a corpus study of evaluative *that* in abstracts. *English for Specific Purposes* 24: 123–139.

Hymes, Dell. 1974. *Foundations in sociolinguistics: an ethnographic approach*. Philadelphia: University of Pennsylvania Press.

———. 1984. Sociolinguistics: stability and consolidation. *International Journal of the Sociology of Language* 45: 39–45.

Inigo-Mora, Isabel. 2007. Extreme case formulations in Spanish pre-electoral debates and English panel interviews. *Discourse Studies* 9 (3): 341–363.

Jackson, Jane, and Linda Bilton. 1994. Stylistic variation in science lectures: teaching vocabulary. *English for Specific Purposes* 13: 61–80.

Janda, Richard. 1985. Note-taking English as a simplified register. *Discourse Processes* 8: 437–454.

Jaworski, Adam, and Dariusz Galasinski. 2000. Vocative address forms and ideological legitimization in political debates. *Discourse Studies* 2 (1): 35–53.

Jiang, Xiangying. 2006. Cross-cultural pragmatic differences in US and Chinese press conferences: the case of the North Korea nuclear crisis. *Discourse and Society* 17 (2): 237–257.

Johansson, Marjut. 2006. Constructing objects of discourse in the broadcast political interview. *Journal of Pragmatics* 38: 216–229.

Johnson, Barry. 1995. Some features of maritime telex service communication. *English for Specific Purposes* 14 (2): 127–136.

Joos, Martin. 1961. *The five clocks*. New York: Harcourt.

Kahlas-Tarkka, Leena, and Matti Rissanen. 2007. The sullen and the talkative: discourse strategies in the Salem examinations. *Journal of Historical Pragmatics* 8 (1): 1–24.

Kanoksilapatham, Budsaba. 2005. Rhetorical structure of biochemistry research articles. *English for Specific Purposes* 24: 269–292.

Kaplan, Robert B., Serena Cantor, Cynthia Hagstrom, Lia D. Kahmi-Stein, Yumiko Shiotani, and Cheryl Boyd Zimmermann. 1994. On abstract writing. *Text* 14 (3): 401–426.

Kim, Young-Jin, and Douglas Biber. 1994. A corpus-based analysis of register variation in Korean. In Biber and Finegan (eds.) 1994a, 157–181.

Kline, Susan L. 2005. Interactive media systems: influence strategies in television home shopping. *Text* 25 (2): 201–231.

Koester, Almut Josepha. 2004. Relational sequences in workplace genres. *Journal of Pragmatics* 36: 1405–1428.

———. 2006. *Investigating workplace discourse*. London: Routledge.

Kong, Kenneth C. C. 2006. Property transaction report: news, advertisement or a new genre? *Discourse Studies* 8 (6): 771–796.

Koutsantoni, Dimitra. 2004. Attitude, certainty, and allusion to common knowledge in scientific research articles. *Journal of English for Academic Purposes* 18 (2): 163–182.

Kryk-Kastovsky, Barbara. 2000. Representations of orality in Early Modern English trial records. *Journal of Historical Pragmatics* 1 (2): 201–230.

———. 2006. Impoliteness in Early Modern English courtroom discourse. *Journal of Historical Pragmatics* 7 (2): 213–243.

Kuiper, Koenraad, and Douglas Haggo. 1984. Livestock auctions, oral poetry and ordinary language. *Language in Society* 13: 205–234.

Kuiper, Koenraad, and Frederick Tillis. 1986. The chant of the tobacco auctioneer. *American Speech* 60: 141–149.

Kuo, Chih-Hua. 1999. The use of personal pronouns: role relationships in scientific journal articles. *English for Specific Purposes* 18 (2): 121–138.

Kuo, Sai-Hua. 2001. Reported speech in Chinese political discourse. *Discourse Studies* 3 (2): 181–202.

———. 2002. From solidarity to antagonism: the uses of the second-person singular pronoun in Chinese political discourse. *Text* 22 (1): 29–55.

———. 2003. Involvement vs detachment: gender differences in the use of personal pronouns in televised sports in Taiwan. *Discourse Studies* 5 (4): 479–494.

Kwan, Becky S. C. 2006. The schematic structure of literature reviews in doctoral theses of applied linguistics. *English for Specific Purposes* 25: 30–55.

Kytö, Merja. 1991. *Variation and diachrony, with Early American English in focus*. Frankfurt: Peter Lang.

Kytö, Merja, Mats Rydén, and Erik Smitterberg (eds.). 2006. *Nineteenth-century English: stability and change*. Cambridge: Cambridge University Press.

Kytö, Merja, and Terry Walker. 2003. The linguistic study of Early Modern English speech-related texts: how "bad" can "bad" data be? *Journal of English Linguistics* 31 (3): 221–248.

Labov, William. 1966. *The Social Stratification of English in New York City*. Washington DC: Center for Applied Linguistics.

———. 1972. *Sociolinguistic patterns*. Philadelphia: University of Pennsylvania Press.

Laforest, Martry. 2002. Scenes of family life: complaining in everyday conversation. *Journal of Pragmatics* 34: 1595–1620.

Lamb, William. 2008. *Scottish Gaelic speech and writing: register variation in an endangered language.* Belfast: Queen's University Belfast.

Lassen, Inger. 2006. Is the press release a genre? A study of form and content. *Discourse Studies* 8 (4): 503–530.

Latour, B., and S. Woolgar. 1986. *Laboratory life: the construction of scientific facts.* Princeton: Princeton University Press.

Lauerbach, Gerda. 2004. Political interviews as hybrid genre. *Text* 24 (3): 353–397.

Lee, David. 2001. Genres, registers, text types, domains, and styles: clarifying the concepts and navigating a path through the BNC jungle. *Language Learning and Technology* 5: 37–72.

Leech, Geoffrey N. 1966. *English in advertising.* London: Longman.

Leech, Geoffrey N., and Nicholas Smith. 2006. Recent grammatical change in written English 1961–1992. In *The changing face of corpus linguistics*, ed. by A. Renouf and A. Kehoe, 185–204. Amsterdam: Rodopi.

Leech, Geoffrey N., Marianne Hundt, Christian Mair, and Nicholas Smith. forthcoming. *Contemporary change in English: a grammatical study.* Cambridge: Cambridge University Press.

Leech, Geoffrey N., and Michael H. Short. 1981. *Style in fiction.* London: Longman.

Legg, Miranda. 2007. From question to answer: the genre of the problem-based tutorial at the University of Hong Kong. *English for Specific Purposes* 26: 344–367.

Lemke, Jay L. 1990. *Talking science: language, learning and values.* Norwood, NJ: Ablex.

Lewin, Beverly, A. 1998. Hedging: form and function in scientific research articles. In Fortanet *et al.* (eds.) 1998, 89–104.

Lewin, Beverly A, Jonathan Fine, and Lynne Young. 2001. *Expository discourse: a genre-based approach to social science research texts*. London: Continuum.

Lindermann, Stephanie, and Anna Mauranen. 2001. "It's just really messy": the occurrence and function of *just* in a corpus of academic speech. *English for Specific Purposes* 20: 459–475.

Lorés, Rosa. 2004. On RA abstracts: from rhetorical structure to thematic organisation. *English for Specific Purposes* 23: 280–302.

——. 2006. "I will argue that": first person pronouns as metadiscoursal devices in research articles in English and Spanish. *ESP across Cultures* 3: 23–40.

Love, Alison M. 1991. Process and product in geology: investigation of some discourse features of two introductory textbooks. *English for Specific Purposes* 10: 89–109.

——. 1993. Lexico-grammatical features in geology textbooks: process and product revisited. *English for Specific Purposes* 12: 197–218.

——. 2002. Introductory concepts and "cutting edge" theories: can the genre of the textbook accommodate both? In Flowerdew (ed.) 2002, 76–91.

Luzon Marco, Maria Jose. 1999. Procedural vocabulary: lexical signaling of conceptual relations in discourse. *Applied Linguistics* 20 (1): 1–21.

——. 2000. Collocational frameworks in medical research papers: a genre-based study. *English for Specific Purposes* 19: 63–86.

Lynch, Michael. 1985. *Art and artifact in laboratory science: a study of shop work and shop talk in a research laboratory*. London: Routledge.

MacDonald, Susan Peck. 2005. The language of journalism in treatments of hormone replacement news. *Written Communication* 22 (3): 275–297.

Magnet, Anne, and Didier Carnet. 2006. Letters to the editor: still vigorous after all these years? A presentation of the discursive and linguistic features of the genre. *English for Specific Purposes* 25: 173–199.

Mair, Christian. 2006. *Twentieth century English: history, variation and standardization*. Cambridge: Cambridge University Press.

Mäkinen, Martti. 2002. On interaction in herbals from Middle English to Early Modern English. *Journal of Historical Pragmatics* 3 (2): 229–251.

Maley, Yon. 1987. The language of legislation. *Language in Society* 16: 25–48.

Mann, William C., and Sandra A. Thompson (eds.). 1992. *Discourse description: diverse linguistic analyses of a fund-raising text*. Amsterdam: John Benjamins.

Marley, Carol. 2002. Popping the question: questions and modality in written dating advertisements. *Discourse Studies* 4 (1): 75–98.

Marra, Meredith, and Janet Holmes. 2004. Workplace narratives and business reports: issues of definition. *Text* 24 (1): 59–78.

Martin, J. R. 1985. *Factual writing: exploring and challenging social reality*. Geelong: Deakin University Press.

———. 1997. Analysing genre: functional parameters. In Christie and Martin (eds.) 1997, 3–39.

———. 2001. Language, register and genre. In *Analysing English in a global context*, ed. by A. Burns and C. Coffin, 149–166. London: Routledge.

Martin, J. R., and Robert Veel (eds.). 1998. *Reading science: critical and functional perspectives on discourses of science*. London: Routledge.

Martín, Pedro Martín. 2003. A genre analysis of English and Spanish research paper abstracts in experimental social sciences. *English for Specific Purposes* 22: 25–43.

Martín, Pedro Martín, and Sally Burgess. 2004. The rhetorical management of academic criticism in research article abstracts. *Text* 24 (2): 171–195.

Martinez, Iliana A. 2001. Impersonality in the research article as revealed by analysis of the transitivity structure. *English for Specific Purposes* 20: 227–247.

———. 2003. Aspects of theme in the method and discussion sections of biology journal articles in English. *Journal of English for Academic Purposes* 2: 103–123.

Master, Peter. 1991. Active verbs with inanimate subjects in scientific prose. *English for Specific Purposes* 10: 15–33.

Matthiessen, Christian M. I. M. 1993. Register in the round: diversity in a unified theory of register analysis. In Ghadessy (ed.) 1993a, 221–292.

Mauranen, Anna. 2003. "A good question." Expressing evaluation in academic speech. In *Domain-specific English: textual practices across communities and classrooms*, ed. by G. Cortese and P. Riley, 115–140. New York: Peter Lang.

———. 2004. "They're a little bit different": Variation in hedging in academic speech. In *Discourse patterns in spoken and written corpora*, ed. by K. Aijmer and A. B. Stenström, 173–197. Amsterdam: John Benjamins.

Mauranen, Anna, and Marina Bondi. 2003. Evaluative language use in academic discourse. *Journal of English for Academic Purposes* 2: 269–271.

McCabe, Anne. 2004. Mood and modality in Spanish and English textbooks: the construction of authority. *Text* 24 (1): 1–29.

McCarthy, Michael. 1998. *Spoken language and applied linguistics*. Cambridge: Cambridge University Press.

McCarthy, Michael, and Ronald Carter. 2004. There's millions of them: hyperbole in everyday conversation. *Journal of Pragmatics* 36: 149–184.

McEnery, Tony, and Nazareth Amselom Kifle. 2002. Epistemic modality in argumentative essays of second-language writers. In Flowerdew (ed.) 2002, 182–195.

McEnery Anthony, Richard Xiao, and Yukio Tono. 2006. *Corpus-based language studies.* London: Routledge.

McKenna, Bernard. 1997. How engineers write: an empirical study of engineering report writing. *Applied Linguistics* 18 (2): 189–211.

Melander, Björn. 1998. Culture or genre? Issues in the interpretation of cross-cultural differences in scientific articles. In Fortanet *et al.* (eds.) 1998, 211–226.

Mellinkoff, David. 1963. *The language of the law.* Boston: Little, Brown and Co.

Merritt, Marilyn. 1976. On questions following questions in service encounters. *Language in Society* 5: 315–357.

Milizia, Denise. 2006. Classifying phraseology in a spoken corpus of political discourse. *ESP across Cultures* 3: 41–65.

Montgomery, Martin. 1988. D-J talk. In *Styles of discourse*, ed. by N. Coupland, 85–104. London: Croom Helm.

Moore, Tim. 2002. Knowledge and agency: a study of "metaphenomenal discourse" in textbooks from three disciplines. *English for Specific Purposes* 21: 347–366.

Moreno, Ana I. 1997. Genre constraints across languages: causal metatext in Spanish and English RAs. *English for Specific Purposes* 16 (3): 161–179.

Morrow, Phillip R. 2006. Telling about problems and giving advice in an Internet discussion forum: some discourse features. *Discourse Studies* 8 (4): 531–548.

Mungra, Philippa. 2007. A research and discussion note: the macrostructure of consensus statements. *English for Specific Purposes* 26: 79–89.

Murray, Thomas. 1985. The language of singles bars. *American Speech* 60: 17–30.

Myers, Gregory. 1989. The pragmatics of politeness in scientific articles. *Applied Linguistics* 10: 1–35.

———. 1990. *Writing biology: texts in the social construction of scientific knowledge*. Madison: University of Wisconsin Press.

———. 1991. Lexical cohesion and specialized knowledge in science and popular science texts. *Discourse Processes* 14 (1): 1–26.

———. 1992. "In this paper we report..." : Speech acts and scientific facts. *Journal of Pragmatics* 16: 295–313.

———. 1999. Functions of reported speech in group discussions. *Applied Linguistics* 20 (3): 376–401.

Nash, Walter (ed.). 1990. *The writing scholar: studies in academic discourse*. Newbury Park: Sage Publications.

Nelson, Mike. 2006. Semantic associations in Business English: a corpus-based analysis. *English for Specific Purposes* 25: 217–234.

Nesi, Hilary, and Helen Basturkmen. 2006. Lexical bundles and discourse signaling in academic lectures. *International Journal of Corpus Linguistics* 11: 283–304.

Nevala, Minna. 2004. Accessing politeness axes: forms of address and terms of reference in early English correspondence. *Journal of Pragmatics* 36 (12): 2125–2160.

Nevile, Maurice. 2006. Making sequentiality salient: and-prefacing in the talk of airline pilots. *Discourse Studies* 8 (2): 279–302.

Newman, Michael. 2005. Rap as literacy: a genre analysis of Hip-Hop ciphers. *Text* 25 (3): 399–436.

Nuckolls, Kandace. 2005. IM communicating: a conversational analysis of instant message conversations. Unpublished master's thesis. Portland, OR: Portland State University.

Nunan, David. 2008. Exploring genre and register in contemporary English. *English Today* 24 (2): 56–61.

Nwogu, Kevin Ngozi. 1991. Structure of science popularizations: a genre-analysis approach to the schema of popularized medical texts. *English for Specific Purposes* 10 (2): 111–123.

———. 1997. The medical research paper: structure and functions. *English for Specific Purposes*, 16 (2): 119–138.

Oakey, David. 2005. Academic vocabulary in academic discourse: the phraseological behaviour of EVALUATION in economics research articles. In Tognini-Bonelli and Camiciotti 2005, 169–184.

O'Barr, William M. 1982. *Linguistic evidence: language, power, and strategy in the courtroom*. New York: Academic Press.

Odell, Lee, and Dixie Goswami (eds.). 1985. *Writing in nonacademic settings*. New York: Guilford.

O'Donnell, Roy C. 1974. Syntactic differences between speech and writing. *American Speech* 49: 102–110.

Oh, Sun-Young. 2001. A focus-based study of English demonstrative reference: with special reference to the genre of written advertisements. *Journal of English Linguistics* 29: 124–148.

Okamura, Akiko, and Philip Shaw. 2000. Lexical phrases, culture, and subculture in transactional letter writing. *English for Specific Purposes* 19: 1–15.

Olson, D. 1977. From utterance to text: the bias of language in speech and writing. *Harvard Educational Review* 47 (3): 257–281.

Ozturk, Ismet. 2007. The textual organization of research article introductions in applied linguistics: variability in a single discipline. *English for Specific Purposes* 26: 25–38.

Paltridge, Brian. 1994. Genre analysis and the identification of textual boundaries. *Applied Linguistics* 15: 288–299.

———. 1995. Working with genre: a pragmatic perspective. *Journal of Pragmatics* 24: 393–406.

———. 1997. *Genres, frames and writing in research settings*. Amsterdam: John Benjamins.

———. 2002. Thesis and dissertation writing: an examination of published advice and actual practice. *English for Specific Purposes* 21: 125–143.

Parodi, Giovanni (ed.). 2005. *Discurso especializado e instituciones formadoras*. Valparaíso: Universitarias de Valparaíso.

———. (ed.). 2007. *Working with Spanish corpora*. London: Continuum.

Pettinari, Catherine Johnson. 1988. *Task, talk and text in the operating room: a study in medical discourse*. Norwood, NJ: Ablex.

Philips, Susan. 1984. The social organization of questions and answers in courtroom discourse: a study of changes of plea in an Arizona court. *Text* 4: 225–248.

———. 1985. Strategies of clarification in judges' use of language: from the written to the spoken. *Discourse Processes* 8: 421–436.

Pisanski Peterlin, Agnes. 2005. Text-organising metatext in research articles: an English-Slovene contrastive analysis. *English for Specific Purposes* 24 (3): 307–319.

Placencia, Maria E. 2004. Rapport-building activities in corner shop interactions. *Journal of Sociolinguistics* 8 (2): 215–245.

Porcelli, Gianfranco. 1999. *The language of communication and information sciences: analysis and examples*. Milan: Sugarco.

Posteguillo, Santiago. 1998. The schematic structure of computer science research articles. *English for Specific Purposes* 18 (2): 139–160.

Precht, Kristen. 1998. A cross-cultural comparison of letters of recommendation. *English for Specific Purposes* 17 (3): 241–265.

Prince, Ellen F. 1978. A comparison of *Wh*-clefts and *It*-clefts in discourse. *Language* 54: 883–906.

Quaglio, Paulo. 2004. The language of NBC's Friends: a comparison with face-to-face conversation. Unpublished Ph.D. Dissertation, Northern Arizona University.

―――. 2009. *Television dialogue: the sitcom Friends vs. natural conversation.* Amsterdam: John Benjamins.

Quaglio, Paulo, and Douglas Biber. 2006. The grammar of conversation. In *The handbook of English linguistics*, ed. by B. Aarts and A. McMahon, 692–723. Oxford: Blackwell.

Raymond, Geoffrey. 2000. The voice of authority: the local accomplishment of authoritative discourse in live news broadcasts. *Discourse Studies* 2 (3): 354–379.

Reaser, Jeffrey. 2003. A quantitative approach to (sub)registers: the case of "sports announcer talk." *Discourse Studies* 5 (3): 303–321.

Recski, Leonardo. 2005. Interpersonal engagement in academic spoken discourse: a functional account of dissertation defenses. *English for Specific Purposes* 24: 5–23.

Reichman-Adar, Rachel. 1984. Technical discourse: the present progressive tense, the deictic "that," and pronominalization. *Discourse Processes* 7: 337–369.

Reppen. Randi. 1995. A genre-based approach to content writing instruction. *TESOL Journal* 4: 32–35.

——. 2001. Register variation in student and adult speech and writing. In Conrad and Biber (eds.) 2001, 187–199.

——. 2004. Academic language: an exploration of university classroom and textbook language. In Connor and Upton (eds.) 2004a, 65–86.

Reppen, Randi, and Camilla Vásquez. 2007. Using corpus linguistics to investigate the language of teacher training. In *Corpora and ICT in language studies*, ed. by J. Walinski, K. Kredens, and S. Gozdz-Roszkowski, 13–29. Frankfurt: Peter Lang.

Rey, Jennifer M. 2001. Historical shifts in the language of women and men: gender differences in dramatic dialogue. In Conrad and Biber (eds.) 2001a, 138–156.

Römer, Ute. 2005. "This seems counterintuitive, though…" : negative evaluation in linguistic book reviews by male and female authors. In Tognini-Bonelli and Camiciotti 2005, 97–116.

Ruiying, Yang, and Desmond Allison. 2003. Research articles in applied linguistics: moving from results to conclusions. *English for Specific Purposes* 22: 365–385.

——. 2004. Research articles in applied linguistics: structures from a functional perspective. *English for Specific Purposes* 23: 264–279.

Rundbald, Gabriella. 2007. Impersonal, general, and social. The use of metonymy versus passive voice in medical discourse. *Written Communication* 24 (3): 250–277.

Salager, Françoise. 1983. The lexis of fundamental medical English: classificatory framework and rhetorical function (a statistical approach). *Reading in a Foreign Language* 1: 54–64.

Salager-Meyer, Françoise. 1990. Metaphors in medical English prose: a comparative study with French and Spanish. *English for Specific*

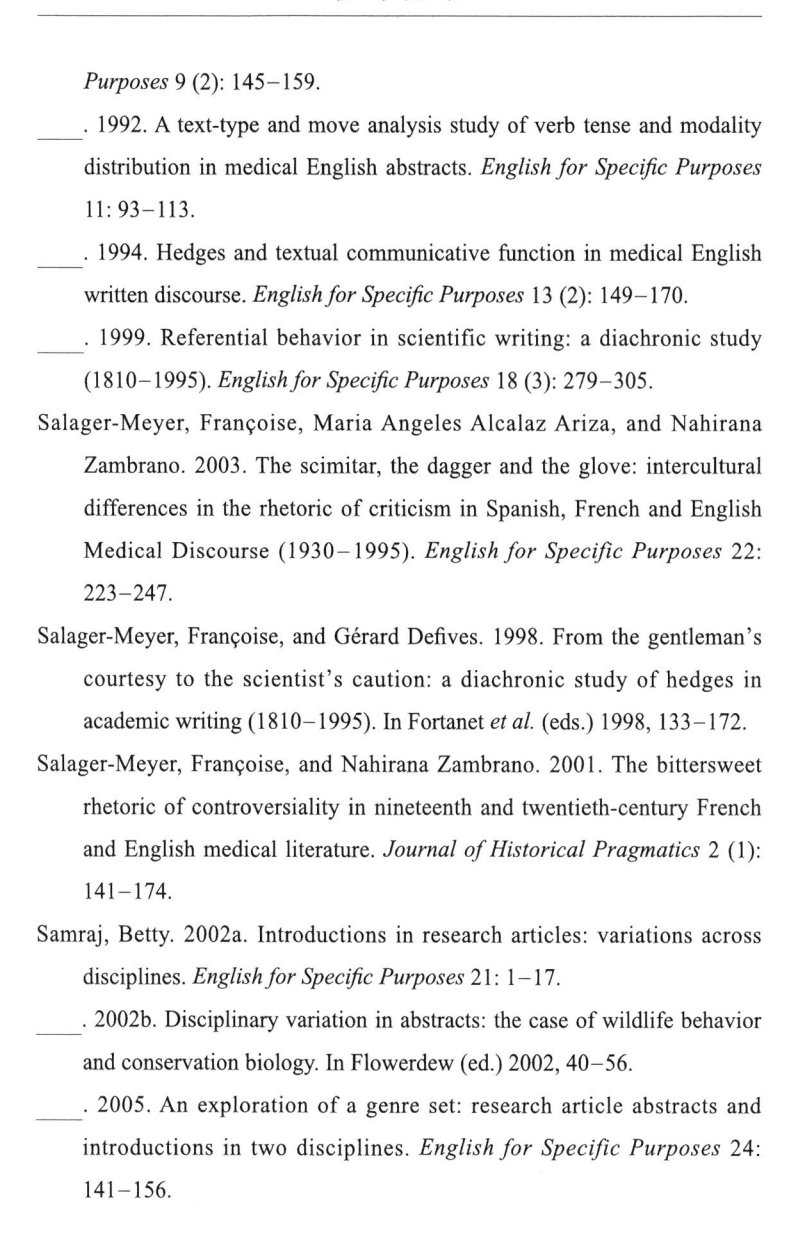

Purposes 9 (2): 145–159.

———. 1992. A text-type and move analysis study of verb tense and modality distribution in medical English abstracts. *English for Specific Purposes* 11: 93–113.

———. 1994. Hedges and textual communicative function in medical English written discourse. *English for Specific Purposes* 13 (2): 149–170.

———. 1999. Referential behavior in scientific writing: a diachronic study (1810–1995). *English for Specific Purposes* 18 (3): 279–305.

Salager-Meyer, Françoise, Maria Angeles Alcalaz Ariza, and Nahirana Zambrano. 2003. The scimitar, the dagger and the glove: intercultural differences in the rhetoric of criticism in Spanish, French and English Medical Discourse (1930–1995). *English for Specific Purposes* 22: 223–247.

Salager-Meyer, Françoise, and Gérard Defives. 1998. From the gentleman's courtesy to the scientist's caution: a diachronic study of hedges in academic writing (1810–1995). In Fortanet *et al.* (eds.) 1998, 133–172.

Salager-Meyer, Françoise, and Nahirana Zambrano. 2001. The bittersweet rhetoric of controversiality in nineteenth and twentieth-century French and English medical literature. *Journal of Historical Pragmatics* 2 (1): 141–174.

Samraj, Betty. 2002a. Introductions in research articles: variations across disciplines. *English for Specific Purposes* 21: 1–17.

———. 2002b. Disciplinary variation in abstracts: the case of wildlife behavior and conservation biology. In Flowerdew (ed.) 2002, 40–56.

———. 2005. An exploration of a genre set: research article abstracts and introductions in two disciplines. *English for Specific Purposes* 24: 141–156.

Samuels, Warren J. (ed.). 1990. *Economics as discourse: an analysis of the language of economics*. Boston, Dodrecht and London: Kluwer Academic Publishers.

Schiffrin, Deborah. 1985. Multiple constraints on discourse options: a quantitative analysis of causal sequences, *Discourse Processes* 8: 281–303.

Schmidt, Rosemarie, and Joseph F. Kess. 1985. Persuasive language in the television medium. *Journal of Pragmatics* 9: 287–308.

Semino, Elena, and Mick Short. 2004. *Corpus stylistics: speech, writing and thought presentation in a corpus of English writing*. London: Routledge.

Shalom, Celia. 1993. Established and evolving spoken research process genres: plenary lecture and poster session discussions at academic conferences. *English for Specific Purposes* 12: 37–50.

Shi, Ling, and Ryuko Kubota. 2007. Patterns of rhetorical organization in Canadian and American language arts textbooks: an exploratory study. *English for Specific Purposes* 26: 180–202.

Simpson, Paul. 2004. *Stylistics: a resource book for students*. London: Routledge.

Simpson, Rita. 2004. Stylistic features of spoken academic discourse: the role of formulaic expressions. In Connor and Upton (eds.) 2004a, 37–64.

Simpson, Rita, and Dushyanthi Mendis. 2003. A corpus-based study of idioms in academic speech. *TESOL Quarterly* 37: 419–441.

Skelton, John. 1997. The representation of truth in academic medical writing. *Applied Linguistics* 18 (2): 122–140.

Smith, E. L., Jr. 1985. Functional types of scientific prose. In *Systemic perspectives on discourse*, ed. by W. S. Greaves and J. D. Benson, 241–257. Norwood, NJ: Ablex.

Soler, Viviana. 2002. Analysing adjectives in scientific discourse: an exploratory study with educational applications for Spanish speakers at advanced university level. *English for Specific Purposes* 21: 145–165.

———. 2007. Writing titles in science: an exploratory study. *English for Specific Purposes* 26: 90–102.

Stotesbury, Hikka. 2003. Evaluation in research article abstracts in the narrative and hard sciences. *Journal of English for Academic Purposes* 2: 327–241.

Studer, Patrick. 2003. Textual structures in eighteenth-century newspapers: a corpus-based study of headlines. *Journal of Historical Pragmatics* 4 (1): 19–44.

Swales, John. 1981. *Aspects of article introductions*. Birmingham, AL: University of Aston.

———. 1990. *Genre analysis: English for academic and research settings*. Cambridge: Cambridge University Press.

———. 2004. *Research genres: explorations and applications*. New York: Cambridge University Press.

Swales, John M. 2001. Metatalk in American academic talk: the cases of *point* and *thing*. *Journal of English Linguistics* 29: 34–54.

Swales, John M., Ummul K. Ahmad, Yu-Ying Chang, Daniel Chavez, Dacia F. Dressen, and Ruth Seymour. 1998. Consider this: the role of imperatives in scholarly writing. *Applied Linguistics* 19 (1): 97–121.

Taavitsainen, Irma. 2001. Middle English recipes: genre characteristics, text type features and underlying traditions of writing. *Journal of Historical Pragmatics* 2 (1): 85–113.

Taavitsainen, Irma, and Päivi Pahta. 2000. Conventions of professional writing: the medical case report in a historical perspective. *Journal of English Linguistics* 28 (1): 60–76.

———(eds.). 2004. *Medical and scientific writing in late Medieval English*.

Cambridge: Cambridge University Press.

Tannen, Deborah. 1987. Repetition in conversation: toward a poetic of talk. *Language* 63: 574–605.

―――. 1989. *Talking voices: repetition, dialogue, and imagery in conversational discourse.* Cambridge: Cambridge University Press.

―――. 2005. *Conversational style: analyzing talk among friends.* Rev. edn. Oxford: Oxford University Press.

Tao, Hongyin. 2007. A corpus-based investigation of *absolutely* and related phenomena in spoken American English. *Journal of English Linguistics* 35 (1): 5–29.

Tapper, Joanna. 1994. Directives used in college laboratory oral discourse. *English for Specific Purposes* 13 (3): 205–222.

Tarone, Elaine, Sharon Dwyer, Susan Gillette, and Vincent Icke. 1981. On the use of the passive in two astrophysics journal papers. *ESP Journal* 1: 123–140.

―――. 1998. On the use of the passive and active in astrophysics journal papers: with extensions to other languages and fields. *English for Specific Purposes* 17: 113–132.

Thetela, Puleng. 1997. Evaluated entities and parameters of value in academic research articles. *English for Specific Purposes* 16 (2): 101–118.

Thomas, Sarah, and Thomas P. Hawes. 1994. Reporting verbs in medical journal articles. *English for Specific Purposes* 13 (2): 129–148.

Thompson, Geoff. 1996. Voices in the text: discourse perspectives on language reports. *Applied Linguistics* 17 (4): 502–530.

―――. 2001. Interaction in academic writing: learning to argue with the reader. *Applied Linguistics* 22 (1): 58–78.

Thompson, Paul. 2005a. Points of focus and position: intertextual reference in

PhD theses. *Journal of English for Academic Purposes* 4: 307–323.

———. 2005b. Aspects of identification and position in intertextual reference in PhD theses. In Tognini-Bonelli and Camiciotti 2005, 31–50.

Thompson, Paul, and Alison Sealey. 2007. Through children's eyes? Corpus evidence of the features of children's literature. *International Journal of Corpus Linguistics* 12 (1): 1–23.

Thompson, Sandra A. 1985. Grammar and written discourse: initial vs. final purpose clauses in English. *Text* 5: 55–84.

Thompson, Susan. 1994. Frameworks and contexts: a genre-based approach to analyzing lecture introductions. *English for Specific Purposes* 13 (2): 171–186.

———. 2003. Text-structuring metadiscourse, intonation and the signalling of organisation in academic lectures. *Journal of English for Academic Purposes* 2: 5–20.

Thompson, S. A., and A. Mulac. 1991. The discourse conditions for the use of the complementizer *that* in conversational English. *Journal of Pragmatics* 15: 237–251.

Thornborrow, Joanna. 2001. Questions, control and the organization of talk in calls to a radio phone-in. *Discourse Studies* 3 (1): 119–143.

Thornborrow, Joanna, and Deborah Morris. 2004. Gossip as strategy: the management of talk about others on reality TV show 'Big Brother'. *Journal of Sociolinguistics* 8 (2): 246–271.

Thurlow, Crispin. 2003. Generation Txt? The sociolinguistics of young people's text-messaging. *Discourse Analysis Online* (1). Available at: http://extra.shu.ac.uk/daol/articles/v1/n1/a3/thurlow2002003.html.

Tognini-Bonelli, Elena, and Gabriella Del Lungo Camiciotti. 2005. *Strategies in academic discourse*. Amsterdam and Philadelphia: John Benjamins.

337 Tracy-Ventura, Nicole, Douglas Biber, and Viviana Cortes. 2007. Lexical bundles in Spanish speech and writing. In *Working with Spanish corpora*, ed. by G. Parodi, 217–231. London: Continuum.

Trudgill, Peter. 1974. *The social differentiation of English in Norwich*. Cambridge: Cambridge University Press.

Tucker, Paul. 2003. Evaluation in the art-historical research article. *Journal of English for Academic Purposes* 2: 291–312.

Upton, Thomas A. 2002. Understanding direct mail letters as a genre. *International Journal of Corpus Linguistics* 7 (1): 65–85.

Upton, Thomas A., and Ulla Connor. 2001. Using computerized corpus-analysis to investigate the textlinguistic discourse moves of a genre. *English for Specific Purposes* 20: 313–329.

Ure, Jean. 1982. Introduction: approaches to the study of register range. *International Journal of the Sociology of Language* 35: 5-23.

Van Dijk, Teun A. 1988. *News as discourse*. Hillsdale, NJ: Lawrence Erlbaum.

van Mulken, Margot, and Wouter van der Meer. 2005. Are you being served? A genre analysis of American and Dutch company replies to customer inquiries. *English for Specific Purposes* 24: 93–109.

Vande Kopple, William J. 1998. Relative clauses in spectroscopic articles in the Physical Review, beginnings and 1980. *Written Communication* 15 (2): 170–202.

Varghese, Susheela Abraham, and Sunita Anne Abraham. 2004. Book-length scholarly essays as a hybrid genre in science. *Written Communication* 21 (2): 201–231.

Ventola, Eija. 1983. Contrasting schematic structures in service encounters. *Applied Linguistics* 4: 423–448.

Ventola, Eija, and Anna Mauranen. 1996. *Academic writing: intercultural and textual issues*. Amsterdam: John Benjamins.

Ventola, Eija, Celia Shalom, and Susan Thompson (eds.). 2002. *The language of conferencing*. Frankfurt am Main: Peter Lang.

Vergaro, Carla. 2004. Discourse strategies of Italian and English sales promotion letters. *English for Specific Purposes* 23: 181–207.

———. 2005. "Dear Sirs, I hope you will find this information useful": discourse strategies in Italian and English "For Your Information" (FYI) letters. *Discourse Studies* 7 (1): 109–135.

Vilha, Minna. 1999. *Medical writing: modality in focus*. Amsterdam: Rodopi.

Ward, Gregory L. 1990. The discourse functions of VP preposing. *Language* 66: 742–763.

Wardhaugh, Ronald. 1992. *An introduction to sociolinguistics*. Oxford: Blackwell.

Webber, Pauline. 1994. The functions of questions in different medical journal genres. *English for Specific Purposes* 13 (3): 257–268.

———. 2005. Interactive features in medical conference monologue. *English for Specific Purposes* 24: 157–181.

Weiner, E. Judith, and William Labov. 1983. Constraints on the agentless passive. *Journal of Linguistics* 19: 29–58.

Weissberg, Bob. 1993. The graduate seminar: another research process genre. *English for Specific Purposes* 12: 23–35.

Wells, Rulon. 1960. Nominal and verbal style. In *Style in language*, ed. by T. A. Sebeok, 213–220. Cambridge, MA: MIT Press.

Williams, Ian A. 1996. A contextual study of lexical verbs in two types of medical research report: clinical and experimental. *English for Specific Purposes* 15 (3): 175–197.

———. 1999. Results sections of medical research articles: an analysis of rhetorical categories for pedagogical purposes. *English for Specific Purposes* 18: 347–366.

Yeung, Lorrita. 2007. In search of commonalities: some linguistic and rhetorical features of business reports as a genre. *English for Specific Purposes* 26: 156–179.

Young, Richard F., and Hahn Thi Nguyen. 2002. Modes of meaning in high school science. *Applied Linguistics* 23 (3): 348–372.

Yunxia, Zhu. 2000. Structural moves reflected in English and Chinese sales letters. *Discourse Studies* 2 (4): 473–496.

Zak, Helena, and Tony Dudley-Evans. 1986. Features of word omission and abbreviation in telexes. *ESP Journal* 5: 59–71.

Zhu, Wei. 2004. Writing in business courses: an analysis of assignments types, their characteristics, and required skills. *English for Specific Purposes* 23: 111–135.

Zhu, Yunxia. 2005. *Written communication across cultures*. Amsterdam and Philadelphia: John Benjamins.

Zwicky, Ann D., and Arnold M. Zwicky. 1980. America's national dish: the style of restaurant menus. *American Speech* 55: 83–92.

索　引

（索引页码为原书页码，即本书边码）

abstracts 摘要
　　previous research 以往的研究 275, 281
academic disciplines（不同）学科
　　linguistic differences 语言差异 241-245
academic writing 学术文章 10, 14-15
　　contrasted with conversation 与会话的对比 92-96, 114-118, 261
　　contrasted with newspaper writing 与报纸文章的对比 118-123
　　contrasted with student writing 与学生作品的对比① 134-135, 140
　　examples 例子 14, 114-115, 120-123
　　functional interpretation 功能性解释 64-67
　　genre perspective 语类视角 19
　　level of specificity 特定的层次 32, 109-110
　　linguistic characteristics 语言特征 15, 51, 56-57, 64, 114-123, 126-131, 261
　　previous research 以往的研究 275, 283
　　production circumstances 生成环境 43-44, 109, 113, 118
　　register analysis of 语体分析 19, 51, 56-57
　　situational characteristics 情景特征 14-15, 64, 109-114, 118
　　student writing 学生作品 303-304
　　subregisters 下位语体 110-113, 126-131
　　亦见 abstracts 摘要, academic disciplines（不同）学科（学术文章）, PhD dissertations 博士学位论文, research articles 科研文章, textbooks 教材, university registers 高校校园语体
addressee 受话者
　　in e-mails 在电子邮件中 185-188
adjectives 形容词
　　attributive 定语 167-168

---

① 这里的作品指所写科研论文。——译者

adverbials 状语
　　linking 连接（状语）119，121
　　place and time 地点和时间（状语）119，150，187
　　stance 立场（状语）172-173
adverbial clauses 状语小句 95-96，99-102，125
　　register variation 语体变异 220
　　亦见 conditionals 条件句
advertisements 广告 176，313-314
Apache stories 阿帕切族的故事
　　as multiple genres 作为多种语类[①] 35
Arabic sermons 阿拉伯语中的布道
　　as multiple genres 作为多种语类 35
ARCHER Corpus 英语历史语体代表语料库 143-144
Atkinson, D. D. 阿特金森 157，286

background knowledge 背景知识
　　参见 shared background 共享知识
Bargiela-Chiappini, F. F. 巴尔吉耶拉-基亚皮尼 272
Basso. K. H. K. H. 巴索 35
Bednarek, M. M. 贝德娜雷克 275
Bell, A. A. 贝尔 265，283
Bellow (Saul) 贝洛（索尔）136
Brown, P. P. 布朗 223
Brown, R. W. R. W. 布朗 188
Bruthiaux, P. P. 布吕蒂奥 289

Bunton, D. D. 邦顿 275

Cazden, C. B. C. B. 卡兹登 272
channel 渠道 43
　　亦见 production circumstances 生成环境
Charles, M. M. 查尔斯 275
Christie, F. F. 克里斯 272
classroom management talk 课堂教学管理话语 234-236
classroom teaching 课堂教学 56-57
　　compared to conversation 与会话的对比 218-222
　　compared to textbooks 与教材的对比 218-222，230
　　disciplinary differences 学科差异 241-245
　　examples 例子 57，107，218，220，233-234，239-241，244，301-302
　　functional interpretation 功能性解释 64-67
　　linguistic characteristics 语言特征 59-64，107，218-222，230，233-234，239-241，261-262
　　previous research 以往的研究 272，283
　　situational characteristics 情景特征 64
　　亦见 classroom management talk 课

---

① 某种文化中的某一种语类可能与另一种文化中的多种语类相对应。——译者

624

堂教学管理话语

communicative purpose 交际目的 44–46，66

    in academic writing 在学术文章中 109–113，118，129

    in e-registers 在电子语体中 185–188，193

    in newspaper writing 在报纸文章中 110，113，118

    in office hours 在高校教师答疑时间会话中 97–98，100–101

    in text messages 在手机短信中 202–204

    in university registers 在高校校园语体中 234–237

    less important than spoken/written mode 不如口头/书面方式重要 261–262

complement clauses 补语小句 95–96，133–134

Conan Doyle, Arthur 阿瑟·柯南·道尔 132–135，140

conditionals 条件句 125

Connor, U. U.康纳 275

conventional features 规约性特征 参见 genre markers 语类标记

conversation 会话

    contrasted with writing 与书面语体的对比 92–96，114–118

    examples 例子 7–8，12–14，87，89–91，93，106，299–301

    level of specificity 特定的层次 32，86，106

    linguistic characteristics 语言特征 7，14，88–96，218–222

    previous research 以往的研究 272，283

    production circumstances 生成环境 43

    quantitative analysis of 定量分析 92–96

    register analysis of 语体分析 7–8

    register versus dialect 语体 vs. 方言 12–14

    situational analysis of 情景分析 47–48

    situational characteristics 情景特征 7，13–14，86–88

    subregisters 下位语体 86，106

    亦见 drama 戏剧，fictional dialogue 虚构对话，office hours 高校教师答疑时间会话，service encounters 服务接待会话，television dialogue 电视对话

conversational style 会话风格 18，255 340

corpora 语料库

    参见 ARCHER Corpus 英语历史语体代表语料库，LSWE Corpus 朗文英语口语和书面语语料库，T2K-SWAL Corpus 托福2000口语和书面语学术语言语料库

corpus analysis 语料库分析 58，73–75

Coupland, N. N. 库普兰 264
course management (written) 课程管理话语（书面语）246–247, 310
Crystal, D. D. 克里斯特尔 289
Csomay, E. E. 乔毛伊 272
Culpeper, J. J. 卡尔佩珀 286
cultural knowledge 文化知识
    of genres and registers 语类和语体 33–36
    亦见 fono 福诺, Apache stories 阿帕切族的故事, Arabic sermons 阿拉伯语中的布道

Defoe, D. D. 笛福 153
deictics 指示语 99, 101, 180
dependent clauses 非独立小句
    in academic writing 在学术文章中 95–96
    in conversation 在会话中 95–96
    in office hours 在高校教师答疑时间会话中 99–102
dialect 方言 5, 254
    versus register 与语体的对比 11–15, 266, 264–267
    styles in（方言中的）风格 22
directives 指令语 100–101
discourse markers 话语标记 98–99
dissertations 学位论文
    参见 PhD dissertations 博士学位论文
drama 戏剧
    examples 例子 20, 174, 304–306

genre perspective 语类视角 20
historical 历史（变化）174, 286
Dudley-Evans, T. T. 达德利-埃文斯 275
Duranti, A. A. 杜兰蒂 33–35

editorials 社论
    examples 例子 124
    linguistic characteristics 语言特征 124–125
    situational characteristics 情景特征 124–125
e-forum postings 网络论坛帖子
    examples 例子 192–194, 198
    genre perspective 语类视角 196–197
    linguistic characteristics 语言特征 193–198
    situational characteristics 情景特征 190–193
ellipsis 省略 194
e-mail messages 电子邮件 178–190
    compared to conversation 与会话的对比 178–180
    examples 例子 179, 182, 184–186
    genre perspective 语类视角 188–190
    linguistic characteristics 语言特征 181–190
    situational characteristics 情景特征 48, 178–180, 185–188
emoticons 表情符号 205–206, 208
English for Specific Purposes (ESP)

索 引

专门用途英语
  参见 language teaching 语言教学
e-registers 电子语体
  previous research 以往的研究 289
  亦见 e-forum postings 网络论坛帖子, e-mail messages 电子邮件, instant messaging 即时通信, text messages 手机短信
Ervin-Tripp, S. S. 欧文-特里普 223

factor analysis 因子分析 227-229
  亦见 multidimensional analysis 多维度分析
factuality 真实性 46
Ferguson, C. C. 弗格森 21, 23, 53, 55, 289
fiction 小说
  authors 作者：参见 Bellow 贝洛, Defoe 笛福, Doyle 道尔, Fielding 菲尔丁, Golding 戈尔丁, Grafton 格拉夫顿, Ludlum 勒德拉姆, Morrison 莫里森, Sinclair 辛克莱, Vonnegut 冯内古特
  examples 例子 20, 77, 133-138, 145-151, 153, 296-297, 310-312
  genre perspective 语类视角 20, 144-147
  historical 历史（小说）144-157, 167-169
  linguistic characteristics 语言特征 52-53, 72, 76-77, 132-139, 147-155, 167-169, 250-252
  modern 现代（小说）132-139, 147-150
  multidimensional analysis 多维度分析 250-252
  previous research 以往的研究 282, 283
  situational characteristics 情景特征 110, 132, 155-157
  social context 社会语境 155-157
  style 风格 18-19, 132-139, 147-155
fictional dialogue 虚构对话 134-135, 140
Fielding, Henry 亨利·菲尔丁 144-146, 150-152, 154
Finegan, E. E. 法恩根 266
Fitzmaurice, S. M. S. M. 菲茨莫里斯 286
Flowerdew, J. J. 弗劳尔迪 275
fono 福诺 33-35
Ford, M. M. 福特 188
Forster, E. M. E. M. 福斯特 310
Fraser, C. C. 弗雷泽 223
functional analysis 功能性分析 6, 10
  contrasted with the style perspective 与风格视角的对比 71-72
  conversation 会话 7-8
  in multidimensional analysis 在多维度分析中 229-230
  methodology 方法论 64-69

genre 语类
- compared to register 与语体的对比 15–16, 19, 21–22, 157–165
- culturally recognized 从文化角度认识（语类）33–36
- defined 定义（语类）2, 6, 15–17, 21–22
- embedded genres 嵌入的语类 33, 72–73
- historical change 历史变化 144–147, 157–162, 165–166, 286
- linguistic analysis of 语言分析 16–18, 33, 69–71, 131, 140–141, 144–147, 157–162
- previous research 以往的研究 21–22
- 亦见 genre markers 语类标记, literary genre 文学语类, research articles 科研文章, rhetorical organization 修辞结构, textual conventions 语篇规约

genre markers 语类标记 7, 16–17, 53–55, 69–71, 131
- in e-forums 在网络论坛中 196–197
- in e-mail messages 在电子邮件中 188–190
- in letters 在信函中 16–17
- in service encounters 在服务接待会话中 103–104
- in text messages 在手机短信中 206
- methods for analyzing 分析方法 71
- 亦见 rhetorical organization 修辞结构, textual conventions 语篇规约

Ghadessy, M. M. 葛达西 275
Gilman, A. A. 吉尔曼 188
Golding, William 威廉·戈尔丁 134, 137
Grafton, S. S. 格拉夫顿 136
Gross, A. G. A. G. 格罗斯 286

Halliday, M. A. K. M. A. K. 韩礼德 22, 223, 275
Herring, S. C. S. C. 赫林 289
historical register analysis 历史语体分析 143–174, 248–250, 262–263, 286
Hyland, K. K. 海兰 22, 275
Hymes, D. D. 海姆斯 21, 23, 24, 223

inanimate subjects 无生命主语 161–163
information packaging 信息包装 253–254
instant messaging 即时通信 209–210, 307–310
institutional writing 公务文书
- examples 例子 232–233
- linguistic characteristics 语言特征 232–233

interactiveness 互动性 14, 42, 64, 87–89, 91–92, 178, 191–193, 200
internet 网络 289

索　引

亦见 e-registers 电子语体

Janda, R. R. 杨达 289

Koester, A. J. A. J. 凯斯特 272
Korean 韩语
　　register variation in 语体变异 256–260
Kytö, M. M. 屈特 286

Labov, W. W. 拉波夫 254, 264
language teaching 语言教学 268–269
Leech, G. N. G. N. 利奇 23
Lessing, Doris 多丽丝·莱辛 297
letters 信函 16–17, 69–70
　　examples 例子 171, 306–307
　　historical 历史（变化）175, 286
　　Somali 索马里语 35–36
linguistic analysis 语言分析 50–71
　　choosing linguistic features 选择语言特征 63–64
　　coding linguistic tokens 语言符号编码 59–61
　　comparative approach 对比的方法 52–53, 56, 217–222
　　functional interpretation 功能性解释 64–69
　　identifying typical features 识别典型的特征 51, 53, 55
　　quantitative 定量（分析）53–54, 56–63, 75–76, 92
　　亦见 genre markers 语类标记，paralinguistic features 副语言特征，rates of occurrence 出现频率，register feature 语体特征，register marker 语体标记，style 风格，textual conventions 语篇规约
linguistic feature 语言特征
　　aesthetic use of （语言特征的）审美运用 18
　　conventional 规约性的 7
　　distribution of 分布 9, 53, 55–57, 59–63
　　explicit classification of 明确的分类 59–61, 76
　　functions 功能 6, 64–69
　　pervasive 普遍的 6, 9, 16, 53, 56–57
　　typical 典型的 51, 53, 55
　　useful features for register analyses 有助于语体分析的特征 63–64
　　亦见 genre markers 语类标记，paralinguistic features 副语言特征，register feature 语体特征，register marker 语体标记，textual conventions 语篇规约
linguistic variation 语言变异 253–256
　　definition of （语言变异的）定义 254–255, 265–266
linking adverbials 连接状语
　　参见 adverbials 状语
literary genre 文学语类 19
literature 文学

参见 drama 戏剧, fiction 小说, poetry 诗歌
Longman Grammar of Spoken and Written English《朗文英语口语与书面语语法》63, 92, 283
LSWE Corpus 朗文英语口语和书面语语料库
Ludlum, Robert 罗伯特·勒德拉姆 148–152, 154–155

MacDonald, S. P. S. P. 麦克唐纳 275
Martin, J. R. J. R. 马丁 22, 275
Mauranen, A. A. 毛拉宁 275
minimal responses 最简反馈项目 181
modal verbs 情态动词
    historical 历史（变化）170–172
    in academic writing 在学术文章中 93–94, 170–172
    in conversation 在会话中 93–94
    in drama and letters 在戏剧和信函中 170–172
    in editorials 在社论中 125
    in university registers 在高校校园语体中 234
    亦见 semi-modal verbs mode 半情态动词
    参见 channel 渠道, production circumstances 生成环境
Morrison, Toni 托妮·莫里森 148–150, 152
multidimensional analysis 多维度分析
    1988 study 1988年的研究 247–248
    dimension scores 维度分值 227–229
    functional interpretation 功能性解释 229–230
    goals of 目的 216–217
    historical 历史（分析）248–250, 286
    introduced 介绍 223–225
    methodology 方法 225, 227–229
    of fiction 小说的（多维度分析）250–252
    of languages other than English 除英语以外的其他语言的（多维度分析）256–260
    of university registers 高校校园语体的（多维度分析）226–245
    previous research 以往的研究 247–248, 283, 294
    selection of linguistic features 语言特征的选择 217, 226–227
    surprising findings 出乎意料的发现 226, 245–246
    亦见 factor analysis 因子分析, Korean 韩语, Somali 索马里语, Spanish 西班牙语, university registers 高校校园语体

narrative discourse 叙事语篇
    across languages 跨语言（对比）259
    first person 第一人称 132–133, 147, 149, 161

索 引

in fiction 在小说中 132–134, 137–138, 144–155
in informational registers 在信息型书面语体中 119, 125, 128–130, 161, 164–165, 237–239, 241–244
present time 现在时 138
third person 第三人称 133–134, 144–147, 237–239

Nevala, M. M. 内瓦拉 286

newspaper writing 报纸文章
contrasted with academic writing 与学术文章的对比 118–123
examples 例子 17, 77, 115, 119–120, 125, 298–299, 312–313
genre characteristics 语类特征 17, 70
historical 历史（变化）175, 312–313
linguistic characteristics 语言特征 76–77, 114–123
previous research 以往的研究 275, 282, 283
register analysis of 语体分析 8
situational analysis of 语境分析 48
situational characteristics 情景特征 33, 109, 118, 124–125
subregisters 下位语体 110, 124–126
亦见 editorials 社论

nominalizations 名物化 121, 187
亦见 nouns 名词

norming 归一化 227–229
亦见 rates of occurrence 出现频率

noun phrase complexity 名词短语复杂性 167–169
in academic writing 在学术文章中 114–115, 118, 127–128, 165, 167–169, 261–263
in eighteenth-century fiction 在 18 世纪的小说中 154, 167–169
in multidimensional analyses 在多维分析中 230
in newspaper writing 在报纸文章中 115, 118
亦见 nouns 名词, prepositional phrases 介词短语, relative clauses 关系小句

nouns 名词
as premodifiers 做前置修饰语 165, 167, 168
in academic writing 在学术文章中 164–165, 167–236
in e-registers 在电子语体中 182–185, 187, 195–196, 206–208
register variation 语体变异 219–220
亦见 nominalizations 名物化

office hours 高校教师答疑时间会话
examples 例子 96–97
linguistic characteristics 语言特征 99, 101, 232
situational characteristics 情景特征 96–98

oral-literate differences 口头-书面差异 230–234, 260–264
  across languages 跨语言（对比）256–259
  亦见 speech and writing compared 口语与书面语的对比

Pahta, P. P. 帕赫塔 286
paralinguistic features 副语言特征 86
participants 参与者 41–43
  addressees 受话者 41
  addressor 发话者 41
  on-lookers 旁观者 41–42
  relations among（参与者）之间的关系 42–43
  social roles 社会角色 42
passive verbs 被动动词 122–123, 128–131, 160, 163–164
  亦见 inanimate subjects 无生命主语
PhD dissertations 博士学位论文
  previous research 以往的研究 275, 281, 283
poetry 诗歌 19–21
prepositional phrases 介词短语
  in academic writing 在学术文章中 168–169
Prince, E. F. E. F. 普林斯 254
production circumstances 生成环境 43–44, 67
  compared to comprehension 与理解（环境）的对比 44
  speech 口语 43, 67, 87, 89–90, 262
  writing 书面语 43–44, 67, 109, 113, 118, 179, 202, 262–263
Pronouns 代词
  in conversation 在会话中 92
  in e-forums 在网络论坛中 195–198
  in e-mails 在电子邮件中 182–185, 187
  in text messages 在手机短信中 206–208
  in university registers 在高校校园语体中 234
  register variation 语体变异 219–220
purpose 目的
  参见 communicative purpose 交际目的

Quaglio, P. P. 克瓦里欧 106
quantitative analysis 定量分析
  参见 linguistic analysis 语言分析, rates of occurrence 出现频率

rates of occurrence 出现频率 59–63, 75–76
Reaser, J. J. 里泽 289
register 语体
  defined 定义（语体）2, 6, 8, 15–16, 21–22
  embedded registers 嵌入的语体 72–73
  level of specificity 特定的层次 10, 32–33, 124

previous research 以往的研究 21–24

versus dialect 与方言的对比 11–15, 266

versus genre 与语类的对比 15–16, 19, 21–22

versus style 与风格的对比 15–16, 19, 151

亦见 register variation 语体变异

register analysis 语体分析 6–11

 choosing linguistic features 选择语言特征 63–64

 comparative 对比 36, 51, 56

 functional interpretation 功能性解释 10, 64–69

 historical 历史 143–174, 248–250, 286

 linguistic analysis 语言分析 9, 16, 50–64, 71

 methodology 方法 7–11

 quantitative analysis 定量分析 56–63

 representative sample of texts 典型语篇样本 10–11, 18

 situational basis 情景基础 9

 small-scale vs. large scale 小规模 vs. 大规模 74–75

 参见 corpus analysis 语料库分析, linguistic analysis 语言分析, multidimensional analysis 多维度分析, register feature 语体特征, register marker 语体标记, situational analysis register feature 语体特征的情景分析 53, 55–57

register marker 语体标记 53–55

register variation 语体变异 215–216, 218–222

 in languages other than English 除英语以外的其他语言（中的语体变异）256–260, 294

 oral vs. literate discourse 口头 vs. 书面话语 230–234

 universal 普遍的 23–24

 亦见 multidimensional analysis 多维度分析

relative clauses 关系小句 95–96

 in academic writing 在学术文章中 168–169

 register variation 语体变异 220–221

representative sample 典型样本 57–58

 亦见 corpus analysis 语料库分析

research articles 科研文章 32

 compared to fiction 与小说的对比 167–169

 compared to letters 与信函的对比 159–160

 compared to textbooks 与教材的对比 126–129

 examples 例子 127–130, 158–165, 169

 genre characteristics 语类特征 131, 140–141, 157–162

 historical 历史（变化）157–165, 167–174

linguistic characteristics 语言特征 126–131, 157–165, 167–174
moves 语步 131
previous research 以往的研究 275, 281, 286
register vs. genre perspectives 语体 vs. 语类视角 19, 157–165
situational characteristics 情景特征 126, 129, 157
subsections (IMRD) 各部分（引言、方法、结果、讨论）32, 129–131
rhetorical organization 修辞结构
moves 语步 131
newspaper stories 报纸新闻报道 17
research articles 科研文章 131, 140–141, 161–162
service encounters 服务接待会话 103–104

Salager-Meyer, F. F. 萨拉戈尔-迈耶 286
Samraj, B. B. 萨摩哈吉 275
semi-modal verbs 半情态动词 172
亦见 modal verbs 情态动词
sentence length 句长 60, 152–154
service encounters 服务接待会话
examples 例子 102–104, 232
genre characteristics 语类特征 103–104

linguistic characteristics 语言特征 102–104, 107, 232
situational characteristics 情景特征 100–102
setting 场景 44
shared background 共享知识 14, 42–43, 64, 97–98, 197–198, 201
shared space and time 共享时空 14, 44, 99, 101, 180, 191–193, 201–202
Sinclair, Upton 厄普顿·辛克莱 133–134
situational analysis 情景分析
analytical framework 分析框架 36–37, 39–46, 48, 110–114
examples of 例子 47–48, 110–114
list of characteristics 特征列表 48
methodology 方法 37–39
of registers 语体 9, 31–46
亦见 channel 渠道, communicative purpose 交际目的, factuality 真实性, interactiveness 互动性, participants'[①] 参与者, production circumstances 生成环境, setting 场景, shared background 共享背景, stance 立场, topic 话题
sociolinguistics 社会语言学 254
linguistic variation in 语言变异 254–255
register variation in 语体变异 264–

① 应为逗号。——译者

267
sociolinguistic styles 社会语言学风格 22, 264-266
sociolinguistic variable 社会语言学变项 265
Somali 索马里语
　　letters 信函 35-36, 259
　　register variation in 语体变异 256-260
Spanish 西班牙语
　　hypothetical discourse 虚拟的话语① 259
　　register variation in 语体变异 256-260
　　speech and writing compared 口语和书面语的对比 109, 114-118, 226-234, 245-248, 260-264
　　across languages 跨语言（对比）256-259
　　historical 历史（变化）262-263
　　linguistic differences 语言差异 261-264
　　previous research 以往的研究 260-261, 283, 294
　　situational differences 情景差异 260
spoken registers 口头语体 85-105
　　previous research 以往的研究 272
　　situational characteristics 情景特征 85
　　亦见 classroom teaching 课堂教学话语, conversation 会话, drama 戏剧, office hours 高校教师答疑时间会话, service encounters 服务接待会话, university registers 高校校园语体
sports broadcasts 体育广播 53-54, 289
stance 立场 46, 66
　　historical 历史（变化）170-174
　　in drama 在戏剧中 170-174
　　in e-registers 在电子语体中 179, 196-197
stance (cont.) 立场（续）
　　in fiction 在小说中 133
　　in letters 在信函中 170-174
　　in multidimensional analyses 在多维度分析中 230, 237
　　in research articles 在科研论文中 170-174
　　in spoken registers 在口语体中 88, 95-96, 100, 239-241
　　in university registers 在高校校园语体中 237, 239-241
　　previous research 以往的研究 275
Stotesbury, H. H. 斯托茨伯里 275
study groups 学习小组会话 237-239
style 风格
　　compared to register and genre 与语体和语类的对比 15-16, 19, 71-72, 151

---

① 这里指西班牙语中的虚拟小句。——译者

conversational 会话（风格）18, 255

defined 定义（风格）2, 15–16, 18–19

fictional 小说的（风格）18–19, 21, 132–139, 151–155

linguistic analysis of 语言分析 71–72

previous research 以往的研究 22–23

sociolinguistic styles 社会语言学风格 22, 264–266

Swales, J. M. J. M. 斯韦尔斯 21, 131, 283

syllabi 教学大纲

参见 course management 课程管理话语

Systemic Functional Linguistics 系统功能语言学 22

T2K-SWAL Corpus 托福 2000 口语和书面语学术语言语料库 226, 245–246

Taavitsainen, I. I. 塔维采宁 286

Tannen, D. D. 坦嫩 18, 23, 255

television dialogue 电视对话 106

text 语篇

complete text 完整语篇 5–6, 17–18

defined 定义（语篇）5

required length of（符合）所需长度的（语篇）58

sample of 样本 10–11, 57–58

亦见 representative sample 典型样本

textbooks 教材

compared to research articles 与科研论文的对比 126–129

disciplinary differences 学科差异 241–245

examples 例子 14, 51, 56, 183, 236–237, 244–245

linguistic characteristics 语言特征 15, 56–57, 59–63, 126–129, 218–222, 233, 236–237

previous research 以往的研究 275, 281, 283

situational characteristics 情景特征 14–15, 32, 45, 126

亦见 academic writing 学术文章

text messages 手机短信

examples 例子 200–208

genre perspective 语类视角 206

linguistic characteristics 语言特征 205–208

situational characteristics 情景特征 199–204

textual conventions 语篇规约 69–71, 159

in e-mail messages 在电子邮件中 188–190

in fiction 在小说中 144–147

Thompson, S. S. 汤普森 272

Tognini-Bonelli, E. E. 托尼尼-博纳利 275

topic 话题 46–47, 88, 113–114, 193

university registers 高校校园语体

linguistic characteristics 语言特征

226-245
multidimensional analysis 多维度分析 226-245
oral vs. literate discourse 口头 vs. 书面话语 230-234
previous research 以往的研究 272, 275, 283
procedural vs. content-focused discourse 程序性话语 vs. 专注内容的话语 234-237
亦见 academic disciplines（不同）学科（学术文章），classroom management talk 课堂教学管理话语，classroom teaching 课堂教学话语，course management 课程管理话语，institutional writing 公务文书，office hours 高校教师答疑时间会话，study groups 学习小组会话，textbooks 教材

Upton, T. A. T. A. 厄普顿 275
Ure, J. J. 尤尔 21, 23, 24

Vande Kopple, W. J. W. J. 范德·科普尔 286
variation 变异
　参见 linguistic variation 语言变异
variety 变体 5
verbs and verb tense 动词和动词的时态
　in academic writing 在学术文章中 92, 119-121, 129-130, 164-165, 236

in conversation 在会话中 92, 262
in e-registers 在电子语体中 181-183, 187, 195-196, 206-208
in fiction 在小说中 150
in newspaper writing 在报纸文章中 119-120
in university registers 在高校校园语体中 234
register variation 语体变异 219-220
亦见 passive verbs 被动动词

Vilha, M. M. 韦利亚 275
Vonnegut, Kurt 库尔特·冯内古特 137, 147-149, 152, 154

Williamson, Henry 亨利·威廉姆森 311
Woolf, Virginia 弗吉尼娅·伍尔夫 311
word 词
　definition of（词的）定义 62-63
written registers 书面语体 109-139
　previous research 以往的研究 275, 283
　situational characteristics 情景特征 109
　亦见 academic writing 学术文章，e-mail messages 电子邮件，fiction 小说，institutional writing 公务文书，letters 信函，newspaper articles 报纸文章，research articles 科研文章，textbooks 教材，university registers 高校校园语体

图书在版编目（CIP）数据

语体、语类和风格 /（美）道格拉斯·比伯，（美）苏珊·康拉德著；赵雪译. — 北京：商务印书馆，2022
（2022.11 重印）
（国外语言学译丛 . 经典教材）
ISBN 978 - 7 - 100 - 20572 - 6

Ⅰ. ①语… Ⅱ. ①道… ②苏… ③赵… Ⅲ. ①英语—语言学—研究 Ⅳ. ① H31

中国版本图书馆 CIP 数据核字（2022）第 000368 号

权利保留，侵权必究。

国外语言学译丛·经典教材
语体、语类和风格
〔美〕道格拉斯·比伯 〔美〕苏珊·康拉德 著
赵雪 译

商 务 印 书 馆 出 版
（北京王府井大街36号 邮政编码100710）
商 务 印 书 馆 发 行
北京九州迅驰传媒文化有限公司印刷
ISBN 978 - 7 - 100 - 20572 - 6

2022年5月第1版　　　开本 880×1230　1/32
2022年11月北京第2次印刷　印张 20½
定价：128.00 元